JINGJIXUE
JICHU

经济学基础

主 编 王 佳 汪朝洋
副主编 席 敏 李程妮 王 媛

合肥工业大学出版社

图书在版编目(CIP)数据

经济学基础/王佳,汪朝洋主编—合肥:合肥工业大学出版社,2020.12(2024.8 重印)
ISBN 978-7-5650-5228-6

Ⅰ.①经… Ⅱ.①汪…②王… Ⅲ.①经济学 Ⅳ.①F0

中国版本图书馆 CIP 数据核字(2020)第 256193 号

经济学基础(修订版)

JINGJIXUE JICHU

主编 王 佳 汪朝洋　　　　责任编辑 疏利民

出 版	合肥工业大学出版社	**版 次**	2020 年 12 月第 1 版
地 址	合肥市屯溪路 193 号	**印 次**	2024 年 8 月第 3 次印刷
邮 编	230009	**开 本**	787 毫米×1092 毫米 1/16
电 话	理工图书出版中心:0551-62903018	**印 张**	19
	市 场 营 销 部:0551-62903198	**字 数**	456 千字
网 址	press.hfut.edu.cn	**印 刷**	安徽联众印刷有限公司
E-mail	hfutpress@163.com	**发 行**	全国新华书店

ISBN 978-7-5650-5228-6　　　　定价:48.00 元

前　言

PREFACE

经济学基础是高等院校经管类专业开设的一门基础课程，在课程体系中具有重要地位。通过该课程的学习，有助于学生后续专业课程的学习，帮助学生学会用经济学的思维方式去思考形形色色的社会问题，认清纷繁复杂的社会现象背后蕴藏的经济学常识。学生通过这门课程的学习，能提高其对经济政策的理解和认知能力，指导他们在日常生活中做出正确的选择。

本书具有以下几个方面特点：

（1）体现中国特色。本书中微观案例、宏观经济政策和数据，充分体现了中国元素和中国特色。教材展现了我国自改革开放以来社会经济发展取得的伟大成就。同时，也体现了具有中国特色的社会主义经济理论体系的不断丰富、创新和完善。此外，修订后的教材将党的二十大精神有机地融入到教材的有关章节。

（2）定位目标准确。本书以理论必需、够用为宗旨，既注重教材结构的逻辑性和内容的系统性，又舍弃过难、过繁和不适于高职教育的内容，准确把握知识的宽度和深度。

（3）力求通俗易懂。本书以较为灵活的笔法，深入浅出地阐述了高职学生应掌握的经济学基本概念和基本原理；语言力求言简意赅，避免枯燥晦涩。

（4）贴近现实生活。本书分析了生活中很多有趣的经济学现象和贴近经济生活的案例，通过大量的图表和近期经济运行数据来揭示国内外经济现象，阐述经济学基本原理。

（5）拓宽阅读视野。本书每章均附有中外近现代著名经济学家的简介，主要介绍他们对经济学的贡献，让学生在了解经济学大师及其贡献的同时，了解经济学的发展和演进，激发他们学习经济学的兴趣。

(6) 引入学生评阅。针对高职学生普遍反映经济学难学、语言拗口等问题，本书初稿完成后，编者让已学过经济学的多名学生仔细阅读书稿，并请他们指出经多次阅读后仍难以理解的内容。针对他们提出的问题，编者有针对性地进行了相应的调整。

(7) 配套课程资源。本书配套有较为丰富的课程资源，包括课程介绍、电子教案、教学课件、教学大纲、实训大纲、参考文献目录、公开课教学视频、《经济学基础课程案例集》《经济学基础课程阅读资料汇编》、经济学常用术语英汉词汇对照表、考试大纲、试题库、经济学学习有关网站等，便于教师教、学生学。

本书分为三大部分，共十三章。第一部分即第一章为全书的导言，介绍经济学研究的对象和方法；第二部分包括第二章至第七章，介绍微观经济学内容，研究的是个体经济行为；第三部分包括第八章至第十三章，介绍宏观经济学内容，主要研究经济总量的决定与变动。

本书由安徽审计职业学院王佳、汪朝洋担任主编，安徽审计职业学院席敏、李程妮，安徽工商职业学院王媛担任副主编，安庆职业技术学院汪全报、何丽萍，安徽审计职业学院黄静、安徽财贸职业学院汪银枝参加了编写工作。教材编写具体分工为：席敏编写第一章；黄静编写第二章；王媛编写第三章、第四章；何丽萍编写第五章；汪全报编写第六章；王佳编写第七章、第九章；汪朝洋编写第八章、第十二章；汪银枝编写第十章；李程妮编写第十一章、第十三章。汪朝洋、王佳负责拟定本书编写提纲、总纂、修改和完善工作。安徽大学商学院朱云鹍教授负责本书的审定工作。

感谢安徽大学商学院朱云鹍教授对本书稿的审定工作。朱教授对书稿修改和完善做了大量细致的工作。

感谢安徽审计职业学院池峰教授及金融教研室相关教师在本书筹划、编写、修订和使用反馈等方面给予的无私帮助，使得本教材能更好地适应学生需求和职业需要。池教授还参与了部分章节的修订及阅读材料的改编工作，在此表示诚挚的感谢。

感谢合肥工业大学出版社责任编辑疏利民先生和其他编辑人员的精心编辑。感谢安徽审计职业学院刘宁、张明亮、沈红、万立平、许金枝、徐春华、李鑫、陈云媛、吴瑕、俞梦龙、李晓飞、王雪梅等同学的认真校阅。

在本书编写过程中，编者们借鉴了国内外经济学教材的编写方法，听取和吸收了同行专家的意见和建议，查阅了国内外出版的文献资料，借鉴、引用了国内外相关的著作、教材、论文、报道、报告、公告中的一些内容和研究成果，在此向相关作者、编者表示诚挚的谢意。囿于编者的学识和经验，书中疏漏和缺点在所难免，恳请读者、同行和专家批评指正。

编　者

2023 年 8 月 18 日

目　录

第一章 经济学概述

学习目标

重点掌握：1. 经济学概念及其研究对象
　　　　　2. 资源稀缺性、资源配置、资源利用的含义
　　　　　3. 微观经济学、宏观经济学及其研究对象
基本了解：1. 微观经济学、宏观经济学的联系和区别
　　　　　2. 西方经济学发展历程
一般了解：1. 实证分析方法
　　　　　2. 规范分析方法
　　　　　3. 边际分析方法
　　　　　4. 均衡分析方法

本章导读

为何要学经济学?

经济学贵为“社会科学的皇后”，对于人类社会发展的重要性是毋庸置疑的。在很多人眼里，经济学似乎高不可攀，抑或是与普通大众没有多大关系，其实不然。爱尔兰剧作家乔治·伯纳德·萧（George Bernard Shaw，1856—1950）说：“经济学是一门使人生幸福的艺术。”我们日常生活中的点点滴滴都与经济学密不可分，它就存在于我们生活的方方面面。经济学作为一门科学，它有益于我们认清纷繁复杂的经济学现象，帮助我们在日常经济生活中如何做出正确的决策，指导我们如何去提高自己的生活水平。

经济学是研究在有限资源条件下如何进行最有效资源配置的一门学问。因此，我们生活中的很多决策都与经济学息息相关。如这学期闲暇时间是泡图书馆学习还是到体育场锻炼？大学毕业后是继续深造还是选择工作？选择去私企上班还是自主创业？上班坐公交还是选择滴滴打车？凡此种种，决策均是一种在有限

资源下的分配选择行为。正是因为资源有限，所以，如何在有限的选项下，以最低的成本获得最大利益也就显得特别重要，这也正是经济学研究的主要目的。一个决策者若具备经济学知识，并能灵活运用经济学分析方法，就可以有效地提高决策水平，提高资源使用效率，进而取得竞争优势。因此，经济学的一些概念和理论已逐渐成为现代人必备的知识。

至于为什么要学习经济学？美国著名的经济学家、诺贝尔经济学奖获得者保罗·萨缪尔森（Paul A Samuelson，1915—2009）在他的著作《经济学》中给出了如下的答案：

“为什么要学习经济学的一条最重要的理由是，在你的一生中——从摇篮到坟墓——你都会碰到无情的经济学真理，”他还指出，“（学习经济学）旨在理解怎样才能将经济学强有力的思想用于人类社会核心问题的分析——就是我们学习经济学最根本的理由。”

经济学可爱之处在于其能提纲挈领地掌握经济脉动，解释日常看似平凡但却蕴藏基本经济学道理的行为活动。经济学提供了一套分析的方法和工具，运用供需结构和市场分析解释诸多经济现象，小至个人消费者、厂商，大至产业、国家乃至世界经济体系。

人类在其生存和发展过程中经常为一些经济问题所困扰：经济失衡、贫富分化、失业严重、通货膨胀、经济停滞和国际经济冲突等。经济学正是为了解决这个问题而产生的。那么，何为经济学？经济学研究对象是什么？经济学包括哪些主要内容？其研究方法是什么？这些都是本章要回答的主要问题。

第一节 经济学及其研究对象

人类如何生存与发展是人类社会的基本问题。为了生存与发展，人们要不断地提供更多的物质产品与服务来满足其日益增长且多元的需求。人们从事物质产品生产与提供劳务的活动就是经济活动，它是人类的基本社会活动。经济活动（economic activity）指人们从事物质生产及其相应的交换、分配和消费活动。生产、交换、分配和消费是人类社会一切生产活动中不可或缺的基本因素，它们是相互依存、相互联系、相互影响和相互制约的辩证统一体。

一、经济学的定义

经济学（economics）是一门研究人类行为及如何将稀缺资源进行合理配置的社会科学。它研究如何最佳地使用稀缺的资源以满足人们无限的需求。关于经济学，不同时期、不同国度、不同经济学家对其有不同的定义，但不难看出其中的共同点。

（一）西方经济学家对经济学的定义

一些西方经济学者认为，经济学是研究人与社会寻找满足他们的物质需要与欲望的方法的科学，是研究如何利用稀缺的资源最大限度地满足人们需要的科学，是研究稀缺资源在各种可供选择的用途中进行合理配置的科学。下面我们主要选取三位美国著名经济学家对经济学给出的定义。

保罗·萨缪尔森为经济学下的定义：经济学是研究一个社会如何利用稀缺的资源以生产有价值的商品和劳务，并将它们在不同的人中间进行分配的学科。

美国著名经济学家、诺贝尔经济学奖获得者约瑟夫·斯蒂格利茨（Joseph Stiglitz，1943—）在他的《经济学》（第二版）里是这样给经济学下的定义：经济学研究我们社会中的个人、厂商、政府和其他组织如何进行选择，以及这些选择如何决定社会资源的使用方式。在经济学中，稀缺性担当着重要角色：选择之所以关系重大，正是因为资源是稀缺的。

美国著名经济学家、哈佛大学经济学教授格里高利·曼昆（N. Gregory Mankiw，1958—）给出的经济学定义：经济学是研究人类社会如何使用其稀缺的资源的学科。

（二）国内经济学教科书里出现的经济学定义

国内经济学教科书对经济学的定义主要集中在以下几种。

经济学就是研究如何选择稀缺资源以满足人类多样化需要的学问。

经济学是一门研究人类行为及如何将有限或者稀缺资源进行合理配置的社会科学。

经济学是现代的一个独立学科，研究的是一个社会如何利用稀缺的资源生产有价值的物品和劳务，并将它们在不同的人中间进行分配。

基于以上定义，理解经济学的含义可以从以下三点考虑。第一，资源的稀缺性是经济学分析的前提。所谓稀缺是相对于人们无穷无尽的欲望而言的。第二，选择行为是经济学分析的对象。带约束条件的选择行为是经济学研究的中心。第三，资源的有效配置是经济学分析的中心目标。资源有限，欲望无穷。因此，经济学的首要任务是研究如何利用有限的资源做合理、有效的配置，生产出丰富且能满足人们多元需求的物品和服务。

【延伸阅读】

经济学的“11244”

一条主线：需求与供给；

一个核心：市场在资源配置中起决定性的作用；

二种配置：市场调节，宏观调控；

四个对象：居民户、企业、政府、国外；

四个环节：生产、交换、分配、消费。

二、经济学研究对象

（一）欲望与稀缺性

经济学家认为，经济学是为了解决人类活动中经常面临的欲望的无限性与资源的稀缺性之间的矛盾而产生的。因此，欲望和稀缺性是经济学研究的对象。

微课 1.1 为什么要学习经济学稀缺与经济学

1. 欲望

人类的生存和发展过程就是不断地用物质产品来满足自身的需求的过程，而这种需求随着人口的增加以及人们期望水平的提高日益增长。这种需求源自欲望（wants），而欲望是一种缺乏的感受与求得满足的愿望，是一种与生俱来的天性。

欲望可能产生于生理要求，也可能产生于心理要求。欲望的基本特点在于无限性，即人们的欲望永远没有完全得到满足的时候，无非是每个人缺乏的程度不同而已。一种欲望满足了，又会产生新的欲望，永无止境。正是因为欲望和为满足欲望而付出的努力才促进了社会的发展。从这一点来说，欲望的无限性推动了人类不断去追求、探索、改变世界。所以，无论是“欲壑难填”“得陇望蜀”，还是“开拓进取”“卧薪尝胆”，欲望都是推动这个世界发展的动因之一。

弗里德里希·恩格斯（Friedrich Engels，1820—1895）将人的需要分为三个层次：生存需要，享受需要，发展需要。美国心理学家亚伯拉罕·哈罗德·马斯洛（Abraham Harold Maslow，1908—1970）将人的需要分为五个层次：生理需要、安全需要、情感需要、尊重需要和自我实现需要。不同层次的需要，由低到高，依次产生，当某个层次的需要得到满足以后，又会产生较高层次的需要。我国清朝初期的胡澹庵在 300 多年前就提出需要的四层次论：温饱、情爱、财产、地位。同时，他还指出：生命不息，欲望不止。

2. 稀缺性

人的欲望要用各种物质产品来满足，而这些物质产品需要各种资源来生产。但一个社会无论有多少资源，总是一个有限的量。我们可以给稀缺性（scarcity）下这样一个定义：相对于人类社会的无穷欲望而言，经济物品，或者说生产这些物品所需要的资源总是有限的。这种资源的相对有限性就是稀缺性。这里所说的稀缺性不是指资源绝对数量的多少，而是指相对于无限的欲望而言，再多的资源也是稀缺的。

稀缺性是人类社会面临的永恒问题，也就是说，稀缺性的存在是绝对的，它存在于一切社会和人类历史的各个时期。从现实看，无论是贫穷还是富裕的国家；无论是富可敌国的富豪，还是一贫如洗的难民，都要面对资源的稀缺性，只是稀缺的内容有所不同。所以，只要有人类社会，就会有稀缺性。

稀缺性的存在产生了经济学。经济学就是研究如何选择稀缺资源以满足人类多样化需要的学问。

（二）选择与机会成本

1. 选择

从人们欲望的无限性与资源稀缺性之间产生了选择（choice）问题，即人们如何利用现有的稀缺资源去生产更多的物品和服务以更有效地满足人类的欲望。选择内容无非有二：一是分清欲望的轻重缓急，使效用达到最大化；二是弄清满足欲望需要付出资源的多少，即代价大小。

选择，就是把满足愿望的目标与达到目标所付出的代价联系起来并进行权衡，“两利相权取其重，两害相权取其轻”。经济学就是研究人类在面临资源稀缺性约束条件下，为了最大限度地满足需要而配置资源的选择行为，它探讨稀缺资源的有限配置原则，或者说选择的一般规律。因此，从某种意义上来说，经济学也可称为“选择比较经济学”。

2. 机会成本

当我们选择把一种资源用于一种用途时，就放弃了其他用途。因此，无论是消费者、企业还是国家，利用有限的稀缺资源其实是在众多方案中进行选择的结果。机会成本（opportunity cost）是指一种选择或决策的代价——将资源用于某种用途时必须放弃的其他最好用途的价值。

微课 1.2　机会成本

假如某人有 100 万元资金，几种可供选择的用途及在同一时间内可能获得的收入分别是：开便利店能获利 10 万元；开网店可获利 15 万元；股权投资将获分红 20 万元；开办农家乐餐饮民宿可获利 30 万元。如果某人选择开办农家乐，则放弃的其他可供选择的用途是开便利店、开网店和股权投资。在所放弃的用途中，最高的用途是股权投资（可获利 20 万元）。所以，在选择开办农家乐时，机会成本就是股权投资的获利。或者说，选择开办农家乐获利 30 万元的机会成本是所放弃股权投资时可能获得的 20 万元收入。

我们在理解机会成本时应该注意以下三个问题。

第一，机会成本不同于实际成本。它不是作出某项选择时实际支付的费用或损失，而是一种观念上的成本或损失。因为资源是有限的，你选择了一种用途，就必须放弃其他选择。在这种情况下，你作出一项选择时，机会成本并不是实际支出或损失，仅仅是观念上的损失，或放弃的另一种可能性。

第二，机会成本是作出一种选择时所放弃的其他若干种可能的选择中预计收益最高的一种。例如，在上例运用 100 万元资金的选择中，当选择了开办农家乐时，所放弃的用途有开便利店、开网店和股权投资三种，其中最高的一种用途是股权投资（在这三种可供选择的用途中获利最多），所以，运用 100 万元开办农家乐的机会成本是放弃股权投资所带来的 20 万元收入。

第三，机会成本并不全是由个人选择所引起的。其他人的选择会给你带来机会成本，你的选择也会给其他人带来机会成本。例如，当你夜晚享受家庭舞会时，你所放弃的宁静就是这种享受的机会成本。同时，你还会使邻居得不到宁静，邻居所放弃的宁静就是你这种选择给他人带来的机会成本。当然，我们一般从个人的角度做出某项投资或其他决策时，所考虑的主要是自己的机会成本。一般所说的机会成本也是这个意义上的。

（三）资源配置目标

经济学主要研究稀缺的资源在无限而又有竞争性的用途中的配置问题，以及人类社会寻求满足自身的物质需求与欲望的方法。从现实社会来看，厂商需要选择有限的且有多种用途的资源，考虑生产什么、生产多少，以获得最大利润；家庭和个人需要选择将有限的收入用于购买何种商品、购买多少，以获得最大效用；政府需要选择资源合理配置的最优方案，以促进经济增长，实现社会福利最大化。

1. 资源配置的基本问题

人类进行选择的过程也就是资源配置（resource allocation）的过程，资源配置需要解决三个基本问题。

（1）生产什么

生产什么（what to produce）是指资源总量在既定的前提下生产哪些产品，以最大限度地满足人们需要的问题。一个企业要根据市场需求和自身资源优势决定生产什么产品、产品的规格以及产品的市场定位；一个地区要根据人们的收入水平和消费结构的变化来进行产业结构的调整；一个国家要从全社会可持续发展的目标出发，兼顾长远利益、局部利益与全局利益的关系，提出适当的产业政策。这些都是在回答生产什么、生产多少的问题。

（2）如何生产

如何生产（how to produce）主要指选择何种生产方式的问题，包括用何种生产资源，采用何种技术、工艺、手段来生产。一般来说，同一种产品在不同的国家，或在同一个国家的不同经济发展时期，可以选择不同的生产方式（劳动密集型、资源密集型、资本密集型和知识密集型）进行生产。例如发电，可以选择用煤炭、水利、石油、天然气、核能、太阳能、风能、地热、沼气及潮汐能等多种能源来发电。

（3）为谁生产

为谁生产（for whom to produce），简单地说是产品如何分配的问题，具体来说是收入和财富的分配问题。社会按怎样的原则进行分配，分配的结果会出现怎样的收入差距，国家如何调节收入差距。这些问题从再生产的角度看，对生产资源的配置至关重要。显然，在一个社会成员贫富悬殊的社会，高级别墅和游艇可能会有很好的市场，但在收入分配基本平均的社会，这些产品的市场就可能是相当有限的。

2. 资源利用的基本问题

微课 1.3 资源配置的基本问题和方式

在现实中，人类社会往往面临这样一种矛盾：一方面资源是稀缺的，另一方面稀缺的资源还得不到充分的利用。当出现失业时，意味着经济资源的闲置和浪费。所以，经济学家不仅研究资源配置问题，还研究资源利用（resource utilization）问题。所谓资源利用问题是指人类社会如何更好地利用现有的稀缺资源，使之生产出更多的物品。资源利用包括以下三个方面的问题。

（1）为什么资源得不到充分利用，如何解决失业，实现充分就业。

（2）经济水平和产量为什么会波动，如何实现经济长期稳定增长。

（3）货币如何影响经济社会，如何对待通货膨胀或通货紧缩问题。

由以上可以看出，稀缺性不仅引起了资源配置问题，而且还引起了资源利用问题。前者由微观经济学解决，后者则是宏观经济学的课题。正因为如此，许多经济学家把经济学定义为“研究稀缺资源配置和利用的科学”。

（四）资源配置的基本方式

尽管各个社会都存在稀缺性，但解决稀缺性的方法并不相同。人类社会的各种经济活动都是在一定的经济体制下运行的。在不同经济体制下，资源配置与资源利用问题的解决方法有所不同。经济体制就是一个社会做出选择的方式，或者说是解决资源配置与资源利用的方式。

当今世界上经济体制基本有三种：市场经济体制、计划经济体制和混合经济体制。它们分别以不同的方式实现资源的配置和利用。

1. 计划经济体制

计划经济体制（planned economic system）一般是指生产性资源（如资本和土地）基本上都归公共（国家或政府）所有，经济决策高度集中，由中央计划进行资源配置的经济制度。在这种制度下，中央集中的指令性计划决定生产什么、如何生产和为谁生产。

2. 市场经济体制

市场经济体制（market economic system）是指以市场机制作为配置社会资源基本手段的一种经济体制。它是高度发达的、与社会化大生产相联系的大商品经济，其最基本的特征是经济资源商品化、经济关系货币化、市场价格自由化和经济系统开放化。市场经济体制（主要是指现代市场经济体制）下的政府只能作为经济运行的调节者，对经济运行所起的作用只是宏观调控。

【延伸阅读】

社会主义市场经济体制

社会主义市场经济体制是中国改革开放以来所建立的市场经济体制。建立和完善社会主义市场经济体制是中国进一步深化经济体制改革的一项重要内容。1992 年邓小平南方谈话时提出要建立社会主义市场经济体制，中共十四大正式提出建立社会主义市场经济体制的目标。

2017 年 10 月 18 日，习近平同志在党的十九大报告中指出，要加快完善社会主义市场经济体制。经济体制改革必须以完善产权制度和要素市场化配置为重点，实现产权有效激励、要素自由流动、价格反应灵活、竞争公平有序、企业优胜劣汰。

2020 年 4 月 9 日，《中共中央、国务院关于构建更加完善的要素市场化配置体制机制的意见》印发。2020 年 5 月 18 日，《中共中央、国务院关于新时代加快完善社会主义市场经济体制的意见》印发。

社会主义市场经济体制是一种史无前例的体制，也是中外经济学经典中从来没有过的一个概念。因此，从理论上说，这是我们党的一次真正的理论创新，是马克思主义中国化的一个光辉典范。从实践上说，这是社会主义经济体制的一次真正变革，是中国特色社会主义道路探索中的一个伟大创举。

资料来源：节选自百度百科“社会主义市场经济体制”。

3. 混合经济体制

经济学家把以市场调节为基础，政府适当干预的经济体制称为混合经济体制（mixed economic system），又叫现代市场经济体制（modern market economic system）。在现实社会中，多数国家的现行经济制度都属于混合经济制度。混合经济体制是现代市场经济的特征，虽然经济中的大多数决策都是在市场中进行的，但政府在调控和监督市场运行方面仍然扮演着重要的角色。

综上所述，经济学研究的对象，如图 1－1 所示。

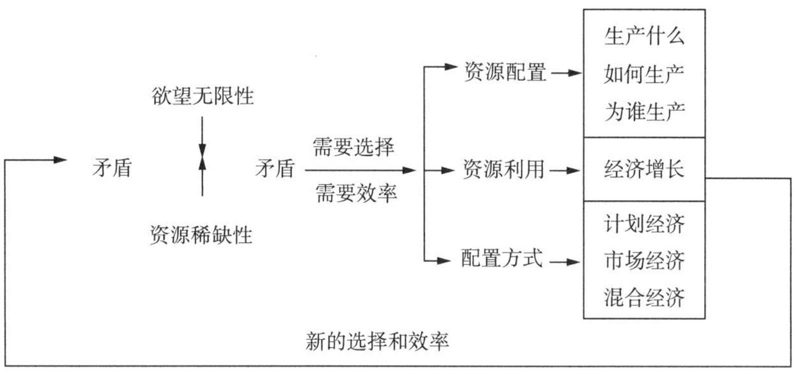

图 1－1　经济学研究对象简单示意图

【延伸阅读】

市场在我国资源配置中发挥的作用越来越重要

中国共产党第十八届中央委员会第三次全体会议，于2013年11月9日至12日在北京举行。全会公报强调“市场在资源配置中起决定性作用和更好发挥政府作用”。

市场在资源配置中起决定性作用，即意味着市场将能够在规则之内决定资源配置。这明确了经济改革的核心问题与总体方向，即进一步“市场化”。

党的十六大提出“在更大程度上发挥市场在资源配置中的基础性作用”。

党的十七大提出“从制度上更好发挥市场在资源配置中的基础性作用”。

党的十八大进一步提出“更大程度更广范围发挥市场在资源配置中的基础性作用”。

党的十九大指出“发挥市场在资源配置中的决定性作用，更好发挥政府作用，建立完善的宏观调控体系”。

党的二十大指出“充分发挥市场在资源配置中的决定性作用，更好发挥政府作用”。

从党的十六大到二十大，在市场基础性作用前面所加的关键词都集中在强调改革取向是增强市场作用。

资料来源：节选自中国共产党十六大、十七大、十八大、十九大、二十大报告。

第二节　微观经济学和宏观经济学

微课 1.4　理性经济人假设

现代经济学通常根据其研究对象的不同把经济学分为微观经济学（microeconomics）和宏观经济学（macroeconomics）。微观经济学侧重研究资源配置的问题，宏观经济学侧重研究稀缺资源利用的问题。

一、微观经济学

微观经济学是指以单个经济单位为研究对象，通过研究单个经济单位的经济行为和相应的经济变量单项数值的决定来说明价格机制如何解决社会资源的配置问题。在理解微观经济学概念时应注意以下几点。

（一）微观经济学研究的对象是单个经济单位的经济行为

单个经济单位是指组成经济的最基本的单位：家庭与厂商。家庭是经济中的消费者和生产要素的提供者，它以实现效用（即满足程度）最大化为目标。厂商是经济中的生产者和生产要素的需求者，它以实现利润最大化为目标。

（二）微观经济学解决的问题是资源配置

资源配置即生产什么、如何生产和为谁生产的问题。解决资源配置问题就是要使资源配置达到最优化，即在这种资源配置下能给社会带来最大的经济福利。微观经济学从研究单个经济单位的最优行为入手，来解决社会资源的最优配置问题。

（三）微观经济学的中心理论是价格理论

在市场经济中，家庭和厂商的行为受价格的支配，生产什么、如何生产和为谁生产都由价格决定。价格像一只“看不见的手”，调节着整个社会的经济活动，从而使社会资源的配置实现最优化。正因为如此，微观经济学也被称为价格理论。

（4）微观经济学的研究方法是个量分析

个量分析是对单个经济单位和单个经济变量的单项数值及其相互关系所作的分析。例如，某种商品的价格、某种产品的产量就属于价格和产量这类经济变量的单项数值。微观经济学就是分析这类个量的决定、变动及其相互之间的关系。

二、宏观经济学

宏观经济学是指以整个国民经济为研究对象，通过研究经济中各有关总量的决定及其变化来说明资源如何才能得到充分利用的问题。在理解宏观经济学概念时应注意以下几点。

（一）宏观经济学研究的对象是整个国民经济

宏观经济学所研究的不是经济活动中的各个单位，而是由这些单位所组成的整体。这样，宏观经济学就要研究整个经济的运行方式与规律，从总体上分析经济问题。

（二）宏观经济学解决的问题是资源利用

宏观经济学把资源配置作为既定的前提，分析现有资源未能得到充分利用的原因，达到充分利用的途径，以及如何增长等问题。

（三）宏观经济学的中心理论是国民收入决定理论

宏观经济学把广义国民收入（国内生产总值等总量概念）作为最基本的总量，以国民收入的决定为中心来研究资源利用问题，分析整个国民经济的运行。国民收入决定理论被称为宏观经济学的核心，其他理论则是运用这一理论来解释整体经济中出现的各种问题。

（四）宏观经济学的研究方法是总量分析

总量是指能反映整个经济运行情况的经济变量。这种变量有两类：一类是个量的总和，如国民收入是组成整个经济的各个单位的收入之和，总投资是各个企业的投资之和，等等；另一类是平均量，如价格水平是各种商品与劳务的平均价格等。总量分析就是分析这些总量的决定、变动及其相互关系，并通过这种分析说明经济的运行状况，进而决定经济政策。因此宏观经济学也被称为“总量经济学”。

三、微观经济学和宏观经济学的区别与联系

从微观经济学与宏观经济学的含义及其理解中可以看到，微观经济学和宏观经济学在研究的对象、解决的问题、中心理论和分析方法上都有不同，见表 1 - 1。

表 1－1 微观经济学与宏观经济学比较

类别 区别	微观经济学	宏观经济学
研究的对象不同	单个经济单位	整个国民经济
解决的问题不同	资源配置	资源利用
中心理论不同	价格理论	国民收入决定理论
分析方法不同	个量分析	总量分析

尽管微观经济学和宏观经济学存在着上述种种差别，但作为经济学的不同组成部分，它们之间又有着密切的联系，主要表现在以下几个方面。

（一）微观经济学与宏观经济学是互相补充的

经济学的目的是要实现社会经济福利的最大化。为了达到这一目的，既要实现资源的最优配置，又要实现资源的充分利用。微观经济学是在假定资源已实现充分利用的前提下，分析如何达到最优配置的问题；宏观经济学则是在假定资源已实现最优配置的前提下，分析如何达到充分利用的问题。它们从不同的角度分析社会经济问题。从这个意义上来说，微观经济学与宏观经济学不是相互排斥的，而是相互补充的，它们共同组成了经济学的基本构架。

（二）微观经济学与宏观经济学研究方法都是实证分析

微观经济学与宏观经济学都把社会经济体制作为既定的前提，不分析社会经济体制变动对经济的影响，也就是说，它们都把市场经济体制作为一个既定的存在，分析这一经济体制下的资源配置与利用问题。这种不涉及体制问题，只分析具体问题的方法就是实证分析。从这种意义上看，微观经济学与宏观经济学都属于实证经济学的范畴。

（三）微观经济学是宏观经济学的基础

宏观经济行为和经济总量的分析是以微观经济学分析为基础的。例如，失业理论和通货膨胀理论作为宏观经济学的重要组成部分，需要涉及劳动供求和工资决定理论，以及商品价格如何决定的理论，而充分就业的宏观经济模型，正是建立在以完全竞争为假定前提的价格理论和工资理论基础之上的。

四、西方经济学发展历程

微课 1.5 西方经济学发展历程

许多思想家很早就已经开始研究经济问题，并提出了不少在今天看来仍有影响力的观点。在西方，最早出现的经济学思想可以追溯到古希腊时期。但是，经济学作为一门独立的学科则是与资本主义生产方式的形成同时产生的。西方经济学从它产生到现在，经历了重商主义、古典经济学、新古典经济学和当代西方经济学四个重要发展时期。

（一）重商主义——西方经济学的萌芽时期

重商主义（mercantilism）产生于 15 世纪，终止于 17 世纪中期，这是资本主义生产方式的形成与确立时期。重商主义的主要代表人物有英国经济学家威廉·配第（William Petty，1623—1687）、约翰·海尔斯（John Hales，？—1571）、威廉·斯塔福德（William Stafford，1554—1612）、托马斯·曼（Thomas Mun，1571—1641），法国经济学家安徒安·德·孟克列钦（Antoine de Montchrestien，1575—1622）等。他们的主要代表作是威廉·配第的《赋税论》和托马斯·曼的《英国得自对外贸易的财富》等。

重商主义的基本观点：金银形态的货币是财富的唯一形态，一国的财富来自对外贸易，增加财富的唯一方法就是扩大出口、限制进口。这样，就必须实行国家对经济的干预，即用国家的力量来扩大出口、限制进口。重商主义的这些观点，反映了资本原始积累时期资本主义经济发展的要求。重商主义仅限于对流通领域的研究，其内容也只是一些政策主张，并没有形成一个完整的经济学体系，只能说是经济学的萌芽时期。

（二）古典经济学——西方经济学的形成时期

古典经济学（classical economics）从17世纪中期开始，到19世纪70年代为止。主要代表人物有英国经济学家亚当·斯密（Adam Smith，1723—1790）、大卫·李嘉图（David Ricardo，1772—1823）、托马斯·罗伯特·马尔萨斯（Thomas Robert Malthus，1766—1834），法国经济学家让·巴蒂斯特·萨伊（Jean Baptiste Say，1767—1832）、西斯蒙第（Sismondi，1773—1842）等。其中最重要、最杰出的代表人物是亚当·斯密，其代表作是1776年出版的《国民财富的性质和原因的研究》，简称《国富论》。

《国富论》的发表被认为是经济学发展过程中对重商主义的革命。以亚当·斯密为代表的古典经济学家的贡献，是建立了以自由放任为中心的经济学体系。古典经济学研究的中心是如何增加国民财富。他们强调财富是物质产品，要增加国民财富就必须通过增加资本积累和分工来发展生产。因此，他们研究了经济增长、价值、价格和收入分配等广泛的经济问题。古典经济学的政策主张是自由放任，主张通过价格这只“看不见的手”来调节经济的运行，使人们在追逐自己利益的过程中实现社会资源合理而有效的配置。古典经济学自由放任的思想反映了自由竞争时期经济发展的要求。古典经济学家把经济研究从流通领域转到生产领域，使经济学成为一门真正独立的学科。

【相关链接】

《国富论》简介

亚当·斯密是英国古典政治经济学的主要代表人物之一，被奉为西方经济学鼻祖。他的代表作是《道德情操论》（*The Theory of Moral Sentiments*）和《国富论》。

《国富论》全称《国民财富的性质和原因的研究》（*An Inquiry into the Nature and Causes of the Wealth of Nations*），为亚当·斯密于1776年发表的一部改变人类历史的创世巨著。他在《国富论》这本书的扉页上这样写道：“献给女王陛下的一本书！”他说：“女王陛下，请您不要干预国家经济，回家去吧！国家做什么呢？就做一个守夜人，当夜晚来临的时候就去敲钟，入夜了看看有没有偷盗行为，这就是国家的任务。只要国家不干预经济，经济自然就会发展起来。”

《国富论》是人类首度针对政治经济原理进行逻辑严谨的科学论证。亚当·斯密总结了近代各国资本主义的发展经验，批判地吸纳了它之前的重要经济理论，对国民经济的运行过程作了系统的整体描述，是现代经济学的集大成之作，也是现代经济学的奠基之作。亚当·斯密对经济学的贡献堪比牛顿对物理学的贡献。

《国富论》的中心思想是：看起来似乎杂乱无章的自由市场实际上具有自行调整机制，自动倾向于生产社会最迫切需要的货品种类及数量。例如，如果某种需要的产品供应短缺，其价格自然上升，价格上升会使生产商获得较高的利润，由于利润高，其他生产商也想要生产这种产品。生产增加的结果会缓和原来的供应短缺，而且随着各个生产商之间的竞争，供应增长会使商品的价格降到“自然价格”，即其生产成本。谁都不是有目的地通过消除短缺来帮助社会，但是问题却解决了。用亚当·斯密的话来说，每个人“只想得到自己的利益”，但是又好像“被一只无形的手牵着去实现一种他根本无意要实现的目的……他们促进社会的利益，其效果往往比他们真正想要实现的还要好”。

资料来源：节选自百度百科《国富论》和“亚当·斯密”，有改动。

（三）新古典经济学——微观经济学的形成与发展时期

新古典经济学（new classical economics）从19世纪70年代的“边际革命”开始，到20世纪30年代结束。这一时期经济学的中心仍然是自由放任，它是古典经济学的延伸。但由于它用新的方法论述了自由放任思想，并建立了说明价格如何调节经济的微观经济学体系，因而被称为新古典经济学。

19世纪70年代初，奥地利经济学家卡尔·门格尔（Carl Menger，1840—1921）、英国著名的经济学家和逻辑学家威廉姆·斯坦利·杰文斯（William Stanley Jevons，1835—1882）、法国经济学家里昂·瓦尔拉斯（Léon Walras，1834—1910）几乎同时但又各自独立地提出了边际效用价值论，揭开了“边际革命”的序幕。边际效用价值论者认为：效用是价值的源泉，而边际效用是衡量价值的尺度，物品的价值量则是由该物品合理使用时产生的最小效用所决定的。这里采用了一种新的分析方法，即边际分析法。正是这种分析方法使经济学进入了一个新的时期，标志着新古典经济学的开始。1890年，英国近代著名的经济学家阿尔弗雷德·马歇尔（Alfred Marshall，1842—1924）综合了当时的各种经济理论，出版了《经济学原理》一书。他把边际效用价值论和生产费用论等结合起来，应用供求均衡原理建立了一个以“均衡价格理论”为核心的经济学体系，奠定了现代微观经济学的理论基础。因此，该书被称为新古典经济学理论的代表作，马歇尔则被认为是新古典经济学理论的主要代表和创始人。

虽然新古典经济学的政策主张仍然是自由放任，但他们明确地把资源配置作为经济学研究的中心，论述了价格如何使社会资源配置达到最优化，从而在理论上证明了市场机制的完善性。他们把需求分析与供给分析结合在一起，建立了现代微观经济学的框架体系。由于该体系是以完全竞争为前提的，所以在20世纪初出现垄断后便与现实发生了冲突。1933年，英国著名女经济学家琼·罗宾逊（Joan Robinson，1903—1983）和美国经济学家爱德华·哈斯丁·张伯伦（E. H. Chamberlin，1899—1967）分别出版了《不完全竞争经济学》和《垄断竞争理论》，分析了不完全竞争或垄断竞争条件下的资源配置问题，对马歇尔所创立的微观经济学体系做了最重要的补充，为微观经济学确立了完整的理论体系，是微观经济学的重大发展。

（四）当代西方经济学——宏观经济学的形成与发展时期

当代西方经济学（contemporary western economics）是以20世纪30年代凯恩斯主义的出现为标志的。这一时期，经济学得到了全面而深入的发展，但由于各国资本主义发展的特点不同，以及经济学家们的研究角度、理论观点、分析方法与政策主张的不同，又形成了许多不同的经济学流派。这一时期的经济学可以分为三个阶段。

第一阶段是凯恩斯革命时期。这一时期从20世纪30年代到20世纪50年代。1929—1933年资本主义国家爆发了空前的经济大危机，使得新古典经济学论述的市场调节的完善性的神话被打破。传统的经济理论与经济现实发生了尖锐的冲突，经济学面临着它有史以来的第一次危机。在此形势下，1936年英国经济学家约翰·梅纳德·凯恩斯（（John Maynard Keynes，1883—1946）发表了《就业、利息和货币通论》（简称《通论》，英文名 *The General Theory of Employment，Interest and Money*）一书。这本书从总需求的角度分析国民收入，并用有效需求不足来解释失业存在的原因；在政策上则提出了国家干预经济的主张，并提出了一整套国家干预经济进行需求管理的办法。凯恩斯的这些观点被绝大部分西方经济学家所接受，他的政策主张也被西方发达国家的政府采纳，史称“凯恩斯革命”。这次革命所产生的以国民收入决定理论为中心，以国家干预为基调的理论和政策主张，形成了当代宏观经济学体系。因此，凯恩斯被誉为现代宏观经济学创始人。

第二阶段是凯恩斯主义发展时期。这一时期从20世纪50年代到20世纪60年代末。战后，西方各国都加强了对经济活动的全面干预，凯恩斯主义得到了广泛的传播与发展。美国经济学家保罗·萨缪尔森等人把凯恩斯主义的宏观经济学与新古典经济学的微观经济学结合起来，建立了一个适合于当代资本主义需要的、既有微观经济理论又有宏观经济理论的新体系，形成了新古典综合派。

第三阶段是自由放任思想复兴时期。这一时期始于20世纪70年代。凯恩斯主义的经济理论和政策在西方各国推行之后，引发了许多问题，出现了经济停滞、失业与通货膨胀并存的“滞胀”局面，导致资本主义经济面临恶化。凯恩斯主义陷入困境，而以诺贝尔经济学奖获得者、美国经济学家米尔顿·弗里德曼（Milton Friedman，1912—2006）为首的货币主义所主张的自由放任思想却得以复兴。他们从不同的角度论述了市场机制的完善性，得到了减少国家干预，充分发挥市场机制作用的主张。

20世纪80年代中期以后，新经济自由主义的理论和政策受到人们的普遍怀疑和非难，国家干预主义又重新抬头。美国一些有主见的中青年学者——新一代凯恩斯主义者，如哈佛大学的N·格雷戈里·曼昆（N. Gregory Mankiw）、劳伦斯·萨默斯（Lawrence Summers，1954—）等，他们在继承凯恩斯主义传统和基本学说的基础上，从理论和分析技术上改进了原凯恩斯主义，对宏观经济学的微观基础进行了重新构建，得到了许多新的研究成果和实证结论，形成了“新凯恩斯主义经济学”的新学派。该学派在西方经济学界崭露头角并迅速成为影响较大的学派之一。

从西方经济学发展的历史脉络中，我们可以清楚地看出，经济学是为现实社会发展服务的。西方经济学的形成、确立与发展是与资本主义市场经济的建立与发展相适应的。

【延伸阅读】

市场经济中国化——中国特色社会主义市场经济理论创新

1. 市场经济中国化

传统观点认为，市场经济是资本主义特有的，而计划经济则是社会主义特有的。对于如何正确认识市场和计划，以及如何妥善处理二者关系，中国改革开放的总设计师邓小平同志给出了正确的答案并做出了精辟的阐述。1979年邓小平同志提出："说市场经济只存在于资本主义社会，只有资本主义的市场经济，这肯定是不正确的，社会主义为什么不可以搞市场经济?"1985年邓小平同志进一步指出："社会主义与市场经济之间不存在根本矛盾。"1992年春，邓小平同志视察南方时，做出了精辟的阐述："计划多一点还是市场多一点，不是社会主义与资本主义的本质区别。计划经济不等于社会主义，资本主义也有计划；市场经济不等于资本主义，社会主义也有市场；计划和市场都是经济手段。"

新中国成立以来，我国发生了翻天覆地的变化，综合国力实现了历史性跨越，国际地位和影响力显著提升，社会经济发展取得了举世瞩目的成就。特别是自1978年改革开放以来，我国坚持中国特色的社会主义市场经济，先后经历了计划经济为主、市场调节为辅，到社会主义有计划的商品经济，再到计划与市场内在统一体制的改革过程。我国社会生产力、综合国力实现了历史性跨越。我国已经成为世界第二大经济体、第一大工业国、第一大货物贸易国、第一大外汇储备国，综合国力日益增强，人民生活显著提高。我国不仅大大推动了世界经济发展，而且为丰富和发展经济学理论作出了重要贡献。

2. 中国特色社会主义市场经济理论创新

新中国成立以来，我们不但在社会主义康庄大道上谱写出改天换地的壮丽史诗，从而走出了一条繁荣富强的现代化之路，而且也彰显了来自中国伟大实践涌现出的经济学理论创新和发展丰硕成果。回顾当代中国经济学发展历程，总结其发展经验，探索未来发展走向，既是学科建设与繁荣的需要，也是新时代经济学理论创新和繁荣发展整个哲学社会科学的需要。

(1) 丰富和发展了市场经济理论

如何建设市场经济是社会主义建设的一种全新探索。习近平总书记指出："在社会主义条件下发展市场经济，是我们党的一个伟大创举。"因此，建设好社会主义市场经济是中国特色社会主义伟大实践的核心主题。新中国成立70年来，社会主义经济体制先后经历了传统计划经济、计划经济为主、市场调节为辅，到社会主义有计划的商品经济，再到计划与市场内在统一体制的改革过程。党的十四大确立了建立社会主义市场经济体制的目标模式，党的十四届三中全会提出了社会主义市场经济体制的基本框架。自此以后，坚持社会主义市场经济改革方向，发展和完善社会主义市场经济体制，就成为经济体制改革最重要的理论和实践问题。现在来看，社会主义市场经济体制既超越了传统计划经济，又超越了资本主义市场经济，不是社会主义与市场经济的简单相加，而是机制体制的重构和再造，更是中国40多年改革开放探索走出的成功新路。

首先，中国市场经济不是对标西方市场经济。中国的市场经济不同于西方市场经济。

其次，中国社会主义不是对标经典社会主义，是社会主义经济的自我完善和自我超越。改革开放40多年来，中国经济发展之所以能取得举世瞩目的成绩，就在于中国从实际出发，找到了一条把社会主义基本制度与市场经济结合起来的道路，形成了充满活力的社会主义市场经济体制。正因为如此，我国的社会主义市场经济体制在实践中交出了令世人惊叹的“优秀成绩单”。

(2) 丰富和发展了现代经济学概念和范畴

经济学理论的丰富和发展，总是率先以术语革命的新范畴、新概念形式展开。恩格斯曾说：“一门科学提出的每一种新见解都包含这门科学的术语革命。”当代西方主流经济学面临着两个方面问题：一方面，西方经济学研究的主流范式固守于新自由主义经济学，概念和范畴陈旧老套，理论创新陷入停滞；另一方面，中国的崛起对西方概念形成了挑战，西方的概念和学说越来越难以对中国问题提供准确解释。

事实上，新中国成立以来的经济建设，特别是40多年改革发展的成功经验，已经淬炼出一批既反映中国经验又具有经济学一般价值的概念和范畴，例如，社会主义初级阶段、社会主义基本经济制度和分配制度、“以人民为中心”的发展思想、新发展理念、供给侧结构性改革、建设现代化经济体系、围绕主要矛盾变化完善宏观调控、新型工业化道路、新型城镇化道路、高质量发展、“一带一路”、推动构建人类命运共同体等。这些概念和范畴正在成为现代经济学话语体系和理念体系创新发展的重要来源。

全球化时代需要的经济学，不仅要有深厚的完整理论体系，还要有解决实际问题的能力；不仅要有对现实问题的深刻洞察，还要有对未来趋势的前瞻性研判；不仅要有严密的经济学逻辑，还要有对人类命运共同体的深度关切。中华民族伟大复兴和崛起以及形成的庞大经济体量已经产生了大量有关经济发展的新经验和新元素，为经济学创新发展提供了大量丰富的素材，越来越多的来自全球的经济学家期待着从中提炼出经济学新元素。

新中国70多年社会主义经济建设探索充分证明：“中国特色”不是一个封闭的概念，而是与世界对话的一个平台。随着中国经济发展的日益成功，特别是“两个一百年”奋斗目标的实现，从中国改革发展的实践经验中总结提炼出的新概念和新范畴不但会更多，而且将会得到越来越多的世界认可和接受，甚至成为现代经济学的重要内容。

资料来源：周文．新中国经济学理论贡献及其新时代历史使命［J］．红旗文稿，2019（14）．

第三节 经济学的研究方法

每一门学科都有自己的研究方法，经济学也不例外。西方经济学的研究方法，主要包括实证分析方法、规范分析方法、边际分析方法和均衡分析方法等。

一、实证分析方法

实证分析方法（empirical analysis）是指企图超脱或排斥一切价值判断，只研究经济本身的内在规律（如有关经济变量之间的函数关系和因果联系），并根据这些规律分析和预测人们经济行为的效果。它要回答“是什么”的问题，而不对事物的好坏做出评价。它侧重研究经济体系如何运行，分析经济活动的过程、后果及向什么方向发展，而不考虑运行的结果是否可取。

例如，汽车能否进入家庭的问题涉及汽车价格、消费者收入等因素之间的关系，这种关系是客观的。通过分析可以得出在收入达到什么水平以及价格为多少时，汽车可以进入家庭，这是实证分析。

实证分析一般借助于一系列经验数据、假设条件、经济数量模型，根据理论模型做出预测，然后用事实来验证预测，以便决定修改或放弃理论及其预测。经济学就是在“考察资料、形成假说、检验假说、修改或放弃假说”中演变和发展的。

二、规范分析方法

规范分析方法（normative analysis）以一定的价值判断为基础，提出某些分析、处理经济问题的标准，树立经济理论的前提，以此作为制定经济政策的依据。它要回答“应该是什么”的问题，其分析结论往往无法通过经验事实来检验，主要依据一定的价值判断和社会目标，来探讨达到这种价值判断和社会目标的步骤。当经济学的研究把因果分析与价值判断结合在一起时，这种经济理论就叫作规范经济学。

例如，汽车是否应该进入家庭的问题涉及人们的价值判断，即汽车进入家庭是一件好事还是坏事。不同的人看法不同，得出的结论也完全不同。经济学以某种价值判断为基础分析这一问题，这是规范分析。

实证经济学与规范经济学尽管存在着差异，但二者之间不是绝对的相互排斥。规范经济学要以实证经济学为基础，而实证经济学也离不开规范经济学的指导。在实证分析法中，关于人的行为的社会认识是其分析的基础，完全的客观主义是不存在的。从经济理论发展的历史来看，除少数经济学家主张经济学像自然科学一样进行纯实证分析以外，基本一致认为经济学既是实证的科学，又是规范的科学。因为提出什么问题来进行研究，采用什么方法来研究，突出强调哪些因素，实际上涉及个人的价值判断问题。一般来说，越是具体的问题，实证分析的成分越多；而越是高层次、带有决策性的问题，则越具有规范性。在分析经济现象的过程中，这两种分析方法需要结合起来进行运用。

三、边际分析方法

边际分析方法（marginal analysis）产生于经济学史上的“边际革命”。边际效用价值论与劳动价值论彻底背离，其认为商品之所以有价值，是因为人们在消费商品中获得了效用，商品的价值取决于人们对商品效用的主观评价。对于这种主观价值论，人们在经济学中引入了一种新的分析方法，即边际分析方法。

边际（margin）的原意为边界、界限、增量等，是指一个微小的增量带来的变化。从数学的角度看，所谓边际就是某一连续函数的导数。它反映的是自变量的微小变化对因变量的影响。设 x 为自变量，Δx 表示其变化量，y 为因变量，Δy 表示其变化量，当 $f(x)$ 为连续函数时，$y=f(x)$ 相对于 x 变化的边际值就是 $f(x)$ 对 x 的导数 y'，即 y 对 x 的导数等于在 Δx 趋于零时比值 $\frac{\Delta y}{\Delta x}$ 的极限。

四、均衡分析方法

均衡原是物理学的概念，指当一个物体同时受到方向相反的两个外力的作用，而这两种力量恰好相等时，该物体由于受力相等而处于静止状态，这种状态就叫作均衡状态。将均衡概念引入经济学的是法国经济学家里昂·瓦尔拉斯（Léon Walras，1834—1910），他开创了一般均衡理论，是一位数理经济学家，边际革命领导人。经济学中的均衡是指社会经济中的各种对立变动着的力量处于一种力度相当、相对静止、不再变动的境界（或者说能够维持不变的一种状态）。西方经济学研究均衡状态，传统的方法有两种——局部均衡和一般均衡，现代经济学又加进了动态均衡。

局部均衡研究经济体系中单个消费者与厂商的均衡状态。局部均衡在考察一种商品的价格如何由供给和需求两种相反力量的作用而实现均衡时，总是假定"其他条件不变"，也就是说，当考察一种商品的价格如何实现均衡时，总是假定只取决于这种商品本身的供求状况，而不受其他商品的价格和供求状况的影响。

一般均衡研究一个经济体系中，所有市场的供给和需求同时达到均衡时的状态。一般均衡分析方法（equilibrium analysis）认为一种商品的价格不仅取决于它本身的供给和需求状况，还要受到其他商品价格和供求状况的影响，因而一种商品的价格和供求均衡，只有在所有商品的价格和供求都达到均衡时才能决定。

【相关链接】

学习经济学有关网站

序号	网站名称	网址
1	中国经济学教育科研网	http：//www. cenet. org. cn/
2	国务院发展研究中心	http：//www. drc. gov. cn/
3	北京大学国际经济研究中心	http：//www. ccer. edu. cn/
4	清华大学经济研究中心	http：//www. ncer. tsinghua. edu. cn/
5	经济观察网	http：//www. eeo. com. cn/
6	21 世纪经济报道	hhttp：//m. 21jingji. com/
7	经济合作与发展组织（OECD）	http：//www. oecd. org
8	国际货币基金组织（IMF）	http：//www. imf. org
9	世界银行（World Bank）	http：//www. worldbank. org/
10	新浪财经	http：//finance. sina. com. cn
11	人民网财经	http：//finance. people. com. cn
12	中华网财经	http：//finance. china. com
13	中华人民共和国国家发展和改革委员会官网	http：//www. sdpc. gov. cn/

（续表）

序号	网站名称	网址
14	中华人民共和国统计局官网	http：//www. pcb. gov. cn/
15	中华人民共和国财政部官网	http：//www. mof. gov. cn/
16	中华人民共和国商务部网站	http：//www. mofcom. gov. cn/
17	国家外汇管理局官网	http：//www. safe. gov. cn/
18	搜狐财经网	http：//rss. business. sohu. com/
19	经济学阶梯教室	http：//www. gimy. com/
20	中国经济 50 人论坛	http：//www. 50forum. org. cn/
21	和讯网	http：//www. hexun. com/

【本章小结】

本章是对整个经济学的概括。它主要介绍了经济组织所面临的基本经济问题、经济学的研究对象、西方经济学发展的历程，以及经济学研究的一些基本方法。

【经济学家】

当代中国杰出经济学家——吴敬琏

吴敬琏（1930—），江苏南京人，著名经济学家，被誉为“中国经济学界的泰斗”，当代中国杰出经济学家、著名市场经济学者。1950 年入金陵大学（1952 年并入南京大学）经济系，1952 年经高等院校调整转入上海复旦大学经济系。

1984—1992 年，连续五次获得中国“孙冶方经济科学奖”。2003 年国际管理学会(International Academy of Management）授予他“杰出成就奖”。2005 年荣获首届“中国经济学奖杰出贡献奖”，授奖理由如下：

吴敬琏是当代中国最有影响的经济学家之一，他对中国经济学的理论发展、经济与社会政策制定作出了多方面的贡献。

（1）发展基础理论，推动市场取向改革。吴敬琏始终鲜明地坚持市场取向的改革主张。他和刘国光、董辅礽、赵人伟等经济学家共同工作，在 20 世纪 80 年代初期创建了中国的比较制度分析学科。

（2）提出适时转变到整体改革战略。1985 年，吴敬琏提出企业、竞争性市场体系和宏观调节体系“三环节配套改革”的主张。以吴敬琏为首提出的这种“整体改革”的主张，是我国理论界最具代表性的学派之一。

（3）国有经济调整与国企改革。吴敬琏参与规划国有经济布局调整和国有企业改革的基本路径，对于深化企业改革、完善公司治理起了重要的推动作用。

（4）多种所有制经济共同发展。吴敬琏论证了发展民营经济、实现多种所有制经济共同发展的必要性。

(5) 倡导以法治为基础的现代市场经济。吴敬琏指出，建立一个什么样的市场经济，是转型时期一个尖锐的社会问题。它的核心就是如何在大变革中力求保持社会公正。由此，政府在经济转型中的作用就显得格外重要。因此必须加快政治改革，提升政治文明，建立民主政治，建设法治国家。

(6) 提出宏观经济政策建议。吴敬琏在缜密分析的基础上提出宏观经济政策建议，对宏观经济调控起了重要的推动作用。

2019 年 12 月 18 日，吴敬琏入选“中国海归 70 年 70 人”榜单。入选理由：他被称为“中国经济学界的良心”，在改革开放后重要的转型时期提出了关键性的宏观经济政策建议，为我国的社会主义市场经济改革做出了突出贡献。

图 1-2　吴敬琏
（图片来源：百度图片）

资料来源：百度百科“吴敬琏”，略有改动。

【练习与思考】

一、问答题

1. 经济学研究的对象有哪些？
2. 如何理解稀缺性的相对性与绝对性？
3. 如何理解机会成本这个概念，能否用日常生活的经济学现象验证机会成本的广泛性？
4. 简述西方经济学发展的历程。

二、思考题

请认真学习曼昆的“经济学十大原理”，用所学的知识解释日常生活中的经济学现象，要求举例说明。

曼昆：经济学十大原理

美国经济学家曼昆概括出经济学的十大原理，并且用这十大原理贯穿他的《经济学原理》一书始终。这十大原理包括人们如何做出决策、如何相互交易和整体经济如何运行三个方面。

1. 人们如何做出决策

由于一个经济的行为反映了组成这个经济的个人的行为，所以我们的经济学研究就从个人做出决策的四个原理开始。

原理一：人们面临权衡取舍；
原理二：某种东西的成本是为了得到它所放弃的东西；
原理三：理性人考虑边际量；
原理四：人们会对激励做出反应。

2. 人们如何相互交易

在我们人生的旅途中，我们的许多决策不仅影响我们自己，而且还会影响其他人。以下三个原理是关于人们如何互相交易的。

原理五：贸易能使每个人状况更好；

原理六：市场通常是组织经济活动的一种好方法；

原理七：政府有时可以改善市场结果。

3. 整体经济如何运行

我们从讨论个人如何做出决策开始，然后考察人们如何相互交易。所有这些决策和相互交易共同组成了“经济”。最后三个原理涉及整体经济的运行。

原理八：一国的生活水平取决于它生产物品与劳务的能力；

原理九：当政府发行了过多货币时，物价上升；

原理十：社会面临通货膨胀与失业之间的短期权衡取舍。

资料来源：〔美〕曼昆．经济学原理（上册）［M］．北京：机械工业出版社，2005．有删减。

第二章
需求、供给与价格

学习目标

重点掌握：1. 需求、供给、均衡价格等基本概念
2. 需求与需求量的分析，供给与供给量的分析
3. 均衡价格的形成

基本了解：1. 需求与供给的影响因素
2. 弹性理论

一般了解：价格政策

本章导读

我国水资源短缺，“节水优先”势在必行

2023 年 4 月 10 日至 13 日，习近平总书记在广东考察时指出，我国缺水且水资源分布很不均衡。推进中国式现代化，要把水资源问题考虑进去，以水定城、以水定地、以水定人、以水定产，发展节水产业。党的二十大报告提出“协同推进降碳、减污、扩绿、增长，推进生态优先、节约集约、绿色低碳发展”；强调“实施全面节约战略，推进各类资源节约集约利用”，进一步为节水工作指明了方向、明确了任务。2022 年 11 月 17 日，首届全国节水创新发展大会以“节水优先、产业驱动、绿色发展”为主题，旨在总结贯彻“节水优先”方针取得的成效及经验，分享节水最佳实践，学习国内外先进节水理念、技术和产品，研讨节水产业重点发展方向，加速推进节水型社会建设。

我国是一个水资源短缺的国家，人均水资源占有量仅为世界平均水平的四分之一。全国 600 多个城市中，目前有 400 多个城市供水不足，其中严重缺水的城市有 110 个。据报道 2021 年、2022 年浙江省多个地市已出台了限制供水措施。北京市更是属于极度缺水城市。央视网 2022 年 11 月 25 日消息：据北京水务局介绍，北京市多年年人均水资源量一直在 100 立方米左右；在南水北

调水进京后，虽然年人均水资源量提高到150立方米左右，但仍远低于联合国认定的年人均水资源量500立方米的极度缺水标准。尽管淡水资源不足，但我国水资源浪费严重。因此，节水环保，功在当代，利在千秋。“节水优先”是新时代治水思路的重要组成部分。

资料来源：经编者整理而得。

从本章导读案例中，我们得知我国水资源短缺。但日常生活中水资源浪费现象比比皆是。因此，建立合理的水价机制，有利于促进节约用水、建设节水型社会、优化水资源配置。在微观经济学中，多数商品的价格都是由商品的需求和供给这两个因素共同决定的。因此，对需求和供给的初步论述，通常被当作微观经济学分析的出发点。本章介绍了需求、供给、均衡价格等基本概念。完成了本章的学习与领会，你可以试着解释价格如何形成，并对自己感兴趣的商品与服务做出有关价格下降、上升和上下波动的预测。

第一节　需　求

需求是经济学中最基本的概念，我们首先研究需求及其影响因素，进而研究需求量与价格的变动关系，从而得出需求定理。

微课 2.1　需求

一、需求

需求（demand）是消费者在某一特定时期内，在不同的价格水平上愿意并且能够购买到的商品量。理解需求概念，应把握好以下几点：

第一，需求不同于需求量（quantity demanded，Q_d）。需求量是在某一既定的价格（price，P）下，消费者愿意而且能够购买的数量。例如某一品牌的彩电，价格为2 600元/台时，2021年3月某地市场的需求量为1 000台，5月份价格降至2 200元/台时，需求量为1 450台，7月份价格降至1 800元/台时，需求量为2 100台。而需求则是不同价格下所对应的不同需求量的统称。例如，上例中彩电每一价格所对应的需求量统称为彩电的需求，也就是说需求是一个多量组合，而需求量是一个单量。需求要说明的是一种关系，即需求量与价格之间的关系，其表现形式或是一张需求表，或是一个方程，或是一条需求曲线。

第二，需求必须同时具备两个条件：一是消费者必须具有购买意愿；二是消费者具有支付能力。意愿是需求的前提，支付能力是需求的核心，两者缺一不可。

第三，由于受供给、相关商品价格或消费者预期等因素的影响，需求量不一定等于实际购买量。

我们可以用需求表和需求曲线更为直观地表示需求变化。需求表是表示某种商品的各种价格与其所对应的需求量之间关系的表格，见表2-1。通过表格将彩电的价格与在每一价格水平时所对应的彩电的需求量联系起来，就构成了彩电的需求表。

表 2-1　彩电的需求表

项目＼月份	3月	4月	5月	6月	7月
单价（元）	2 600	2 400	2 200	2 000	1 800
需求量（台）	1 000	1 200	1 450	1 750	2 100

需求曲线是某种商品价格与需求量之间关系的图形表示形式，即表示商品价格与需求量之间关系的曲线。可依据彩电的需求表绘制彩电的需求曲线，如图 2-1 所示。

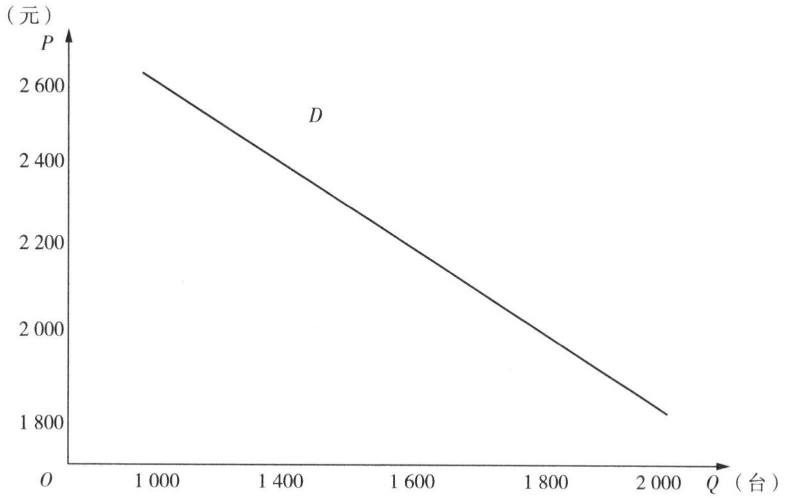

图 2-1　需求曲线

在图 2-1 中，横轴 *OQ* 代表需求量，纵轴 *OP* 代表价格，*D* 为需求曲线。需求曲线向右下方倾斜，表明需求量与价格呈反方向变动。需求曲线的形状可能是曲线，也可能是直线。

二、需求函数

（一）影响需求的因素

（1）消费者的收入水平以及社会收入分配的平等程度。收入水平上升、社会收入分配平等程度提高会导致需求增加；反之，收入水平下降、社会收入分配不平等会导致需求减少。

（2）相关商品的价格。相关商品之间的关系有两种：互补关系和替代关系。互补关系是指两种商品互相补充共同满足人们的同一种欲望，如汽车与汽油；替代关系是指两种商品可以互相代替来满足同一种欲望，如牛肉与羊肉。由于商品之间的关系不同，导致了相关商品价格的变动引起对应商品需求的变动方向亦不同，如图 2-2 所示。

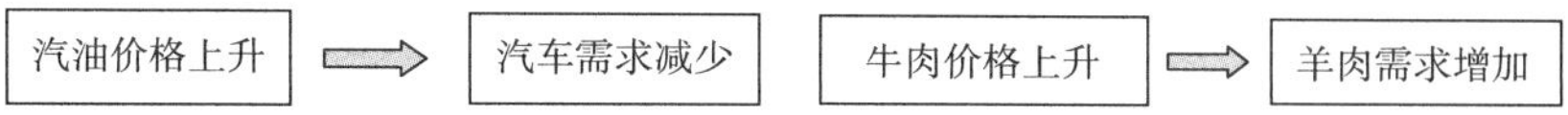

图 2-2　相关商品价格变化与需求的关系

对于互补品（complementary products），一种商品（汽油）价格上升，消费者对另一种商品（汽车）的需求就会减少；反之亦然。即一种商品的价格与其互补品的需求呈反方向变动。对于替代品（substitute products），一种商品（如牛肉）的价格上升，消费者对另一种商品（羊肉）的需求就会增加；反之亦然。即一种商品的价格与其替代品的需求呈同方向变动。因为作为理性的消费者总在追寻用最小的成本来满足同一欲望。

（3）消费者偏好。消费者对某种商品的偏爱程度会对该商品的需求产生影响，偏爱程度越高，需求越大；相反，偏爱程度越低，需求越小。当许多人对某一商品产生相同的偏爱倾向时，就形成了某种消费风尚，将促使消费者在商品价格未发生变化的情况下增加或减少对该商品的需求。例如，西方人较东方人更偏爱喝咖啡，人均咖啡的需求量大于东方人。

（4）消费者对未来的预期。如果消费者预期某种商品价格将上涨，就会做出增加当前购买的决定，致使当前需求增加；如果消费者预期某种商品价格将下降，就会做出减少当前购买的决定，致使当前需求减少，反之亦然。同样，如果消费者预期未来收入水平提高，就会导致当前需求的增加，反之亦然。例如，消费者如果预期自己将面临失业的威胁，他就会减少一些非生活必需品的开销，致使当前需求减少。

（5）其他。包括人口数量变动、人口结构变动、政府的经济政策等。一般来讲，人口数量的增减会使需求发生同方向变动。人口结构的变动主要影响需求的结构，政府会通过采取一些鼓励需求或抑制需求的政策来调节需求。例如，人口老龄化的国家，消费者对时髦服装、滑雪等刺激性运动项目的需求会减少，而对保健品和老年常用药的需求会增加。

（二）需求函数

影响需求的因素很多，要精确地表示影响需求的众多因素与需求之间的定量关系，需要借助于需求函数。我们把影响需求的各种因素作为自变量，用 a，b，c，d，…，n 表示，把需求作为因变量，用 Q_d 表示，则需求函数为：$Q_d=f(a, b, c, d, \cdots, n)$。

为了简化分析，可以假定影响需求的其他因素不变，仅分析商品本身价格与需求量之间的关系，并以 P 表示价格，则需求函数可表示为

$$Q_d=f(P)$$

如果某商品需求量与价格之间是线性关系，即需求曲线是一条直线，则需求函数为

$$Q_d=a-bP$$

三、需求定理

（一）需求定理的内容

需求定理也称为需求法则、需求规律。需求定理是指在其他条件不变的情况下，当某种商品的价格下降时，消费者对这种商品愿意而且能够购买的数量就会增加；反之，当某种商品的价格上涨时，消费者对这种商品愿意而且能够购买到的数量就会减少。简单地说，需求量随价格上升而减少，随价格下降而增加，这就是需求定理。

需要注意的是，需求定理的应用要满足一定的前提。也就是“其他条件不变的情况下”，比如当苹果价格下降时，前提是人们对苹果带给自己的效用判断不变，所以购买增

加。如果苹果被宣布会导致疾病，降低了效用预期，则需求量可能不会增加。此外，如果水果丰收，所有的水果价格都下降了，苹果的需求还会维持原来的水平，并不必然增加。

（二）收入效应与替代效应

一种商品的需求量为什么与价格呈反方向变动呢？经济学家用替代效应（substitution effect）和收入效应（income effect）来解释这一点。

替代效应是指在实际收入不变的情况下某种商品价格变化对其需求量的影响。这也就是说，如果某种商品价格上涨了，而其他商品的价格没变，那么，其他商品的相对价格下降了，消费者就要用其他商品来代替这种商品，从而对这种商品的需求量就减少了。例如，如果羊肉的价格上升而牛肉价格不变，牛肉相对羊肉价格就便宜了，人们就会更多地购买牛肉而减少购买羊肉。

收入效应是指在货币收入不变的情况下某种商品价格变化对其需求量的影响。这也就是说，如果某种商品价格上涨了，而消费者的货币收入并没有变化，那么消费者的实际收入就减少了，从而对这种商品的需求也就减少了。例如，如果羊肉的价格上升而消费者的货币收入不变，则消费者实际收入减少，对羊肉的需求量必然减少。

替代效应强调了一种商品价格变动对其他商品相对价格水平的影响，收入效应强调了一种商品价格变动对实际收入水平的影响。需求定理所表明的商品价格与需求量呈反方向变动的关系正是这两种效应共同作用的结果。

【延伸阅读】

需求定理的例外

需求定理所指的是一般商品的规律，需求定理也有例外，如炫耀性商品和吉芬商品。

炫耀性商品。20 世纪初美国经济学家凡勃伦在《有闲阶级》一书中提出了炫耀性消费的概念。炫耀性消费是用于显示自己社会身份的消费。用于炫耀性消费的商品被称为炫耀性商品。例如：豪华游艇、私人飞机、租住的岛屿、高档消费品等，这时价格和需求量不是呈反方向变动，而是同方向变动。商品价格下降时需求减少。

吉芬商品。吉芬商品指的是价格上升引起需求量增加的物品。英国统计学家罗伯特·吉芬发现，1845 年爱尔兰发生灾荒，土豆价格上升，但是土豆需求量反而增加了。

吉芬商品所表现出来的特性显然有悖于一般商品的正常情形。在 1845 年的爱尔兰，土豆是一种低档商品。当土豆价格上升时，消费者变穷了。收入效应使消费者想少买肉而多买土豆。同时，由于土豆相对于肉变得更为昂贵，替代效应使消费者想购买更多的肉和更少的土豆。但是，在这种特殊的情况下，收入效应如此之大，以至于超过了替代效应。结果消费者的反应是少买肉，多买土豆。

炫耀性商品和吉芬商品是需求定理的例外，在这两种情况下，需求曲线是一条向右上方倾斜的线。

资料来源：许毅．对需求定理及供给定理的例外分析［J］．经济问题探索，2001(1)，有改动。

四、需求量的变动与需求的变动

在其他因素不变的条件下，商品本身价格变动所引起的需求数量的变动被称为需求量的变动。需求量的变动表现为同一需求曲线上点的移动，如图 2-3 所示，当价格为 P_1时，需求量为 Q_1，当价格由 P_1下降到 P_2时，需求量由 Q_1增加到 Q_2，在需求曲线上表现为从 a 点向 b 点移动。向左上方移动是需求量的减少，向右下方移动是需求量的增加。

在商品本身价格不变的条件下，由其他因素变动所引起的需求的变动被称为需求的变动。需求的变动表现为需求曲线的平行移动。如图 2-4 所示，在商品价格 P_0保持不变的情况下；收入减少时，需求由 Q_0减少到 Q_1，需求曲线由 D_0移动到 D_1；收入增加时，需求由 Q_0增加到 Q_2，需求曲线由 D_0移动到 D_2。需求曲线向左移动是需求的减少，在不同价格水平需求量都会减少；需求曲线向右移动是需求的增加，在不同价格水平需求量都会增加。

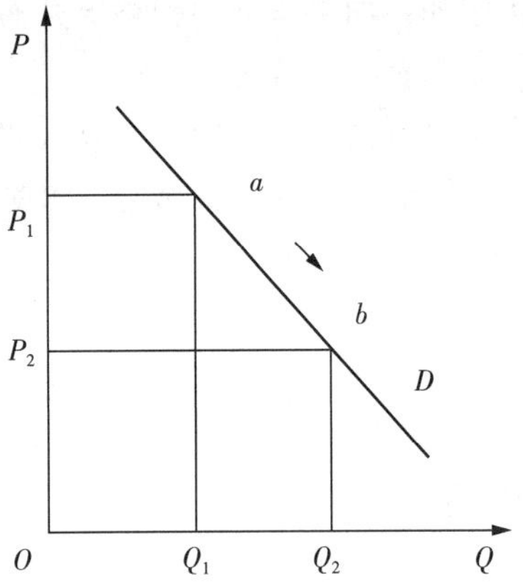

图 2-3 需求量的变动

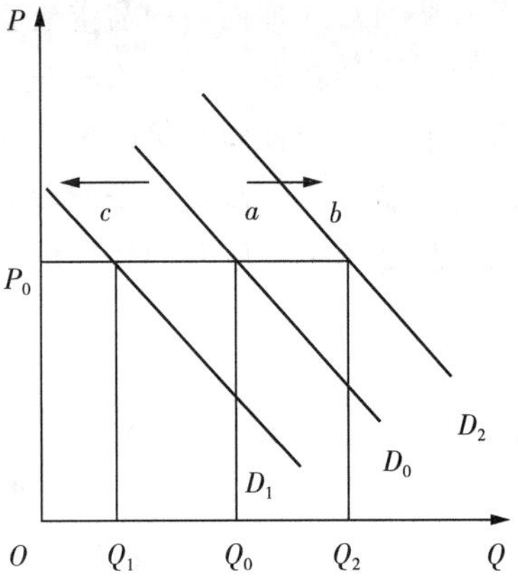

图 2-4 需求的变动

总之，需求量的变动与需求的变动的引发因素不同，变化表现形式亦不同，而且需求的变动会引起需求量的变动，而需求量的变动不一定引起需求的变动。例如，当苹果的价格上涨时，若其他条件不变，改变的只是苹果的需求量，苹果的需求并不产生变动。明确二者区别，便于正确理解政府的微观经济政策。比如政府规定“香烟包装必须明确标注吸烟有害健康”，有的国家还要求在香烟包装上印刷警示图案，以示抽烟的危害，这些政策将影响人们对吸烟的认识，降低香烟需求。

第二节 供 给

需求和供给融入我们的每一次经济行为，它们是构成市场的两个基本要素，也是影响商品价格的两个决定因素，是经济分析的基石。英国学者托马斯·卡莱尔（Thomas Carlyle）甚至说过：“只要能教会鹦鹉学会说‘供给与需求’，就能把它培养成一个经济学家。”

【相关链接】

保障口罩供给，全力解决防疫民生痛点

2020年疫情凶猛，一罩难求。近日，全国不少城市推出线上预约购买口罩功能。为了避免人员聚集，相关功能也逐步改进，部分城市可以通过快递送货上门。厦门成为全国首个凭厦门户籍或在厦门缴纳社保获得摇号购买口罩资格的城市。此外，上海、广州、南京等多个城市都分别实行了在线预约、摇号购买等口罩采购新规；杭州出台了凭身份证免费领取口罩的措施。

这些现实告诉我们，预约、摇号都是无奈之举，只有从源头增加口罩生产供应，在增量上缩减供需矛盾，让公众正常购买，让一线医务人员无后顾之忧，做到“粮草充足”，才是缓解“口罩荒”的治本之策，才能真正打赢这场硬仗。

口罩虽小，背后却离不开相关产业链精巧、上下联动的支持。事实上，适逢春节，突如其来的疫情不但让大部分民众手足无措，而且一些工厂乃至整个行业都被打了个“措手不及”。原材料不足、人工不足、机器不足，产能显现“天花板”，满负荷亏本生产，这些问题几乎是口罩等医疗物资生产上下游企业共同面临的问题。鉴于此，就需要各地职能部门积极介入，对于存在困难和顾虑的企业，要以尊重市场规律的方式，对症下药给予帮助；同时，通过适当方式鼓励企业尽快复工乃至扩大产能。

资料来源：评论：保障口罩供给，全力解决防疫民生痛点，中国新闻网，2020-02-02.

一、供给

微课 2.2 供给

供给（supply）是指在某一特定时期内，在每一价格水平上生产者愿意而且能够出售的商品量。与需求相类似，理解供给概念，同样需要把握好以下几点：

第一，供给不同于供给量（quantity supplied，Q_s），供给量是在某一既定的价格下，生产者愿意而且能够出售的数量。例如，某一品牌的彩电，价格为2 600元/台时，2021年3月某地市场的供给量为2 000台，5月份价格降至2 200元/台时，供给量为1 450台，7月份价格降至1 800元/台时，供给量为1 000台。而供给则是不同价格下所对应的不同供给量的统称，即价格与其供给量之间的价格组合关系，因而供给是一个多量组合，而供给量是一个单量。

将价格与供给量相对应列出表格（即供给表），彩电的供给表见表2-2。

表2-2 彩电的供给表

月份 / 项目	3月	4月	5月	6月	7月
单价（元）	2 600	2 400	2 200	2 000	1 800
供给量（台）	2 000	1 700	1 450	1 200	1 000

将表2-2所列的价格与供给量之间的关系用图示法表示出来即得到供给曲线，如图2-5所示。

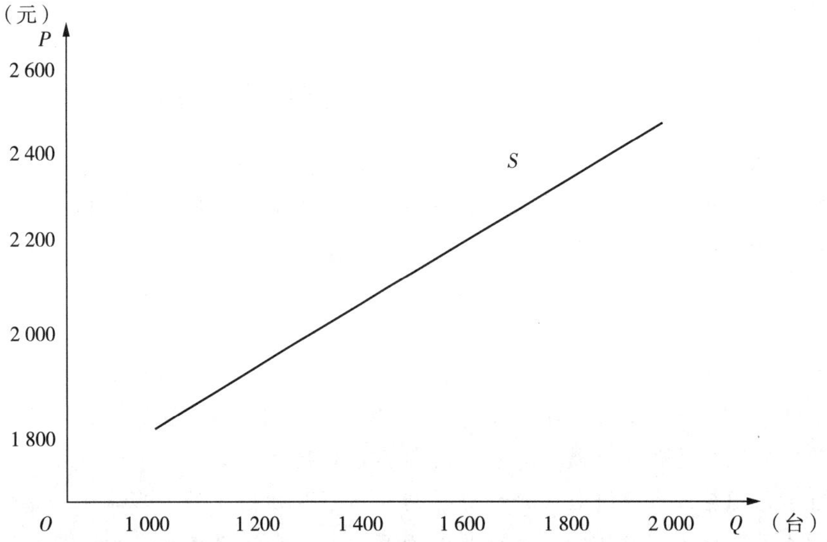

图 2-5 供给曲线

在图 2-5 中，横轴 OQ 代表供给量，纵轴 OP 代表价格，S 为供给曲线。供给曲线向右上方倾斜，表明供给量与价格呈同方向变动。

第二，供给也需要同时具备两个条件：一是生产者愿意出售；二是生产者有供给能力。

第三，供给的商品既包括以前的存货，又包括新生产的商品。

第四，供给也分为单个供给和市场供给。单个供给是指单个厂商对某种商品的供给，市场供给是指该商品市场所有个别供给的总和。

第五，供给量不一定等于实际销售量，有时供给量大于实际销售量。

二、供给函数

（一）影响供给的因素

影响供给的因素很多，有经济因素，也有非经济因素，概括起来主要有五个方面。

（1）厂商目标。在经济理论中，经济学家常假设厂商以最大利润为经营目标，那么供给取决于这些供给量是否能给他带来最大利润。事实上，厂商也可能以拥有较大的生产规模并占有相当大的市场份额为目标，或者以其他政治的或社会道义责任为目标，那么供给就会因目标差异而有所不同。例如，在发生自然灾害时，一些厂商出于社会道义责任以成本价出售商品。

（2）生产技术。生产技术的提高会使资源得到更充分的利用，从而增加供给。例如，炼钢厂采用了新的燃煤技术，煤的使用量降低 1/3，生产成本大大下降，因而在产品价格保持不变的情况下，厂商愿意供应更多的产品。

（3）生产要素价格。生产要素价格的变化直接影响到商品的生产成本，从而影响供给。在商品价格不变的情况下，生产要素价格下降，生产成本下降，利润增加，供给会增加；反之，生产要素价格上涨，供给会减少。例如，在葡萄酒价格等因素不变的条件下，如果葡萄的价格上涨，意味着厂商的生产成本增加，供给将会减少。

(4) 相关商品价格。对于互补品，一种商品（如汽油）的价格上升，消费者对其互补品（汽车）的需求就会减少，引起互补品价格下降，从而供给减少；反之情况则相反。可见，一种商品的价格与其互补品的供给呈反方向变动。对于替代品，一种商品（如牛肉）的价格上升，消费者对其替代品（羊肉）的需求就会增加，引起替代品的价格上升，从而供给增加；反之情况则相反。可见，一种商品的价格与其替代品的供给呈同方向变动。

(5) 厂商对未来预期。厂商对未来经济持乐观态度，会增加供给；持悲观态度，则会减少供给。例如，如果多数厂商预期下个季度某商品的价格将上涨，则会多生产商品，因而供给增加。

【相关链接】

党的十九大报告指出：深化供给侧结构性改革

建设现代化经济体系，必须把发展经济的着力点放在实体经济上，把提高供给体系质量作为主攻方向，显著增强我国经济质量优势。加快建设制造强国，加快发展先进制造业，推动互联网、大数据、人工智能和实体经济深度融合，在中高端消费、创新引领、绿色低碳、共享经济、现代供应链、人力资本服务等领域培育新增长点、形成新动能。支持传统产业优化升级，加快发展现代服务业，瞄准国际标准提高水平。促进我国产业迈向全球价值链中高端，培育若干世界级先进制造业集群。加强水利、铁路、公路、水运、航空、管道、电网、信息、物流等基础设施网络建设。

资料来源：习近平：《决胜全面建成小康社会夺取新时代中国特色社会主义伟大胜利——在中国共产党第十九次全国代表大会上向大会作的报告》.

（二）供给函数

如果把影响供给的各种因素作为自变量，用 a，b，c，d，…，n 表示，把供给作为因变量，用 Q_s 表示，则可以用函数关系来表示供给与其影响因素之间的关系，即供给函数，关系式为：$Q_s=f\ (a,\ b,\ c,\ d,\ \cdots,\ n)$

为了简化分析，可以假定影响供给的其他因素不变，仅分析商品本身价格与供给量之间的关系，并以 P 表示价格，则供给函数可表示为

$$Q_s=f\ (P)$$

如果某商品供给量与价格之间是线性关系，即供给曲线是一条直线，则这种供给函数就是线性供给函数，其公式为

$$Q_s=-c+dP$$

三、供给定理

根据上述分析，我们把商品价格与供给量之间的关系概括为供给定理：

在其他条件不变的情况下，某商品价格上涨，供给量就会增加，价格下降，供给量就会减少，即商品价格与其供给量呈同方向变动。

在理解供给定理时，同样要注意“在其他条件不变的情况下”这个假设前提。这也就

是说，供给定理是在假定影响供给的其他因素不变的前提下，研究商品本身价格与供给量之间的关系。离开这一前提，供给定理就无法成立。例如，当技术进步时，即使某种商品价格下降，供给量也会增加。

供给定理所说明的供给量与价格的同方向变动关系可以用生产成本来解释。在经济中，作为生产要素的资源总是有限的。某种商品的供给增加，就需要更多的生产要素，为了把生产要素从其他商品的生产中吸引过来，就要提高生产要素的价格，从而增加成本。因此，只有在一种商品价格上升时，供给才会增加。

需要注意的是，供给定理反映的是一般商品的规律，它也有例外情况。一是有些商品的供给量是固定的，如名画、古玩，即使出售价格再高也无法增加供给数量。二是某些厂商在大规模生产时平均成本锐减，这时商品价格虽有所下降，但厂商仍愿意提供更多的商品。此类商品往往是那些可适于机械化大批量生产的高技术产品，如小汽车和电视机等。三是劳动的供给有其特殊性，当工资开始提高时，劳动的供给会增加，当工资水平上升到一定程度后，劳动者感到对货币的需要并不迫切了，这时工资再提高，劳动者也不会再供给更多的劳动量，而对休息、娱乐和旅游更感兴趣。

四、供给量的变动与供给的变动

如同我们要区分需求量的变动与需求的变动一样，我们也要区别供给量的变动与供给的变动。在其他因素不变的条件下，商品本身价格变动所引起的供给数量的变动称为供给量的变动。供给量的变动表现为同一供给曲线上点的移动，如图 2－6 所示。

在商品本身价格不变的条件下，由其他因素变动所引起的供给量的变动称为供给的变动。供给的变动表现为供给曲线的平行移动，如图 2－7 所示。

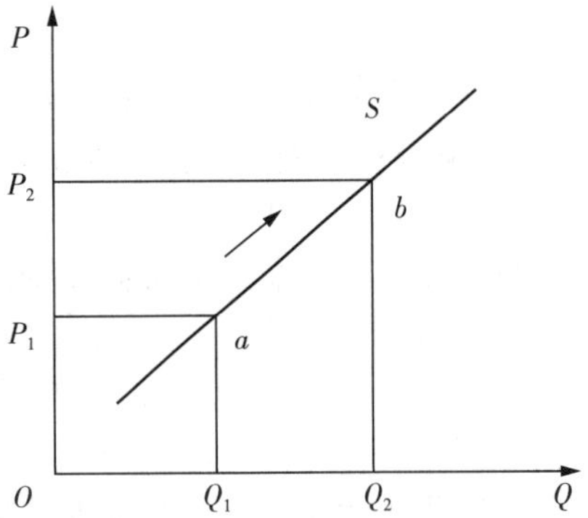

图 2－6　供给量的变动

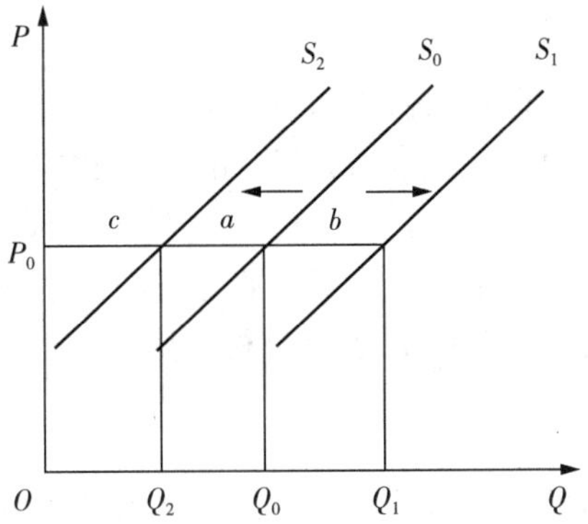

图 2－7　供给的变动

第三节　价格的决定

微课 2.3　价格的决定

供给与需求分析是研究社会经济活动的有效工具。研究供给和需求的相互作用及市场均衡价格的确定，是微观经济分析中最基本的方法之一。

【相关链接】

价格的作用

早在互联网出现之前，价格就已经形成了一个全球性的信息交流网络。不论是谁，不论在哪，只要是自由市场通行的地方，价格就能把你和其他人联系起来，因而商品价格低廉的地方能够让自己的商品畅销世界各地。这样你才能够穿上马来西亚生产的衬衫、意大利制造的鞋子、加拿大生产的裤子，开着日本制造的汽车，而轮胎却是法国生产的。

利用价格来调节的市场使人们能够向他人发出信号：想要多少产品，愿意支付什么价格。其他人也同样会发出信号：在什么价格愿意提供什么产品。价格对供求做出反应，使得自然资源从丰富的地方（如澳大利亚）转移到匮乏的地方（如日本）。因为比起澳大利亚人，日本人愿意为这些资源支付更高的价格。同样的资源，澳大利亚因其本身富有这类资源而价格较低，而日本人支付的高价格不仅能够弥补运输成本，还能够让澳大利亚大赚一笔。在印度发现的巨大铝土矿会降低美国铝制棒球棒的成本；阿根廷小麦歉收则会增加乌克兰农民的收入，因为全球市场对他们小麦的需求增加了，于是小麦价格更高了。

当某种商品供大于求，卖方之间为消除过剩产品将展开竞争，于是价格随之下降，从而冲击该商品未来的生产。这样一来，用于生产该商品的资源也会得到释放，被用于生产需求更大的其他商品。反之，对某种商品的需求超过了现有的供给，消费者之间的竞争会抬高价格，把资源从经济体的其他部分吸引过来，促进该商品的生产。

资料来源：〔美〕托马斯·索维尔．经济学的思维方式［M］．成都：四川人民出版，2018.

一、市场均衡价格的形成

在经济学中，均衡是指各种对立的、变动着的力量处于一种力量相当、相对静止、不再变动的状态。市场均衡是指在某段时间内，某一市场中商品的需求量正好和商品的供给量相等时的状态。

需求定理说明了消费者希望以最低的价格购买他想买的商品，而供给定理则说明了生产者希望以最高的价格销售他想卖的商品。需求价格是指消费者对一定量商品所愿意支付的最高价格；供给价格则是指生产者为提供一定量商品所愿意接受的最低价格。在某种商品的各种可能的价格中必然有一个双方都愿意接受的价格，这个价格被称为均衡价格，即一种商品需求量与供给量相等时的价格。对均衡价格的理解应注意三点。

第一，均衡是指经济中各种对立的、变动着的力量处于一种相对静止的状态。均衡一旦形成，如果有另外的力量使它离开原来的均衡位置，则会有其他力量使之恢复到均衡。但是，在市场上均衡是相对的，不均衡才是绝对的。

第二，决定均衡的力量是需求和供给双方。需求与供给决定价格，它们就像一把剪刀的两边一样起作用，因此，需求与供给的变动都会影响均衡价格的变动。

第三，市场上各种均衡价格是市场竞争的最终结果，其形成过程是在市场的背后进行的。

在均衡价格下，需求量等于供给量时的数量被称为均衡数量。我们依据表 2－3 的数据将需求曲线与供给曲线绘制在一张图上。

表 2－3 彩电的需求表与供给表

项目 \ 月份	3 月	4 月	5 月	6 月	7 月
单价（元）	2 600	2 400	2 200	2 000	1 800
需求量（台）	1 000	1 200	1 450	1 750	2 100
供给量（台）	2 000	1 700	1 450	1 200	1 000

在图 2－8 中，需求曲线与供给曲线相交于 E 点，即均衡点为 E，均衡价格（equilibrium price，P_e）为 2 200 元/台，均衡数量（equilibrium quantity，Q_e）为 1 450 台。从图中可以看出，当市场价格为 1800 元/台时，彩电的需求量是 2100 台，而生产者在这个价格下愿意供给的数量仅为 1 000 台，需求大大超过供给，这就会刺激市场价格上升，这一方面能减少消费者对彩电的需求，另一方面又能刺激生产者增加供给量。如果价格为 2 600 元/台，生产者在这个价格下愿意供给的数量达到了 2 000 台，而此时由于价格较高，消费者愿意购买的数量仅为 1 000 台，供给量远大于需求量，表明供给过剩，有 1 000台彩电卖不出去，这将会导致市场价格下跌，致使生产者供给数量减少，同时又会刺激消费者对彩电的需求量增加。这个调整过程一直会持续到价格为 2 200 元/台时，即到需求价格与供给价格相等时为止，此时消费者对彩电的需求量与生产者的供给量均为 1 450台，此时彩电市场达到了均衡。

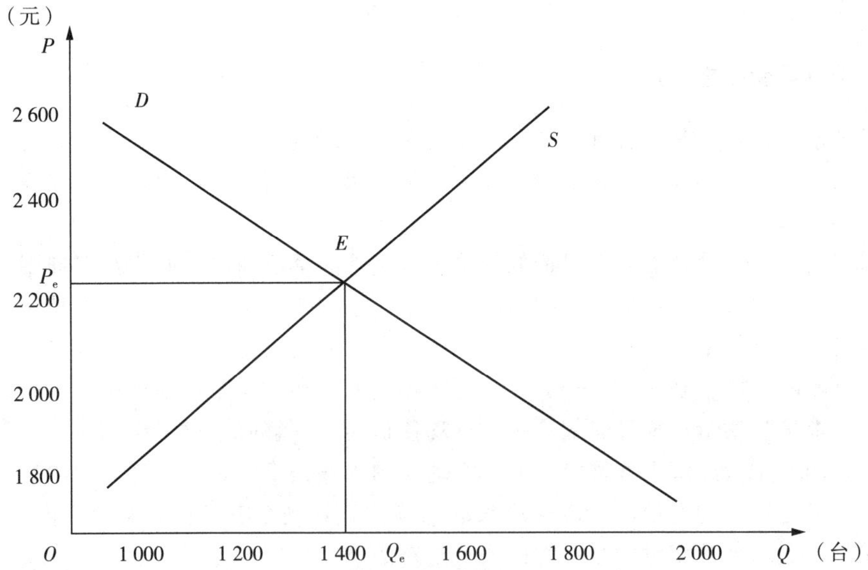

图 2－8 均衡价格与均衡数量

从几何意义上说，供求均衡出现在该商品的市场需求曲线与市场供给曲线相交的交点上，该点被称为均衡点。均衡点以上需求与供给所夹区域为供给过剩区，均衡点以下需求与供给所夹区域为供不应求区。

由此可见，市场经济中存在着这样一条基本规律：当需求量大于供给量时会刺激市场使价格上升；当需求量小于供给量时能促使市场价格下降。在这个过程中，市场上的需求者和供给者会调整自己的需求和供给，一直到供求相等时为止，市场的这种自我调节机制被亚当·斯密称为“看不见的手”。

均衡价格形成过程也可以用经济模型来表示，均衡价格决定的条件为

$$Q_d = a - bP$$

$$Q_s = -c + dP$$

$$Q_d = Q_s$$

联立解方程为

$$P_e = \frac{a-c}{b+d}$$

例如：某商品的需求函数为 $Q_d=20-4P$，供给函数为 $Q_s=-4+8P$，求其均衡价格和均衡产量。

解：根据均衡条件 $Q_d=Q_s$ 求出均衡价格 P_e

$$20-4P=-4+8P$$

$$P_e=2$$

将 $P_e=2$ 代入需求函数或供给函数，求得均衡产量 Q_e

$Q_d=20-4\times2=12$，即 $Q_e=12$

或 $Q_s=-4+8\times2=12$，即 $Q_e=12$

则该商品的均衡价格为 2，均衡产量为 12。

二、市场均衡价格的变动

从图 2-9 可以看出，一种商品的均衡价格是由该商品市场的需求曲线和供给曲线的交点所决定的。因此，需求曲线或供给曲线位置的移动都会使均衡发生变动，也就是说需求或供给的变动都将引发均衡的变动。

例如：某商品的需求曲线为 D_0，供给曲线为 S_0，均衡价格为 4，均衡数量为 100，我们将用图形来说明需求和供给变动对其均衡的影响。

（一）需求变动对均衡的影响

需求增加，需求曲线向右上方移动，如图 2-9 所示，需求曲线由 D_0 移动至 D_2，D_2 与 S_0 相交于 E_2，决定了新的均衡价格为 5，均衡数量为 150。这说明需求增加将会引起均衡价格的上升和均衡数量的增加。

需求减少，需求曲线向左下方移动，即由 D_0 移动至 D_1，D_1 与 S_0 相交于 E_1，决定了新的均衡价格为 3，均衡数量为 50。这说明需求减少将会引起均衡价格的下降和均衡数量的减少。

这里，需求的变动是指除价格以外的因素引起的需求变化，均衡价格也随之变化。如相关商品的价格、收入的变化、预期的变化等，当这些因素发生变化影响到需求时，导致

需求曲线的平行移动，从而引起均衡价格的变动。

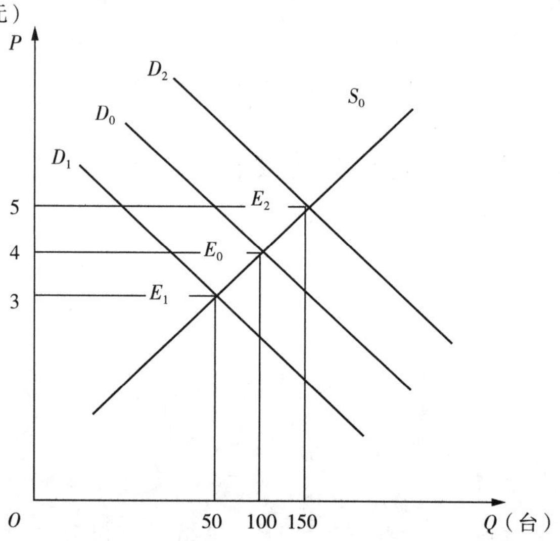

图 2-9 需求变动效应

（二）供给变动对均衡的影响

供给增加，供给曲线向右下方移动，如图 2-10 所示，供给曲线由 S_0 移动至 S_2，S_2 与 D_0 相交于 E_2，决定了新的均衡价格为 3，均衡数量为 120。这说明供给增加将会引起均衡价格的下降和均衡数量的增加。

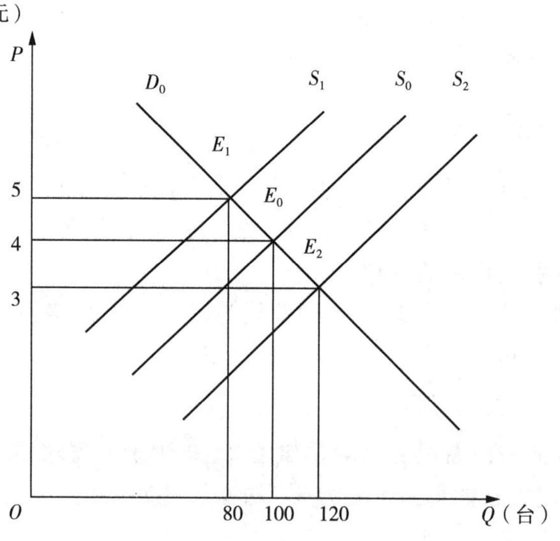

图 2-10 供给变动效应

供给减少，供给曲线向左上方移动，即由 S_0 移动至 S_1，S_1 与 D_0 相交于 E_1，决定了新的均衡价格为 5，均衡数量为 80。这说明供给减少将会引起均衡价格的上升和均衡数量的减少。

同理，供给的变动也是指除价格以外的因素引起的供给变化，均衡价格也随之变化。如相关商品的价格、生产成本的变化、自然条件的变化等，当这些因素发生变化影响到供给时，会导致供给曲线的平行移动，从而引起均衡价格的变动。

此外，供给与需求还有可能同时发生变动，请同学们推导。

三、供求定理

从上述关于需求与供给变动对均衡的影响分析可以得出供求定理：

第一，需求的增加引起均衡价格上升，需求的减少引起均衡价格下降。

第二，需求的增加引起均衡数量增加，需求的减少引起均衡数量减少。

第三，供给的增加引起均衡价格下降，供给的减少引起均衡价格上升。

第四，供给的增加引起均衡数量增加，供给的减少引起均衡数量减少。

即在其他条件不变的情况下，需求变动将引起均衡价格和均衡数量同方向变动；供给变动将引起均衡价格反方向和均衡数量同方向变动。

此外，需求与供给同时变动时，要根据变动的程度来确定均衡价格与均衡数量变动的情况。供求反向变动：当程度相等时，均衡价格与需求同方向变动，均衡数量不变。当程度不等时，需求增加大于供给减少，均衡价格上升，均衡数量增加；需求增加小于供给减少，均衡价格上升，均衡数量减少；需求减少大于供给增加，均衡价格下降，均衡数量减少；需求减少小于供给增加，均衡价格下降，均衡数量增加。供求正向变动：当程度相等时，均衡数量与供给同方向变动，均衡价格不定。当程度不等时，需求增加大于供给增加，均衡价格上升，均衡数量增加；需求增加小于供给增加，均衡价格下降，均衡数量增加；需求减少大于供给减少，均衡价格下降，均衡数量减少；需求减少小于供给减少，均衡价格上升，均衡数量减少。

供求定理是经济学中一个非常重要的定理，它具有广泛的实用价值。当影响需求或供给的因素发生变动时，将引发需求或供给的变动，原有的均衡将被打破，经济学上将这种原均衡与新均衡的比较分析称为比较静态分析。

四、均衡价格在经济中的作用

均衡价格是调节经济的“看不见的手”，但是，要让“看不见的手”发挥作用还需要一些条件。换言之，市场经济中价格的调节作用是以三个重要的假设为前提条件的。

第一，人是理性的。这就是说，人是“经济人”，每一个人都自觉地追求自己的个人利益最大化。只有这样，价格才能引导人们的经济行为。

第二，市场是完全竞争的。这就是说，每一个消费者或生产者都不能改变由市场决定的价格，只能在市场的背后由供给和需求双方共同决定。

第三，信息是完全的。这就是说，市场上任何一个消费者或生产者都可以免费得到做出决策所需要的信息。任何一方都不能利用信息优势欺骗对方。

在这样的前提下，美国经济学家弗里德曼把价格在经济中的作用归纳为三种。第一，传递情报；第二，提供一种刺激，促使人们采用最节约的办法进行生产；第三，决定谁可以得到多少产品。这三种作用实际上解决了资源配置的三个问题：生产什么、如何生产和为谁生产的问题。价格的作用可以体现在以下方面。

（1）作为指示器反映市场的供求状况。市场供求受各种因素的影响，每时每刻都在变化。这种变化必然要反映在价格上，人们通过价格的波动来了解供求的变动。

（2）价格的变动可以调节市场需求。消费者为了实现效用最大化，一定要按价格的变动来进行购买与消费。当某种商品的价格下降时，消费者就会多买，当某种商品的价格上升时，消费者就会少买。

（3）价格的变动可以调节市场供给。生产者为了实现利润最大化，一定要按价格的变动来进行生产与销售。当某种商品的价格下降时，生产者就会少生产；当某种商品的价格上升时，生产者就会多生产。

（4）价格可以使资源配置达到最优化。通过价格调节需求与供给，最终会使需求与供给相等，实现消费者的效用最大化，同时实现生产者的利润最大化，达到消费者与生产者的均衡，实现资源配置的最优化。

第四节　供求价格弹性

微课 2.4　供求价格弹性

弹性原是物理学名词，指一物体对外部力量的反应程度。比如对球来说，弹性就是球反弹的高度对拍球力量的灵敏度，即当我们稍微多用一点力量拍球时，球会多弹起多少高度。弹得高说明弹性大，否则弹性小。在经济学中，弹性是指经济变量之间存在函数关系时，因变量对自变量变化的反应程度。弹性的大小可用弹性系数来表示。弹性系数是因变量 Y 变动比率与自变量 X 变动比率的比值，用 E 来表示。即

$$E=\frac{\text{因变量变动的百分比}}{\text{自变量变动的百分比}}=\frac{\Delta Y/Y}{\Delta X/X}=\frac{\Delta Y}{\Delta X}\times\frac{X}{Y}$$

经济学中的弹性分为两大类型，即需求弹性和供给弹性。

一、需求弹性

需求弹性（demand elasticity，E_d）可以分为需求的价格弹性、需求的收入弹性和需求的交叉弹性，它们分别用以说明需求量变动与价格、收入和其他商品价格变动之间的关系。需求弹性中最重要的是需求的价格弹性，一般说的需求弹性就是需求的价格弹性（price elasticity of demand，E_p）。

（一）需求价格弹性

需求价格弹性是指价格变动所引起的需求量变动的比率，它反映了需求量变动对价格变动的敏感程度。不同商品需求量变动对价格变动的敏感程度不同，即需求弹性不同。一般用需求弹性系数来表示弹性的大小，以 E_d 来表示，Q 代表需求量，ΔQ 代表需求量的变动量，P 代表价格，ΔP 代表价格的变动量，则需求弹性系数可用公式表示为

$$E=\frac{\text{需求量变动的百分比}}{\text{价格变动的百分比}}=\frac{\Delta Q/Q}{\Delta P/P}=\frac{\Delta Q}{\Delta P}\times\frac{P}{Q}$$

由于需求量与价格呈反方向变动，因而需求价格弹性系数为负值，在实际运用中，为方便起见，一般取绝对值。如 $E_d=1.8$，其含义是价格每上升 1%，会引起需求量下降 1.8%，或是价格每下降 1%，会引起需求量上升 1.8%。

1. 点弹性与弧弹性

需求的价格点弹性表示需求曲线上某一点上的需求量变动对于价格变动的反应程度。

例如：鸡蛋的价格从 1 元/个下降到 0.70 元/个，需求量从 100 个上升到 120 个，则有：$P=1$ 元/个，$\Delta P=0.30$ 元/个，$Q=100$ 个，$\Delta Q=20$ 个，需求弹性系数为

$$E_P=\frac{\Delta Q}{\Delta P}\times\frac{P}{Q}=\frac{20}{0.30}\times\frac{1}{100}=0.67$$

但是这样计算存在一个问题：鸡蛋从 1 元/个变化到 0.70 元/个时的弹性与从 0.70 元/个变化到 1 元/个时的弹性不一样，即由于价格出发点的不同导致了弹性计算的不同。因此上述弹性又称点弹性。当需求曲线上两点之间的变化量趋于无穷小时，需求的价格弹性要用点弹性来表示。

如果我们将 P 和 Q 的值取平均数，则称为弧弹性。弧弹性是表示某商品需求曲线上两点之间的需求量的变动对于价格的变动的反应程度。

上例中，需求的价格弧弹性为

$$E_a=\frac{\Delta Q}{\Delta P}\cdot\frac{(P_1+P_2)/2}{(Q_1+Q_2)/2}=\frac{20}{0.3}\cdot\frac{(1+0.7)/2}{(100+120)/2}=0.5$$

2. 需求价格弹性的分类

根据需求价格弹性的大小，可将其分为五类，见表 2-4。

表 2-4　需求弹性分类表

分类	含义	实例	数值	图形
完全无弹性	无论价格如何变化，需求量都不变	胰岛素、速效救心丸	$E_d=0$	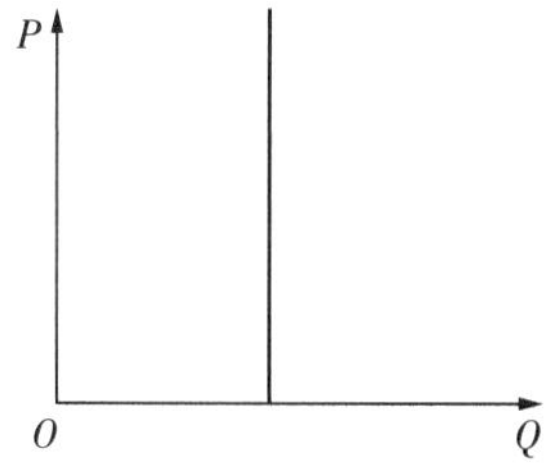
缺乏弹性	需求量变化幅度小于价格变化的幅度	食物、衣服、农产品等必需品	$0<E_d<1$	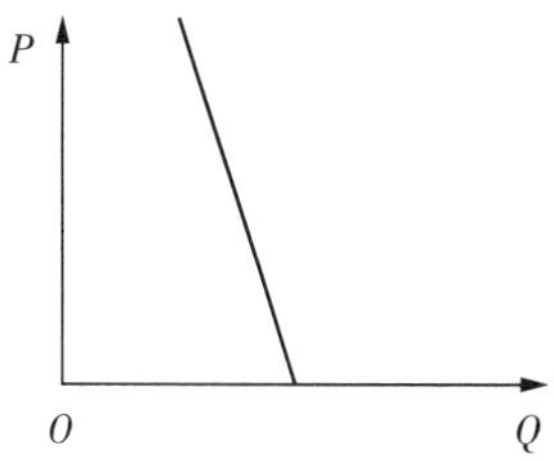
单位弹性	需求量变化幅度等于价格变化的幅度	报纸	$E_d=1$	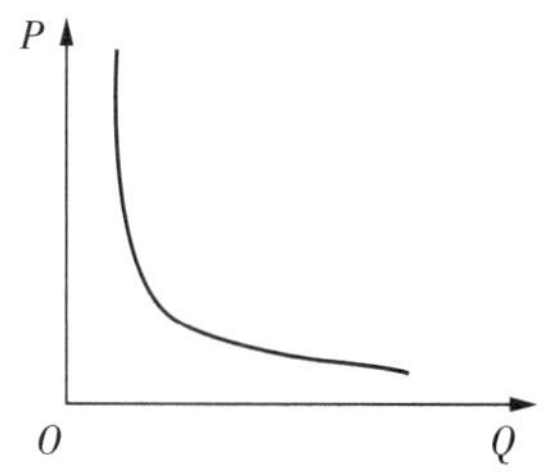

（续表）

分类	含义	实例	数值	图形
富有弹性	需求量变化幅度大于价格变化的幅度	汽车、旅游、专业服务	$1<E_d<\infty$	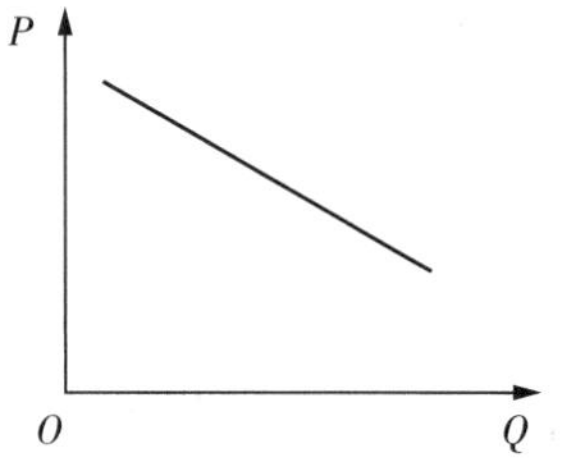
完全有弹性	当价格为既定时，需求量无限	货币	$E_d\to\infty$	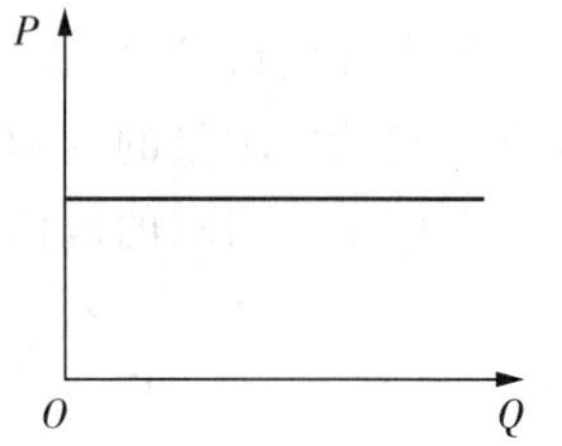

由表 2-4 可知：第一，需求完全无弹性，即 $E_d=0$。需求曲线是一条与横轴垂直的线，表示无论价格如何变动，需求量都不改变。例如，一些特殊的药品像胰岛素，对于一些糖尿病人至关重要，无论价格如何上升或下降，他们都不会改变购买量。第二，需求缺乏弹性，即 $0<E_d<1$。需求曲线是一条比较陡峭的线，表示需求量变化幅度小于价格变化幅度。例如，米、面、食盐等生活必需品，农产品等。第三，需求单位弹性，即 $E_d=1$。需求曲线是一条正双曲线，表示需求量变化幅度等于价格变化幅度。例如报纸。第四，需求富有弹性，即 $1<E_d<\infty$。需求曲线是一条比较平坦的线，表示需求量变化幅度大于价格变化幅度。例如，空调、汽车等高档生活用品，旅游和专业服务等。第五，需求完全有弹性，即 $E_d\to\infty$。需求曲线是一条与横轴平行的线，表示价格既定时，需求量是无限的，如货币。

不同商品的需求价格弹性不同，造成这种差异的原因主要是以下几种因素：第一，消费者对某种商品的需求程度。像粮食、油、盐、酱、醋等生活必需品，需求程度大而稳定，因而需求价格弹性就小。而奢侈品、高档消费品的需求价格弹性就较大。第二，商品的可替代程度。可替代品越多，可替代程度越高，需求价格弹性则越大；反之，则越小。因为价格上升时，消费者会购买其替代品，而价格下降时，消费者会多购买该商品而取代其替代品。第三，商品消费支出占消费者收入的比重。如果商品消费支出占消费者收入的比重小，商品价格变动对需求的影响就小，需求价格弹性就小，像毛巾、香皂、牙膏之类的商品。反之，消费支出占消费者收入比重大的商品，像空调、珠宝之类的商品，价格变动对需求的影响大，其需求弹性也大。第四，商品本身用途的广泛性。一般来讲，用途较广的商品，当其价格上涨时，消费者就会只买较少的数量用于其最重要的用途上，而当其价格下降时，消费者的购买量就会逐渐增加，将商品越来越多地用于其他用途，因而其需求价格弹性就大；相反，用途较窄的商品，其需求价格弹性就小。

【相关链接】

一件商品是奢侈品还是必需品，完全取决于价格

掌握了商品的需求弹性会随着商品价格的变化而变化的规律，我们就很容易明白一个道理：任何商品都可以是奢侈品，也可以是必需品，这完全取决于价格的高低。当商品足够便宜的时候，它自然就成为必需品；当它贵到一定程度，它就自然变成奢侈品。

例如，水到底是奢侈品还是必需品？一般人会说，水当然是必需品。但想想看，在水资源特别匮乏的地方，人们使用水的数量，跟水资源非常丰富的地方相比，是完全不一样的。水资源特别匮乏时，人们不会随便浇花、洗车、洗澡。少量的水会先洗脸再洗脚，洗完脚又刷鞋，刷完鞋还要拿来冲厕所。同样，今天生活在大城市的打工族，往往认为出租车是一种必需品。但实际上，二三十年前出租车肯定是奢侈品，一般人是坐不起的。出租车司机只在宾馆门口等活，他们接的都是外宾。随着价格的下降，出租车才变成普通人上下班都可以选择的交通工具。

资料来源：薛兆丰．薛兆丰经济学讲义［M］．北京：中信出版社，2018.

（二）需求收入弹性

1. 需求收入弹性的定义

需求收入弹性（price elasticity of income，E_I）表示消费者对某种商品需求量的变动相对于收入变动的反应程度。以 E_m 表示需求收入弹性系数，Q 代表需求量，ΔQ 代表需求量的变动量，I 代表收入，ΔI 代表收入的变动量，则需求收入弹性系数可表达为

$$E_I=\frac{\text{需求量变动的百分比}}{\text{收入变动的百分比}}=\frac{\Delta Q/Q}{\Delta I/I}=\frac{\Delta Q}{\Delta I}\times\frac{I}{Q}$$

2. 需求收入弹性的分类

一般来讲，消费者的收入与需求量是同方向变动的，但各种商品的需求收入弹性大小并不相同。依据需求收入弹性数值，可将商品分为以下两种。

一是正常品，需求收入弹性系数为正值。这种商品的需求量将随着收入的增加（减少）而增加（减少），经济学称之为正常品。其中需求收入弹性系数介于 0 和 1 之间的商品，需求量变动的幅度小于收入变动的幅度，经济学称之为必需品，如粮食、服装等；需求收入弹性系数大于 1 的商品，需求量变动的幅度大于收入变动的幅度，经济学称之为奢侈品，如珠宝、高档化妆品等。

二是劣等品，需求收入弹性系数为负值。这类商品的需求量将随着收入的增加（减少）而减少（增加），经济学称之为劣等品，如低档用品。消费者收入增加后将提高生活水准，减少或不再使用低档用品。

（三）需求交叉弹性

需求交叉弹性（cross elasticity of demand，E_c）是需求交叉价格弹性的简称，它表示

一种商品的需求量变动对另一种商品价格变动的反应程度。若以 X、Y 代表两种商品，E_{XY}表示需求交叉弹性系数，P_Y表示 Y 商品的价格，ΔP_Y表示 Y 商品价格的变动量，Q_X表示 X 商品原来的需求量，ΔQ_X表示因 Y 商品价格的变动所引起的 X 商品需求量的变动量，则需求交叉弹性系数的可表达为

$$E_c=\frac{\text{X 商品需求量变动的百分比}}{\text{Y 商品价格变动的百分比}}=\frac{\Delta Q_X/Q_X}{\Delta P_y/P_y}=\frac{\Delta Q_X}{\Delta P_X}\times\frac{P_y}{Q_X}$$

需求交叉弹性可以是正值，也可以是负值，它取决于商品间关系的性质，即两种商品是替代关系还是互补关系。

替代品，需求交叉弹性为正值。表示随着 Y 商品价格的上升，消费者会减少 Y 商品的购买进而增加对其替代品 X 商品的需求量。而且需求交叉弹性越大，两种商品之间的替代性就越强。

互补品，需求交叉弹性为负值。表示随着 Y 商品价格的上升，消费者会减少 Y 商品的购买，从而对其互补品 X 商品的需求量也会减少。而且需求交叉弹性绝对值越大，两种商品之间的互补性就越强。此外，若两种商品的交叉弹性系数为零，则说明 X 商品的需求量并不随 Y 商品的价格变动而发生变动，两种商品既不是替代品，又不是互补品。

二、供给弹性

供给价格弹性（price elasticity of supply，E_s）是指价格变动所引起的供给量变动的比率，它反映了供给量变动对价格变动的敏感程度。不同商品供给量变动对价格变动的敏感程度不同，一般用供给弹性系数来表示弹性的大小，以 E_s来表示，Q 代表供给量，ΔQ 代表供给量的变动量，P 代表价格，ΔP 代表价格的变动量，则供给价格弹性系数可用公式表示为

$$E_s=\frac{\text{供给量变动的百分比}}{\text{价格变动的百分比}}=\frac{\Delta Q/Q}{\Delta P/P}=\frac{\Delta Q}{\Delta P}\times\frac{P}{Q}$$

根据不同商品供给价格弹性的大小，一般把商品分为五类：供给完全无弹性（$E_s=0$，如一些无法复制的珍贵名画）、供给缺乏弹性（$0<E_s<1$，如资本技术密集型产品）、供给单位弹性（$E_s=1$，如某些机械类产品）、供给富有弹性（$1<E_s<\infty$，如劳动密集型产品）、供给完全有弹性（$E_s\rightarrow\infty$，如劳动力严重过剩地区劳动力的供给）。

在现实经济生活中，供给单位弹性、供给完全无弹性和供给完全有弹性比较少见，大多数商品的供给不是富有弹性就是缺乏弹性。一些不可再生性资源如土地以及无法复制的珍品的供给价格弹性等于零，而在劳动力严重过剩地区，劳动力供给曲线具有完全弹性的特点。

主要有以下几种影响供给弹性因素。

第一，生产成本的变化。在其他条件不变的情况下，如果生产成本随着产量的增加不会增加太多，则产品的供给弹性就大，相反，如果产品增加促使成本显著增加，则供给弹性就小。

第二，时期的长短。当商品价格发生变化时，厂商对产量的调整需要一定的时间。由于在短期内，厂商的生产设备等无法改变，如果厂商要根据商品的涨价及时地增加产量，

或根据商品的降价减少产量，都存在不同程度的困难，因此，短期内，供给弹性小。

第三，生产规模变化的难易程度。一般来说，生产规模大的资本密集型企业，因受设计和专业化设备等因素的制约，其生产规模变动较难，调整时间长，因而其产品的供给弹性小。反之，规模较小的劳动密集型企业，其产品的供给弹性大。

第四，生产的难易程度。一般来说，容易生产的产品，如技术要求低，生产周期很短的产品，其产量调整比较快，供给弹性大，反之，较难生产的产品，供给弹性小。

【本章小结】

本章研究市场经济中需求、供给、均衡价格决定等基本概念与理论，并在均衡价格的基础上分析了弹性理论。本章是微观经济学的基础和核心，其中均衡分析方法贯穿经济学始终。本章重点与难点：需求与需求量的分析，供给与供给量的分析，均衡价格的形成与变化，价格机制的作用，需求价格弹性。

【经济学家】

经济体制改革的积极倡导者——著名经济学家厉以宁

厉以宁（1930.11.22—2023.2.27），生于江苏南京，祖籍江苏仪征，著名经济学家。1955年他从北京大学经济系毕业后留校任教；1985—1992年担任北京大学经济学院经济管理系系主任；1993—1994年担任北京大学工商管理学院院长；1994—2005年担任北京大学光华管理学院院长；2013年获得第十四届CCTV中国经济年度人物·终身成就奖；2016年获得第五届吴玉章人文社会科学终身成就奖；2018年12月18日，党中央、国务院授予厉以宁“改革先锋”称号，并颁授他“改革先锋”奖章，称他为“经济体制改革的积极倡导者”。他因论证倡导中国股份制改革，被尊称“厉股份”。他的主要学术成就如下。

厉以宁在经济学理论方面著书多部，并发表了大量文章，是中国最早提出股份制改革理论的学者之一。他提出了中国经济发展的非均衡理论，并对“双重转型”进行理论探讨，另外还主持了《证券法》和《证券投资基金法》的起草工作，这些都对中国经济的改革与发展产生了深远影响。

图2-11　厉以宁
（图片来源：百度图片）

厉以宁的主要研究领域是西方经济学、中国宏观经济问题、宏观经济的微观基础和资本主义的起源问题，其在对中国以及其他许多国家经济运行的实践进行比较研究的基础上，发展了非均衡经济理论，并运用这一理论解释了中国的经济运行。厉以宁从中国经济改革之初就提出用股份制改造中国经济的构想，包括用股份制改造国有企业、集体企业、乡镇企业以及其他所有权不明晰的企业，在中国经济改革与实践中证明是行之有效的，因此理论界与政策制定者广泛接受，对中国经济改革与经济发展产生了影响。

厉以宁还是经济史专家，在资本主义起源问题上有过相当深入的研究。改革开放后，他把主要问题转到中国国民经济上，但一直仍然在从事经济史研究，在 1999 年《超越市场与超越政府》完成后便又重新着力于资本主义起源的研究，于 2003 年出版了《资本主义的起源——比较经济史研究》一书，对资本主义起源进行了深入探讨。进入新世纪后，厉以宁力主改革城乡二元制和土地改革等新一轮农村改革，是这一轮改革的重要推动者。2008 年初，厉以宁在《北京大学学报》上发表长文《论城乡二元体制改革》，提出搞活农业经济发展，提高农民收入，关键在于改革城乡二元体制，让农民和城市居民一样享有同等的权利，拥有同等的机会。他指出，城乡二元体制不改革，农民收入不会实现较大幅度的增长，城乡收入差距也无法有较大程度的缩小。

资料来源：节选自百度百科“厉以宁”，有改动。

【练习与思考】

一、选择题

1. 在某一时期内，彩电的需求曲线向左平移的原因是(　　)。

A. 彩电的价格上升　　B. 消费者对彩电的预期价格下降

C. 消费者的收入水平提高　　D. 黑白电视机的价格上升

2. (　　)反应的是商品需求量变动与其商品价格变动的敏感程度。

A. 需求价格弹性系数　　B. 需求收入弹性

C. 需求交叉弹性　　D. 供给价格弹性

3. 商品的均衡价格会随着(　　)。

A. 商品需求与供给的增加而上升

B. 商品需求的减少与供给的增加而上升

C. 商品需求的增加与供给的减少而上升

D. 商品需求的增加与供给的减少而下降

4. 商品供给价格弹性是(　　)。

A. 商品供给量变动的比率与其价格变动的比率

B. 商品供给量与其价格变动的比率

C. 商品需求量与其价格变动的比率

D. 商品需求量与消费者收入变动的比率

5. 适合于进行薄利多销的商品是(　　)的商品。

A. 需求缺乏弹性　　B. 需求富有弹性

C. 需求有无限弹性　　D. 需求完全无弹性

6. 在下列因素中，(　　)的变动会引起商品供给量的变动。

A. 生产技术　　B. 原料价格

C. 商品价格　　D. 居民收入

7. 下列组合中，一种商品需求量与另一种商品价格呈反方向变动的是(　　)。

A. 香蕉和苹果　　B. 汽车和汽油

C. 汽车和收音机　　D. 面包和方便面

8. 需求量与消费者收入之间呈反方向变动的商品被称为(　　)。

A. 正常商品　　B. 劣等商品　　C. 生活必需品　　D. 奢侈品

二、判断题

(　　)1. 需求定理说明，一种物品价格上升使该物品需求减少。

(　　)2. 如果苹果和橘子是替代品，苹果价格上升将使橘子的需求减少。

(　　)3. 如果汽车和汽油是互补品，汽车价格上升将使汽油的需求减少。

(　　)4. 供给定理说明，一种物品价格上升使该物品供给量增加。

(　　)5. 钢铁的价格上升将使汽车的供给向右移动。

(　　)6. 用于制造剃须刀的技术进步将引起剃须刀市场均衡价格下降和均衡数量增加。

(　　)7. 如果随着茶叶需求减少而供给增加了，那么，茶叶市场上均衡价格和数量都将下降。

(　　)8. 对于大规模生产的厂商来说，商品价格虽然不断降低，但产量仍可不断地增加。

三、问答题

1. 什么是需求定理？影响需求的因素包括哪些内容？

2. 什么是供给定理？影响供给的因素包括哪些内容？

3. 简述均衡价格的形成过程及变化情况。

4. 简述影响需求弹性变化的因素。

四、计算题

1. 已知某一时期内某商品的需求函数为 $Q_d=100-5P$，供给函数为 $Q_s=-50+5p$，求均衡价格 P_e 和均衡数量 Q_e。

2. 某商品的价格由 20 元上升到 30 元后，需求量相应减少 10%，问该商品的需求弹性是多少？该商品价格变化对总收益有何影响？

3. 已知某产品的需求价格弹性值 $E_d=0.5$，该产品原销售量为 $Q_d=800$ 件，单位产品价格 $P=10$ 元/件，若该产品价格上调 10%。计算该产品提价后销售收入变动多少元？

第三章

消费者行为理论

学习目标

重点掌握：1. 基数效用理论
2. 边际效用理论
3. 边际效用递减规律
4. 消费者均衡
5. 序数效用理论
6. 无差异曲线分析
7. 消费可能线及消费者均衡

基本了解：1. 边际替代率
2. 收入和价格变动对消费者均衡的影响

一般了解：1. 恩格尔曲线
2. 恩格尔系数

本章导读

吃三个面包的感觉

美国总统罗斯福连任三届后，曾有记者问他有何感想，总统一言不发，只是拿出一块三明治面包让记者吃，这位记者不明白总统的用意，不便问只好吃了。接着总统拿出第二块，记者还是勉强吃了。紧接着总统拿出第三块，记者为了不撑破肚皮，赶紧婉言谢绝。这时罗斯福总统微微一笑："现在你知道我连任三届总统的滋味了吧?"这个故事揭示了经济学中的一个重要的原理：边际效用递减规律。随着记者消费面包数量的增加，边际效用是递减的。记者不再吃第三个面包是因为再吃不会增加效用。

资料来源：http：//www.doc88.com/p－9773780172356.html.

学完本章内容，你可以基于消费者行为之视角来理解本章导读提及记者“吃三个面包的感觉”，以及企业为何要进行创新。用经济学解释“吃三个面包的感觉”涉及效用、总效用、边际效用和边际效用递减规律等知识，而这些正是本章要研究的主要内容。

第一节 欲望与效用

微课 3.1 欲望与效用

人们每天都要面对自己的需求，即我们需要决定消费什么，买哪些商品，买多少。在生活中我们不断做出这些决策，并没有什么困难。但是，需求由什么决定呢？需求产生于消费，是由消费者的行为决定的。因此，要进一步了解需求，就必须了解消费者行为是如何决定的。作出消费决策的目的是实现效用最大化，即用有限的收入获得最大程度的满足。居民或家庭所追求的是自己的最大幸福。对于幸福，不同的人有不同的理解。美国经济学家萨缪尔森提出了幸福方程式，即

$$幸福=\frac{效用}{欲望}$$

因此，我们对消费者行为的分析是从欲望与效用这两个概念开始的。

一、欲望

从第一章我们得知，西方经济学认为通过供求关系运作的市场经济是配置资源的最优方式。那么供求关系是如何形成的呢？需求的背后是消费者行为，供给的背后是生产者行为。而驱使消费者消费的动机就是欲望。欲望（wants）也叫作需要（needs），是一种缺乏的感受与求得满足的愿望。它是一种心理感觉，是不足之感与求足之愿的统一，两者缺一不可。

人的欲望尽管是无限的，并成为推动社会前进的动力，但它又有轻重缓急之分，表现为不同的欲望层次。美国著名的心理学家亚伯拉罕·哈罗德·马斯洛把人的需求划分为五个层次，即生理的需要、安全的需要、社交的需要、尊重的需要和自我实现的需要。他认为，人们行为的动力是尚未得到满足的需要，当低级需要得到满足后，人们就开始追求更高一级的需要，当一种需要得到满足后，它就失去了对行为的刺激作用。

二、偏好

偏好（preference）是消费者对一种商品（或者商品组合）的喜好程度。消费者根据自己的意愿对可供消费的商品或商品组合进行排序，这种排序反映了消费者个人的需要、兴趣和嗜好。比如，有 A、B、C 三组商品，如果某个消费者认为 A 组商品比 B 组好，B 组比 C 组好，那么他会将 A 放在第一位，B 放在第二位，C 放在第三位，这就是他的偏好。消费者对某类物品或服务所特有的这种爱好和好感具有习惯性和固执性。偏好的程度直接影响消费者的购买态度和购买倾向。

三、效用

效用（utility）是消费者从消费某种物品中所得到的满足程度。消费者消费某种物品获得的满足程度高，则效用大，反之亦然。如果消费者在消费时感受到痛苦，则消费此物品对他来说是负效用。

效用是人们的一种心理感觉，是消费者对商品或服务满足自己欲望能力的主观心理评价，因此效用的评判没有客观标准。但理解效用概念时要注意以下几个方面。

（一）经济人假设

在研究消费者行为时，我们需要假定消费者是追求效用最大化的和理性的，这也就是所谓的经济人假设：每一个从事经济活动的人都是利己的，总是力图以最小的经济代价去获取自己最大的经济利益。这个假设不仅是分析消费者行为的前提，也是整个经济学的一个基础。当然，这一假设只是一种理想化的状态，现实中的情况并非总是如此。人们在从事经济活动时不总是利己的，也不能做到总是理性的。

（二）效用的特点

第一，效用的主观性。效用是对欲望的满足，它和欲望一样是一种个人的心理感觉。某种物品效用的大小没有客观标准，完全取决于消费者在消费时的主观感受。对不同的人而言，同样的物品所带来的效用是不同的。比如有人认为牛肉的效用大，竹子的效用小，而有人认为“宁可食无肉，不可居无竹”。即便是对同一个人而言，同一种物品的效用在不同时间、不同地点可能也是不同的。例如，同一件棉衣，在冬天和寒冷地区带给你的效用很大，但在夏天或热带地区却只能带来负效用。这就说明效用的大小与有无完全是一种个人的主观感受，因人、因时、因地而异。

第二，效用具有递减性和再生性。例如，连续消费面包，第一块感觉较好，效用较大，第二块感觉一般，效用降低，表现为效用递减，这也是下节所讲的边际效用递减规律。但是，如果一段时间没有消费面包，则人们对面包的感觉又会恢复到第一块那样的较好感觉，这就是效用的再生性。

第三，效用与使用价值不同。效用来源于使用价值，但不同于使用价值。使用价值是物品本身所具有的属性，它由物品的物理或化学性质所决定。使用价值是客观存在的，不以人的感受为转移。比如，一块面包，首先它要是新鲜的，能够为人们食用，这是它的使用价值的体现。但不同偏好的人在不同的情境下食用所得到的效用又是不同的。人在饥饿的情况下食用肯定要比酒足饭饱之后食用满足感更强烈。

第四，效用不含伦理学判断。只要能满足人们某种欲望的物品就有效用，而这种欲望本身是否符合社会道德规范则不在效用评价范围之内。例如，毒品能满足吸毒者吸毒的欲望，它就有效用，而不能因为毒品对吸毒者身体的损害，以及对社会的危害就否定其效用的客观存在。

第五，效用计量可大可小，可正可负。人们通过消费活动获得了欲望的满足，则为正效用；若感到痛苦或不适，则为负效用。例如，在亲朋喜庆的宴会上，适当喝点酒既可增强热闹气氛，又可满足喝酒者的欲望，具有正效用；可是，一旦饮酒过量，既破坏了喜庆气氛，又会伤及身体，所带来的身心痛苦则为负效用。

四、效用评价

在假定欲望为既定值的前提下，人们的幸福程度就取决于效用的大小，因此，我们简单地把追求幸福最大化等同于追求效用最大化。那么，如何来研究效用呢？一些经济学家认为效用可以用具体数字来表示；另一些经济学家则认为效用作为一种心理现象，是不能用具体数字来表示的，只能排序。由此就产生了两种不同的消费者行为理论：基数效用论与序数效用论。

第二节　基数效用论

微课 3.2　基数效用论

19 世纪的经济学家认为效用是可以直接计量并可以加总求和，可以用基数（1，2，3，…）来表示。例如，我们可以说某消费者喝一瓶饮料所得到的满足程度是 3 个效用单位。所谓效用可以加总求和，是指消费者消费几种物品所得到的满足程度可以加总而得出总效用。例如，某消费者喝一瓶饮料所得到的满足程度是 3 个效用单位，听一张音乐唱片所得到的满足程度是 5 个效用单位。那么，这个消费者消费这两种物品所得到的总满足程度就是 8 个效用单位。

基数效用（cardinal utility）论是研究消费者行为的一种理论。其基本观点：效用是可以计量并加总求和的，因此，效用的大小可以用基数来表示，正如长度单位可以用“米”来表示一样。所谓效用可以计量，就是指消费者消费某一物品所得到的满足程度可以用效用单位来进行衡量。基数效用论采用的是边际效用分析法。边际分析法是经济学中重要的分析方法，我们要重点加以掌握。

一、总效用与边际效用

效用有总效用和边际效用之分。总效用（total utility，TU）是指从消费一定量的某种物品中所得到的总满足程度。边际效用（marginal utility，MU）是指某种物品的消费量每增加一单位所增加的满足程度。边际的含义是增量，是指自变量增加所引起的因变量的增加量。在边际效用中，自变量是某物品的消费量，而因变量则是满足程度或效用。消费量变动所引起的效用的变动即为边际效用。总效用与边际效用的关系见表3－1。

表 3－1　总效用与边际效用的关系

饮料的消费量（Q）	总效用（TU）	边际效用（MU）
0	0	0
1	20	20
2	30	10
3	35	5
4	35	0
5	30	－5

根据表 3-1 可以作出表示总效用和边际效用的图 3-1 与图 3-2。

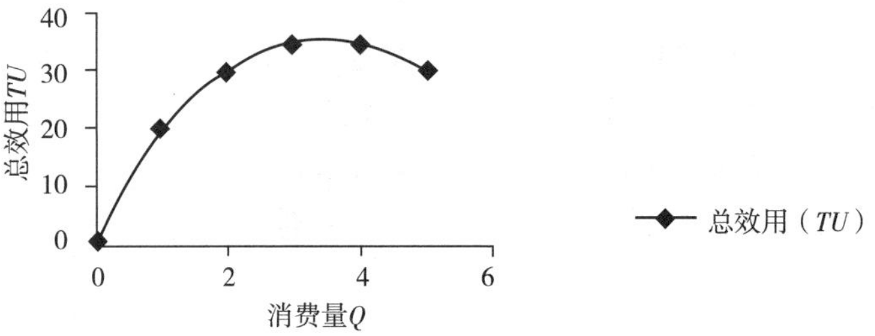

图 3-1　总效用

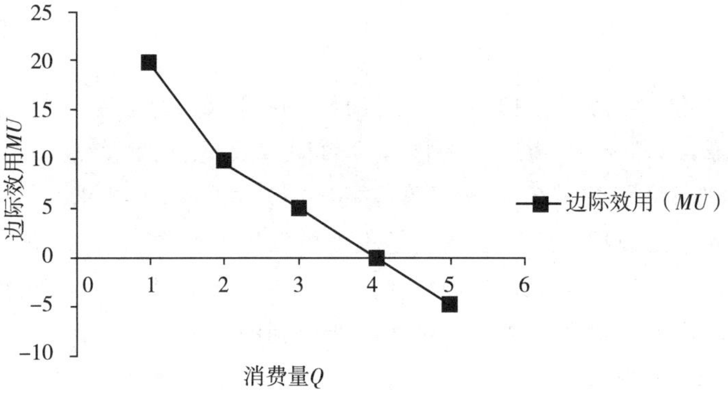

图 3-2　边际效用

在图 3-1 中，横轴代表饮料的消费量，纵轴代表总效用，TU 为总效用曲线。在图 3-2中，横轴仍然代表饮料的消费量，纵轴代表边际效用，MU 为边际效用曲线。从表 3-1、图 3-1 与图 3-2 中可以看出，当消费者消费第 1 单位饮料时，总效用为 20 效用单位，从没有消费饮料到消费 1 单位饮料，消费量增加了 1 单位，效用增加了 20 效用单位，所以，边际效用为 20 效用单位。当消费 2 单位饮料时，总效用为 30 效用单位，由消费 1 单位饮料到消费 2 单位饮料，消费量增加了 1 单位，效用从 20 效用单位增加到 30 效用单位，所以，边际效用为 10 效用单位。消费第 3 单位饮料的边际效用为 5 效用单位。当消费者消费第 4 单位饮料时，他感觉到满足程度并没有继续增加，消费第 3 单位饮料与消费第 4 单位饮料的总效用是相同的，都是 35 效用单位。这时，由于消费者已经不想再喝饮料了，所以，总效用也达到了最大值。相应地，消费第 4 单位的边际效用，即总效用的增量就是 0。如果消费者再消费第 5 单位饮料时，总效用从 35 效用单位下降到 30 效用单位，而边际效用为−5 效用单位。即增加第 5 个单位饮料的消费给消费者所带来的是负效用。由此可以看出，总效用与边际效用的关系：当边际效用为正数时，总效用是增加的，但是以递减的速度增加的；当边际效用为零时，总效用达到最大值；当边际效用为负数时，总效用不但不会增加，反而会减少。用公式表示为

$$当\ MU>0，TU\uparrow；$$

$$当\ MU<0，TU\downarrow；$$

当 $MU=0$，TU 达到最高点，总效用最大，是拐点。

二、边际效用递减规律

（一）边际效用递减规律

从表 3-1 和图 3-2 中还可以看出，边际效用是递减的。这种情况普遍存在于一切物品的消费中，所以被称为边际效用递减规律（law of diminishing marginal utility）。这一规律可以表述为：随着消费者对某种物品消费量的增加，他从该物品连续增加的消费单位中所得到的边际效用是递减的。

边际效用递减规律可以用以下两个理由来解释。

第一，生理或心理的原因。人们的消费行为是对人的生理和心理的刺激过程，人们获得欲望的满足，即获得效用是对这种刺激的反应。人们消费一种物品的数量越多，即某种刺激的反复，人们在生理上的满足和心理上的反应就会减少，满足程度减少。我们在消费同一种物品，如连续吃巧克力时，就会有这种感觉。

第二，物品本身用途的多样性。每一种物品都有多种用途，不同用途的重要性是不同的。消费者总是先把物品用于最重要的用途，而后用于次要的用途。当他有若干这种物品时，把第一单位用于最重要的用途，其边际效用就大，把第二单位用于次重要的用途，其边际效用就小了。以此类推，用途越来越不重要，边际效用就递减了。

【延伸阅读】

思考一下，如果你有一辆需要四个轮子才能开动的车子，有了三个轮子，那么当你有第四个轮子时，这第四个轮子的边际效用似乎超过第三个轮子的边际效用，这是不是违反了边际效用递减律？

不违反边际效用递减规律。因为边际效用是指物品的消费量每增加（或减少）一个单位所增加（或减少）的总效用的量。这里的“单位”是指一个完整的商品单位，这种完整的商品单位，是边际效用递减规律有效性的前提。

同理，这个定律也适用于一双的鞋子，但不适用于单只的鞋子。对于四轮子而言，必须是有四个轮子的车才成为一个单位。三个轮子不能构成一辆四轮车，因而每个轮子都不是一个有效用的物品，增加一个轮子，才能使车子有用。因此，不能说第四个轮子的边际效用超过第三个轮子。

资料来源：尹伯成．西方经济学简明教程（第 6 版）[M]．上海：上海财经大学出版社，2010.

（二）边际效用与需求定理

边际效用递减规律还决定着需求定理。需求定理表明，消费者愿意买进的任何一种商品的数量与该商品价格呈反方向变动关系。即商品价格提高，则对该商品需求量减少，反之亦然。之所以出现这种关系，根源在于边际效用递减规律。

我们知道，消费者购买各种物品是为了从消费这些物品中获得效用，他所愿意支付的价格取决于他用这种价格所购买商品的效用大小。也就是说，消费者所愿意付出的货币表示了他用货币所购买的商品的效用。例如，某消费者愿意用 3 元钱购买一本书或一瓶饮料，是因为这一本书或一瓶饮料给消费者所带来的效用是相同的。

消费者为购买一定量某种物品所愿意支付的货币的价格取决于他从这一定量商品中所获得的效用大小。如果消费者获得的效用大，他愿意支付的价格就高；相反，如果消费者获得的效用小，他愿意支付的价格就低。根据边际效用递减规律，随着消费者消费某种商品数量的增加，他从该商品的消费中所获得的边际效用递减，而货币的边际效用是不变的。这样，随着消费者购买商品数量的增加，他所愿意支付的价格也在下降。因此，需求量与价格呈反方向变动。表 3－2 反映了边际效用与需求定理的关系。

表 3－2　边际效用与需求定理

购买量（Q）	边际效用（MU）	需求价格（P）元/个	货币的边际效用（MUM）
1	100	10	10
2	90	9	10
3	70	5	10
4	20	2	10
5	5	1	10

从表 3－2 中可以看出，消费者在既定的货币收入下，单位货币所获得的边际效用均为 10 个效用单位。当消费者购买第一单位商品时，消费欲望最高，所获得的边际效用为 100，他愿意支付的价格为 10 元；随着消费者消费欲望的降低，他从商品中所获得的边际效用也逐渐降低，依次为 90、70、20、5，相应地，他所愿意支付的价格也依次降为 9 元、5 元、2 元、1 元。由此可见，边际效用递减规律决定了消费者对某商品的需求量与价格之间的反方向变动关系。

【相关链接】

吃三个面包的感觉（续）

我们就从罗斯福总统让记者吃面包说起。假定，记者消费 1 个面包的总效用是 10 效用单位，2 个面包的总效用为 18 效用单位，如果记者再吃第 3 个面包，总效用还为 18 效用单位。记者消费第 1 个面包的边际效用是 10 效用单位，第 2 个面包的边际效用为 8 效用单位，如果记者再吃第 3 个面包，边际效用为 0 效用单位。这几个数字说明随着消费面包数量的增加，边际效用递减。记者不再吃第 3 个面包是因为再吃不会增加效用。

还比如，水是非常宝贵的，没有水，人们就会死亡，但是你连续喝超过了你能饮用的数量时，那么多余的水就没有什么用途了，再喝边际效用几乎为零，甚至为负。现在我们的生活富裕了，“天天吃着山珍海味也吃不出当年饺子的香味”，这就是边际效用递减规律。设想如果边际效用不是递减而是递增会是什么结果，吃一万个面包也不饱。所以说，幸亏我们生活在边际效用递减的世界里，在购买达到一定数量的物品后因边际效用递减就会停止下来。

消费者购买物品是为了效用最大化，而且，物品的效用越大，消费者愿意支付的价格越高。根据效用理论，企业在决定生产什么时首先要考虑商品能给消费者带来多大效用。

企业要使自己生产出的产品能卖出去，而且能卖高价，就要分析消费者的心理，满足消费者的偏好。一个企业要成功，不仅要紧跟当前的消费时尚，还要善于发现未来的消费趋势，及时开发出能满足这种偏好的产品。

消费者连续消费一种产品的边际效用是递减的。如果企业连续只生产一种产品，它带给消费者的边际效用就在递减，消费者愿意支付的价格就低了。因此，企业要不断创造出多样化的产品。例如，同类服装做成不同款式，就成为不同产品，就不会引起边际效用递减。如果是完全相同的款式，则会引起边际效用递减，消费者不会多购买。

边际效用递减规律告诉我们，企业要不断进行创新，生产不同的产品满足消费者多样化需求，减少和消除边际效用递减带来的不利影响。

资料来源：http：//www.doc88.com/p—9773780172356.html.

三、效用最大化与消费者均衡

用边际效用分析法分析消费者效用最大化问题，实际就是分析如何实现消费者均衡问题。消费者均衡所研究的就是消费者如何把有限的货币收入分配到各种商品的购买中，以实现效用最大化的问题。这里的均衡是指消费者实现最大效用时的商品购买组合，该组合是一种最佳的、不应再做任何调整的、相对稳定的商品组合。

（一）实现消费者均衡的前提假设

（1）消费者的嗜好是既定的。消费者对各种物品效用与边际效用的评价是既定的，不会发生变动。由于效用的主观性，同一消费者对同一种商品组合的效用评价会因时间、地点的不同而发生变化。因此，确定最佳消费决策，只有在消费者的消费行为发生在一个既定的时间、地点和环境的条件下才有意义。

（2）消费者的收入是既定的。一般而言，消费者在不同收入条件下所能购买到的商品数量是不同的，不同的购买量会获得不同的效用。只有在相同的收入条件下，选择效用最大化的消费决策才有意义。

（3）商品的价格是既定的。由于商品价格的变化会引起最佳消费组合的变化，因而假定商品价格不变。

（4）每一单位货币的边际效用对消费者都是相同的。人们用货币购买商品，实际上就是用货币的效用去交换其他商品的效用。只有假定货币的边际效用是不变的，效用的衡量才有基准。

消费者均衡正是要说明在这些假设条件下，消费者如何把有限的收入分配到各种物品的购买与消费上，以获得最大效用。

（二）效用最大化与最优消费决策

在运用边际效用分析法来分析消费者均衡的条件，即消费者如何进行商品最佳购买组合，以实现其消费效用的最大化时，我们用以下两个公式来具体说明消费者效用最大化的均衡条件（仅以消费两种商品 X 和 Y 为例）。

$$P_X \times Q_X + P_Y \times Q_Y = M \quad (3-1)$$

$$\frac{MU_X}{P_X}=\frac{MU_Y}{P_Y}=\lambda \tag{3-2}$$

其中，P 表示商品价格，Q 表示商品的购买量，M 表示消费者的货币收入，MU 表示边际效用；X、Y 为消费者所购买的两种商品。公式（3－1）是实现消费者均衡的限制条件，说明收入是既定的，购买 X 与 Y 商品的支出不能超过收入，也不能小于收入。超过收入的购买是无法实现的，而小于收入的购买则达不到既定收入时的效用最大化。公式（3－2）是实现消费者均衡的条件，即所购买的 X 与 Y 商品带来的边际效用与其价格之比相等，也就是说，每 1 单位货币不论用于购买 X 商品，还是购买 Y 商品，所得到的边际效用都相等。

由此可以得出消费者均衡的条件是：消费者用全部货币收入购买的各种商品所带来的边际效用，与为购买这些商品所支付的价格的比值 λ 相等，或者说每 1 单位货币所得到的边际效用都相等。

例如，我们知道某消费者的货币收入为 9 货币单位，即 $M=9$，他所要购买的 X 商品与 Y 商品的价格均为 1 货币单位，即 $P_X=1$，$P_Y=1$。同时，我们也知道他对 X 商品与 Y 商品的边际效用评价见表 3－3。

表 3－3　某消费者的边际效用表

商品数量（Q）	1	2	3	4	5	6	7	8	9
商品 X 的边际效用（MU_X）	12	11	10	8	7	6	5	4	3
商品 Y 的边际效用（MU_Y）	19	17	15	14	13	10	8	6	4

为了实现该消费者效用最大化的商品购买组合，应该按照这样的思路进行分析：从表 3－3 中可以看出，商品的边际效用是连续下降的，在此情况下，消费者只有使花费每 1 个货币单位所带来的边际效用最大，才能使总效用最大。所以，理性的消费者应将第 1 个货币单位用于购买商品 Y，因为商品 Y 可以使他获得最大的效用单位，即 19 个效用单位，而不应去购买商品 X，因为那样只能获得 12 个效用单位。同理，它应将第 2、第 3、第 4、第 5 个货币单位继续用于购买商品 Y，可以分别获得 17、15、14、13 个效用单位，因为它们都大于购买第一件商品 X 所获得的 12 个效用单位。然后，它应将第 6 个货币单位钱转而购买第一件商品 X，所获得的 12 个效用单位大于第 6 件商品 Y 的 10 个效用单位。最后，他用剩余的第 7、第 8 和第 9 个货币单位分别购买第 2、第 3 件商品 X 和第 6 件商品 Y。这时，分别花在这两种商品上的最后 1 个货币单位的边际效用是相等的，都是 10 个边际效用单位。至此，消费者均衡实现。

消费者的这种选择可以通过公式（3－1）和公式（3－2）进行验证。

$$P_X \times Q_X + P_Y \times Q_Y = 1\times3+1\times6=9=M$$

$$\frac{MU_X}{P_X}=\frac{MU_Y}{P_Y}=\frac{10}{1}=\lambda$$

因此，可以得出消费者的最佳购买组合：购买 X 商品 3 件与购买 Y 商品 6 件，这样的组合就能实现消费效用最大化。按照基数效用论的观点，效用是可以计量并能加总求和的。所以，该消费者获得的最大总效用是121个效用单位。即

$$19+17+15+14+13+10+12+11+10=121$$

在现实生活中，消费者不可能在消费之前就能准确知道每一单位商品给消费者带来的边际效用。那么，消费者均衡理论还有现实意义吗？答案是肯定的。因为这种消费者均衡的条件实际也是对我们日常生活中经验的一种理论概括。例如，假如某消费者有7元钱，在饥饿难耐时他面临着面包和汽水的选择。假定每块面包和每瓶汽水的价格都是1元钱，他应该如何在面包和汽水上分配这7元钱，才能获得最大的效用？他如果一次性地任意购买4块面包加3瓶汽水、6块面包加1瓶汽水或其他任意组合，该组合都不一定是最佳的。他如果按照前面案例的方法去比较每一元货币所带来的边际效用，其最终实现的消费组合一定是最佳的。当他准备花第1元钱时，他可以比较自己这时是最想吃一块面包，还是最想喝一瓶汽水，若他最想吃面包，则说明这时面包的边际效用大于汽水的边际效用。当吃完第一块面包后，他再考虑第2元钱最想得到什么，从而选择购买面包还是汽水。以此类推，最终将7元钱全部花光，其消费决策一定是最合理的。

【延伸阅读】

如何理解消费者均衡?

生活中每个人都是消费者，消费者对产品或服务的享用过程就是消费。消费是产品生命周期中最后一个阶段，即决定产品价值实现的阶段。有人说只有你消费了这个物品，你才真正拥有了这个物品。而理性的消费，应该是在一定约束条件下达到了最好的体验效果的那种消费，人们也把这种体验状态叫做消费者均衡。给定一个时期，消费者均衡其实就是做一个“三定方案”，即消费者在面对既定的自身收入、既定的产品价格以及既定的个人偏好的前提下，选择性价比最优的消费方案。

先说说收入既定的前提。收入决定了当事人（消费者）的支付能力，因为消费物品一般都需要花钱购买，每个消费者的收入一般都是有限的。面对琳琅满目的货柜，消费者通常不可能无限购买，只能有选择地购买。由此，既定收入就构成了消费者均衡的第一个制约条件。

再说一下价格既定的前提。虽然现实生活中，消费者购买的物品价格随时都可以变动，但为了聚焦理性消费的实质关系，我们假定物品价格不变。由于物品价格既定，消费者就要考虑各种物品之间的相对价格以及如何把有限的收入分配于各种物品的购买与消费上，以获得最好的体验效果。

最后说说偏好既定的前提。为了分析的方便，这里也要假定消费者对各种物品给他（她）带来的体验效果的评价是一贯的，不会发生变动。比如一个消费者到超市中去买肉，他（她）总是按照羊肉、牛肉和猪肉的顺序去购买。这一排列顺序是基本稳定不变的，他（她）总是优先买羊肉，没有羊肉的话就买牛肉，牛肉也没有的话才买猪肉。这个顺序表明了他（她）心目中对羊肉牛肉和猪肉的消费体验效果的评价序列是稳定且不易变的。

消费者均衡或者说理性的消费就是在以上“三定”的基础上，找到最适合的物品组合以达到最佳体验效果。因为不同组合的体验效果可以进行比较，所以，理性消费就是要研究消费者如何把有限的收入分配在各种物品的购买中，通过这种组合以获得最佳体验效果。以两种物品为例来说，这种最佳组合一定是当两种商品的边际体验效果之比等于其价格比的时候产生的，也可以说，当消费者把任意一单位购买力不论是用于哪种物品上，其从边际上带来的体验效果的增加都是一样的，这就实现了消费者均衡，这时消费者既不想再增加、，也不想再减少任何物品购买数量，刚好获得最佳体验效果，因而处于均衡。

资料来源：李仁君经济学茶座 173—海南国际旅游岛发展研究院 https：//hb. hainanu. edu. cn/hiditd/info/1128/1318. htmm，有删减。

微课 3.3 序数效用论

第三节 序数效用论

基数效用是早期的效用理论，是使用基数来衡量商品效用的一种分析方法，它是用主观心理因素来界定效用的。其中，边际效用可用于分析一些经济问题。但基数效用理论存在着难以克服的三个缺点：第一是基数效用难以衡量，商品的基数效用是多少，无法确定；第二是基数效用无法对比，不同人消费同一商品的效用，由于存在主观因素而无法对比；第三是它以边际效用递减规律为依据。存在这三个问题的根本原因在于商品效用是一个主观心理范畴。20 世纪 30 年代以来，很多经济学家认为消费者是无法知道效用的绝对值的，只知道自己对不同消费组合的偏好次序，用第一、第二、第三……这些表示次序的相对数值来衡量效用。因此，人们逐渐用序数效用理论代替了基数效用理论。

序数效用（ordinal utility）是指可以按第一、第二和第三……序数来反映效用的序数或等级，这是一种按照偏好程度进行排序的方法。现代微观经济学主要采用序数效用分析方法。

基数效用理论是运用边际效用论来分析的，序数效用论是用无差异曲线和预算约束线来分析说明消费者效用最大化，即消费者均衡是如何实现的。序数效用论者指出：消费者对于各种不同的商品组合的偏好程度是有差别的，这种偏好程度的差别决定了效用的大小顺序。

一、无差异曲线

序数效用论者认为，尽管效用不能计量并加总求和，但商品的效用大小还是可以比较的，是能够用顺序或等级来表示的。为此，他们提出了消费者偏好这一概念。他们认为偏好是决定消费者行为的重要因素，消费者偏好表示消费者对某种物品或几种物品组合的排序。这种排序表示了消费者对不同物品或物品组合的喜好程度，或者说欲望的强烈程度，它代表着消费者的偏好。例如，女孩晶晶过 6 岁生日，她要爸爸给她买 3 个洋娃娃和 6 个冰激凌。结果只买到 2 个晶晶喜欢的洋娃娃，商店要关门了，爸爸要晶晶多买几个冰淇淋来代替洋娃娃。晶晶说：“我要多买 4 个冰淇淋。”爸爸只好答应了。对于晶晶来说，3 个洋娃娃和 6 个冰淇淋的效用同 2 个洋娃娃和 10 个冰淇淋的效用是一样的，这两种不同的商品组合给晶晶带来的效用水平是无差异的。

无差异曲线（indifference curve）是用来表示商品的不同数量组合给消费者带来完全相同效用的一条曲线。

假设某消费者面临X与Y两种商品，它们可以有A、B、C、D、E、F六种不同的消费组合方式，这六种组合方式都能给他带来同样的效用。这样，可作出表3-4。

表3-4 某消费者的无差异表

组合方式	X商品	Y商品
A	5	30
B	10	18
C	15	13
D	20	10
E	25	8
F	30	7

根据表3-4可以作出图3-3。

在图3-3中，横轴代表X商品的数量，纵轴代表Y商品的数量，*I*为无差异曲线，该线上任何一点所表示的X商品与Y商品的不同数量的组合给消费者带来的效用都是相同的。

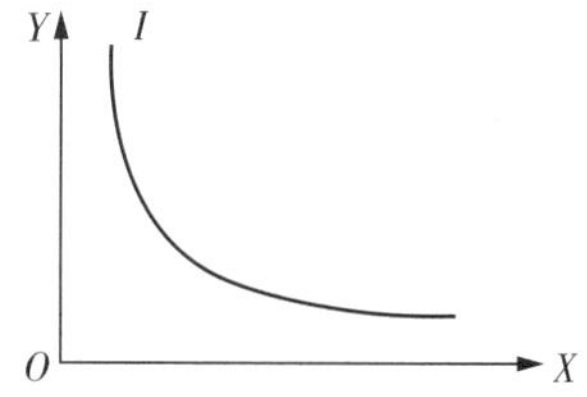

图3-3 无差异曲线

这里要注意的是，序数效用论认为效用是不能计量的，因而是不能用基数来表示的。所以，无差异曲线就是指X与Y商品的这些组合方式中的任何一种给消费者带来的满足程度都是相同的，而不要管这种组合能给消费者带来的具体效用是多少。我们也可以用下面这个例子来进一步说明无差异的含义。

假如某消费者购买啤酒与面包有A、B两种不同的组合：A组合为3单位啤酒与5单位面包，B组合为2单位啤酒与7单位面包。如果消费者在进行选择时认为对B组合的偏好大于A组合，即他认为B组合给他带来的效用程度大于A组合，那么，A组合与B组合就不是无差异的，而是有差异的，即满足的程度与顺序不同。如果消费者购买啤酒与面包有C、D两种不同组合：C组合为5单位啤酒与30单位面包，D组合为10单位啤酒与18单位面包；如果消费者认为选择C组合或D组合所带来的满足程度是相同的，对C组合与D组合的偏好相同，选择哪种组合都无所谓，那么，C组合与D组合就是无差异的，满足的程度与顺序是相同的。

无差异曲线的特征表现在以下四个方面。

第一，无差异曲线是一条向右下方倾斜的曲线，其斜率为负值。这就表明，在收入与价格既定的条件下，消费者为了得到相同的总效用，在增加一种商品的消费时，必须减少另一种商品的消费。两种商品不能同时增加或减少。在图3-3中，*I*是一条向右下方倾斜的曲线，两种商品的购买量必然是负相关的。

第二，在同一平面图上可以有无数条无差异曲线。同一条无差异曲线上的不同点所代表的不同消费组合给消费者带来的效用是相同的，不同的无差异曲线给消费者带来的效用不同。离原点越远的无差异曲线，所代表的效用越大；离原点越近的无差异曲线，所代表的效用越小。在图 3-4 中，I_1、I_2、I_3是三条不同的无差异曲线，它们分别代表不同的效用水平，其效用比较是 $I_1<I_2<I_3$。

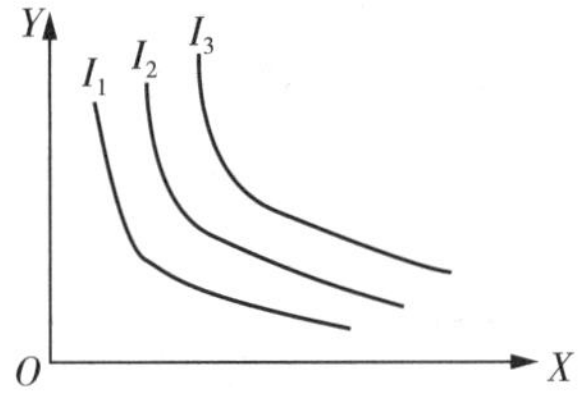

图 3-4　无差异曲线组

第三，在同一平面图上，任意两条无差异曲线不能相交。在消费者偏好既定的条件下，同一种消费组合只能给消费者带来同一种效用水平。如果两条无差异曲线有交点，则说明在交点上两条无差异曲线具有相同的效用，这显然与无差异曲线的第二个特征相矛盾。

第四，无差异曲线是一条凸向原点的曲线。曲线的弯曲程度是由商品的边际替代率递减所决定的。

二、边际替代率

在无差异曲线分析中，以边际替代率代替了边际效用，以边际替代率递减规律代替了边际效用递减规律。边际替代率（marginal rate of substitution）是消费者在保持效用水平不变的前提下，减少一种商品的消费量与增加另一种商品的消费量之比。

如果以 ΔX 代表 X 商品的增加量，ΔY 代表 Y 商品的减少量，MRS_{XY}代表用 X 商品代替 Y 商品的边际替代率，则边际替代率的公式为

$$MRS_{XY}=-\frac{\Delta Y}{\Delta X}=\text{斜率}$$

例如，增加 4 单位 X 商品，减少 2 个单位 Y 商品，则以 X 商品代替 Y 商品的边际替代率为 0.5。应该注意的是，在保持效用水平相同时，增加一种商品就必然要减少另一种商品。因此，边际替代率应该是负值，加负号后，使其为正值。无差异曲线的斜率就是边际替代率，无差异曲线向右下方倾斜就表明边际替代率为负值。但为了方便起见我们一般取其绝对值。

边际替代率递减规律，是指在维持效用水平不变的前提下，消费者为增加每一单位的某种商品的消费所要放弃的另一种商品的消费数量是递减的。

我们可以根据表 3-4 中的资料来计算以 X 商品代替 Y 商品的边际替代率，这就是表 3-5。

在表 3-5 中，ΔX 是 X 商品的增加量，ΔY 是 Y 商品的减少量，MRS_{XY}应该是负值。在保证消费者效用不变的前提下，商品组合方式由 A 组合转换到 B 组合，消费者为了增加 5 单位 X 商品的消费，就必须放弃 12 单位 Y 商品的消费，这时的边际替代率为 2.4。

表 3-5　商品边际替代率表

变动情况	ΔX	ΔY	MRS_{XY}
A→B	5	12	2.4
B→C	5	5	1

（续表）

变动情况	ΔX	ΔY	MRS_{XY}
C→D	5	3	0.6
D→E	5	2	0.4
E→F	5	1	0.2

由B组合方式转换到C组合方式，边际替代率递减到1。也就是说，在保证效用不变的前提下，继续增加X商品的消费所必须放弃的Y商品的消费数量减少了。以此类推，当消费组合方式由E组合转换到F组合时，边际替代率减少到0.2。由此可见，边际替代率递减是指边际替代率的绝对值在减少，从表3-5的分析中可以看出，MRS_{XY}的数值从2.4一直下降到0.2。这种情况普遍存在于任何两种商品的正常替代过程中，所以称为边际替代率递减规律。

边际替代率递减的原因是，随着X商品的增加，它的边际效用在递减；随着Y商品的减少，它的边际效用在递增。这样，每增加一定数量的X商品，所能代替的Y商品数量就越来越少，即X商品以同样的数量增加时，所减少的Y商品数量越来越少。或者说，在$MRS_{XY}=-\frac{\Delta Y}{\Delta X}$这个公式中，当分母$\Delta X$不变时，分子$\Delta Y$在不断减少，从而分数值就在减少了。

从以上的解释可以看出，边际替代率递减规律实际上就是用无差异曲线的形式来表述的边际效用递减规律。因为，边际替代率递减正是由于随着某商品消费数量的增加，其边际效用递减。

三、消费可能线

消费可能线（consumption possibility line），也称为预算约束线、支出线、开支线等。消费可能线表明在收入和价格既定的条件下，消费者所能购买到的各种商品组合，它表明了消费者消费行为的限制条件。这种限制就是购买物品所花的钱不能大于收入，也不能小于收入。大于收入是在收入既定条件下无法实现的，小于收入则无法实现效用最大化。

假设某消费者收入$M=60$元，他面临着两种商品X与Y，它们的价格分别为$P_X=20$元，$P_Y=10$元。则有$Q_X=0$时，$Q_Y=6$；$Q_Y=0$时，$Q_X=3$。这样就可以作图3-5。

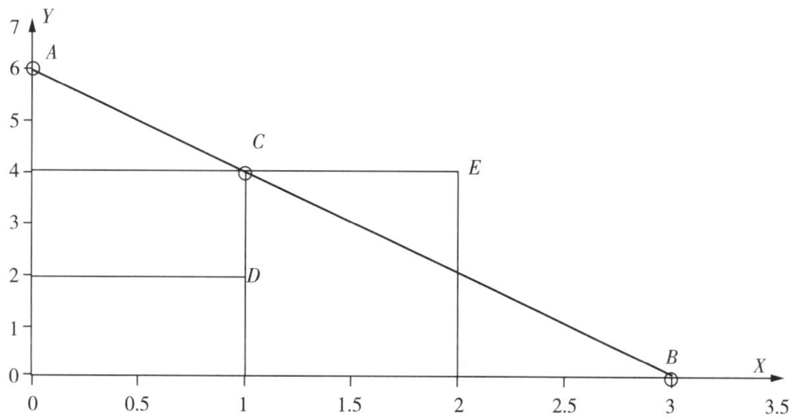

图3-5　消费可能线

在图 3-5 中，连接 A、B 两点的线段就得到消费可能线。该线上的任何一点都是在收入与价格既定的条件下，消费者所能购买到的 X 商品与 Y 商品的最大数量的组合。例如，在 C 点，购买 4 单位 Y 商品，1 单位 X 商品，正好用完 60 元（10 元×4＋20 元×1＝60 元）。该线内的任何一点，所购买的 X 商品与 Y 商品的组合是可以实现的，但并不是最大数量的组合，即没有用完收入。例如，在 D 点，购买 2 单位 Y 商品，1 单位 X 商品，只用了 40 元（10 元×2＋20 元×1＝40 元）。在该线外的任何一点，所购买的 X 商品与 Y 商品的组合大于 C 点时，则无法实现，因为所需花的钱超过了既定的收入。例如，在 E 点，购买 4 单位 Y 商品，2 单位 X 商品，大于 C 点的 4 单位 Y 商品，1 单位 X 商品，这时要支出 80 元（10 元×4＋20 元×2＝80 元），超过了既定的收入 60 元，消费需求无法实现。

图 3-5 中的消费可能线是在消费者的收入和商品价格既定条件下作出的，如果消费者的收入和商品的价格改变了，则消费可能线就会变动。如果商品价格不变而消费者的收入变动，则消费可能线会平行移动。收入增加，消费可能线向右上方平行移动；收入减少，消费可能线向左下方平行移动，如图 3-6 所示。

在图 3-6 中，AB 是原来的消费可能线。消费者所要购买的两种商品为汽水和面包。当收入增加时，消费可能线移动到 A_2B_2 的位置，意味着消费者可以购买更多的汽水与面包的数量组合；当收入减少时，消费可能线移动到 A_1B_1 的位置，意味着消费者可以购买较少的汽水与面包的数量组合。如果消费者收入不变，而汽水与面包两种商品的价格以同比例上升或下降，则消费可能线平行移动。

如果收入不变而两种商品的价格变动，则消费可能线也要移动，但并不是平行移动。如图 3-7 所示。在图 3-7 中，消费者的收入与汽水的价格不变，而面包的价格下降，则消费可能线由 AB 移动到 AB_1 的位置，意味着消费者在汽水购买量不变的情况下，可以购买更多的面包。如果汽水的价格上升，而面包的价格不变，则会引起消费可能线发生什么样的变动，请同学们自己进行分析。

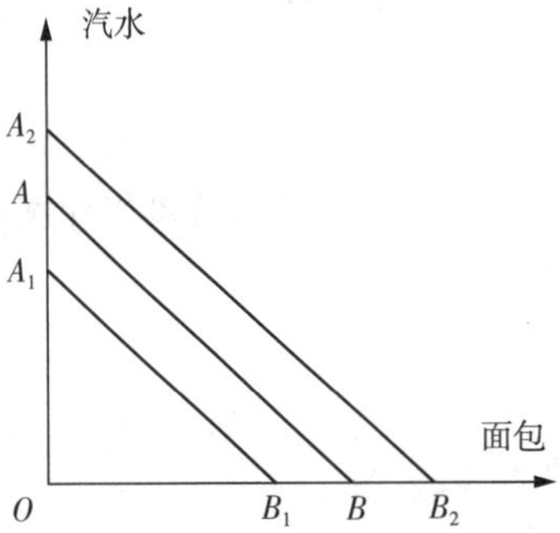

图 3-6　收入变动对消费可能线的影响

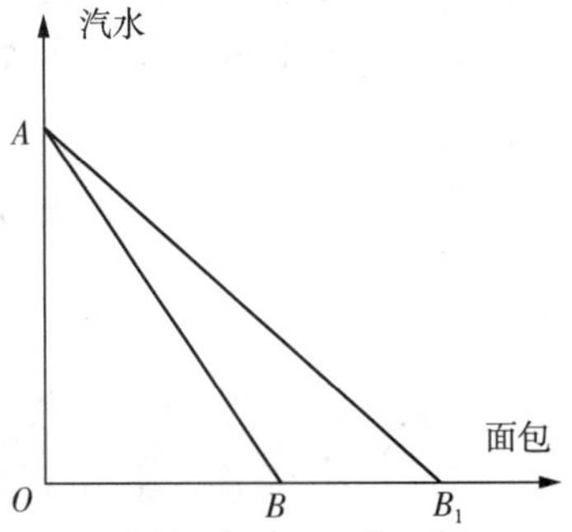

图 3-7　面包的价格下降与汽水价格不变时的消费可能线

微课 3.4　消费者均衡

四、消费者均衡

序数效用论将无差异曲线与消费可能线结合在一起来分析消费者均衡的实现问题。根据消费可能线和无差异曲线分析可知，

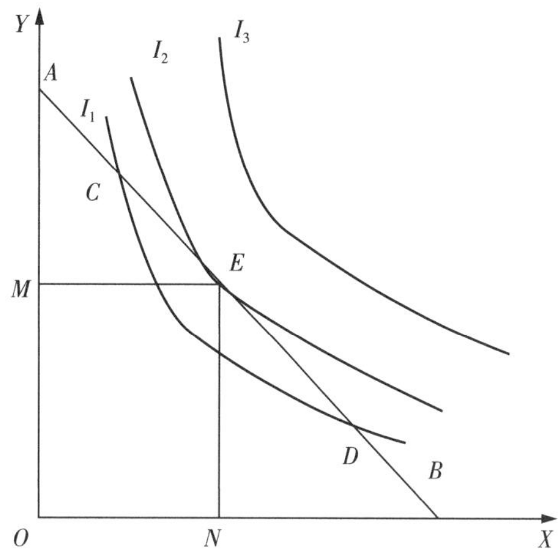

图 3－8　消费者均衡图

在通常情况下收入是相对稳定的，所以消费可能线只有一条，而无差异曲线可以有无数条。这样，如果将无差异曲线与消费可能线放在同一平面上，一条消费可能线肯定会与无数条无差异曲线中的一条相切，假定有切点 E，则消费者按 E 点所对应的商品组合来花费其收入，即实现了消费者均衡。可以用图 3－8 来说明。

在图 3－8 中，I_1、I_2、I_3分别代表三条无差异曲线，它们的效用大小顺序为 $I_1 < I_2 < I_3$。AB 为消费可能线。AB 与 I_2 相切于 E 点，这时实现了消费者均衡。也就是说，在收入与价格既定的条件下，消费者购买 ON 数量的 X 商品，OM 数量的 Y 商品，就能获得最大的效用。

为什么只有在 E 点时才能实现消费者均衡呢？从图 3－8 可以看出，I_3所代表的效用大于 I_2，但 I_3与消费可能线 AB 既不相交又不相切，说明达到 I_3效用水平的 X 商品与 Y 商品的数量组合在收入与价格既定的条件下是无法实现的。AB 线与 I_1 相交于 C、D 两点，在 C、D 两点上所购买的 X 商品与 Y 商品的数量也是收入与价格既定条件下最大的组合，但由于 $I_1 < I_2$，说明 C、D 两点上 X 商品与 Y 商品的组合并不能达到最大效用，它们所实现的效用水平仍然是 I_1所表示的效用水平。AB 线与 I_2线相切于 E 点，说明按 E 点进行消费组合也是现有收入水平所许可的，其实现的是 I_2所代表的效用水平。由于 I_2的效用水平大于 I_1，所以，按 E 点进行消费组合的效用水平就必然大于 C、D 两点的效用水平。此外，由于无数条无差异曲线相互平行，因而能与既定的消费可能线 AB 相切的无差异曲线只有一条，而且是距离原点最远的一条，也就是图中的 I_2线。由此看来，E 点就成为在收入与价格既定条件下的消费者效用最大化的消费组合点，也就是说，只有在 E 点时才意味着消费者均衡的实现。

消费者行为理论并不想对人们如何作出决策提供一种忠实的描述，它是一个模型，而且模型并不完全是现实的。没有一个消费者是明确地借助这种理论中包含的最大化来作出决策的，但消费者知道他们的选择要受到自己财力的限制。在这些约束既定时，他们所能做出最好的选择就是达到最高满足程度。

【延伸阅读】

消费者剩余

消费者剩余（consumer surplus）又称为消费者的净收益，是指消费者在购买一定数量的某种商品时愿意支付的最高总价格和实际支付的总价格之间的差额。消费者剩余衡量了买者自己感觉到所获得的额外利益。比如一场电影的票价为 20 元，可消费者对它的价值是 50 元，那么消费者剩余则是 30 元。

消费者总剩余可以用需求曲线下方，价格线上方和价格轴围成的三角形的面积表示。如图以 OQ 代表商品数量，OP 代表商品价格，PQ 代表需求曲线，则消费者购买商品时所获得的消费者剩余为图中的灰色面积。

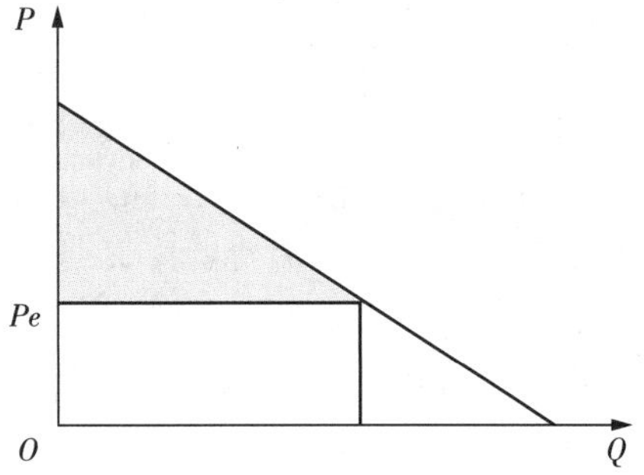

消费者剩余概念的提出目的是告诉我们每一个消费者：我们的付出总是少于我们的所获。我们总是在交易中获取额外的利益，我们社会的总福利总是在交易当中不断增长。

在理解消费者剩余时要注意两点：第一，消费者剩余并不是实际收入的增加，只是一种心理感觉；第二，生活必需品的消费者剩余大。因为消费者对此类物品的效用评价高，愿意付出的价格也高，但此类物品的市场价格一般并不高。

资料来源：节选自百度百科"消费者剩余"，有改动。

第四节　消费者选择

在前面的分析中，我们是以消费者的货币收入和商品价格不变作为前提的，但实际上，收入和价格这两个因素都在不断地变化，这对消费者均衡会产生很大的影响。

一、价格变动对消费者选择的影响

价格变化对消费的影响通常用价格——消费曲线来分析。

我们先用图来分析在收入不变、价格变化的条件下，消费者均衡点变动的情况。为了方便分析，我们先假定一种商品的价格不变，而另一种商品价格变动。

在图 3-9 中，无差异曲线 I_0 与消费可能线 AB_2 的切点为最初均衡点 C_0，X_0 为最初均衡时 X 商品的购买量。现在假定消费者的收入和 Y 商品的价格不变，X 商品的价格上升。这样，消费可能线 AB_2，将以点 A 为圆心顺时针方向移动到 AB_1，并与另一条表示效用较低的无差异曲线 I_1 相切于点 C_1，点 C_1 即为 X 商品价格上升后的消费者均衡点。从均衡点的变化可以看出，当 X 商品价格上升时，消费者将减少对该商品的购买量，从而减少了消费效用的满足程度。如果 X 商品的价格下降，消费可能线 AB_2 将以点 A 为圆心逆时针方向移动到 AB_3，并与另一条表示更高效用水平的无差异曲线 I_3 相切于点 C_2，点 C_2 即为 X 商品价格下降后的消费者均衡点，此时，商品购买量为 X_2。从均衡点的变动情况可以看出，当某种商品价格下降时，消费者将增加对该商品的购买量，从而增加他的满足程度。根据上述原理，也可以描述当消费者的收入和 X 商品的价格不变，Y 商品的价格上升和下降时均衡点变化的情况。

我们把价格变动导致的不同均衡点连接起来所形成的曲线，图中连接 C_1、C_0、C_2 形成曲线 PC 叫作价格—消费曲线。它是在消费者收入不变的条件下，如果价格发生变动，消费者均衡点或消费者最佳购买行为的变动趋势。

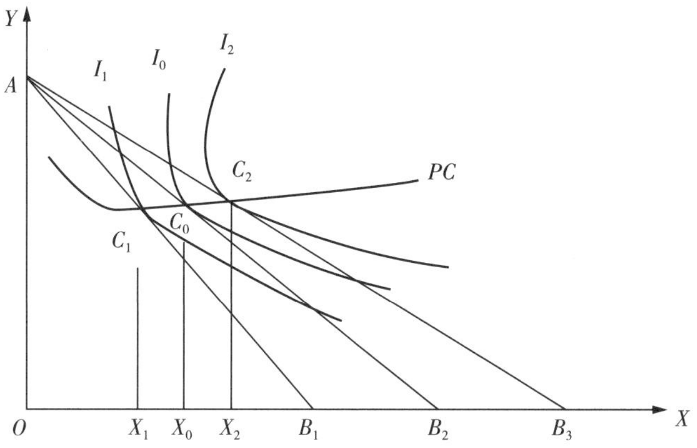

图 3-9 价格—消费曲线图

价格—消费曲线可以用来说明需求曲线是由消费者行为决定的。上图中根据与各个 X 商品的价格（这种价格隐含在各条消费可能线中）对应的消费者购买的 X 商品的数量（X_1，X_0，X_2），可以描绘出消费者对 X 商品的需求曲线。由此可见，用无差异曲线分析法也可以推导出表明价格与需求量呈反方向变动的、向右下方倾斜的需求曲线。

二、收入变动对消费者选择的影响

收入变动对消费的影响是用收入—消费曲线来分析的。

假定在价格不变，收入水平变动的条件下，分析消费者均衡点的变化情况。在图 3-10 中，A_1B_1、A_2B_2、A_3B_3、A_4B_4分别表示收入依次递增的消费可能线，I_1、I_2、I_3、I_4分别表示不同收入水平下达到消费者均衡的两种商品的无差异曲线，M、N、O、P 分别表示不同收入水平下的消费者均衡点。

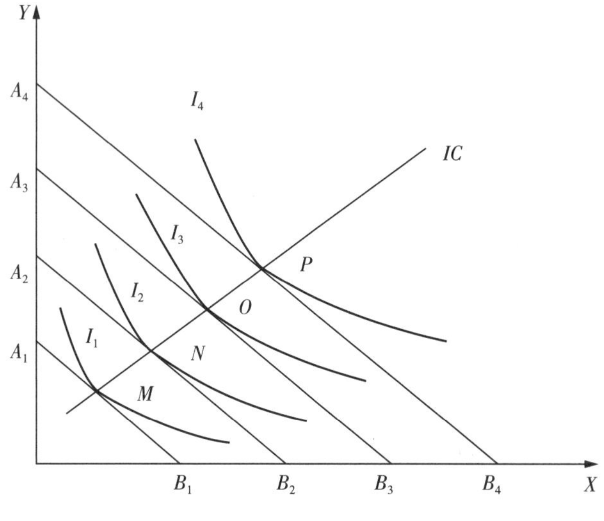

图 3-10 收入—消费均衡图

在图 3-10 中可以看出，随着收入的增加，消费者均衡点依次向原点之外推移，我们把这些均衡点连起来构成的曲线 IC 就叫收入—消费曲线。在收入—消费曲线上的任何一点，都是消费者在相应收入水平下所能选择的使自己获得最大满足程度的商品组合点。在商品价格不变的条件下，收入越多，均衡点的位置离原点越远。这表明消费者所能获得的更高效用水平的消费组合方式，或者说，消费者将获得越来越多的商品消费，这就是收入对消费的影响。

由收入—消费曲线可以推导出恩格尔曲线，这是收入—消费曲线应用的一个例子。

三、恩格尔曲线

恩格尔曲线（Engel Curve）是由收入—消费曲线推导而来的。它由19世纪德国统计学家、经济学家恩斯特·恩格尔（Ernst Engel，1821—1896）提出，用来分析收入变化对某种商品的消费需求的影响。恩格尔曲线是表示消费者的收入和某一商品均衡购买量之间关系的曲线，如图3－11所示。

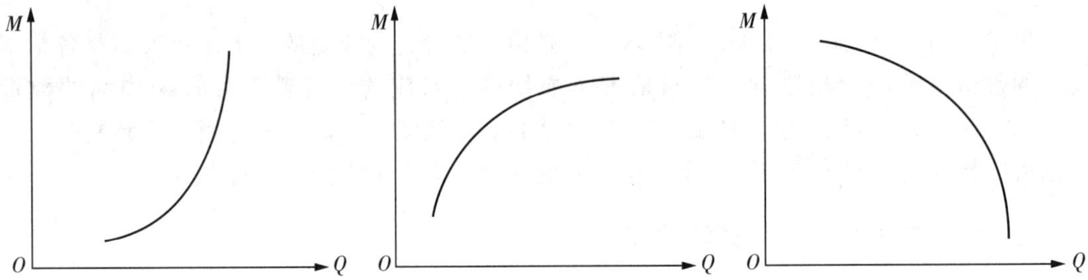

（A）一般商品的恩格尔曲线　（B）高档商品的恩格尔曲线　（C）低档商品的恩格尔曲线

图3－11　不同商品的恩格尔曲线

在图3－11中，横轴 Q 代表商品需求量，纵轴 M 代表收入。我们将商品分为一般商品，高档商品（也叫奢侈品）和低档商品。图3－11（A）反映了一般商品的恩格尔曲线变化趋势，商品的消费量随着消费者收入的增加而增加，但需求量的增加速度要小于收入的增加速度。图3－11（B）反映了高档商品的恩格尔曲线变动趋势，商品的消费量是随着消费者收入的增加而增加，但需求量的增长速度要大于收入的增加速度。图3－11（C）反映了低档商品的恩格尔曲线变动趋势，商品需求量随着消费者收入的增加而不断减少。

恩格尔从长期统计资料分析中发现，随着人们收入的增加，用于食品方面的支出在全部支出中所占的比率越来越小，这被称作恩格尔定律。食品支出占全部消费支出的比例被称为恩格尔系数（Engel Coefficient）。

【相关链接】

我国恩格尔系数在稳步降低说明了什么?

19世纪中期，德国统计学家和经济学家恩格尔对当时比利时不同收入的家庭的消费情况进行了调查，研究了收入增加对消费需求支出构成的影响，提出了带有规律性的原理，由此被命名为恩格尔定律。其主要内容是指一个家庭或个人收入越少，用于购买生存性的食物的支出在家庭或个人收入中所占的比重就越大。对一个国家而言，一个国家越穷，每个国民的平均支出中用来购买食物的费用所占比例就越大。恩格尔系数则由食物支出金额在总支出金额中所占的比重来最后决定。恩格尔系数是根据恩格尔定律而得出的比例。恩格尔系数是食品支出总额占个人消费支出总额的比重。

联合国根据恩格尔系数的大小，对世界各国的生活水平有一个划分标准，即一个国家平均家庭恩格尔系数大于60%为贫穷，50%～60%为温饱，40%～50%为小康，30%～40%属于相对富裕，20%～30%为富足，20%以下为极其富裕。

中国在2017年第一次进入联合国划分的20%～30%富足区间。2019年我国居民的恩格尔系数进一步下降，达28.2%，同比下降0.2个百分点。改革开放40年来，中国的恩格尔系数从“5字头”进入“2字头”，这意味着什么？七成支出花在吃以外，意味着“以食为天”的中国人，有更多财富进行其他消费。这样的变化，符合人们的感性认知：舍得旅游的人多了，坐高铁、飞机变得平常；出了新款手机，很容易成为全社会的谈资；电影还没上映，往往引发全民期待，教育、文娱消费大大增加，医疗保健支出也成为刚需，消费的光谱越来越宽，消费的转型升级看得见、摸得着。应该说，“富起来了”已成共识。

恩格尔系数持续降低，为中国总体发展而骄傲是应该的，但更要清醒认识到，现实的复杂性往往超越一个简单的经济学系数。在全面建成小康社会的道路上，对焦每一个普通人的获得感，比关注一个系数更具温度也更为精准。

资料来源：人民日报 .http：//www.chinanews.com/cj/2018/04－20/8495715.shtml.2018.4.20，有改动。

消费者行为理论是以消费者具有完全的理性和完全的自由为假设前提的，但事实上，消费者既不可能有完全的理性，又不可能有完全的自由。在现实生活中，消费者由于受修养、文化、习俗、思想意识等影响，并不可能具有完全的理性，也不能自觉地来追求满足程度的最大化。他们的消费行为也要受到许多因素的影响。而且，在市场中单个消费者是弱小的，消费者的利益总是要受到这样或那样的损害。所以，为了指导消费者的消费行为，并保护消费者的利益，就需要有各种保护消费者的政策。

从传统的消费者行为理论来看，消费完全是个人的问题。但实际上，个人的消费对社会是有影响的。个人消费不仅仅是个人问题，而且是整个社会的问题，如何既能尊重消费者的个人自由，又能维护整个社会的利益，是一个非常重要的理论与政策问题。

【本章小结】

本章主要分析了消费者行为。效用是消费者从消费某种物品中所得到的满足程度。基数效用论和序数效用论是两种不同的消费者行为理论，前者认为效用可以用具体数字来表示，主要采用边际分析的方法；后者认为效用作为一种心理想象是不能用具体数字来表示的，只能排序，采用无差异曲线进行分析。

【经济学家】

现代边际效用理论的创始者之一——卡尔·门格尔

卡尔·门格尔（Carl Menger，1840—1921），奥地利著名经济学家，现代边际效用理论的创始者之一。他生于加利西亚（时为奥地利领土，现属波兰），是19世纪70年代那场开启了新古典经济学序幕的“边际革命”的三大发起者之一，经济科学中的奥地利学派当之无愧的开山鼻祖。门格尔最为看重主观评价的作用，他感兴趣的是说明人们的主观评价如何使竞争性的市场发现过程运转起来，把价格看作是由主观估价形成的。

图3-13　门格尔

（图片来源：百度图片）

在1871年发表的《经济学原理》(*Principles of Economics*）中，他所阐述的理论核心是边际效用价值论。在他看来，物品成为财货须具备四个前提条件，需要大于支配量的财货叫经济财货，而只有经济财货才具价值。价值的本质是主观的，即它既不附属于财货，又不是财货应有的属性，更不是独立存在的，而只是从人们对财货满足欲望的强度的主观评价中得出的。价值的衡量尺度同样是主观的。因为人们的欲望满足呈现递减趋势，一种财货的数量越多，人们对其主观评价的重要性越低。这样，财货的价值就取决于该财货所能满足的各种欲望中其重要性最小的欲望。这就是后来称的“边际效用”决定着价值。该书是经济科学史上“边际主义革命”的中流砥柱之一。

门格尔坚持理论研究的抽象法，注重经济现象的因果关系，以较为通俗的方法阐述边际效用价值论，奠定了主观价值理论的基础。这在当时的资产阶级经济学界产生了较为广泛的影响。

资料来源：节选自百度百科“卡尔·门格尔”，有改动。

【练习与思考】

一、单项选择题

1. 当总效用以递减的速率增加时，边际效用应该是(　　)。

A. 正值，且不断增加　　B. 正值，但不断减少

C. 负值，且不断减少　　D. 负值，但不断增加

2. 当总效用达到极大值时，边际效用(　　)。

A. 达到最大　　B. 达到最小　　C. 为零　　D. 为正

3. 某一消费者消费一个单位的某商品获得效用是50，消费两单位该商品的效用为90，消费三单位该商品的效用是121，则该消费者消费第3单位该商品获得边际效用为(　　)。

A. 87　　B. 40　　C. 31　　D. 71

4. 当消费者消费某种物品的数量增加时，其总效用的变化是(　　)。

A. 随边际效用的下降而增加　　B. 随边际效用的下降而下降

C. A和B都对　　D. 以上都不对

5. 消费者花费其所有收入而所能购买的商品组合的曲线是(　　)。

A. 需求曲线　　B. 供给曲线　　C. 无差异曲线　　D. 预算线

6. 给消费者带来相同满足程度的商品组合集中在(　　)。

A. 生产可能性曲线上　　B. 无差异曲线上

C. 预算约束曲线上　　D. 需求曲线上

7. 已知商品X的价格是40，商品Y的价格是60，当某消费者消费这两种商品达到效用最大时，商品X对商品Y的边际替代率是(　　)。

A. $\frac{2}{3}$　　B. 1.5　　C. 2　　D. 0.5

8. 一位消费者称，他早饭每吃一根油条必喝一杯豆浆，对于多出来的豆浆或油条都会被扔掉，由此可知(　　)。

A. 他关于这两种食品的无差异曲线是一条直线

B. 他不是一个理性的消费者

C. 他关于这两种食品的无差异曲线是直角

D. 以上均不准确

二、判断题

(　　)1. 消费者均衡是指消费者实现最大效用时的一种状态。

(　　)2. 序数效用论指的是效用的大小可以用数字来描述，并在此基础上进行数学运算。

(　　)3. 边际替代率是消费者在保持效用水平不变的前提下，减少一种商品的消费量与增加另一种商品的消费量之比。

(　　)4. 基数效用论者以边际效用递减规律和消费者均衡的条件为基础推导消费者的需求曲线。

(　　)5. 追求效用最大化是消费者的行为目标。

三、问答题

1. 什么是边际效用递减规律？

2. 试用边际效用分析法分析消费者均衡。

3. 试用无差异曲线分析法图解消费者均衡。

四、计算应用题

假定小李准备以10元购买三种商品X、Y、Z，市场价格P_X、P_Y、P_Z分别为1元、2元、3元，其边际效用见表3-6。

表3-6

消费数量	MU_X	MU_Y	MU_Z
1	12	18	24
2	10	16	21
3	8	14	18
4	7	12	15
5	6	10	12

请问小李如何实现均衡？

第四章

生产者行为

学习目标

重点掌握：1. 生产函数
2. 短期产量分析
3. 长期产量分析
4. 生产者均衡

基本了解：1. 边际产量递减规律
2. 短期成本分析
3. 长期成本分析

一般了解：1. 收益
2. 利润最大化

本章导读

小口罩里的大合力

2020年1月25日，800万只；2月29日，1.16亿只……仅35天，我国口罩日产量就增长约13.5倍。3月1日至4月4日，38.6亿只；4月5日至4月30日，239.4亿只……仅两个月，中国验放出口的口罩就达278亿只，约为去年全球口罩总产量的3倍。小小一只口罩，既是医务人员抗击疫情的装备、保护群众健康的盾牌，也见证了“中国制造”的强大能力。

除了口罩厂家提能扩产，不少其他企业也纷纷应急转产，参与到口罩生产中，填补需求缺口。上汽通用五菱组建全自动口罩生产线，实现从造汽车到造口罩的“跨界转身”；比亚迪宣布援产医疗物资，首批口罩于2月17日量产；国机集团所属的恒天嘉华由无纺布生产转产医用口罩，每天生产口罩百万余只。一些服装、食品乃至汽车、电缆制造等企业重组产能，全力保障口罩供应。

小小一只口罩，关联产业链各环节，涉及数百项产品，哪一环节出问题都会影响生产进度。除了少数具备产品设计、装备研发、原料渠道、人力储备等全链条能力的大集团可以自行生产，更多企业开启了口罩生产的合作模式。重工企业研发口罩机，汽车企业贡献出原本用于生产隔音棉的聚丙烯材料，纺织企业提供厂房和技工。各企业有设备出设备，有原料出原料，有工人出工人，凝聚起齐心抗疫的生产合力。

非常时期的扩能速度、转产能力，源自“中国制造”的灵活性。有关部门开设资质审批“绿色通道”，加大对企业扩能项目的支持力度；企业应时而动，迅速打通口罩产业链上下游，折射出制造行业的快速反应能力。“中国制造”为疫情防控提供了重要支撑，成为打赢疫情防控人民战争的坚强保障。

资料来源：人民日报 http：//paper. people. com. cn/rmrb/html/2020－03/13/nbs. D110000renmrb _ 05. htm，有删减。

企业面临两个基本的生产决策：一是如何组织劳动、资本等生产要素的投入，最有效地生产出既定的产量；二是如果企业需要扩大生产能力，如何决策。就像本章导读中提及的小小一只口罩的生产，都需要关联产业链各个环节，涉及各项生产要素的投入。通过本章的学习，你将明白市场是如何决定我们所需商品和服务的供给的，让我们一起来学习相关的生产者行为理论（也称为生产理论）。

第一节 生 产

一个经济社会的实质就是生产，没有生产便没有人类社会生存的前提和基础。物品和劳务是由生产者提供的，经济学中企业或厂商就是生产者，他们是指能够独立作出生产决策的经济单位。分析生产者行为时，我们假定生产者是具有完全理性的“经济人”，他们生产的目的是实现利润最大化。

一、生产和生产要素

（一）生产

生产者要实现利润最大化，必须通过产品的生产，并提供给社会使用。因此，生产（production）就是将投入转化成产出的过程。

产出是生产者向社会提供的有形的物质产出和无形的服务产出，有形的物质产出包括食品、机械设备、日常用品等，无形的服务产出包括医疗、信息服务、金融服务、旅游服务等。产出是企业获得销售收入的基础。

投入主要包括企业生产过程中所使用的各种生产要素。那么，何为生产要素？

（二）生产要素

生产要素（factors of production）是指生产中所使用的各种资源。厂商根据其生产产品和市场的特点选择不同的生产要素组合来进行生产，生产要素的具体形态是多种多样的，但可以概括为劳动、资本、土地、企业家才能，见表 4－1。

表4-1 生产要素类别

类别	符号	含义	备注
劳动	(L)	劳动（labor）是人类在生产活动中付出的体力或智力活动，是所有生产要素中最能动的因素。 劳动者是劳动这一生产要素的基本所有者	劳动是指劳动者所提供的服务，可以分为脑力劳动和体力劳动
土地	(N)	土地（land）这里的土地包括土地、河流、森林、矿藏、野生生物等一切自然资源，它们是大自然的恩赐，是最稀缺的经济资源	土地作为生产要素的特点之一是数量固定，一般不会因人类的活动而增加或减少；特点之二是人类必须主动利用它，才能发挥其效益
资本	(K)	资本（capital）指人类生产出来又用于生产中的经济资源，包括机厂房、设备、工具等生产资料。从企业的角度看，既包括有形的资本，也包括无形资本，如商标、信誉和专利权等。通常货币资本不计入生产要素	指除土地以外的生产资料
企业家才能	(E)	企业家才能（entrepreneur ability）是指综合运用其他生产要素进行生产、革新、从事企业组织和经营管理的能力（包括创新、决策、预见判断、应变等能力），以及冒险精神	在现代经济活动中企业家在企业中的地位越来越重要，因而将企业家才能从普通劳动力中分离出来，作为一种独立的生产要素

投入一般分为可变投入和不变投入，从较长时期来看，企业的各项投入都是可以改变的。但短期内，部分生产要素，例如厂房、设备等资本投入可能无法改变，一般称不变投入。因此，当各种投入要素都可变时，一般研究企业的长期行为；当某种或几种要素不可变时，一般研究企业的短期行为。

二、生产函数

生产函数（production function）是指在一定时期内，在技术水平不变的情况下，反映生产要素的数量与组合方式同它所能生产出来的最大产量之间依存关系的函数。任何生产函数都是以一定时期的技术水平不变为前提的，一旦技术水平发生变化，生产函数也会发生变化。

以 Q 表示总产量，L、K、N、E 分别代表劳动、资本、土地、企业家才能这四种生产要素，则生产函数的可表达为

$$Q=f(L, K, N, E)$$

在分析生产要素与产量的关系时，一般把土地作为固定的生产要素，企业家才能又难以具体计算。因此，生产函数可以简写为

$$Q=f(L, K)$$

生产函数式表示生产过程中生产要素投入量与产品的产出量之间的函数关系，所以，所有的企业都有其生产函数。这里需要注意的是，生产函数是最大产量与投入要素之间的函数关系，这是为了使企业的生产函数具有可靠性，体现企业将一定投入转变成产出的能力。

根据企业能否调整生产要素的投入，可以将生产函数分为短期生产函数与长期生产函数。

短期是指企业不能全部调整所有生产要素的时期。在短期内，企业的生产要素分为可变投入与固定投入。可以变动的那部分要素投入叫可变投入，无法变动的那部分要素投入叫作固定投入。在短期内，产量将随可变投入的变动而变动。短期生产函数：$Q=f(L, K)$。由于 K 不变，所以：$Q=f(L)$。

长期是指一个足够长的时期，企业能够调整所有的生产要素投入，包括劳动投入和资本投资，因而只有可变投入，没有固定投入。长期生产函数：$Q=f(L, K)$。

应该注意的是，并没有一个具体的时间标准来划分短期与长期。不同行业中的短期与长期也不同，这取决于生产要素投入变动所需要的时间。

三、短期产量分析

在短期中，当固定投入不能改变，只有可变投入能改变时，产量的变动服从边际产量递减规律。这是我们分析短期中一种生产要素的最适投入时的出发点。下面我们从短期的产量分析入手研究边际产量递减规律。

微课 4.1 短期产量分析

一、总产量、平均产量、边际产量

这里分析的是一种可变生产要素的变动所引起的产量的变动。其中，可变生产要素投入量是自变量，产量是因变量。

总产量（total product，TP）是指一定量的某种生产要素所生产出来的全部产量。例如，在一块稻田中施用 30 千克化肥，生产出 600 千克水稻，则 600 千克水稻就是施用 30 千克化肥的总产量。

平均产量（average product，AP）是指平均每单位生产要素所生产出来的产量。在上例中，每千克化肥的平均产量就是 20 千克水稻（600/30=20）。

边际产量（marginal product，MP）是指每增加一单位生产要素所增加的产量。在上例中，如果在 30 千克化肥的基础上再在稻田里增加 1 千克化肥，水稻产量就可以增加 20 千克，则这 20 千克水稻就是第 31 千克化肥的边际产量。

如果以 Q 代表生产要素投入的数量，以 ΔQ 代表该生产要素的增加量，以 TP 代表总产量，以 AP 代表平均产量，以 MP 代表边际产量，则这三者之间的数量关系可表达为

$$TP=AP\cdot Q$$

$$AP=\frac{TP}{Q}$$

$$MP=\frac{\Delta TP}{\Delta Q}$$

（二）总产量、平均产量、边际产量的相互关系

假定在某产品生产过程中所使用的生产要素是资本和劳动，其中资本的投入量是固定不变的，劳动的投入量是可变的。根据上述关系作表 4-2。

表 4-2 劳动投入与总产量、平均产量、边际产量之间的关系表

资本量（K）	劳动投入量（L）	总产量（TP）	平均产量（AP）	边际产量（MP）
20	0	0	0	0
20	1	3	3	3
20	2	8	4	5
20	3	12	4	4
20	4	15	3.8	3
20	5	17	3.4	2
20	6	17	2.8	0
20	7	16	2.3	−1
20	8	13	1.6	−3

还可以用图 4-1 表示总产量、平均产量、边际产量之间的关系。

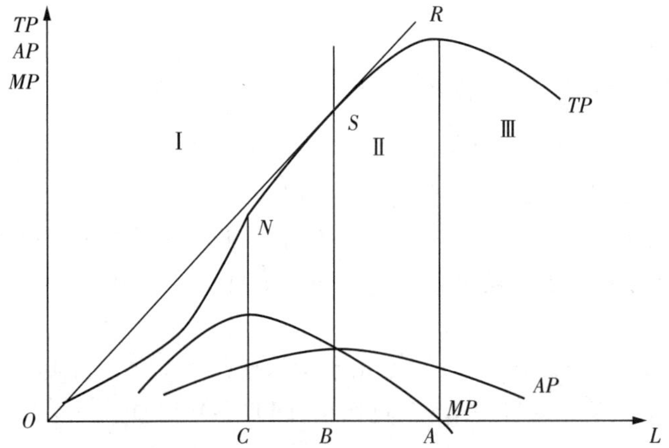

图 4-1 总产量、平均产量、边际产量之间的关系图

在图 4-1 中，横轴代表劳动投入量，纵轴代表产量。TP 为总产量曲线，AP 为平均产量曲线，MP 为边际产量曲线。三条产量曲线分别表示随着劳动投入量的不断增加，各种产量的变动趋势。N 为总产量曲线的拐点，对应于边际产量递增与递减的转折点。S 为总产量曲线的切点，对应于边际产量与平均产量相交的点。R 为总产量曲线的最高点，对应于边际产量为零的点。

根据图 4-1，可以看出总产量、平均产量、边际产量之间的关系有如下特点。

第一，总产量与平均产量的关系。从图上可以看出，总产量先以递增的速度增加，到拐点以后，以递减的速度增加，过最高点后变为递减。在 O 到 B 之间，总产量随着劳动

投入量的增加而增加，与之相对应的平均产量也不断增大。在 B 点，平均产量达到极大值。在 B 点以后，随着劳动投入的继续增加，总产量先以递减速度增加而后减少，与之相对应的平均产量则减少。

第二，总产量与边际产量的关系。从图中可以看到，总产量与边际产量之间有对应关系。在 0 到 C 之间，随着劳动投入的增加，总产量以递增速度增加，与之相对应的边际产量也不断增大。到了对应点 C，边际产量最大。在 C 到 A 之间，随着劳动投入的继续增加，总产量以递减速度增加，与之相对应的边际产量减少。到了对应点 A，总产量最大。过了对应点 A 以后，随着劳动投入的继续增加，总产量递减，与之相对应的边际产量为负值。

第三，平均产量与边际产量的关系。从图中可以看出，边际产量曲线通过平均产量曲线的最高点。在 B 点左边，边际产量大于平均产量，平均产量递增。在 B 点右边，边际产量小于平均产量，平均产量递减。在 B 点，边际产量等于平均产量，平均产量最大。

（三）生产的三个阶段

根据总产量、平均产量、边际产量的关系，我们可以把图 4－1 划分成三个区域，表示可变生产要素的三个投入阶段。

第一个阶段（Ⅰ），是劳动投入量从零增加到 B 点的阶段。在这一阶段，随着劳动投入的不断增加，总产量在不断增加，平均产量也在不断增加。说明在这一阶段，相对于不变的资本量而言，劳动投入量不足，所以劳动投入量的增加可以使资本利用效率越来越高，不但总产量可以增加，而且劳动生产率，也就是劳动的平均产量也是递增的。由此看来，劳动投入量不应该停止在第一个阶段，而至少要增加到 B 点为止。否则，资本的利用效率就不充分。

第二个阶段（Ⅱ），是劳动投入量从 B 点到 A 点的阶段。在这一阶段，随着劳动投入的不断增加，不变的资本越来越接近被充分利用。然而，由于劳动生产率在这一阶段开始下降，平均产量则开始递减。在这一阶段，虽然边际产量继续下降，但还是正值，因而总产量还是在不断增加，只是增加的幅度越来越小。在劳动量增加到 A 点时，总产量可以达到最高。

第三个阶段（Ⅲ），是劳动投入量超过 A 点以后的阶段。在这一阶段，随着劳动投入的继续增加，不变的资本已经被充分利用，不再有增加产量的潜力。在这一阶段，不但平均产量在继续下降，而且边际产量已成为负值，也就是总产量开始绝对减少。很显然，劳动投入量超过 A 点之后是不利的。

综上所述，合理的劳动投入水平既不在生产的第一阶段，也不在生产的第三阶段，而只在生产的第二阶段，即在 B 点和 A 点之间。但劳动投入量应该在第二阶段的哪一个点上，则要结合厂商的生产目标来具体分析。

例如，如果企业将生产目标定为平均产量最大，这时应将可变的生产要素投入量增加到 B 点。如果企业将生产目标定为总产量最大，这时应将可变的生产要素投入量增加到 A 点。一般而言，在市场经济条件下，厂商生产的目标既不是平均产量最大，也不是总产量最大，而是追求利润最大化。那么，在此情况下就要考虑成本、产品价格等因素。因为平均产量最大时，利润并不一定最大；总产量最大时，利润也不一定最大。

(四) 边际产量递减规律

边际产量递减规律又称边际收益递减规律。它的基本内容：在技术水平和其他生产条件不变的前提下，当把一种可变的生产要素投入到一种或几种不变的生产要素中时，最初这种生产要素的增加会使产量增加，但当它的增加超过一定限度时，增加的产量将会递减，最终还会使绝对总产量减少。例如，1 个面包房有 2 个面包烤炉为其固定投入，当可变投入劳动从 1 个工人增加到 2 个工人时，面包烤炉得到充分利用，工人的边际产量递增，但如果工人的数量增加到 3 个、4 个甚至更多时，几个人共用 1 个面包烤炉，每个工人的边际产量自然会出现递减，甚至成为负数。

在理解边际产量递减规律时，要注意以下几点。

第一，这一规律发生作用的前提是技术水平不变。技术水平不变是指生产中所使用的技术没有发生重大变革。现在，技术进步的速度很快，但并不是每时每刻都有重大的技术突破，技术进步总是间歇式进行的，只有经过一定时期的准备之后，才会有重大的突破。短期内无论是农业还是工业，一种技术水平一旦形成，总会有一个相对稳定的时期，这一时期就可以称为技术水平不变。

第二，这一规律所指的是生产中使用的生产要素分为可变的与不变的两类。边际产量递减规律研究的是把不断增加的一种可变生产要素，增加到其他不变的生产要素上时对产量所发生的影响。这种情况也是普遍存在的。在农业中，当土地等生产要素不变时，增加施肥量；或者在工业中，当厂房、设备等生产要素不变时，增加劳动力都属于这种情况。

第三，在其他生产要素不变时，一种生产要素增加所引起的产量或收益的变动可以分为三个阶段：第一阶段表现为边际产量递增，总产量增加；第二阶段表现为边际产量递减，总产量增加；第三阶段表现为边际产量为负，总产量开始减少。

四、长期产量分析

微课 4.2 长期产量分析

在长期中，企业可以调整所有生产要素，投入的所有生产要素都变动，也就是企业规模的变动。因此，我们必须了解企业规模变动对产量的影响。这就是规模经济问题。

(一) 规模经济

规模经济（economies of scale）是指在技术水平不变的情况下，当两种生产要素按同样的比例增加，即生产规模扩大时，最初这种生产规模扩大会使产量的增加大于生产规模的扩大，但当规模的扩大超过一定限度时，则会使产量的增加小于生产规模的扩大，甚至使产量绝对减少，出现规模不经济。

在理解规模经济这一概念时，要注意以下几点。第一，这一规律发生作用的前提是技术水平不变。第二，这一规律所指的是生产中使用的两种生产要素都在同比例地增加。但由于它并不改变技术系数，因此生产要素的增加只是一种量的增加。这一规律就是研究技术系数不变时两种生产要素的增加所引起的生产规模扩大，给产量所带来的影响。例如，农业中土地与人力的同时增加，或把若干小农场合并为大农场；工业中设备与人力的同时增加，或把若干小企业合并为大企业，都属于这种情况。第三，两种生产要素增加所引起的产量或收益的情况可以分为三个阶段。第一阶段：规模收益递增，即产量增加的比率大于生产规模扩大的比率，例如，生产规模扩大了 5%，而产量的增加大于 5%。第二阶段：规模收益不变，即产量增加的比率与生产规模扩大的比率相同，例如，生产规模扩大了 5%，而产量也增加了 5%。第三阶段：规模收益递减，即产量增加的比率小于生产规模扩大的比率，例如，生产规模扩大了 5%，而产量的增加小于 5%，或者是负数。可以用图 4－2来表示规模收益的不同情况。在图 4－2 中，a 代表规模收益递增，b 代表规模收益不变，c 代表规模收益递减。

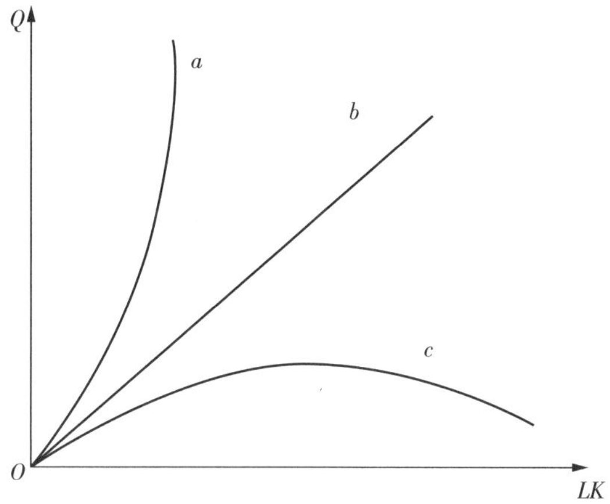

图 4－2　规模收益变动图

【延伸阅读】

分工与专业化

亚当·斯密在其名著《国富论》中根据他对一个扣针厂的参观描述了一个例子。斯密所看到的工人之间的专业化和引起的规模经济给他留下了深刻的印象。他写道："一个人抽铁丝，另一个人拉直，第三个人截断，第四个人削尖，第五个人磨光顶端以便安装圆头；做圆头要求有两三道不同的操作；装圆头是一项专门的业务，把针涂白是另一项；甚至将扣针装进纸盒中也是一门职业。"斯密说，由于这种专业化，扣针厂每个工人每天生产几千枚针。他得出的结论是：如果工人选择分开工作，而不是作为一个专业工作者团队，"那他们肯定不能每人每天制造出 20 枚扣针，或许连 1 枚也造不出来"。换句话说，由于专业化，大扣针厂可以比小扣针厂实现更高人均产量和每枚扣针更低的平均成本。

斯密在扣针厂观察到的专业化生产在现代经济中普遍存在。例如，如果你想盖一所房子，你可以自己努力去做每一件事。但大多数人找建筑商，建筑商又雇佣木匠、瓦匠、电工、油漆工和许多其他类型工人。这些工人专门从事某种工作，这使他们比通用型工人做得更快更好。实际上，运用专业化实现规模经济是现代社会实现繁荣的一个重要因素。

资料来源：[英] 亚当·斯密．国民财富的性质和原因的研究 [M]．北京：商务印书馆，2008，有修改。

（二）最适度规模

企业规模的扩大，既会带来好处，也会带来不利的影响。在长期中，企业调整各种生产要素时，要实现适度规模。

适度规模（moderate scale）就是指两种生产要素的增加，即生产规模的扩大正好使产量达到最大。当收益递增达到最大时就不再增加生产要素，并使这一生产规模维持下去。对于不同行业的企业来说，适度规模的大小是不同的，并没有一个统一的标准。在确定适度规模时应该考虑以下主要因素：

第一，本行业的技术特点。一般来说，需要投资量大，所用设备复杂先进的行业，适度规模也就大。例如冶金、机械、汽车制造、造船、化工等重工业企业，生产规模越大经济效益越高。相反，需要投资少，所用设备比较简单的行业，适度规模也小。例如服装、服务这类行业，生产规模小能更灵活地适应市场需求的变动，对生产更有利，所以适度规模也就小。

第二，市场条件。一般来说，生产市场需求量大，而且标准化程度高的产品的企业，适度规模应该大，这也是重工业行业适度规模大的原因。相反，生产市场需求小，而且标准化程度低的产品的企业，适度规模应该小。所以，服装行业的企业适度规模就要小一些。

当然，在确定适度规模时要考虑的因素还有很多。例如，在确定某一采矿企业的规模时，还要考虑矿藏量的大小。其他诸如交通条件、能源供给、原料供给、政府政策等，都是在确定适度规模时必须考虑到的。

由于经济发展水平、资源、市场等条件的差异，即使是同一行业，规模经济的大小也并不完全相同。一些重要行业，国际上有通行的规模经济标准。例如，钢铁厂为年产1 000万吨钢，彩色显像管厂为年产 200 万套，电冰箱厂为年产 50 万～80 万台。当然，我们国家不一定套用这些标准。

应该注意的是，随着技术进步，规模经济的标准也是在变化的。例如，在 20 世纪 50 年代，汽车厂的规模经济为年产 30 万辆，但到 1977 年这一规模经济已达年产 200 万辆。这是因为这些行业的设备日益大型化、复杂化和自动化，投资越来越多，从而只有在产量达到相当大的数量时，才能实现规模经济。

【延伸阅读】

小的是美好的

德国经济学家舒马赫曾写过一本《小的是美好的》的书，主张企业不要过大。同时，实践中许多大企业成绩显赫，成为世界 500 强。我们到底是应该把企业做大，还是做小呢？正如我们所分析的，企业大有大的好处，小也有小的优势，应该具体情况具体分析，不可一概而论。从客观条件来说，要分析本行业的生产技术特点和市场需求特点，一些行业越大越好。在钢铁、石化、汽车这类行业中，设备大而复杂，分工精细，技术创新需要大量投入，而产品又是标准化的，市场需求波动相对较小，因此，它们奉行“大的就是好的”原则。例如，钢铁厂的年产量都要达到 1 000 万吨规模，欧洲还在建设年产 5 000 万吨的钢铁厂。但有些行业规模小可以适应需求复杂的市场，经营就会更有利。如服装、餐饮这类轻工或服务行业，所用的设备并不复杂，产品的特点是多样化的，要随变化的市场需求而不断调整，它们奉行的就是“小的就是美好的”原则。要根据具体条件，分析自己的资金与人员实力。有些企业的确是越大越好，跨行业越多越有利，但如果企业筹资能力有限，或者管理能力不强，做得越大反而困难越大。

我国经济中该大的没做大，该小的没做小，这种错误没少犯。如2002年我国共有123家汽车整车生产厂家，但产量极为分散，只有2家生产企业具有规模效应，年产量达到50万辆；而不足1万辆的有95家之多，其中，1000辆以下的有70家。一些该分散、灵活的企业，如商业服务业等反而做得很大。在市场经济发达的今天，仍然有一种思想是不顾条件想把企业做大，包括人为强迫企业合并，或者不顾条件限制进行多元化经营。其实企业大小也是市场竞争的结果，人为干预只会违背市场经济规律。

资料来源：梁小民．微观经济学纵横谈［M］．北京：三联书店，2005.

第二节　生产要素最适组合

微课4.3　生产要素最适组合

生产要素的最适组合与消费者均衡相似。消费者均衡是分析如何把既定的收入分配到两种产品的购买与消费上，以达到效用最大化；生产要素的最适组合，是分析生产者如何把既定的投入分配到两种生产要素的购买与生产上，以达到利润最大化。因此，分析这两个问题所用的方式也基本相同，即等量分析法。

一、等产量线

等产量线（isoquant product）是表示两种生产要素的不同数量组合可以带来相等产量的一条曲线，或者说是某一固定数量的产品，可以用两种生产要素的不同数量组合生产出来的一条曲线。

假如有资本与劳动两种生产要素，它们有A、B、C、D四种组合方式，这四种组合方式都可以达到相同的产量。这样，可作出表4-3。

表4-3　生产要素投入组合表

组合方式	劳动量（L）	资本量（K）	产量（Q）
A	1	6	200
B	2	3	200
C	3	2	200
D	6	1	200

根据表4-2，可作出图4-3。

在图4-3中横轴L代表劳动量，纵轴K代表资本量，Q为等产量线，即该线上任何一点所表示的资本与劳动不同数量的组合，都能生产出相等的产量。

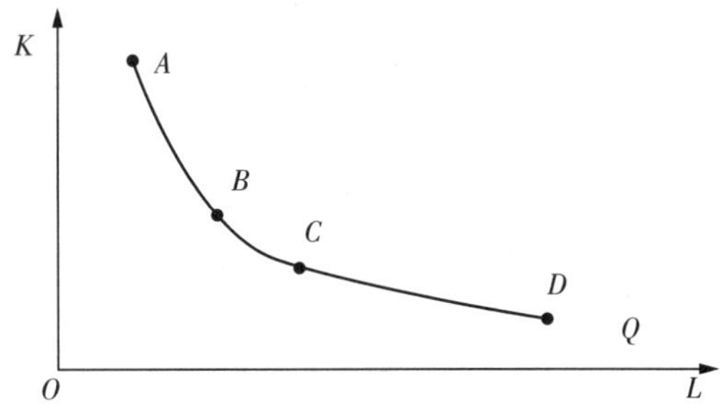

图 4－3　等产量曲线图

等产量线的特征表现在以下几个方面。

第一，它是一条向右下方倾斜的线，斜率为负值。这就表明，在生产者的资源与生产要素价格既定的条件下，为了达到相同的产量，在增加一种生产要素时，必须减少另一种生产要素。两种生产要素同时增加是资源既定时无法实现的；两种生产要素同时减少，不能保持相等的产量水平。

第二，在同一平面图上，可以有无数条等产量线。同一条等产量线代表相同的产量，不同的等产量线代表不同的产量水平。离原点越远的等产量线所代表的产量水平越高，离原点越近的等产量线所代表的产量水平越低。

第三，在同一平面图上，任意两条等产量线不能相交。因为如果两条等产量线相交，则在交点上两条等产量线代表了相同的产量水平，与第二个特征相矛盾。

第四，等产量线是一条凸向原点的曲线。

二、等成本线

等成本线（isocost curve）又叫企业预算线。它是一条表明在生产者成本既定，生产要素价格既定条件下，生产者所能购买到的两种生产要素最大数量组合的直线。

等成本线表明了企业进行生产时的限制条件，即它购买生产要素所花费的钱不能大于或小于它所拥有的货币成本。等成本线可以用公式表示，即 $M=P_L\cdot Q_L+P_K\cdot Q_K$。其中：$M$ 为货币成本，P_L、P_K、Q_L、Q_K 分别为劳动与资本的价格与购买量。上式也可以写成：$Q_K=M/P_K-P_L/P_K\cdot Q_L$。这是一个直线方程式，其斜率为 $-P_L/P_K$。

因为 M、P_L、P_K 为既定的常数，所以，给出 Q_L 的值，就可以解出 Q_K。当然，给出 Q_K 的值，也可以解出 Q_L。如果 $Q_L=0$，则 $Q_K=M/P_K$，如果 $Q_K=0$，则 $Q_L=M/P_L$。

假设：$M=200$ 个货币单位，$P_L=2$ 个货币单位，$P_K=1$ 个货币单位。则有 $Q_L=0$ 时，$Q_K=200$；$Q_K=0$ 时，$Q_L=100$。这样，就可以作出图 4－4。

在图 4－4 中，如用全部货币购买劳动，就可以购买 100 单位（B 点），如果用全部货币购买资本，就可以购买 200 单位（A 点），连接 A 和 B 两点，则为等成本线。该线上的任何一点，都是在货币成本与生产要素价格既定条件下，能购买到的劳动与资本的最大数量的组合。例如，在 C 点，购买 50 单位劳动，100 单位资本，正好用完 200 个货币单位（$2\times50+1\times100=200$ 个货币单位）。该线左侧的任何一点所购买的劳动与资本的组合，是可以实现的，但并不是最大数量的组合，即没有用完货币成本。例如，在 D 点，购买 50 单位劳动，60 单位资本，只用了 160（$2\times50+1\times60=160$）个货币单位。在该线右侧的任何一点，所购买的资本与劳动的组合无法实现，因为所需要的货币超过了既定的成本。例如，在 E 点，购买 60 单位劳动，100 单位资本，这时要支出 220 个货币单位（$2\times60+1\times100=220$ 个货币单位），无法实现。

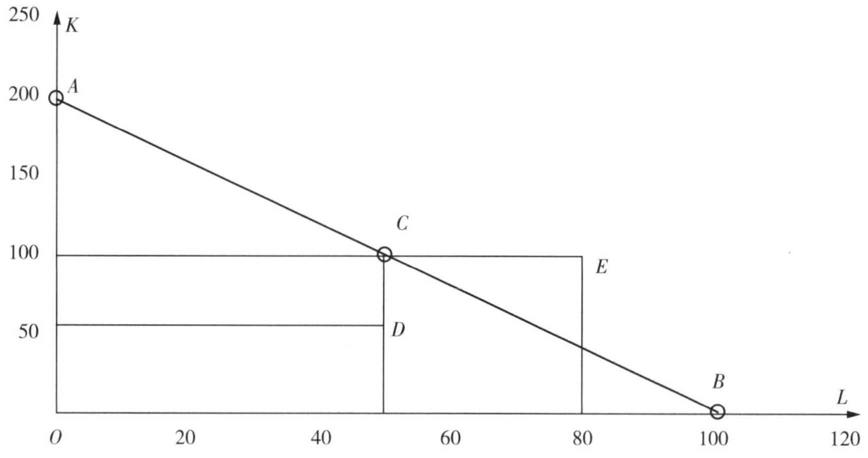

图 4-4　等成本线图

如果生产者的货币成本变动（或者生产要素价格同比例变动），则等成本线平行移动。货币成本增加，等成本线向右上方平行移动；货币成本减少，等成本线向左下方平行移动。如同消费者行为分析中的预算线。

三、生产者均衡

企业为了实现生产要素的最适组合，一定要考虑购买各种生产要素所能获得的边际产量与所付出的价格。生产要素最适组合的原则：在成本与生产要素价格既定的条件下，应该使所购买的各种生产要素的边际产量与价格的比例相等，即要使每一单位货币无论购买哪种生产要素都能得到相等的边际产量。

假定所购买的生产要素是资本与劳动。我们用 MP_K 代表资本的边际产量，MP_L 代表劳动的边际产量，MP_m 代表货币的边际产量，则生产要素最适组合可以写为

$$M=P_L \cdot Q_L+P_K \cdot Q_K \tag{4-1}$$

$$\frac{MP_K}{P_K}=\frac{MP_L}{P_L}=MP_M \tag{4-2}$$

上述式（4-1）是限制性条件，说明企业所拥有的货币量是既定的，购买劳动与资本的支出不能超过这一货币量，也不能小于这一货币量。式（4-2）是生产要素最适组合的条件，即所购买的生产要素的边际产量与其价格之比相等，也就是说每一单位货币不论用于购买资本还是购买劳动，所得到的边际产量都相等。生产者要素的最适组合又被称为生产者均衡。

现在我们把等产量线与等成本线结合起来分析生产要素的最适组合。如果把等产量线与等成本线合在一个图上，那么，等成本线必定与无数条等产量线中的一条相切于一点。在这个切点上，就实现了生产要素最适组合。可以用图 4-5 来说明这一点。

在图 4-5 中，Q_1、Q_2、Q_3 为三条等产量线，其产量大小依次为 $Q_1<Q_2<Q_3$。AB 为等成本线。AB 与 Q_2 相切于 E 点，这时实现了生产要素的最适组合。也就是说，在生产者的货币成本与生产要素价格既定的条件下，ON 数量的劳动与 OM 数量的资本相结合，就

可以实现利润最大化，即既定产量下成本最小或既定成本下产量最大。

为什么只有在 E 点时才能实现生产要素的最适组合呢？从图 4－5 上看，C、E、D 点都是相同的成本，这时 C 和 D 点在 Q_1 上，而 E 点在 Q_2 上，$Q_2>Q_1$，所以 E 点的产量是既定成本时的最大产量。在 Q_2 上产量是相同的，除 E 点外，其他两种生产要素组合的点都在 AB 线之外，成本大于 E 点，所以 E 点时的成本是既定产量时的最小成本。

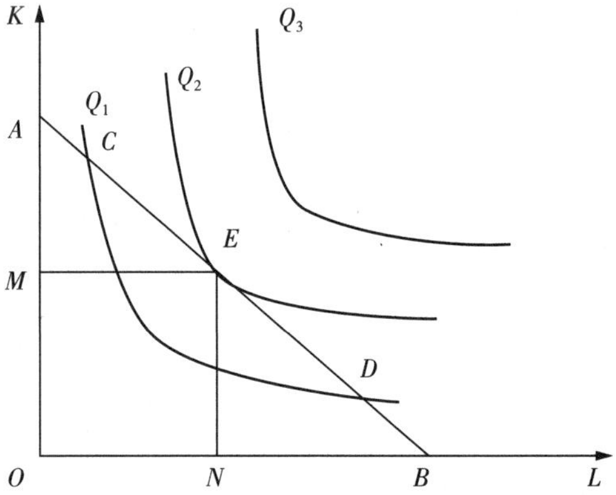

图 4－5　生产要素最适组合的实现图

【延伸阅读】

引进自动分拣机是好事还是坏事？

近年来我国邮政行业实行信件分拣自动化，引进自动分拣机代替工人分拣信件，也就是多用资本而少用劳动。假设某邮局引进一台自动分拣机，只需一人管理，每日可以处理 10 万封信件。如果用人工分拣，处理 10 万封信件需要 50 个工人。在这两种情况下都实现了技术效率。但是否实现了经济效率还涉及价格。处理 10 万封信件，无论用什么方法，收益是相同的，但成本如何则取决于机器与人工的价格。假设一台分拣机为 400 万元，使用寿命为 10 年，每年折旧为 40 万元，再假设利率为每年 10%，每年利息为 40 万元，再加上分拣机每年维修费与人工费用 5 万元。这样使用分拣机的成本为 85 万元。假设每个工人年工资 1.4 万元，50 个工人一年共 70 万元，使用人工分拣成本为一年 70 万元。在这种情况下，使用自动分拣机实现了技术效率，但没有实现经济效率，而使用人工分拣既实现了技术效率，又实现了经济效率。

从上面的例子可以看出，在实现了技术效率时，是否实现了经济效率就取决于生产要素的价格。如果仅仅从企业利润最大化的角度看，可以只考虑技术效率和经济效率。这两种效率的同时实现也就是资源配置效率的实现。但是，如果从社会角度看问题，使用哪种方法还要考虑每种方法对技术进步或就业等问题的影响。

资料来源：百度文库，https：//wenku. baidu. com/view/9bc88cc5f424ccbff121dd36a32d7375a517c665. html.

第三节　成　本

微课 4.4　成本理论

“成本是很多企业决策的核心”。厂商对投入组合的选择，一方面取决于各种投入与产出之间的关系，另一方面也取决于成本状况。

在前面分析的基础上，本节开始讨论成本问题，进而分析厂商的利润决策。

一、成本性质

企业进行生产与经营的各种支出被称之为成本（cost）。我们知道，当企业把这些资源用于生产某种产品时，就放弃了这些资源的其他用途。因此，我们可以从两个不同的角度来考察成本：企业生产的实际支出，以及为了这种生产所放弃的东西。前者我们称之为会计成本，后者称之为机会成本。这两种成本在企业决策中是十分重要的。

企业生产与经营中的各种实际支出被称为会计成本，因为这些支出一笔一笔地记在会计账簿中，所以称为会计成本。同时，因为这些支出是过去的支出，所以也称为历史成本；由于这种成本在企业中是显而易见的，又称为显性成本。例如，支付给员工的薪金，购买原料、燃料等的支出，厂房设备的折旧费，等等。

二、总成本、平均成本和边际成本

短期内成本对企业的决策至关重要。这里的总成本、平均成本和边际成本就是短期总成本、短期平均成本和短期边际成本。

短期总成本（short－run total cost）是短期内生产一定量产品所需要的成本总和。短期成本分为固定成本与变动成本。固定成本（fixed cost，FC）是指企业在短期内必须支付的不能调整的生产要素的费用。这种成本不随产量的变动而变动，是固定不变的。其中主要包括厂房和设备折旧，以及管理人员的工资。变动成本（variable cost，VC）是指企业在短期内必须支付的可以调整的生产要素的费用。这种成本随产量的变动而变动，是可变的。其中主要包括原材料、燃料的支出以及生产工人的工资。如果以 TC 代表短期总成本，以 FC 代表固定成本，以 VC 代表变动成本，则有：

$$TC=FC+VC$$

短期平均成本（short－run average cost，AC）是短期内生产每一单位产品平均所需要的成本。短期平均成本分为平均固定成本（average fixed cost，AFC）与平均变动成本（averagevariable cost，AVC）。平均固定成本是平均每单位产品所消耗的固定成本。平均变动成本是平均每单位产品所消耗的变动成本。

如果以 AC 代表短期平均成本，以 AFC 代表平均固定成本，以 AVC 代表平均变动成本，以 Q 代表产量，则有：

$$AC=\frac{TC}{Q}$$

$$AFC=\frac{FC}{Q}$$

$$AVC=\frac{VC}{Q}$$

$$AC=AFC+AVC$$

短期边际成本（marginal cost，MC）是企业在短期内每增加一单位产量所增加的总成本量。如果以 MC 代表短期边际成本，以 ΔQ 代表增加的产量，则有：

$$MC=\frac{\Delta TC}{\Delta Q}=\frac{\Delta (FC+VC)}{\Delta Q}$$

这里需要注意的是，短期中固定成本并不随产量的变动而变动，所以，短期边际成本实际是对变动成本而言的。

三、总成本、平均成本和边际成本的相互关系

为了分析上述各类短期成本的变动规律及其关系，我们先列出表 4－3。

表 4－3 说明了各种成本的计算及其相互关系。例如，当产量由 1 个单位增加到 2 个单位时，固定成本不随产量的变动而变动，仍为 100，变动成本则随产量的变动而变动，由 34 增加到 63，总成本为固定成本与变动成本之和，为 163。边际成本为总成本的增加量除以产量的增加量，为 29。平均固定成本为固定成本除以产量，为 50。平均变动成本为变动成本除以产量，为 31.5。平均成本为平均固定成本与平均变动成本之和，或总成本除以产量，均为 81.5。以此类推，可以计算出其他数据。

表 4－3　各类短期成本表

产量 Q	固定成本 FC	变动成本 VC	总成本 TC	边际成本 MC	平均固定成本 AFC	平均变动成本 AVC	平均成本 AC
0	100	0	100	—	∞	0	∞
1	100	34	134	34	100	34	134
2	100	63	163	29	50	31.5	81.5
3	100	90	190	27	33.3	30	63.3
4	100	116	216	26	25	29	54
5	100	145	245	29	20	29	49
6	100	180	280	35	16.7	30	46.7
7	100	230	330	50	14.3	32.9	47.2
8	100	304	404	74	12.5	38	50.5
9	100	420	520	116	11.1	46.7	57.8

总成本、平均成本和边际成本的相互关系如下。

（一）短期总成本、固定成本、变动成本的关系

固定成本在短期中是固定不变的，不随产量的变动而变动，即使产量为零时，也仍然存在固定成本。变动成本要随产量的变动而变动。它的变动规律：最初在产量开始增加时，由于固定生产要素与变动生产要素的效率未能得到充分提高，因此，变动成本的增加率要大于产量的增长率。以后随着产量的增加，固定生产要素与可变生产要素的效率得到充分发挥，变动成本的增加率小于产量的增加率。最后，由于边际产量递减规律，变动成本的增加率又大于产量增加率。总成本是固定成本与变动成本之和。固定成本不会等于零，因此，总成本必然大于零。而且，因为总成本中包括变动成本，所以，总成本的变动

规律与变动成本相同。总成本、固定成本、变动成本三者的关系：总成本与变动成本平行，且高出一个固定成本的值。这是因为在图 4－6 中，$TC=VC+FC$，TC 与 VC 的变化规律相同，FC 是一个不变数，加上 VC 则等于 TC。

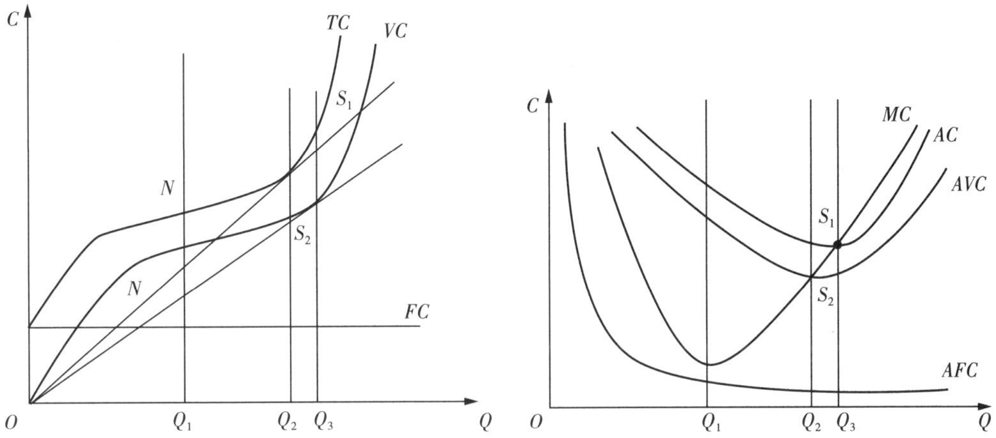

图 4－6　短期成本曲线图

（二）短期平均成本、平均固定成本、平均变动成本的关系

平均固定成本变动的规律是：随着产量的增加而减少，这是因为固定成本总量不变，产量增加，分摊到每一单位上的固定成本也就减少了。它变动的规律是起初减少的幅度很大，以后减少的幅度越来越小。平均变动成本变动的规律：起初随着产量的增加，生产要素的效率逐渐得到提高，因此平均变动成本减少。但产量增加到一定程度后，平均变动成本由于边际产量递减规律而增加。短期平均成本的变动规律是由平均固定成本与平均变动成本决定的。当产量增加时，平均固定成本迅速下降，加之平均变动成本也在下降，因此短期平均成本迅速下降。以后，随着平均固定成本越来越小，它在平均成本中也越来越不重要，这时平均成本随平均变动成本的变动而变动，即随着产量的增加而增加。

平均固定成本、平均变动成本与短期平均成本的变动规律和关系：在 AVC 最低点的左边，AC、AVC、AFC 都递减。在 AC 最低点的右边，AC、AVC 递增，AFC 缓慢递减。在 AC 最低点与 AVC 最低点之间，AC 慢递减，AVC 递增，AFC 递减。这是因为在图 4－6中，$AC=AVC+AFC$。AVC、AFC 都递减，所以 AC 也递减。AVC 递增，抵消了 AFC 的缓慢递减，所以 AC 递增。AVC 缓慢递增，抵消了 AFC 的部分递减，所以 AC 缓慢递减。

（三）短期边际成本、短期平均成本、短期平均变动成本的关系

短期边际成本的变动取决于变动成本，因为所增加的成本只是变动成本。它的变动规律是：开始时，边际成本随产量的增加而减少，当产量增加到一定程度时，就随产量的增加而增加。短期边际成本、短期平均成本与短期平均变动成本之间的关系：MC 先通过 AVC 的最低点，即 S_2 点，再通过 AC 的最低点，即 S_1 点。我们可以从短期边际成本与平均成本的关系看到：图 4－6 中，MC 与 AC 相交于 AC 的最低点 S_1 点。在 S_1 点，$MC=AC$。在 S_1 点之左，AC 在 MC 之上，AC 递减，$AC>MC$。在 S_1 点之右，AC 在 MC 之下，

AC递增，$AC<MC$。MC与AC相交的S_1点被称为收支相抵点。这时价格为平均成本，平均成本等于边际成本，即：$P=MC=AC$，生产者的成本与收益相等。

【相关链接】

大商场平时为什么不延长营业时间

节假日期间天津劝业场和许多大型商场都延长营业时间，为什么平时不延长？现在我们用边际分析理论来解释这个问题。

从理论上说时间延长一小时，就要支付一小时所耗费的成本，这种成本既包括直接的物耗，如水、电等，也包括由于延时而需要的售货员的加班费，这种增加的成本就是我们这一章所学习的边际成本。假如延长一小时增加的成本是1万元（注意，这里讲的成本是西方成本概念，包括成本和正常利润），那么在延长的一小时里他们由于卖出商品而增加的收益大于1万元，作为一个精明的企业家他还应该将营业时间在此基础上再延长，因为他还有一部分该赚的钱没赚到手。相反，如果他在延长的一小时里增加的成本是1万元，增加的收益却不足1万元，他在不考虑其他因素的情况下就应该取消延时经营的决定，因为他延长一小时的成本大于收益。节假日期间，人们有更多的时间去旅游购物，使商场的收益增加，而平时工作紧张家务繁忙，人们没有更多时间和精力去购物，即使延时服务也不会有更多的人光顾，增加的销售额不足以抵偿延时所增加的成本。这就能够解释在节假日期间延长营业时间而在平时不延长营业时间的经济学道理。

无论是边际收益大于边际成本还是小于边际成本，厂商都要进行营业时间调整，说明这两种情况下都没有实现利润的最大化。只有在边际收益等于边际成本时，厂商才不调整营业时间，这表明已把该赚的利润都赚到了，即实现了利润的最大化。

资料来源：百度文库，https：//wenku. baidu. com/view/efe515a05b8102d276a20029bd64783e08127d46. html.

四、长期成本分析

在生产理论中，长期指的是这样一个时期，即在这段时间内一切生产要素都是可以变动的，企业可以调整其全部生产要素。这样，在长期成本中没有固定成本，所有成本都是可以改变的，都可以看作是可变成本。

（一）长期总成本

长期总成本（long-run total cost，LTC）是厂商在长期内支付的全部生产要素的费用。长期总成本的函数表示为

$$LTC=LAC\times Q$$

图4-7表示长期总成本曲线由生产扩张线推导而来，它随着产量的变动而变动，开始时增加得比较快，然后增加得比较慢，再往后又增加得比较快。在长期内，厂商可以根据它所要达到的产量来调整其一切生产要素，所以，在长期内没有固定成本与可变成本之分。LTC从原点出发，表示在长期内没有生产就没有成本。

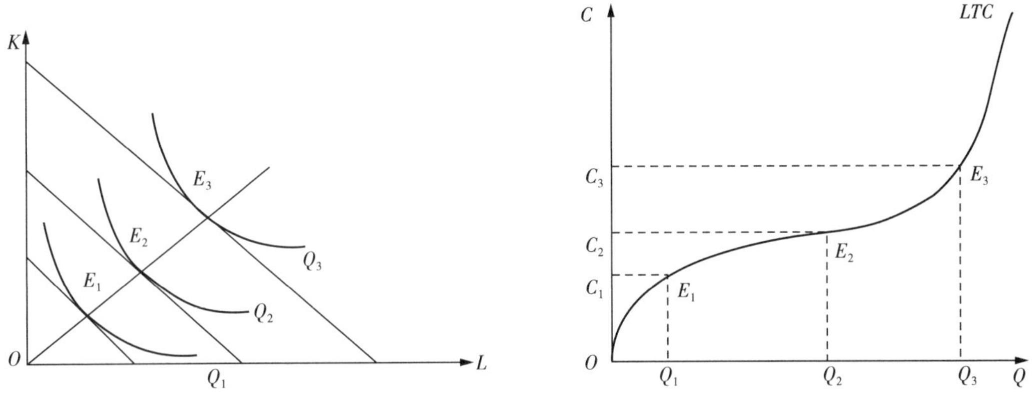

图 4－7 生产扩张线与长期总成本曲线

（二）长期平均成本

长期平均成本（long－run average cost，LAC）是厂商在长期内平均每单位产品所消耗的成本。长期平均成本的函数表示为

$$LAC=\frac{LTC\ (Q)}{Q}$$

长期平均成本曲线是无数条短期平均成本曲线与之相切的切点的轨迹，是所有短期平均成本曲线的包络线。

LAC 曲线经常被称为厂商的“计划曲线”（planning curve）。在长期中，厂商可以根据它所要达到的产量来调整生产规模，从而始终处于最低平均成本状态。所以长期平均成本曲线，实际上是由无数条短期平均成本曲线的最低点集合而成的。

长期平均成本曲线的变动趋势：长期平均成本先随着产量增加而减少，然后随产量增加而增加，与短期平均成本曲线的变动趋势基本一致。所不同的是，*SAC* 的变动较大，曲线较陡，*LAC* 的曲线平缓，说明在长期内，厂商更容易达到最适度。

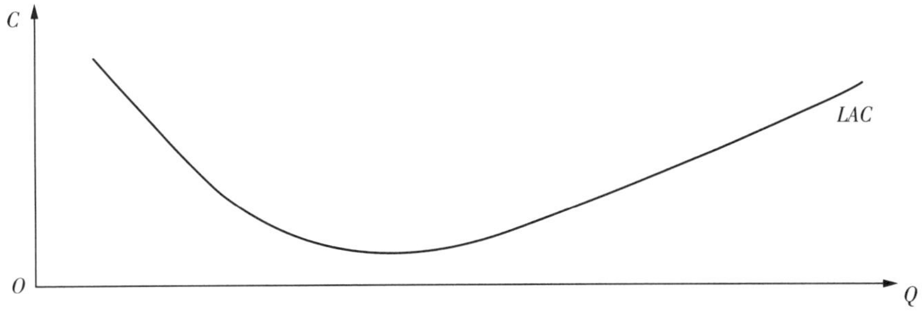

图 4－8 长期平均成本曲线

长期平均成本曲线的形状传递了一个企业生产一种物品的生产过程的重要信息。具体而言，它告诉了我们成本如何随着一个企业的经营规模（大小）而变动。当长期平均成本随着产量增加而减少时，可以说存在规模经济（economies of scale）。当长期平均成本随着产量增加而增加时，可以说存在规模不经济（diseconomies of scale）。当长期平均成本

不随产量变动而变动时，可以说存在规模收益不变（constant returns to scale）。

（三）长期边际成本

长期边际成本（long－run marginal cost，LMC）是厂商在长期内每增加 1 单位产量所增加的总成本量。长期边际成本的函数表示为 $LMC=\frac{\Delta LTC}{\Delta Q}$，$LMC$ 也是一条先降后升的变动较为平缓的“U”型曲线，LAC 线与 LMC 线相交于 LAC 线的最低点。

五、收益

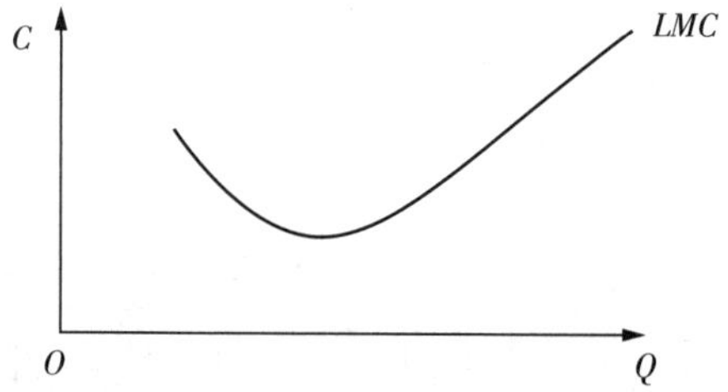

图 4－9　长期边际成本曲线

收益（revenue）是厂商销售产品或服务所得到的货币收入。值得注意的是，现在说的收益不是指纯收益，也不是超额利润，而是包含了成本和正常利润在内的收益。与收益有关的概念有总收益、平均收益和边际收益。

总收益（total revenue，TR）是指厂商销售一定量的产品所得到的全部收入。总收益的计算公式为：$TR=P\times Q$（其中 Q 为销量，P 为价格）。

平均收益（average revenue，AR）是指厂商销售每一单位产品所得到的平均收入。平均收益的计算公式为：$AR=\frac{TR}{Q}$。

边际收益（marginal revenue，MR）是指厂商每增加销售一单位产品所增加的收入。边际收益的计算公式为：$MR=\frac{\Delta TR}{\Delta Q}$。

六、利润最大化原则

本章在第一节分析生产要素的合理投入时，曾指出当资本不变时，劳动量的投入在平均产量达到最大和总产量达到最大的第二阶段是生产的最适阶段，但究竟在这一阶段的哪一点才是生产的最佳适应点，即利润最大化点，现在结合 TR、TC 来一起进行分析。

可以用利润函数来表示利润最大化的计算公式为

$$\pi=TR-TC$$

式中，TR 表示收益，TC 表示成本，π 表示利润。

厂商获得最大利润的必要条件，亦即厂商均衡条件是要求利润 π 为最大，即可求 π 对 Q 的一阶导数为零。即

$$\frac{\mathrm{d}P}{\mathrm{d}Q}=0$$

$$\frac{\mathrm{d}\pi}{\mathrm{d}Q}=\frac{\mathrm{d}TR}{\mathrm{d}Q}-\frac{\mathrm{d}TC}{\mathrm{d}Q}=0$$

因为：

$$\frac{dC}{dQ}=MC$$

$$\frac{dR}{dQ}=MR$$

所以，利润最大化原则是：$MC=MR$

$MC=MR$，表示边际收益等于边际成本。它是所有市场条件下厂商的利润最大化原则。这一结论非常重要，今后分析所有的厂商理论时都要用到。但是，$MR=MC$ 是说明在完全竞争的市场条件下的利润最大化，这时的利润最大并不是无限大，而是只有在 $MR=MC$ 时才能实现的最大化。

$MR=MC$ 作为利润最大化的必要条件，可以进行下面的讨论。

如果 $MR>MC$，意味着个别厂商多增加 1 单位产品生产时，所增加的收入大于所增加的成本，这时个别厂商一定会增加生产，其他厂商也会参加竞争，从而使整个社会生产的该类产品增多，最后导致价格下降，利润减少，回到 $MR=MC$。

如果 $MR<MC$，意味着个别厂商多增加 1 单位产品生产时，所增加的收入小于所增加的成本，这时个别厂商会出现亏损，此时他将减少生产。厂商减少生产使整个社会生产的该类产品减少，价格上升，又回到 $MR=MC$。

只有在 $MR=MC$ 时，厂商该得到的利润都得到了，他实现了利润的最大化。此时他既不会增加生产，也不会减少生产，实现了厂商均衡。这时因为 $MR=MC$，同时又有 $MC=AC$，所以还有 $MR=AC$，意味着厂商每增加 1 单位产品的生产，所得到的收益与平均每单位产品所耗费的成本也是一样的，投入的生产要素都得到了相应的报酬。

【本章小结】

本章从生产函数入手，通过对投入和产量的关系研究生产者均衡的条件，得出了一种生产要素的最适投入以及两种可变生产要素的最适组合。此外，本章对企业的成本和收益作出了分析。

【经济学家】

荣登世界经济学家名人录的中国经济学家——郎咸平

郎咸平（1956—），生于台湾省桃园市，祖籍山东潍坊，中国台湾学者、经济学家，公司治理和金融专家。1974—1978 年就读于台湾东海大学经济系，之后就读台湾大学经济学研究所。1980 年获台湾大学经济学硕士学位。1986 年，他在美国宾西法尼亚大学沃顿商学院以创世界纪录的两年半时间获金融学硕士和博士学位。

郎咸平曾经执教于多家知名的商学院，其中包括沃顿商学院、密歇根州立大学、俄亥俄州立大学、纽约大学、芝加哥大学等，现任香港中文大学首席教授。曾担任世界银行公司治理顾问。

郎咸平仅在 *American Economic Review*，*Journal of Political Economy Journal of*

Financial Economics，*Journal of Finance* 等四本学术期刊上就发表了17篇学术论文，内容涉及财务、内幕交易、企业行为、股权结构、公司控制等诸多方面。据统计，他在金融类期刊综合引用率第一的《Journal of Financial Economics》上一共发表了9篇论文。1996年以前郎咸平主要从事一些基本理论和美国市场的研究。1997年后他的研究重点转向亚洲和东欧，与世界银行的一些经济学家合作，开展了一系列有关亚洲和东欧公司治理问题的研究，这些杰出的研究成果获得了广泛的认可。2001年起开始重点研究中国大型国有企业的产权改革问题。

由于杰出的学术成果，郎先生取得了很多荣誉，他担任了世界银行和经济合作与发展组织（OECD）的企业治理顾问，他的言论和观点也在《经济学家》《华尔街日报》《纽约时报》《商务周刊》等应用刊物上发表。

资料来源：节选自百度百科“郎咸平”，有改动。

【练习与思考】

一、单项选择题

1. 当总产量下降时，(　　)。

A. 边际产量递减　B. 平均产量为零　C. 边际产量为零　D. 边际产量为负

2. 当某厂商以最小的成本生产出既定产量时，该厂商(　　)。

A. 总收益为零　B. 一定获得最大利润

C. 一定未获得最大利润　D. 无法确定是否获得最大利润

3. 随着产量的增加，平均固定成本将(　　)。

A. 保持不变　B. 开始时下降，然后上升

C. 开始上升，然后下降　D. 一直下降

4. 如果一个厂商的生产处于规模报酬不变的阶段，则长期平均成本曲线一定是处于(　　)。

A. 上升趋势　B. 下降趋势　C. 水平状态　D. 垂直状态

5. 短期平均成本曲线呈“U”型原因是(　　)。

A. 规模报酬的变化所致　B. 外部经济与外部不经济

C. 生产要素的边际生产率所致　D. 固定成本与可变成本所占比重所致

6. 长期平均成本曲线呈“U”型原因是(　　)。

A. 以递增的速率上升　B. 以递增的速率下降

C. 以递减的速率上升　D. 以递减的速率下降

二、判断题

(　　)1. 采取某个行为所放弃的东西被称作机会成本。

(　　)2. 不取决于产量的成本是变动成本。

(　　)3. 额外生产一单位产品的成本是变动成本。

(　　)4. 在冰淇淋行业里，短期中，变动成本包括奶油和糖的成本，但不包括工厂的成本。

(　　)5. 利润等于总收益减去总成本。

(　　)6. 若生产10单位产品的总成本是100元，第11单位产品的边际成本是21元，那么11个产品的平均成本是11元。

(　　)7. 当平均产量为正且递减时，边际产量是零。

(　　)8. 如果等成本曲线在坐标平面上与等产量曲线相交，那么要生产等产量曲线所表示的产量水平，就应该减少成本支出。

(　　)9. 边际收益递减是规模报酬递减造成的。

(　　)10. 无差异曲线是指能给消费者带来相同效用水平或满足程度的两种商品的不同数量组合的轨迹。

三、问答题

1. 为什么一个理性的投资者应当在生产的第二阶段决定要素的投入?

2. 如何理解边际产量递减规律?

3. 某产品的边际成本递增，是否意味着它的平均可变成本递增或递减? 请予以解释。

四、计算题

根据表4-4已经给出的数字进行计算，填写表中其他空格。

表4-4　某企业短期成本表

产量	固定成本	变动成本	总成本	边际成本	平均固定成本	平均变动成本	平均成本
0	50	0					
1	50		100				
2	50	78					
3	50		148				
4	50	112					
5	50		180				
6	50	150					
7	50		225				
8	50	204					
9	50		292				
10	50	300					

第五章
要素收入与分配理论

学习目标

重点掌握：1. 工资、利率、地租、利润的基本概念
2. 洛伦兹曲线、基尼系数
3. 单利、复利和净现值的计算

基本了解：1. 生产要素的基本特点
2. 利润的形成及计算方法
3. 工资、利率、地租、利润的形成过程

一般了解：1. 影响要素供给与需求的基本因素
2. 缩小贫富差距的措施
3. 收入分配不平等的原因

本章导读

40年“增长奇迹”从何而来：推动要素解放和配置效率提升

中国特色社会主义政治经济学提炼和总结中国经济发展的规律性成果，将实践经验上升为系统化的经济学说。它不仅推进马克思主义政治经济学的新发展，而且丰富了西方发展经济学理论。

第一，农村改革解放劳动力要素和其他农业要素。

农村改革40年来，实行以家庭承包经营为核心的农村经营体制改革、以农村税费改革为核心的国民收入分配体系改革等，极大地解放了农村生产力。在坚持稳定农村土地承包关系的同时，积极稳妥推进农村集体产权制度改革，给了农民参与土地流转的信心，有利于农业规模化经营和农业经济效益的提高。事实证明，农村劳动力从农业部门向工业部门转移，既提高了劳动力资源的配置效率，又推动了工业化进程，还促进了城市化进程。

第二，国有企业改革解放要素配置权。

通过对国有企业实行放权让利，建立现代企业制度，实行股份制、公司制改制，到改革国有资本经营预算制度，从“管企业”向“管资本”转变，再到对国有企业实行分类改革和监管……这一循序渐进的增量改革模式具有“帕累托改进”性质，最大限度降低了改革的阻力。

第三，金融部门改革解放资本要素。

从理论上讲，中国已基本完成利率市场化改革；从实践上讲，中国还需继续完善利率的定价机制、报价机制和传导机制。

第四，地区开放释放要素配置国内空间。

一段时间里，我国实行非均衡协调发展的区域战略，沿“经济特区—沿海开放城市—沿海经济开发区—内地”而逐渐形成全方位发展开放格局。非均衡发展战略之后，就是21世纪后的区域总体发展战略，依据东、中、西地区的比较优势进行功能定位，要求形成更加有效的区域协调发展新机制。

第五，对外开放释放要素配置国际空间。

从4个经济特区到沿海14个开放城市，再到沿长江经济带和内陆全面开放，我国对外开放的空间格局不断拓展延伸。

资料来源：中国军网：http：//www.81.cn/theory/2018－07/31/content _ 9237519.htm，有删减。

在第四章讨论厂商决策时，我们没有提及生产要素的收入问题。其实厂商在决定生产什么、生产多少、如何生产的时候，生产要素的收入是个非常重要的因素。厂商购买土地使用权建设厂房，要支付地租；借贷资金购置机器、仪器、设备、原材料、燃料、电力等，要支付利息；雇佣劳动者、管理人员，要支付工资或薪金等。这些对厂商来说，都构成其生产经营的成本；对生产要素所有者来说，则形成收入。在市场经济条件下，任何厂商都要从生产要素市场获得他所需要的各种生产要素。生产要素所有者也是通过市场找到雇主，进入生产领域发挥其作用，并获得相应的报酬。因此，生产要素的提供者按照生产要素的市场价格获得收入的过程，就是收入分配过程。收入分配市场化了。

那么，生产要素市场与一般产品市场有没有区别呢？生产要素的市场又由什么决定呢？这是我们在本章第一节要学习的内容。

第一节　生产要素市场

微课 5.1　生产要素市场

一、生产要素市场分类

人类社会要进行生产活动，就要投入各种经济资源。为进行生产和服务活动而投入的各种经济资源叫作生产要素（factors of production）。关于生产要素种类我们在第四章已做重点介绍了。通常可以将生产要素分为两大类：原始生产要素（original factors of production）和中间生产要素（intermediate factors of production）。

（一）原始生产要素

原始生产要素的所有者是消费者，消费者提供要素的目的是实现效用最大化。生产要素所有者向市场提供的生产要素主要有四种：劳动、资本、土地与企业家才能。这四种要素的所有者分别是劳动者、资本所有者、土地所有者和企业家，他们为厂商提供这些生产要素而分别取得工资、利息、地租和利润。所以，工资、利息、地租和利润就是这些生产要素的价格。

（二）中间生产要素

中间生产要素是指厂商生产出来又投入到生产过程中的产品，这类要素的所有者是厂商，厂商提供中间生产要素的目的是实现利润最大化。对某一个企业来说是中间产品，对另一个企业来讲可能就是产品。比如，钢铁对于汽车厂来讲是中间产品，但它对于钢铁厂来讲就是产品。本章主要研究原始生产要素的供求问题，而对中间产品的问题不予论述，如不特别指明，我们所说的生产要素都是原始生产要素。

二、生产要素的需求特点及影响因素

（一）生产要素的需求特点

1. 引致需求

在产品市场上，厂商是产品的供给方，消费者是产品的需求方。消费者为了直接满足自己的吃、穿、住、行等需要而购买产品，因此消费者对产品需求是所谓的“直接”需求。而转到要素市场上，情况就不一样了，厂商成为生产要素的需求方，消费者成为生产要素的供给方。厂商购买生产要素不是为了自己的直接需要，而是为了生产和出售产品以获得收益。从这个意义上说，厂商对生产要素的需求不是直接需求，而是一种派生需求，或者叫“引致需求”（inducing demand）。厂商之所以对生产要素产生需求，是因为消费者对产品有需求，厂商为了满足消费者对产品的需求，就要使用生产要素生产产品。我们把这种由于消费者对于产品的需求而引起的厂商对生产要素的需求，叫作“引致需求”。

这种引致需求可以是直接的，也可以是间接的、迂回的。比如，消费者的直接需求是汽车，这种直接需求引起汽车厂要购买生产要素来生产汽车，从而轮胎厂也要购买生产要素生产轮胎，钢铁厂也要购买生产要素来生产钢铁才能满足这种需求，进一步说，矿山企业也要购买生产要素生产铁矿石，农场也要购买生产要素以种植更多的橡胶树。

2. 共同需求

厂商对生产要素的需求也可以叫作联合需求或共同需求（joint demand），即对生产要素的需求是共同的、相互依赖的需求。这个特点是由生产的技术原因决定的，因为厂商要进行生产活动，必须同时购买所有的生产要素才能够进行生产，通常只拥有一种或两种生产要素是无法进行生产的。因此，对某种生产要素的需求既取决于该生产要素本身的价格，又取决于其他生产要素的价格。这就是生产要素需求的共同性特点。

由于生产要素需求的派生性和共同性特点，企业对生产要素的需求远比消费者对产品的需求要复杂，它同时受到消费品市场和生产要素市场的双重影响。

3. 生产要素市场上供求主体有别于产品市场上的供求主体

在产品市场上，需求来自个人，供给来自厂商；在生产要素市场上，需求来自厂商，供给来自个人。二者之间的区别可以通过图 5-1 表示。

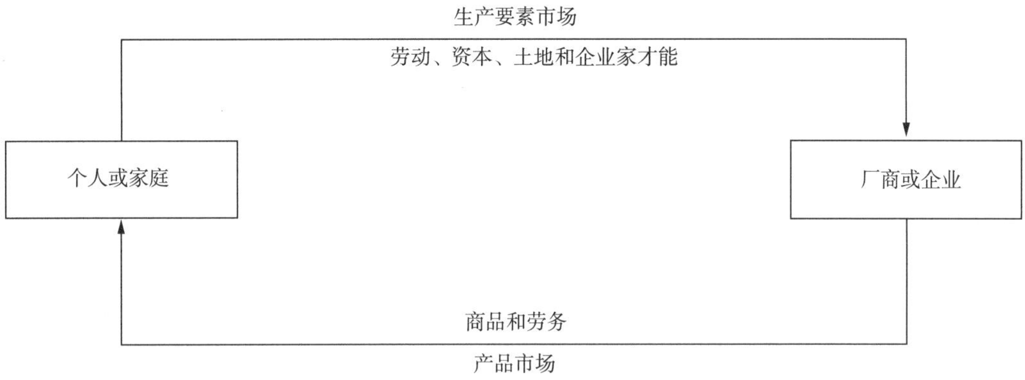

图 5-1　生产要素与产品供求主体关系示意图

（二）影响生产要素需求的因素

1. 生产要素的边际收益产品

厂商在选择各种生产要素的投入数量与组合时，要根据所投入的每种生产要素的价格等于其边际收益产品价值的原则来确定对每种生产要素的投入量即需求量。

2. 生产要素的价格

在产品的需求中，产品自身的价格是影响其需求的主要因素，在生产要素需求中也不例外，其价格的高低将直接决定生产成本的高低与企业利润的多少。由于生产要素需求具有联合性，以及它们之间通常具有一定程度的替代性，厂商为了降低成本，必然会根据各生产要素的价格，在它们的合理替代范围内，选择一个最佳的生产要素配合比例。

3. 市场对产品的需求以及产品的价格

由于生产要素的需求具有派生性，是一种引致需求，所以从某种程度上讲，影响生产要素需求的一个主要因素就是市场上对该生产要素所能生产的产品的需求状况。如果市场上对某种产品的需求量大，而且该产品的价格高，那么市场对生产该产品所需的生产要素的需求就大，反之则相反。

4. 生产技术状况

生产技术状况决定着生产的方式与手段。在劳动密集型的技术条件下，必然要求生产中要投入更多的劳动，这样就会使市场上对劳动的需求量增加；如果在资金密集型的技术条件下，在生产中对资金的需求就要多一些，而对劳动的需求就会少一些，此时市场上就会表现出对资金的强烈需求。所以，生产技术状况会影响生产要素需求。

二、生产要素的供给

（一）生产要素供给的含义

生产要素供给是指在不同的报酬下，生产要素市场上所提供的要素数量。生产要素的供给价格是生产要素所有者对提供一定数量生产要素所愿意接受的最低价格。一般来说，如果某种生产要素的价格提高，这种生产要素的供给就会增多；如果某种生产要素的价格降低，这种生产要素的供给就会减少，其供给数量与价格呈同方向变化。所以，生产要素的供给曲线表现为一条向右上方倾斜的曲线。如图 5－2 所示。在一般情况下，生产要素的价格越高，生产要素的供给数量就越多。

在图 5－2 和图 5－3 中，横轴 OQ 表示生产要素供给量，纵轴 OP 表示生产要素价格，S 表示生产要素的市场供给曲线。

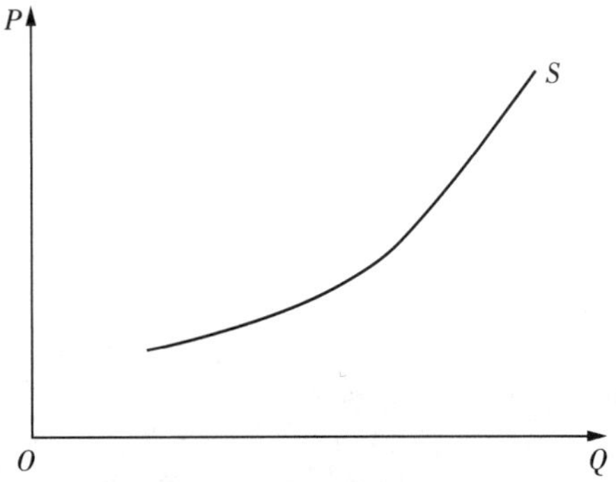

图 5－2　生产要素的供给曲线

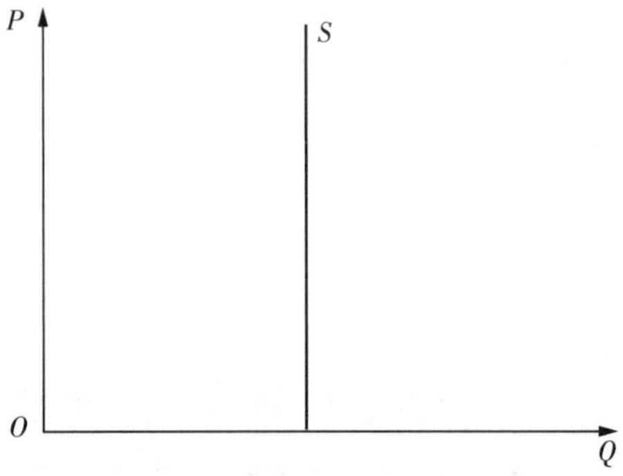

图 5－3　特殊生产要素的供给曲线

（二）生产要素供给数量的特点

消费者拥有的要素数量是有限的。如果从一个较短的时间来看，一个消费者拥有的生产要素有一个明显的特点，就是它的数量是有限的。假设一个消费者拥有 10 亩地，每年的收入是 10 万元，他每天可以支配的时间只有 24 小时，所以消费者的决策只能在这有限的资源范围内进行。比如，这个消费者每天用于劳动的时间不可能超过 24 小时，他每年的新增储蓄不可能超过 10 万元（除非他获得别人的馈赠），他可以出租的土地也不会超过 10 亩。

消费者对于他所拥有的生产要素有各种各样的用途。但可以将其归入两大类用途：一是把他拥有的生产要素提供给市场，从而获得租金、工资、利息等收入；二是把他拥有的生产要素“保留自用”。比如把时间用于娱乐和休闲，把收入用于即时的消费，把土地修成花园、草地供自己欣赏等。这样，所谓要素供给问题实际上成为消费者在一定的要素价格水平下，将其全部既定资源在“要素供给”与“保留自用”两种用途上进行分配以获得最大效用的问题。

生产要素的供给与产品的供给一样，由于各种生产要素的来源和自然属性不同，其供给特点也各不相同，可以将其分为三类：第一类是自然资源，其市场价格高低只与需求大小有关，和供给相对无关，比如像土地这类生产要素。第二类是资本品，它是利用其他生产资源生产出来的，也和其他产品一样，这一行业的产品可能是另一行业的生产要素，比如汽车轴承，是轴承厂的产品，但它是制造汽车的部件。这种要素的供给与其他产品一样，供给量与其价格之间同方向变动，供给曲线向右上方倾斜。第三类是劳动，这类生产要素的供给有其特殊性。

（三）影响生产要素供给的因素

1. 市场对产品的需求及产品的价格

如果市场对产品的需求量大，厂商要扩大生产规模，生产要素的供给会增加；反之，市场对产品的需求量小，厂商就要缩小生产规模，生产要素的供给就会减少。如果产品的价格高，厂商要扩大生产规模，生产要素的供给就会增加；如果产品的价格低，厂商就要缩小生产规模，生产要素的供给就会减少。

2. 生产要素的价格

生产要素本身的价格，与供给定理一致。生产要素价格与其供给呈同方向变动。生产要素价格上升，则生产要素的供给增加；生产要素价格下降，则其供给减少。

3. 经济人口的规模与结构

人口规模大，劳动力数量多，劳动力质量高，则劳动这种生产要素的供给就充分；反之，人口规模小，劳动力数量少，则其供给短缺。至于人口结构方面，如果是年轻型人口，则劳动供给充分；如果属于老年型人口，则劳动供给短缺。

4. 居民的收入和生活水平

居民的收入和生活水平高，则会增加其对资本和自然资源的占有，而使生产要素供给增加；反之，则减少生产要素的供给。

这是指一般的情形，劳动的实际供给可能很复杂。例如，在收入水平很高时，工资上涨也没有引起劳动供给的增加，甚至相反，即劳动供给反而减少。欧洲发达国家就出现过这种情形。

5. 生产要素的稀缺性及替代程度

生产要素缺乏，必然使其供给减少；反之，则会增加生产要素的供给。生产要素的替代程度高，则会增加其供给；反之，则要减少生产要素的供给。

【相关链接】

人工智能将成为“新生产要素”

1946 年，计算机诞生；1956 年人工智能（AI）诞生；1969 年互联网诞生……不回顾历史我们也许记不起它们已年过半百。至今，历经半个多世纪的它们仍然是经济社会最活跃的因子，似有无限潜力在慢慢释放，处处给予人类社会惊喜，这也许就是科技力量常青不衰的魅力。

Alpha Go 打败人类围棋高手，将人工智能推到风口浪尖，焦点在于它在一个人类独有的高精尖思维领域超越了人类。一部分人在害怕，害怕科幻电影中机器控制人类的那天已经到来；而更多的人是欣喜，他们看到了新的劳动力，新的经济增长模式，新的生产要素。

埃森哲报告《人工智能：助力中国经济增长》中的调研数据令人兴奋。他们站在全球和地区经济发展全局，高度审视和概括发展现状，用数据证明劳动力和资本两大传统生产要素对经济增长的推动力正在放缓，抑或正在失去动力。亦用数据证明人工智能表现出作为新生产要素的实力。

资料来源：网易财经：https：//money.163.com/17/0630/01/CO53UDHK002580S6.html，有删减。

微课 5.2 要素收入理论（一）

第二节 要素收入理论

一、劳动市场

每个消费者所拥有的时间资源总是固定不变的，而且都会将自己的时间用于劳动与闲暇，两者并重，所以劳动的供给曲线必然是特殊的。

（一）劳动供给的特点

劳动供给是指劳动者所提供的一定劳动（工作）或服务的时间数，它涉及消费者对其拥有的既定时间资源在劳动和闲暇两个方面的分配。

1. 劳动与闲暇的选择

劳动者所拥有的时间是既定的，他每天只能拥有 24 小时。这 24 小时可分为两部分：一部分为劳动时间，另一部分为闲暇时间。劳动的供给问题实际上是劳动者将其既定的时间资源在劳动和闲暇两种用途上的分配问题。消费者提供劳动可以获得收入，收入用于消费可以提高消费者的效用，闲暇本身就可以给消费者带来效用，所以消费者会把他每天 24 小时的时间在劳动供给和闲暇之间进行权衡。消费者会把多少时间用于闲暇，多少时间用于劳动，实际就是消费者的效用最大化决策。

2. 收入效应与替代效应

劳动供给产生的收入效应是指当劳动的价格（工资率）上升时，劳动者的收入也随之上升，劳动者会用得来的收入购买更多的闲暇，反而出现减少工作时间，增加休闲娱乐的情形，即随着工资率的上升，闲暇时间反而增加。

当劳动的价格（工资率）上升后，闲暇的机会成本加大了，劳动者的替代行为就是用劳动带来的收入替代变得昂贵的闲暇，闲暇就会减少，这就是劳动供给的替代效应。

3. 向后弯曲的劳动者个人供给曲线

劳动供给的特殊规律：假设你是一个工人，随着工资的提高，可以自由选择工作时间。一方面是受到替代效应的影响，希望工作更多的时间，因为每小时工作的工资比以前更多，这样每一小时的闲暇就变得比以前更贵，于是你受到一种激励想用额外工作替代闲暇。另一方面是受收入效应的影响。工资更高时，你的收入更多。有了更多收入，你就会购买更多的商品和服务，此外你还想有更多的闲暇。你可以在春天出去旅游一周，在夏天再加一星期假期，而在以前你却不能做这些事。哪种效应更加有力，是替代效应还是收入效应？没有唯一正确的答案，这取决于个人。在图 5－4 中，C 点以下的所有工资水平上，劳动供给随工资上升而增加，替代效应大于收入效应；C 点以上，劳动供给随工资上升反而下降，收入效应大于替代效应。

劳动者个人供给曲线：劳动供给曲线的形状表现为一条向后弯曲的曲线，它指劳动供给曲线呈现出的劳动供给量随着工资上升先增加后逐渐减少的特征。因为劳动供给取决于工资变动所引起的替代效应和收入效应，随着工资增加，由于替代效应的作用，家庭用工作代替闲暇，从而劳动供给增加；同时，随着工资增加，由于收入效应的作用，家庭需要更多的闲暇，从而劳动供给减少。当替代效应大于收入效应时，劳动供给随工资增加而增

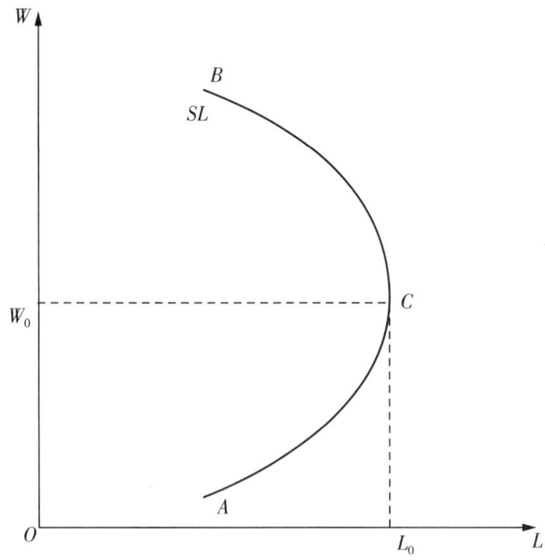

图 5－4　向后弯曲的劳动者个人供给曲线

加，当收入效应大于替代效应时，劳动供给随工资增加而减少。一般规律是，当工资较低时，替代效应大于收入效应，当工资达到某个较高水平时，收入效应大于替代效应。因此，劳动供给曲线是一条向后弯曲的供给曲线。

（二）完全竞争条件下劳动市场的均衡价格

因为劳动供给曲线呈弓形，劳动需求曲线与劳动供给曲线的交点可能不止一个，以下将分别说明。

（1）当替代效应大于收入效应时，劳动供给曲线的斜率为正，劳动的供给数量随着工资率上升而增加。均衡工资的决定如图 5－5 所示。

（2）当工资率上升到一定阶段，由于收入效应与替代效应持平，工人便不再因工资率

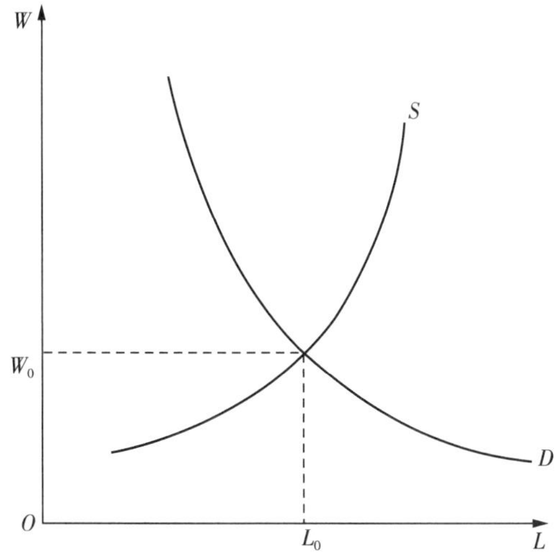

图 5－5　均衡工资的决定

的提高而增加劳动的供给，劳动的供给曲线在某一阶段便逐渐变为一条垂直线，如图 5 - 6 所示。

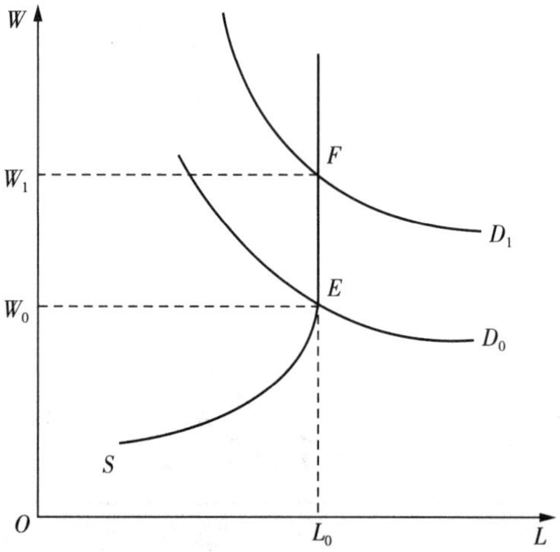

图 5 - 6　工资率上升，劳动供给量不变

（3）当收入效应大于替代效应时，劳动供给曲线的斜率为负，劳动的供给数量随着工资率上升而减少，如图 5 - 7 所示。

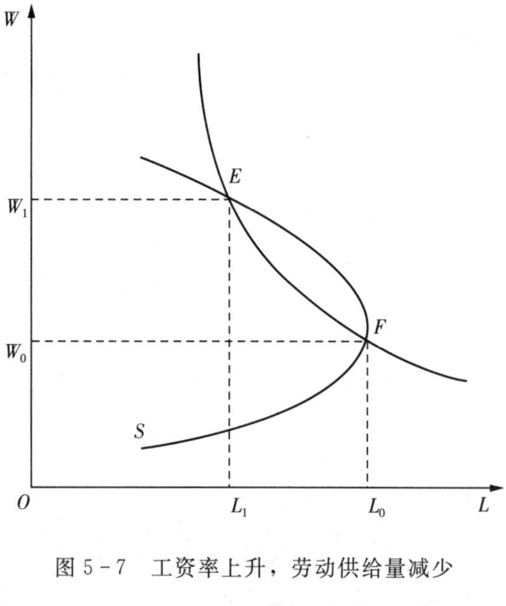

图 5 - 7　工资率上升，劳动供给量减少

从一个较长的时段来看，尽管许多单个消费者的劳动供给曲线可能是向后弯曲的，但劳动的市场供给曲线却不一定如此。在较高的工资率水平上，现有的工人也许提供较少的劳动，追求较多的闲暇，但高工资会吸引新的工人加入，这些工人对高工资率的反应大于那些随着工资率提高而减少工作时间的工人的反应。因此，总的市场供给一般还是随着工资的上升而增加，从而市场劳动供给曲线仍然是向右上方倾斜的。

（三）工资差别和工资激励

无论是完全竞争性市场，还是完全垄断性市场，都客观存在两方面的问题：一是工人之间的工资存在差别，二是存在工人偷懒。因此，需要恰当的约束和激励。

1. 工资差别

所谓工资差别，是指具有相似的教育背景和工作经历的工人之间的工资差异。经济学认为，工资差别主要有补偿性工资差别、效率性工资差别以及歧视性工资差别等。

(1) 补偿性工资差别

工资差别可能与职业性质的差别有关。一份工作除了货币特征外，还具有非货币特征，其中包括工人享有的自主程度、工人承担的风险以及工作的乐趣等。凡是工作环境差、神经紧张、风险责任大、缺乏自主性、社会地位低微等的工作，都在某种程度上需要提供补偿性工资差别，以平衡由此原因导致的对工作的规避厌恶情绪。

(2) 效率性工资差别

工资差别还可能与个人间生产效率的差别有关。有些工人的生产率较其他人高得多，甚至在具有相同经历和相同教育的人中也是如此。基于个人生产效率差别而形成的工资差别被称为效率性工资差别。一些人的生产效率就是比其他人高，主要因为：①天生能力上的差别；②学校教育和后天学习能力上的差别；③个人努力和品质特征的差别。

(3) 歧视性工资差别

除补偿性和效率性工资差别外，还存在歧视性工资差别。歧视性工资差别，是指因年龄歧视、种族歧视、性别歧视以及职业歧视所形成的工资差别。在具有类似教育背景、工作经历和大致相同的生产率情况下，通常上了年纪工人的工资低于中青年工人，女工的工资低于男工。近年来，上了年纪的工人和妇女在工资上的不利地位在逐渐好转，人们关注的焦点已转到社会地位较低的阶层，这个阶层很少有机会得到收入更好的工作，易造成歧视性的工资差别。

2. 工资激励

机器总是按照人们所要求的那样工作，而工人毕竟不同于机器。在缺乏约束和激励的情况下，工人的偷懒情况是普遍存在的。为了使工人充分有效地生产，而不是松松垮垮地工作，实行计件工资和效率工资是两种重要的制度选择。

计件工资制度是指工人按所生产的产品数量或所完成的每项生产任务取得报酬的支付制度。在计件工资制度中，更高生产率的工作获得更高的报酬，生产效率更低的工作获得的报酬更低。应该说，计件工资能提供促使工人努力工作的恰当激励。然而，完全实行计件工资制度存在一些实际障碍：一是工人在计件工资制度中要承担很大的风险，比如某个工人因病休假一周，那么该工人在那一周就没有收入；二是雇主不能确切地衡量工人所完成工作的数量和质量。通常情况下，即使生产的数量容易衡量，工作的质量也不好评价，工人只有追求数量的激励而缺乏追求质量的激励。正因为这个障碍，以计件工资作为主要收入形式的美国工人较少，完全以这种形式取得收入的工人数量则更少。

在完全竞争的劳动市场上，所有的工人都有同样的生产率并得到同样的工资，所有愿意工作的人都会在等于他们边际产出的工资水平上找到工作。即使他们被某个雇主解雇，也能够在其他地方以相同的工资就业。此时，工人存在偷懒的刺激。为了得到员工的忠诚和高质量的工作并减少工人跳槽率，厂商必须向工人支付比他们在其他地方所得报酬更高的工资。在这个工资水平上，由于偷懒而被解雇的工人就面临工资降低的风险。如果工资的差别足够大，工人就会被吸引到进行有效的工作上来。这种可以避免偷懒、刺激工人有效生产的高工资就称为效率工资。

【延伸阅读】

刘易斯拐点和中国人口红利

1972 年，诺贝尔经济学奖获得者、发展经济学的领军人物、经济学家阿瑟·刘易斯(W. Arthur Lewis) 发表了题为《对无限劳动力的反思》的论文。在这篇论文里他提出了刘易斯拐点 (Lewis Turning Point)，即劳动力过剩向短缺的转折点，是指在工业化过程中，随着农村富余劳动力向非农产业的逐步转移，农村富余劳动力逐渐减少，最终达到瓶颈状态。

与“刘易斯拐点”相对应的是“人口红利”，由于年轻人口数量增多形成的廉价劳动力，提供给经济发展相对便宜的要素价格。对于很多发展中国家而言，廉价劳动力是发展的一个重要因素，这一点，在我国的经济增长模式中也表现得较为明显。

2023 年 3 月 13 日，十四届全国人大一次会议闭幕后，国务院总理李强在人民大会堂三楼金色大厅出席记者会并回答中外记者提问。关于人口红利，李强总理指出：“我国人口增长由正转负，有人担心人口红利会不会就此消失。对此，李强回应称，人口红利既要看总量，更要看质量，既要看人口，更要看人才。我国有近 9 亿劳动力，每年新增劳动力超过 1500 万，人力资源丰富仍然是中国的突出优势。更重要的是，我国接受高等教育的人口已超过 2.4 亿，新增劳动力平均受教育年限达到 14 年。可以说，我国的“人口红利”没有消失，“人才红利”正在形成，发展动力依旧强劲。”

资料来源：节选自百度百科“刘易斯拐点”，以及国务院总理李强在十四届全国人大一次会议闭幕后出席记者会并回答中外记者提问的相关内容。

二、资本市场

资本作为一种特殊的生产要素，其需求和供给与其他生产要素有很大不同。尽管厂商对资本的需求同样取决于对资本的边际产出与边际成本之间的比较，但不同的是厂商对资本的使用是一个比较长期的过程，因为作为耐用品的资本，将会在一个较长的时间里为厂商的产出服务，而它带给厂商的也将是一个未来的、不确定的收入。所以，在分析厂商的资本需求时，必须考虑时间价值、风险因素等。在供给方面，消费者提供资本并不是为了获取收入，而是为了获得增值。

(一) 资本与利息

1. 资本

广义的资本概念是指一个经济系统的所有有形资源和无形资源。狭义的资本是指中间生产要素。

资本的特点：第一，它的数量是可以改变的，可以通过经济活动生产出来；第二，它被生产出来的目的是借以获得更多的商品和劳务；第三，它是被作为投入要素用于生产过程来得到更多的商品和劳务。

资本是一种重要的生产要素，因而资本的定价问题实际上就是利率决定的问题。资本不同于劳动投入，一笔资本投入后可能很快得到回报，例如原材料，但有些要经过若干年才能得到回报，例如厂房、设备等。这就涉及投资未来收益的贴现值问题。

2. 利息

（1）利息与利息率

利息（interest）是资本这种生产要素的价格或报酬收入，利息又被称作资金成本。利息率（rate of interest）是指一定时期内利息额同借贷资本总额的比率，它是可贷资金的价格。即

$$利息率=\frac{利息额}{借贷资本总额}\times 100\%$$

（2）利息产生的原因

关于利息产生的原因，在经济学中主要有以下几种解释。

① 时间偏好与利息

由于未来是难以预期的，人们对物品未来的效用评价总是小于现在。所以，人们普遍具有时间偏好的倾向：在未来消费与现期消费中，人们大多偏好现期消费，即现在多增加1单位消费所带来的边际效用大于将来多增加1单位消费所带来的边际效用。因此，利息就是因放弃现期消费，而把货币作为资本所得到的报酬补偿，或是说利息就是为补偿现期效用损失的一种补偿代价。

市场利息各不相同，其差别由以下因素造成：第一，贷款的风险程度；第二，贷款的期限长短；第三，预期通货膨胀水平。

② 效用补偿与利息

由于货币可以给人们带来期望的效用和幸福，但把货币借给别人使用后，就意味着失去了这种幸福和效用。因此，利息就作为这种效用和幸福损失的补偿代价。

（3）利息的计算方法

利息的计算有单利和复利两种方法。

① 单利计算法

在计算利息时，只计算本金的利息，所生利息不再加入下一期本金重复计算利息，这种计算利息的方法称为单利计算法。它一般多用于短期借贷。目前我国国有银行存贷款实行单利计算利息的制度。

采用单利计算法计算利息的公式为

$$I=P\times i\times n$$

$$S=P+I=P\ (1+i\times n)$$

式中，I 表示利息，P 表示本金，i 表示利率，n 表示期限，S 表示本利和。

例如：某人存入银行三年定期储蓄100元，月利率为6‰，存款到期时银行应支付的利息为

$$I=P\times i\times n=100\times 6‰\times 3\times 12=21.60\ (元)$$

到期时银行应支付的本利和为：

$$S=P+I=P\ (1+i\times n)\ =100+21.60=121.60\ (元)$$

② 复利计算法

在计算利息时，将本期资本所生利息加入下期本金继续计算利息，这种逐期滚动计算利息的方法，称为复利计算法。目前国外长期投资均实行复利计算利息制度。我国引进外资贷款一般也按复利计算利息。其计算本利和、利息的公式分别为

$$S=P\ (1+i)^n$$

$$I=S-P$$

其中，I 表示利息，P 表示本金，i 表示利率，n 表示期限，S 表示本利和。

例如，某企业借入外资 10 万元，年利率 8%，三年后归还，到期时企业应付本利和为：

$$S=P\ (1+i)^n=100\ 000\times\ (1+8\%)^3=125\ 971.20\ (元)$$

利息额为

$$I=S-P=125\ 971.20-100\ 000=25\ 971.20\ (元)$$

（二）利率的决定

1. 资本的需求

厂商借入资本是为了进行投资，其目的是实现利润最大化，这样投资的多少就取决于利润率与利息率之间的差额。如果利润率与利息率的差额越大，纯利润就越大，厂商就越愿意投资；反之，结果相反。所以，在利润率既定的情况下，利息率与投资呈反方向变动，即资本的需求曲线是一条向右下方倾斜的曲线。同时企业资本购买与其他生产要素的购买有明显的区别。资本购买的收益是跨期的，而别的生产要素的收益是当期的。资本的购买需求取决于企业投资的成本与收益的比较。一个追求利润最大化的企业要求投资所产生的边际收入等于投资的边际成本。同时，企业还要考虑投资的风险。

2. 资本的供给

资本的供给主要来自人们的储蓄。人们储蓄的原因之一就是获取利息。利息率越高，人们的储蓄相对就越多；反之，结果相反。所以，利息率与储蓄呈同方向变动，即资本的供给曲线是一条向右上方倾斜的曲线。资本的供给有两种：一种是实物资本供给；另一种是企业用于购买资本品的资金供给。实物资本的供给如同商品市场的供给一样，可贷资金的供给主要来源是个人和企业的银行存款。可贷资金的需求是与利率成反比的；可贷资金的供给与利率是成正比的。

3. 均衡利息率的决定

均衡利息率的形成，是资本的供给与需求共同决定的，即资本的供给曲线与需求曲线相交时决定的利息率。其决定过程和均衡价格的决定过程是一样的。利息率取决于对资本的需求与供给，如图 5-8 所示。

这里所讲的利息又称为“纯利息”，它反映的就是“资本的净生产力”。至于在资本市场上由借贷风险所产生的利息，我们把它称为“借贷利息”，这两者是有区别的。

资本的需求曲线 D 和供给曲线 S 的交点为 E，均衡利率为 i_0，当它表示利率水平为 i_0

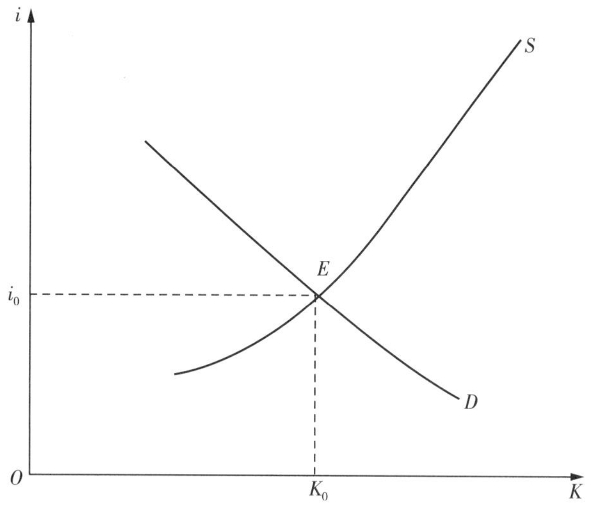

图 5－8　资本市场的利率均衡

时，投资者对资本的需求恰好等于储蓄者愿意提供的资本，两者均为 K_0。

4．贴现值

投资的目的是获利，但多少年才能收回这笔投资，这就涉及贴现值的问题。

贴现值（present discount value，PDV）是指将来的一笔钱按照某种利率折为现值。其计算公式为

$$PDV=\frac{V}{(1+r)^n}$$

式中，V 代表未来某年的一笔货币额，n 代表年限，r 代表用于贴现的利率。例如：$V=1$，用于贴现的利率 $r=10\%$，那么，一年后 1 元的现值就为 0.909 元，两年后这 1 元的现值就为 0.826 元。事实上，资本净生产力就是资本的贴现值的累加之和，也称支付流现值。

【相关链接】

持续推进利率市场化将更好服务实体经济

深化利率市场化改革，目前的重点是推动贷款利率“两轨合一轨”，这有利于增强市场竞争，促使金融机构更准确地进行风险定价，降低风险溢价，并进一步疏通货币市场利率向贷款利率的传导，促进降低小微企业融资成本，更好地服务实体经济。

央行行长易纲也指出：“最佳策略是让这两个轨道的利率逐渐统一。”但如何统一，央行一直未予明确。一般认为有两种形式：一是减少基准利率档次，并将基准利率与市场利率挂钩；二是在基准利率之外，培育新的定价参考。这两种形式并不冲突，一方面央行可以进一步简化利率档次，比如只公布一年期的存款利率和贷款利率，直到在条件成熟时取消基准利率；另一方面，逐步淡化基准利率作用，加快培育市场利率体系，形成新的利率定价参考。

资料来源：中国经济时报：https：//baijiahao.baidu.com/s?id=1640318559764243971&wfr=spider&for=pc，有删减。

微课 5.3 要素收入理论（二）

三、土地

土地与劳动、资本一样，也是生产要素中的重要因素。任何生产都离不开土地，土地对于地球的任何经济活动来说都是最重要、最基本的生产要素。土地作为一种自然赋予的特定资源，消费者所拥有的总量是固定的。现在的问题是随着地租的变化，消费者在土地市场上出售土地的数量如何变化。

（一）土地和地租

土地作为生产要素在生产中被使用，它的拥有者要求获得出让土地使用权的回报。地租是土地这种生产要素的价格。它的产生在于土地自身具有生产力，这种生产力决定了土地具有以下四个特征：一是土地本身的“天然报酬”，即土地的边际生产力是先天性的；二是土地资源具有不可再生、数量有限、位置不变的特征，即土地的供给是不变的；三是土地的质量是不同的；四是土地的需求几乎是不可替代的。土地和地租的特点，决定了地租的产生与归属是两个不同的问题。地租产生的原因是多方面的，是普遍存在的。而地租的归属则与土地的所有制性质相联系。所以，地租的形成与地租归属决定是不一致的。

（二）地租的决定

如同工资和利息的决定一样，地租的决定也是由土地的需求和供给决定的。土地的需求取决于土地的边际生产力，土地的边际生产力也是递减的，所以，土地的需求曲线是一条从左上方向右下方倾斜的曲线。由于土地的供给是固定不变的，所以，土地的供给曲线是一条垂直于横轴的直线。

当土地的需求与供给相等时，由此所决定的价格就是地租。随着社会经济的发展，人们对土地的需求不断增加，而土地的供给却固定不变，这样就存在着一个地租不断上升的趋势，如图 5－9 所示。

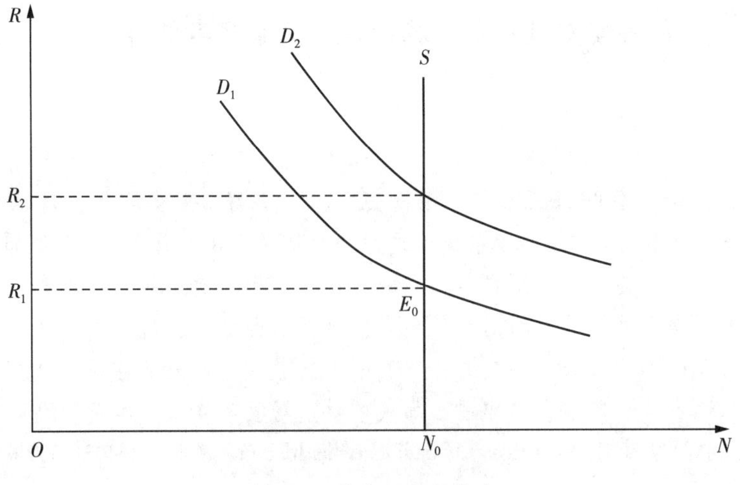

图 5－9　均衡地租的决定

【相关链接】

土地市场4月火热，南京土地收金439.2亿居300座城市之首

2020年4月份，部分城市的土地市场一片“飘红”，全国土地供应量环比增加近4成，揽金总额环比增加了124%。“地王”再现、溢价率逼近90%的戏码不断上演，土地成交均价、溢价率在此基础上被拉升。南京市以439.2亿元的出让金总额位列300城市首位。

（1）收金总额环比翻番。中国指数研究院发布的数据显示，4月，全国土地市场供应量环比增加近4成，同比小幅走高。其中，宅地供应同比、环比均出现了上涨。更值得关注的一大数值是出让金。数据显示，2020年4月份，全国土地市场揽金达到了5 152亿元，环比大幅增加了124%，同比也增加了20%。

（2）溢价率攀升。中国指数研究院发布的数据显示，2020年4月份，全国300座城市土地市场的溢价率为16%，环比上涨了3个百分点。若从成交均价来看，土地变贵了，4月全国土地市场的成交均价为3446元/平方米，环比增加了68%，同比增加了32%。

资料来源：凤凰网：http：//finance.ifeng.com/c/7wHfFKgHmIf，有删减。

（三）级差地租的形成

由于土地在肥沃程度和地理位置等方面的差别而引起的收入差距称为级差地租。它是等量资本投放在面积相等的土地上具有不同的生产率所形成的，是由个别生产价格和社会生产价格的差额所构成的超额利润转化而成的地租形式。

随着经济发展、产量增加，以及农产品价格上升，级差地租也会增加。

形成级差地租的条件有三种：①土地肥沃程度的差别；②土地位置的差别；③在同一地块上连续投资产生的劳动生产率的差别。马克思按级差地租形成的条件不同，将级差地租分为两种形态：级差地租第一形态（即级差地租Ⅰ）和级差地租第二形态（即级差地租Ⅱ）。级差地租Ⅰ，是指农业工人因利用肥沃程度和位置较好的土地所创造的超额利润而转化为地租（即由前两个条件产生）。级差地租Ⅱ，是指对同一地块连续追加投资，由各次投资的生产率不同而产生的超额利润转化为地租。

四、利润

厂商的利润是收益与成本之间的差额，所以追求利润最大化的厂商必然会密切关注成本的情况。通常人们致富的途径有两条：增加收入或者减少支出，即开源或节流。

（一）利润的形成

1. 显性成本和隐性成本

企业的生产成本包括显性成本与隐性成本两个部分。

（1）显性成本（explicit cost）就是一般会计学上的成本概念，是指厂商支付给外部资源所有者的成本。它包括厂商支付所雇佣的管理人员和工人的工资，所借贷资金的利息，租借土地、厂房的租金以及用于购买原材料或机器设备、工具和支付交通能源费用等支出的总额，即厂商对投入要素的全部货币支付。从机会成本角度讲，这笔支出的总价格必须

等于相同的生产要素用作其他用途时所能得到的最大收入，否则企业就不能购买或租用这些生产要素并保持对它们的使用权。

(2) 隐性成本 (implicit cost) 是对厂商自己拥有的，且被用于该企业生产过程的那些生产要素所应支付的费用。这些费用并没有在企业的会计账目上反映出来，所以称为隐性成本。例如，厂商将自有的房屋建筑作为厂房，在会计账目上并无租金支出，不属于显性成本。但经济学认为，既然租用他人的房屋需要支付租金，那么当使用厂商自有房屋时，也应支付这笔租金，所不同的是这时厂商是向自己支付租金。从机会成本的角度看，隐性成本必须按照企业自有生产要素在其最佳用途中所能得到的收入来支付；否则，厂商就会把自有生产要素转移到其他用途上，以获得更多的报酬。

经济学中的成本概念与会计学中的成本概念之间的关系，可以用下列公式表示为

会计成本＝显性成本

生产成本＝机会成本

机会成本＝隐性成本＋显性成本

注意：①厂商从事一项经济活动不仅要能够弥补显性成本，而且还要能够弥补隐性成本。②并不是厂商所耗费的所有成本都要列入机会成本之中。例如，沉没成本（指个别成本大于社会必要成本中的那一部分）就不被列入机会成本中。

2. 利润

经济学中的利润概念是指经济利润，等于总收入减去总成本的差额，而总成本既包括显性成本也包括隐性成本。因此，经济学中的利润概念与会计学中的利润概念也不一样。

从前面的介绍已经知道，隐性成本是指稀缺资源投入任一种用途中所能得到的正常的收入，如果在某种用途上使用经济资源所得到的收入还抵不上这种资源正常的收入，该厂商就会将这部分资源转向其他用途以获得更高的报酬。将会计利润减去隐性成本，就是经济学中的利润概念，即经济利润。企业所追求的利润就是最大的经济利润。可见正常利润相当于中等的或平均的利润，它是生产某种产品所必须付出的代价。因为如果生产某种产品连正常或平均的利润都得不到，资源就会转移到其他用途中去，该产品就不可能被生产出来。而经济利润相当于超额利润，亦即总收益超过机会成本的部分。

经济利润可以为正、负或零。经济利润对资源配置和重新配置具有重要意义。如果某一行业存在着正的经济利润，这意味着该行业内企业的总收益超过了机会成本，生产资源的所有者将要把资源从其他行业转入这个行业中，因为他们在该行业中可能获得的收益超过该资源的其他用途；反之，如果一个行业的经济利润为负，生产资源将要从该行业退出。经济利润是资源配置和重新配置的信号：正的经济利润是资源进入某一行业的信号；负的经济利润是资源从某一行业撤出的信号；只有经济利润为零时，企业才没有进入某一行业或从中退出的动机。

上述利润与成本之间的关系可用下列公式表示：

会计利润＝总收益－成本

正常利润＝隐性成本

经济利润＝总收益－机会成本＝总收益－（显性成本＋正常利润）

（二）正常利润

正常利润是企业家才能的价格，即企业家这种生产要素的报酬收入。它具有以下特点：①是生产成本的组成部分；②其性质与工资相似，也就是说正常利润是一种特殊的工资；③数额远远大于一般劳动所得的工资；④是一种隐性成本，在完全竞争条件下，即在利润最大化时所获得的就是正常利润。

同时，正常利润也是厂商维持生产经营正常进行所必须得到的最低额外报酬。一般而言，要保证厂商继续正常生产，至少企业的生产成本耗费要得到全部补偿。因此，厂商获得的收益除了补偿显性成本或会计成本之外，还要补偿厂商的隐性成本。如果厂商的收益不能充分补偿其隐性成本，理性的厂商就不会继续正常生产，因而赚取相当于隐性成本数额的收益，就成了厂商维持正常生产的最低额外报酬。从这个意义上说，正常利润就是厂商获得的用来补偿隐性成本的那部分收益。经济学把这部分收益看作利润，是因为从日常习惯和会计核算来看，隐性成本并非真正意义上的成本，它也不需要进行现实的货币支付，与隐性成本相当的那部分收益计入会计利润之中，从而具有利润的性质。

在完全竞争市场中，厂商作为价格接受者可以自由进出市场，厂商之间的竞争会使市场价格降低到平均成本水平，每个厂商都只能获得正常利润。而在完全垄断市场中，厂商是价格的制定者，其市场价格高于平均成本，它不仅能得到正常利润，还能获得超过正常利润的经济利润。

（三）经济利润

经济利润是指超过正常利润的利润，通常又称为“超额利润”或“纯利润”。经济利润是收益与经济成本之差，是厂商获得的超过正常利润的那部分利润。一般认为，由于市场信息和竞争的不完全性，厂商的生产总是在存在风险、创新和垄断的条件下进行的。因此，在完全竞争条件下，经济利润不存在；而在不完全竞争条件下，经济利润可能与厂商的风险决策能力、生产创新能力和市场垄断力相关。

（四）利润在社会经济中的作用

利润在社会经济中的作用主要有四个方面：①正常利润的存在，可以鼓励企业家更好地组织生产经营、企业管理，去进行创新；②风险利润的存在，可以激励企业和企业家承担风险，从事社会风险事业；③利润的存在，可以使企业按照社会需要进行生产，更好地利用资源；④利润的存在，可以引导投资，使资本与资源的配置符合社会需要。

第三节　收入分配平等程度的衡量

微课 5.4　收入分配平等程度的衡量

一、洛伦兹曲线

洛伦兹曲线（Lorenz curve），是指在一个经济社会（国家、地区）内，以“最贫穷的人口计算起一直到最富有人口”的人口百分比对应其获得的收入百分比的点组成的曲线，如图 5－10 所示。洛伦兹曲线是为了研究国民收入在国民之间的分配问题，由美国统计学家洛伦兹（Max Otto Lorenz，1876—1959）提出的。在洛伦兹曲线图中，*OH* 边即横轴代表收入获得者在总人口中的百分比；*OM* 边即纵轴显示的是各个百分比人口所获得的收入的百分比。

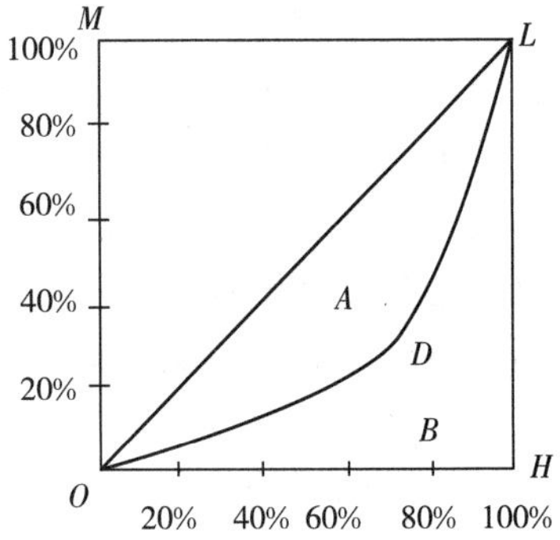

图 5－10　洛伦兹曲线图

洛伦兹曲线的弯曲程度有重要意义。一般来讲，它反映了收入分配的不平等程度。弯曲程度越大，收入分配越不平等。特别地，如果所有收入都集中在一人手中，而其余人口均一无所获时，收入分配达到完全不平等，洛伦兹曲线成为折线 *OHL*。另外，若任一人口百分比均等于其收入百分比，从而人口累计百分比等于收入累计百分比时，则收入分配是完全平等的，此时洛伦兹曲线成为线段 *OL*。

一般来说，一个国家的收入分配，既不是完全不平等，也不是完全平等，而是介于两者之间。相应的洛伦兹曲线，既不是折线 *OHL*，也不是线段 *OL*，而是如图 5－10 所示中这样向横轴突出的弧线 *ODL*，只是突出的程度有所不同。

二、基尼系数

基尼系数（Gini coefficient）是指根据洛伦兹曲线计算出来的反映社会收入分配均等化程度的指标。意大利统计学家、经济学家在 1912 年提出基尼系数的概念。它是国际上用来综合考察居民内部收入分配差异状况的一个重要分析指标。

洛伦兹曲线与线段 *OL* 之间的面积 *A* 叫作“不平等面积”。当收入分配达到完全不平等时，洛伦兹曲线成为折线 *OHL*。*OHL* 与线段 *OL* 之间的面积 $A+B$ 叫作“完全不平等面积”。不平等面积与完全不平等面积之比，称为基尼系数，它是衡量一国贫富差距的标准。

基尼系数（*G*）计算公式为

$$G=\frac{A}{A+B}$$

当基尼系数等于 0 时，表明社会分配绝对平均；当基尼系数等于 1 时，表明社会分配绝对不平均。实际上基尼系数通常大于 0 小于 1，基尼系数越小表明社会分配越平均；反之，收入差距越大。

通常，一般认为，当 $G<0.2$ 时，收入绝对平均；当 $0.2<G<0.3$ 时，收入比较平均；当 $0.3<G<0.4$，收入相对合理；当 $0.4<G<0.5$，收入差距较大；当 $G\geqslant 0.5$ 以上，收入悬殊。国际上通常把基尼系数等于 0.4 作为收入分配差距的“警戒线”。

一般情况下，一国政府利用洛伦兹曲线和基尼系数，既可以观察本国的现行国民收入分配状况，成为政府制定社会收入调节政策的辅助参考依据，也可以用来检测政府所推行的特定社会收入调节政策的基本效果。

【相关链接】

美国的基尼系数

基尼系数是衡量财富分配、贫富分化的指标之一，从0到1，数字越高表示贫富分化越大。0.5则是分界点，表示贫富分化严重。根据经合组织（Organization for Economic Cooperation and Development，简称OECD）的数据，2017年美国的基尼系数为0.39，在所统计的38个国家中排名前6位、在G7国家中排名第一。

最近这些年美国国内对财富集中及贫富分化辩论激烈，这也是大选期间的主要议题之一。基尼系数是各国衡量贫富分化的通用指标，但在基尼系数的统计方面，因为涉及的因素很多，具体统计结果也不尽一致。比如，经合组织的数据显示2017年美国的基尼系数是0.39，而圣路易斯联邦储备银行（Federal Reserve Bank of St. Louis）估计2016年美国的基尼系数为0.415，世界银行的估计也是0.415。但据美国人口普查局的调查，2018年美国的基尼系数为0.485，创历史新高。

从美国社区调查的数据中可以看到，在全美50个州及华盛顿哥伦比亚特区中，基尼系数排名前三位的是华盛顿哥伦比亚特区的0.524、纽约州的0.513以及康涅狄格州的0.501，均超过贫富分化严重的0.50指标线；而基尼系数最低的三个州为犹他州的0.427、阿拉斯加州的0.432以及艾奥瓦州的0.441。

根据经合组织的数据，在所统计的38个国家中，基尼系数排名最低的五个国家是斯洛伐克与斯洛文尼亚的0.24、捷克的0.25以及冰岛与丹麦的0.26，显示这些国家的贫富分化不严重；而排名最高的五个国家是南非的0.62、哥斯达黎加的0.48、智利以及墨西哥的0.46、土耳其的0.40，显示这些国家贫富分化比较严重。

资料来源：新浪网：http：//k.sina.com.cn/article_1743951792_67f297b002700m7xd.html，有删减。

三、收入分配不平等的原因

市场经济中按照“效率优先”原则进行个人收入分配。但每个人在进入市场之前所拥有的市场要素量不同，即每个人的能力与资产不同，在市场竞争中，每个人的机遇也不尽相同。因此，个人收入差距，甚至是贫富悬殊是不可避免的。收入分配不公平问题是一个复杂的经济问题、社会问题，是多方面因素共同影响的结果。

一个经济社会如果收入差距过大，则不利于社会安定。所以，政府有必要通过收入分配政策来缓和或纠正分配不公平现象，在一定程度上，促进收入分配平等化。一般认为收入分配不平等的原因主要与社会经济发展状况、制度因素、个体差异等因素有关。结合我国当前状况，导致收入分配不平等的原因可能有市场体制改革不到位、分配制度不健全、社会利益群体之间冲突与博弈以及政府职能转型不彻底等。

【相关链接】

党的20大报告指出：完善分配制度

分配制度是促进共同富裕的基础性制度。坚持按劳分配为主体、多种分配方式并存，构建初次分配、再分配、第三次分配协调配套的制度体系。努力提高居民收入在国民收入分配中的比重，提高劳动报酬在初次分配中的比重。坚持多劳多得，鼓励勤劳致富，促进机会公平，增加低收入者收入，扩大中等收入群体。完善按要素分配政策制度，探索多种渠道增加中低收入群众要素收入，多渠道增加城乡居民财产性收入。加大税收、社会保障、转移支付等的调节力度。完善个人所得税制度，规范收入分配秩序，规范财富积累机制，保护合法收入，调节过高收入，取缔非法收入。引导、支持有意愿有能力的企业、社会组织和个人积极参与公益慈善事业。

资料来源：习近平：《为全面建设社会主义现代化国家而团结奋斗——在中国共产党第二十次全国代表大会上的报告》。

【本章小结】

本章首先讨论了在经济学中厂商的要素使用原则以及厂商和市场的要素需求曲线。一般情况下，厂商使用要素的一般原则表示为要素的边际收益产品等于边际要素成本。我们分析了生产要素的供给方面，并将需求与供给两个方面结合起来进行讨论，即要素价格和使用量的决定，并具体地从劳动、资本、土地等生产要素角度进行需求与供给关系的讨论，从而完成了经济学的要素理论。此外，本章还用洛伦兹曲线和基尼系数来衡量收入分配的平等程度，指出了收入分配不平等的原因，并提出一些缩小贫富差距的解决措施。

【经济学家】

基尼系数的提出者——科拉多·基尼

科拉多·基尼（Corrado Gini，1884—1965），意大利统计学家、经济学家和社会学家，在1912年提出关于收入分配不平均的一种衡量办法——基尼系数（Gini coefficient)。科拉多·基尼，1884年5月23日出生于意大利东北部一个制造商家庭。早年他在Bologna大学学习法律和数学。毕业后曾先后在几所大学讲授统计学、政治经济学、人口统计学、生物统计学、宪法和社会学等课程。

图5-11　科拉多·基尼
（图片来源：百度图片）

基尼系数，根据洛伦兹曲线所定义的判断收入分配公平程度的指标，是比例数值，在0和1之间，是国际上用来综合考察居民内部收入分配差异状况的一个重要分析指标。

但也有人认为基尼系数是美国经济学家阿尔伯特·赫希曼（Albert Otto Hirschman，1915—）于1943年提出的。

资料来源：在线百科全书“科拉多·基尼”，有删减。

【练习与思考】

一、单项选择题

1. 在下列各项中，不属于生产要素的是(　　)。

A. 农民拥有的土地　　B. 企业家的才能

C. 在柜台上销售的产品——服装　　D. 煤矿工人采煤时所付出的低廉的劳动

2. 已知生产要素M、N的价格分别为8元、10元，产品的边际收益为2元，则在M、N的边际产量为(　　)时，该生产厂商才能获得最大利润。

A. 8、10　　B. 16、20

C. 4、5　　D. 2、2.5

3. 劳动的市场供给曲线通常是(　　)。

A. 向后弯曲的

B. 将单个劳动者的劳动供给曲线沿横轴相加而得

C. 向左上方倾斜

D. 以上均不是

4. 基尼系数的增大表明(　　)。

A. 收入不平均程度的增加　　B. 收入不平均程度的减少

C. 洛伦兹曲线与横轴重合　　D. 洛伦兹曲线与纵轴重合

二、多项选择题

1. 下列各题中属于派生需求的是(　　)。

A. 电工对万能表的需求

B. 投资商为开发房地产而对某块地皮的需求

C. 某公司为扩大销售额而对营销人才的需求

D. 个体户李某为跑运输而对卡车的需求

2. 地租率的大小取决于(　　)。

A. 土地的需求与供给之间的相互作用

B. 土地上生产出来的产品价格

C. 土地的边际产量

D. 土地面积的大小

3. 不同国家之间工资差别较大的原因在于(　　)。

A. 劳动者接受的训练和受教育的程度不同

B. 劳动的供给量不同，以及劳动在国际流动的障碍

C. 在不同国家，劳动者能得到的资本数量不同

D. 社会性质、意识形态、文化背景不同

4. 在完全竞争市场条件下，厂商使用要素的利润最大原则是(　　)。

A. 要素的边际产量等于要素的边际收益

B. 要素的边际收益等于要素的边际成本

C. 要素的边际产品价值等于要素的价格

D. 要素的边际收益等于要素的价格

6. 对于派生需求原理的描述，正确的是(　　)。

A. 派生需求的需求量并不取决于需求者本身

B. 派生需求的结果是要素市场的需求量增加

C. 派生需求的作用对象是要素市场

D. 派生需求是指由消费者对产品的需求而引发的厂商对生产要素的需求

三、简答题

1. 生产要素的市场需求曲线是怎样形成的?

2. 何为劳动的供给曲线？为什么单个劳动者的劳动供给曲线是向后弯曲的?

3. 请解释垂直的土地供给曲线的经济学含义。

4. 试简述要素价格与收入分配之间的关系。

第六章
市场结构

学习目标

重点掌握：1. 四种市场结构的均衡条件
　　　　　2. 四种市场结构对企业经营决策的影响
基本了解：1. 四种市场结构的含义、特征
　　　　　2. 市场短期均衡与长期均衡
一般了解：1. 四种市场结构划分标准
　　　　　2. 垄断市场上的价格歧视
　　　　　3. 寡头垄断市场上的卡特尔

本章导读

移动搜索市场：相对稳定？日趋激烈？

移动搜索是网民在移动端获取资讯和知识的重要渠道，地位重要。2019年各大互联网平台也更加注重在移动搜索行业的布局，规模保持稳定增长态势。iiMedia Research（艾媒咨询）数据显示，到2019年第四季度中国移动搜索用户规模已达7.05亿人。

数据显示，百度移动搜索用户份额占比为71.1%，其次是神马搜索、搜狗搜索和360搜索，占比分别为40.3%、32.0%、7.2%。移动搜索行业头部市场主要由互联网巨头平台把持，百度依靠长久累积的用户基础占有较大优势。但阿里巴巴的神马搜索、腾讯系的搜狗搜索等也各自依靠强大的生态引流，在2019年斩获较好的成绩。

在各大主流移动搜索平台中，神马搜索的用户增长速度为11.8%，居于同行业内首位。其次为搜狗搜索，用户增长速度为8.7%。百度搜索和360搜索的用户增速分别为4.7%、0.4%。

探究移动搜索市场的发展缘由，一是基于经济发展、科学技术的推动、网络

提速降费的大背景；二是智能手机与智能设备日臻成熟并普及；三是相关企业的经营战略，如百度搜索和搜狗搜索较早关注搜索市场，神马搜索借助 UC 浏览器和阿里巴巴取得快速赶超。我国的移动搜索市场经过了萌芽阶段、成长阶段，逐渐向成熟阶段迈进，未来移动互联网用户规模将会持续增长，但增速将放缓，行业的竞争将日趋激烈。

资料来源：根据《2020 年中国移动搜索市场分析报告——市场现状与未来动向研究》等有关资料整理。

我们前面学习的消费者和厂商的选择与行为都是在一种共同的条件和一定的市场条件下得出的，如果市场环境和市场的类型有所变化，市场的结构不同，消费者和厂商的行为会有什么变化呢？在不同的市场组织形式或结构中，厂商如何决定其价格与产量呢？这就是我们本章要探讨和解决的问题。

导读案例中提到的移动搜索市场，随着服务提供商市场份额的变化，市场的集中程度也会发生变化，可能会形成市场的垄断。反之，如果在市场中增加服务提供商的数量，这样的市场具有什么特点，又会给市场带来什么影响，生产者数量的不同是不同市场结构的体现，在不同的市场结构与类型中，怎样才能实现均衡，这些是本章要探讨的内容。本章主要内容是市场结构的含义与特点，不同的市场结构需要具备的条件，以及不同的市场结构的厂商均衡。

第一节　市场结构概述

微课 6.1　市场结构概述与完全竞争市场

一般情况下，基于“经济人”的假设，经济学中所指的厂商进行生产的目的在于获取最大利润。厂商的利润取决于收益和成本。在不同的市场条件下，厂商所面临的需求曲线和成本曲线是有差异的，厂商所获得的收益和利润也不同。因此，有必要先区分和理解不同的市场结构。

一、市场

市场（market）是从事某一种特定商品、劳务等买卖的交易场所或接触点，也可以是通过现代通信工具进行商品、劳务等交易的接触点。所以，市场可以是有形的买卖商品的场所，也可以是无形的或者虚拟的，利用通信工具或者媒介等进行的商品、劳务等交易的接触点，如通过网络或者手机终端软件买卖商品或者提供与接受服务。因此，市场常常被表述为商品或劳务交换关系的总和，是体现供给与需求之间矛盾的统一体。供给方代表的是卖方，卖方想高价卖，而买方想低价买，这在客观上是一对矛盾。这种矛盾在市场上又必须统一，因为只有统一了，卖方和买方各自的销售和购买愿望才能实现。认识这种矛盾与统一的最一般的规律性也是经济学的任务之一。

市场可以按许多标准分类，按交易对象是否具有物质实体来分类，可以分为有形市场和无形市场；按交易对象的具体内容不同来分类，可以分为商品市场、技术市场、劳动力市场、金融市场、信息市场；按市场的时间标准不同来分类，可以分为期货市场和现货市场；按交易对象的最终用途来分类，可以分为生产资料市场和生活资料市场。另外，还可以按空间标准等因素来分类。

一般而言，无论是什么范围所产生的市场，它的形成要有三个条件：一是要有市场的参与者，也称市场的主体，他们是参与商品、劳务等交换的一群买者和卖者；二是要有市场活动的客体，它包括商品或劳务、货币以及在交易中产生的有关数量、价格、质量等方面信息的市场信号；三是市场关系，即市场主体与市场客体结合在一起，产生商品、劳务等交换关系。

二、市场结构

如果按市场竞争程度的强弱来分类，可以将市场分为四种类型：完全竞争市场、垄断竞争市场、寡头垄断市场和完全垄断市场。影响市场竞争程度的因素主要有购买者的规模大小和数量、供应者的规模大小和数量、产品的差别程度、进入和退出市场的条件、市场信息的通畅程度。这些因素的不同状况形成了不同的市场环境和组织特征，反映了不同的市场垄断与竞争程度，也就是形成了不同的市场结构（market structures）。从完全竞争到完全垄断像一个光谱，如果把完全竞争作为白色，垄断作为黑色，这就是一个逐渐由白变黑的过程，很难画出一条清晰的界线。在理论上把市场结构分为四种基本类型是为了简单化，但现实比理论复杂得多。因此，在用市场结构理论指导企业经营时，我们还应该了解现实中更为复杂的市场结构。例如，自来水与钻石业都属于垄断市场，但前者是有保障的垄断，后者则是无保障的垄断，因为钻石存在替代品宝石。上述四种市场类型和特点见表6－1。

表6－1　四种市场类型和特点

市场类型	厂商的数量	产品的差异	厂商对价格的控制	进出一个行业的难易程度	举例
完全竞争	很多	同质	接受者	容易	一些农产品
垄断竞争	较多	有差异	有一些	比较容易	香烟，纺织
寡头垄断	几个	有差异或同质	程度较高	比较困难	汽车，钢材
完全垄断	一个	不存在不同产品之间的差异性比较	制定者	很难	公用事业，如自来水等

第二节　完全竞争市场

不同的市场类型具有不同的特点，那么完全竞争市场具有什么样的特点，具备什么条件才能称为完全竞争市场呢？在完全竞争市场上，厂商的供给和收益呈现什么样的特点？怎样才能实现均衡？这些是本节要学习和解决的内容。

一、完全竞争市场的含义与条件

（一）完全竞争市场的含义

完全竞争市场（perfectly competitive market / fully competitive market），指的是一

种不存在丝毫垄断因素，竞争可以充分展开，市场机制在资源配置方面的作用不受任何阻碍和干扰的市场结构。

（二）完全竞争市场需要具备的条件

（1）买者和卖者的数量众多。在同一市场或行业中，存在数量众多的厂商和购买这些厂商产品的消费者；每个买者和卖者都是价格的接受者（price taker），任何买者或卖者都不能影响商品的市场价格。单个买者或卖者都是价格的接受者，表明任何买者或卖者所面临的需求曲线都是一条与代表数量的横轴相平行的直线。美国经济学家乔治·斯蒂格勒认为任何单独的购买者和销售者都不能依凭其购买和销售来影响价格。用另一种方式来表达，就是任何购买者面对的供给弹性是无穷大，而销售者面临的需求弹性也是无穷大的。

（2）产品的同质性。所谓产品同质是指所有的厂商所生产的或所有消费者所能接受的产品是完全相同的，产品不存在商标、品牌、质量、性能等方面的差别，各个卖者所提供的产品可以完全替代，所以，商品的提供者利用价格、产品、渠道和促销等策略没有多大意义。完全竞争市场有众多的企业，每个企业在生产某种产品时不仅是同质的产品，而且在产品的质量、性能、外形、包装等方面也是无差别的，以至于任何一个企业都无法通过自己的产品具有与他人产品的特异之处来影响价格而形成垄断，从而享受垄断利益。

（3）信息的完全性。买卖双方都具有完全信息，双方对商品的质量和价格信息有充分的把握；市场上不存在不确定性，进入市场的每一个生产者、每一个消费者对于价格、市场等信息完全了解。

（4）资源的自由流动性。企业所投入的劳动、资本、土地等生产要素都可以自由流动。比如，劳动没有区域或行业的限制，资本也可以自由地流入或流出某一个行业。

完全竞争市场要同时满足以上四个条件，是一种理想的状态，在现实生活中几乎是不存在的，只有许多农产品市场被认为接近于完全竞争市场。例如，2019 年，我国粮食播种面积 116 064 000 公顷，粮食产量 66 384 万吨；玉米播种面积 41 284 000 公顷，玉米产量 26 077 万吨；谷物播种面积 97 847 000 公顷，谷物产量 61 368 万吨。我国的粮食生产能力已经连续多年稳定地登上了较高的发展水平，就如此巨大的农产品产量而言，任何单个的买者和卖者都只能是价格的接受者，单个的买者和卖者是不能操纵和影响市场价格的。

【延伸阅读】

中国鸡蛋市场

目前，我国鸡蛋市场规模为全球首位，市场的需求量也非常大，每年仅鲜鸡蛋市场消费总额就达 1 500 亿元，是世界人均消费量的 2 倍。从市场供给来看，我国蛋品市场中，大量小而分散的养殖户整体占了 80%的市场份额，而少数几个公司，如湘佳牧业、嘉麟杰、柳江牧业、晓鸣农牧等占比为 20%左右。

然而，我国的蛋品市场散养蛋较多、品牌蛋较少、市场供应分散、集中程度不高，如养殖规模在 500 到 1 万只的小养殖户就有 59 万家。整个蛋品行业对鸡蛋价格的控制能力不强。但是，随着人们对食品安全的日益关注和国家相关政策的推动，我国的鸡蛋市场正在无序中寻求整合，成为推进大农业整合的关键。未来市场中，无卫生标准的散养蛋将逐渐减少，品牌蛋将逐渐增多；市场集中度增强，行业壁垒上升。

我国的鸡蛋市场接近完全竞争市场，主要基于三个原因：第一，市场上买者和卖者都很多，没有一个买者和卖者可以影响市场价格。即使是一个大型养鸡场，在市场上占的份额也微不足道，难以通过产量来控制市场价格。换句话说，也就是每家企业都是价格接受者，只能接受整个市场供求决定的价格。第二，鸡蛋是无差别产品，企业也不能以产品差别形成垄断力量。大型养鸡场的鸡蛋与老太太的鸡蛋没有什么不同，消费者也不会为大型养鸡场的蛋多付钱。第三，自由进入与退出，任何一个农民都可以自由养鸡或不养鸡。第四，买者与卖者都基本了解相关信息。这些特点决定了鸡蛋市场是一个完全竞争市场，即没有任何垄断因素的市场。

资料来源：根据《机遇？我国鸡蛋市场95%都没品牌，谁最有可能“称霸天下”》等资料整理而得。

二、完全竞争市场的供求曲线和收益曲线

（一）完全竞争市场的供求曲线

在完全竞争市场上，整个行业和一家企业面临着不同的需求曲线。对整个行业来说，一种产品的价格和销售数量是由该行业的所有生产者的供给和所有消费者的需求共同决定的，所以行业需求曲线是一条向右下方倾斜的曲线，供给曲线是一条向右上方倾斜的曲线，符合供求法则，整个行业产品的价格就由这种需求与供给决定。如图 6－1 所示，供给曲线与需求曲线相交于 E 点，E 点就是均衡点，此时，均衡价格为 P_e，均衡产量为 Q_e。但是，单个厂商面临的是一条平行于横轴的需求曲线，具有完全弹性。因为完全竞争条件下，单个厂商的经济行为不能影响整个市场的价格和供求状况，无论它如何增加产量都不能影响市场价格。价格就是既定的，如图 6－2 所示。

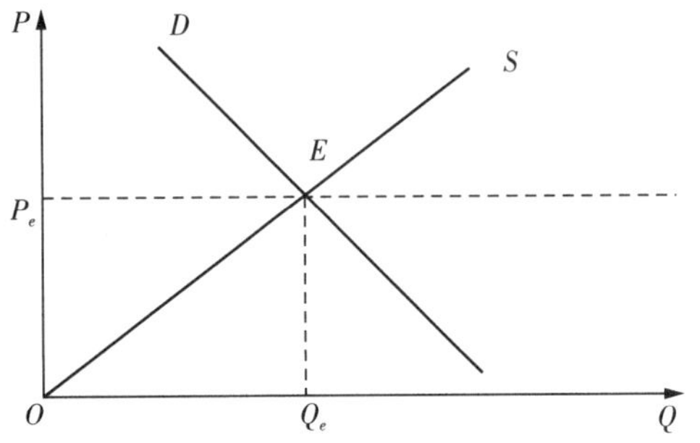

图 6－1　行业供求曲线

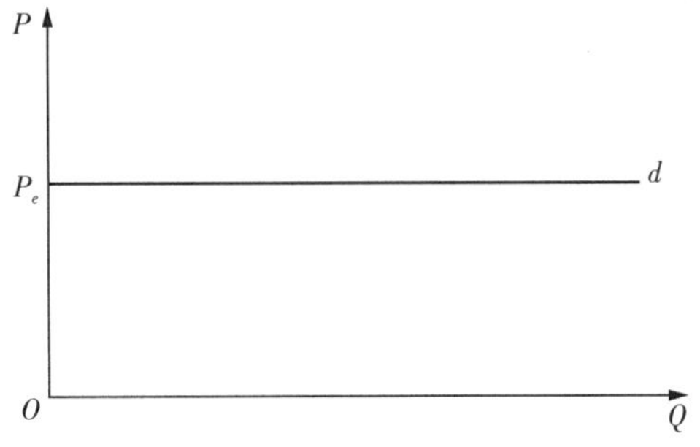

图 6－2　厂商需求曲线

（二）完全竞争市场的收益曲线

厂商收益是指出售产品所获得的货币收入，包括总收益、平均收益和边际收益。若以 P 代表市场价格，Q 代表销售总量，则总收益 $TR=PQ$，平均收益 $AR=\frac{TR}{Q}$，边际收益 $MR=\frac{\mathrm{d}TR}{\mathrm{d}Q}$。如图 6－3 所示，在完全竞争的条件下，价格是既定的，随着销售量增加，总

收益也增加。平均收益 $AR=\frac{TR}{Q}=\frac{PQ}{Q}=P$，所以平均收益与价格 P 是相等的（实际上，在各种类型的市场上，平均收益与价格都是相等的，因为每单位产品的售价就是其平均收益）。边际收益 MR 是指厂商增加一个单位数量的产品销售时，所获得的货币收入，MR 与价格 P 也是相等的。因为只有在这种情况下，销售量的增加才不影响价格。所以，在完全竞争条件下，$AR=MR=P$，如图 6－4 所示。

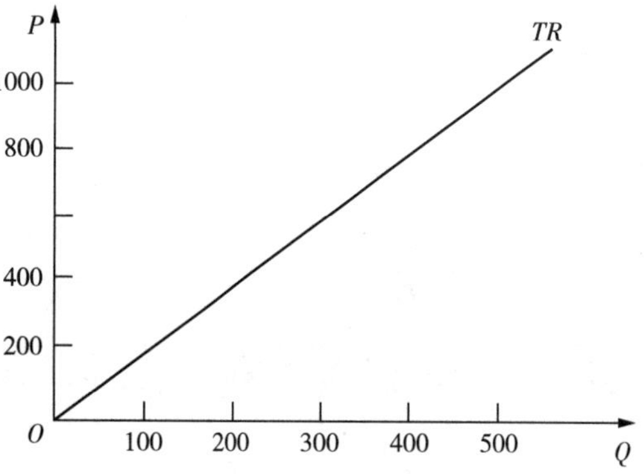

图 6－3　总收益曲线

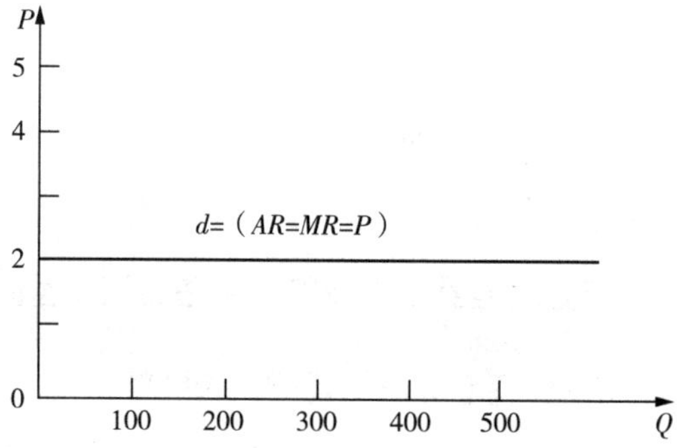

图 6－4　边际收益、平均收益曲线

三、完全竞争市场上的短期与长期均衡

（一）短期均衡

厂商按照利润最大化的原则，即边际收益 MR 等于边际成本 MC 来组织生产。当厂商进行生产决策时，若每增加一个单位的生产，边际收益大于边际成本，表明这一单位的生产使得总利润增加或总亏损减少，这一单位的生产是值得的，厂商愿意继续生产；反之，边际收益小于边际成本时，增加这一单位的生产所获得的收益不足以弥补成本，厂商要减少生产。只有在边际收益等于边际成本时，增加的收益等于所付的成本，利润达到最大，亏损达到最小。这就是说，个别企业是从自己利润最大化的角度来决定产量的，而在 $MR=MC$ 时就实现了这一原则。

但是，在完全竞争的市场中，$AR=MR=P$，个别企业都是价格的接受者，从整个行业来看，有可能出现供给小于需求或供给大于需求的情况，如果供给小于需求，则价格高；如果供给大于需求，则价格低，甚至低于成本线。在短期内，企业又不能根据市场需求来调整全部生产要素，所以，根据 $MR=MC$ 所确定的产量来组织生产可能存在利润也可能存在亏损。

具体来说，厂商在进行决策时，往往要面临以下几种情况：（说明：在以下图示中，P、R、C 代表价格、收益、成本，Q 代表产量）

（1）厂商盈利。如图 6－5 所示，当价格为 P_1 时，d_1（$AR_1=MR_1$）与 MC 相交于 E_1 点，利润最大化的条件是边际收益等于边际成本，即 $MR=MC$，所以厂商要使得利润最大化要保持 Q_1 的产量，此时总收益为四边形 $OP_1E_1Q_1$ 的面积，成本为四边形 $OP_2E_2Q_1$ 的面积，阴影部分为厂商的获利部分。

（2）收支相抵。如图 6－6 所示，总收益为四边形 $OP_0E_0Q_0$ 的面积，总支出也为四边

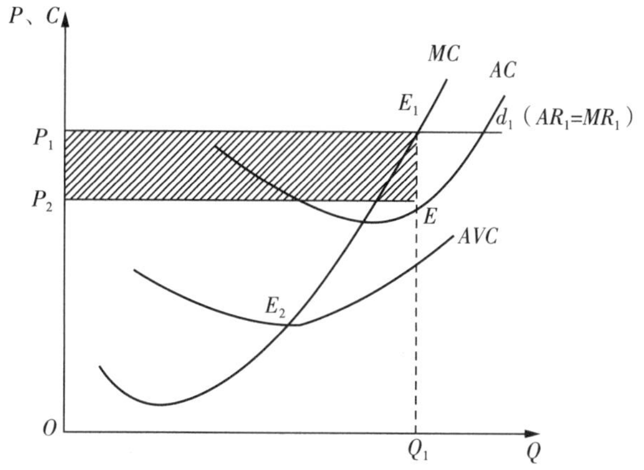

图 6－5　厂商盈利

形 $OP_0E_0Q_0$ 的面积，所以收支相抵。

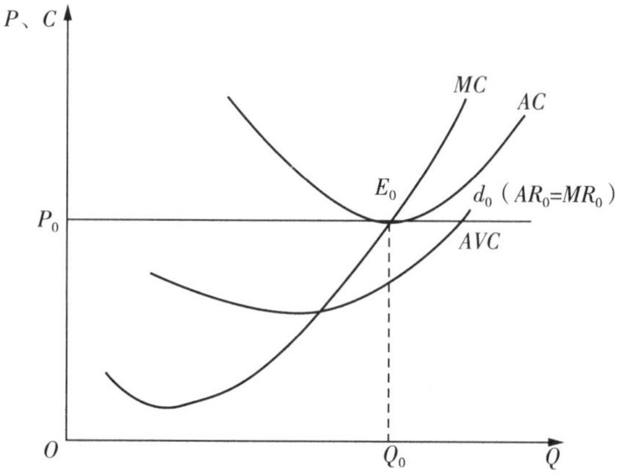

图 6－6　收支相抵

（3）企业亏本，但可以弥补变动成本。如图 6－7 所示，总收益为四边形 P_0EQ_0O 的面积，总支出为四边形 P_2FQ_0O 的面积，变动成本的支出为四边形 $OQ_0E_1P_1$ 的面积，所以，企业亏损，但可以弥补变动成本。E_1点为停止营业点。

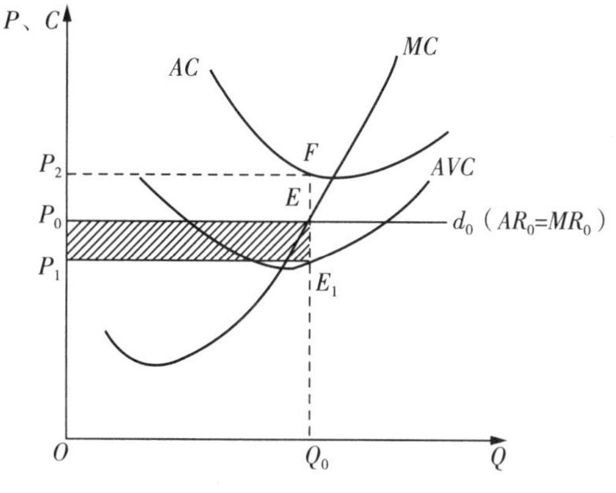

图 6－7　企业亏本，可以弥补变动成本

(4) 企业亏本，弥补不了变动成本。此时，价格线位于平均变动成本线以下。如图6－8所示，总收益为四边形 $OP_1E_1Q_0$ 的面积，总支出为四边形 OP_2FQ_0 的面积，变动成本的支出为四边形 OP_0EQ_0 的面积，所以，企业亏损，无法弥补变动成本，亏损为阴影部分的面积。

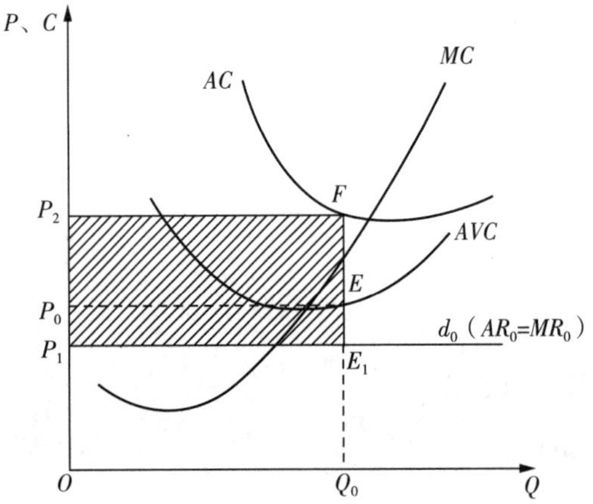

图 6－8 企业亏本，弥补不了变动成本

（二）长期均衡

在长期中，各个企业都可以根据市场价格来充分调整产量，也可以自由进入或退出该行业，也能改变其生产设施的规模。企业在长期中要做出两个决策：生产多少；退出还是进入这一行业。各个企业的这种决策会影响整个行业的供给，从而影响市场价格。具体来说，当供给小于需求，价格高时，各企业会扩大生产，其他企业也会涌入该行业，从而整个行业供给增加，价格水平下降；当供给大于需求，价格低时，各企业会减少生产，有些企业会退出该行业，从而整个行业供给减少，价格水平上升。最终价格水平会达到使各个企业既无超额利润又无亏损的状态。这时，整个行业达到供求均衡，各个企业的产量也不再调整，于是就实现了长期均衡。

如图 6－9 所示，E_0 点为均衡点，P_0 为均衡价格，根据 $MR=MC$，若 MR 和 MC 相交

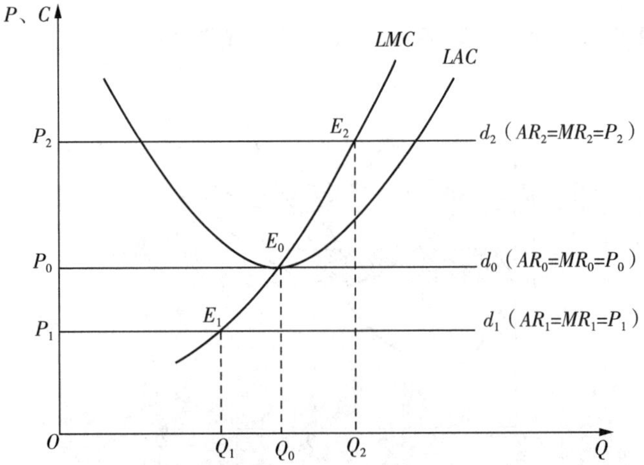

图 6－9 长期均衡

于 E_1 点，此时决定的价格为 P_1，产量为 Q_1。当价格为 P_1 时小于均衡价格 P_0，企业有亏损，E_1 点为亏损点；当价格为 P_2 时，大于均衡价格 P_0，企业有获利，E_2 为获利点。从长期来看，E_1 和 E_2 都趋向于 E_0 点，最终达到均衡。综上所述，长期均衡的条件是：$MR=AR=MC=AC$。

四、对完全竞争市场的评论

在经济学中，价格起着核心的作用。每一个人对产品或服务的评价是不同的，每一种产品或服务对消费者的效用是有差别的，消费者愿意支付的价格显然也是有差别的。我们用图 6－10 中的曲线来说明，P_1 为消费者愿意付出的最高价格，P_e 为消费者实际购买时所支付的价格。P_1 和 P_e 之间差值越大，消费者所获得的心理上满足就越大，P_e 是均衡价格，因为，只有那些认为这种产品的价值至少为 P_e 的消费者才按此价格购买它。此时，需求量将为 Q_e。但在完全竞争条件下，每个人支付的价格是相同的，这意味着所有认为产品的价值大于 P_e 的人得到的效益大于他们的支付金额。这部分超额的效用就称为消费者剩余（consumer surplus），在图 6－10 中，消费者剩余就是需求曲线、价格线和纵轴之间的面积。也就是等于三角形 P_1P_eA 的面积。长期均衡时所达到的平均成本处于最低点，平均成本最低决定了产品的价格也是最低的，消费者剩余是最大的，如图 6－10 所示的阴影部分的面积就最大，这对消费者是有利的。

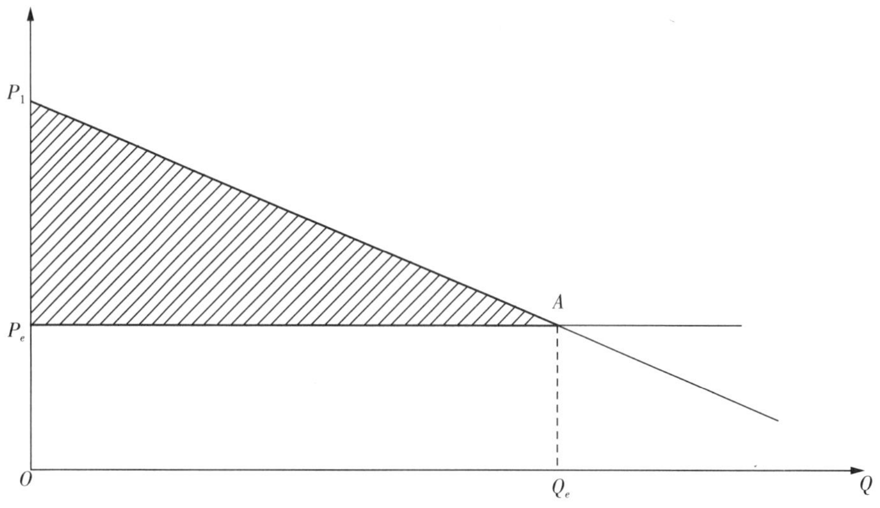

图 6－10　消费者剩余

在完全竞争条件下，产品的产量合适，社会的供给与需求相等，从而使资源得到了最优配置，如果最后一个单位产品的价值小于它的生产成本，就可以通过把资源从生产这一最后单位转移到生产其他产品或服务上来增加社会福利，这样生产者的生产不会有不足或过剩，消费者的需求也得到了满足。另外，在长期均衡时所达到的平均成本处于最低点，这说明：通过完全竞争与资源的自由流动，使生产要素的效率得到了最有效的发挥，资源配置得到改善，因为，只有当企业和消费者都能从交换中受益时，双方才会进行物品和服务交易。

完全竞争市场也有其缺点：第一，产品无差别，这样消费者的多种需求无法得到满足，个性需求无法得到体现，特别是随着网络经济和电子商务的发展，产品无差别是与人们需求的多样性、层次性相违背的，所以不是很现实，只能说一定程度上有助于理论的分析。第二，完全竞争市场上生产者的规模都很小，这样他们就没有能力去实现重大的科学技术突破，从而不利于技术发展。同样是养鸡，大型养鸡场反而竞争不过农民养鸡专业户或老太太，往往赔钱者多。大虽然不如小，但是农民养鸡专业户或老太太没有能力或实力去实现科学技术的突破。第三，在实际中完全竞争的情况是很少的，而且一般来说，竞争的最终结果也往往引起垄断。

微课 6.2 完全垄断市场，垄断竞争与寡头垄断市场

第三节 完全垄断市场

在完全竞争市场上，一种产品的价格和销售数量是由该行业的所有生产者的供给和所有消费者的需求共同决定的。在经济学中，完全垄断的市场和完全竞争的市场一样，也是市场组织的一种极端形式，一直被认为是最没有经济效率的一种经济模式。那么，完全垄断市场具有什么样的特点，厂商的收益曲线与完全竞争市场有什么区别，怎样才能实现均衡，这些是本节要探讨解决的问题。

一、完全垄断的含义及原因

完全垄断（perfect monopoly）是指整个行业只有唯一卖主的市场结构，通常称为垄断。垄断有以下三个特点：厂商唯一、商品没有替代品、其他厂商难以进入。例如，自来水公司、电力公司的经营模式相当于垄断，整个市场上只有一家供应方提供这样的服务，且该服务没有替代品存在，即使规模不大，也还是可以决定市场的价格。

形成完全垄断有以下几个方面的原因：第一，厂商拥有全部资源。一旦某生产者控制了某个产业或某个产品生产的原料，其他生产者无法获得，该生产者就成了垄断者。第二，厂商拥有生产的专利。第三，政府特许，厂商对某种产品拥有特许权。第四，经过竞争自然形成的垄断。

【延伸阅读】

盐业改革：从垄断到引入市场竞争机制

1996 年 5 月，国务院发布了《食盐专营办法》（国务院令〔1996〕第 197 号），对食盐生产、销售和储备活动予以规制，该文件规定：国务院盐业主管部门主管全国盐业工作，负责管理全国食盐专营工作；国家实行食盐定点生产和定点批发制度。2006 年 4 月，发改委颁布了《食盐专营许可证管理办法》，实行食盐生产许可证、食盐批发许可证、食盐准运证等制度。盐业仍然在一定程度上保持专营、统购与统销。食盐生产企业没有定价权和销售权。显然，我国盐业管理始于计划经济，开始具有一定的行业垄断属性。

2016 年 5 月 5 日，国务院发布《盐业体制改革方案》提出：从 2017 年 1 月 1 日开始，放开所有盐产品价格，取消食盐准运证，允许现有食盐批发企业向食盐定点生产企业购盐并开展跨区域经营，允许食盐定点生产企业以自主品牌开展跨区域经营，实现产销一体。该方案废除了食盐计划管理和政府定价机制。2017 年 12 月 26 日，公布试行新修订的《食盐专营办法》（国务院令第 696 号），该办法第十七条提出：食盐价格由经营者自主确定。县级以上地方人民政府价格主管部门应当加强对食盐零售价格的市场日常监测。当食盐价格显著上涨或者有可能显著上涨时，省、自治区、直辖市人民政府可以依法采取价格干预或者其他应急措施。

图 6 - 11 盐业改革

我国盐业的改革是从垄断到引入竞争，从计划到释放市场活力，这种发展路径通过引进社会资本，让市场发挥决定性作用，推动依法治理，完善食盐专业化监管体制，最终将让企业、消费者得到实惠，促进行业健康发展。

资料来源：根据《食盐专营办法》《盐业体制改革方案》等资料整理。

二、完全垄断市场的收益曲线

（一）需求曲线

在完全垄断市场上，一家厂商就构成了一个市场，因此厂商的需求曲线和行业的需求曲线是同一条曲线。在完全垄断市场中，厂商是市场价格的决定者，它可以通过改变市场价格来改变自己商品的销售量（即人们的需求量），当价格下降时，销售量增加，厂商的需求曲线是一条向右下方倾斜的曲线，如图 6 - 12 所示。

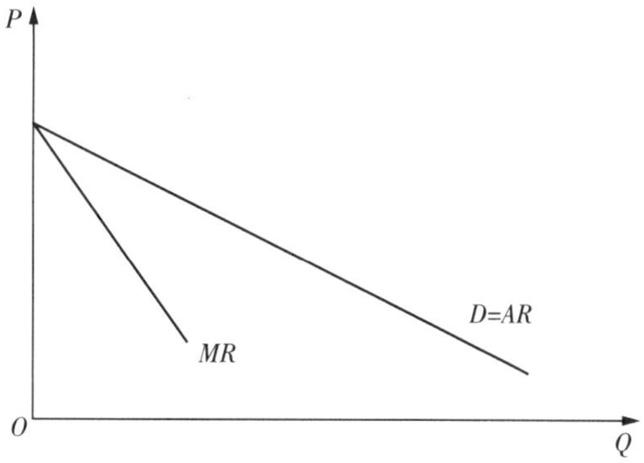

图 6 - 12 垄断市场上的需求曲线和收益曲线

（二）收益曲线

在图 6 - 12 中，垄断厂商的边际收益曲线递减，向右下方倾斜，并小于平均收益 AR，这是由于平均收益递减所导致的结果。价格等于平均收益，且平均收益递减。

三、垄断市场上的短期均衡和长期均衡

（一）短期均衡

在垄断市场上，企业可以通过对产量和价格的控制来实现利润最大化。企业仍然根据边际收益与边际成本相等的原则来决定产量，这种产量决定后，短期中难以完全适应市场需求需要进行调整。垄断者短期是否可以获得利润要看产品价格的高低与垄断者平均成本的高低。如图 6-13 所示，根据利润最大化的原则 $MR=MC$，当出售数量为 Q_1 时，均衡产出水平价格 P_1 高于平均成本 AC，成本为四边形 OQ_1BC_1 的面积，获得的超额利润为四边形 ABC_1P_1 的面积。

完全垄断厂商在实现短期均衡时，并不一定总能获得超额利润，是否盈亏还要取决于当 $MR=MC$ 时，AR 与平均成本 AC 的关系。如图 6-14 所示，根据利润最大化的原则，均衡产出水平价格 P_2 低于平均成本 AC，在出售数量为 Q_2 时，成本为四边形 OQ_2BC_2 的面积，垄断者所发生的亏损为四边形 ABC_2P_2 的面积。因此，完全垄断市场短期均衡的条件是 $MR=MC$。在实现均衡时，厂商可能获得超额利润，也可能遭受损失，或者不盈不亏。

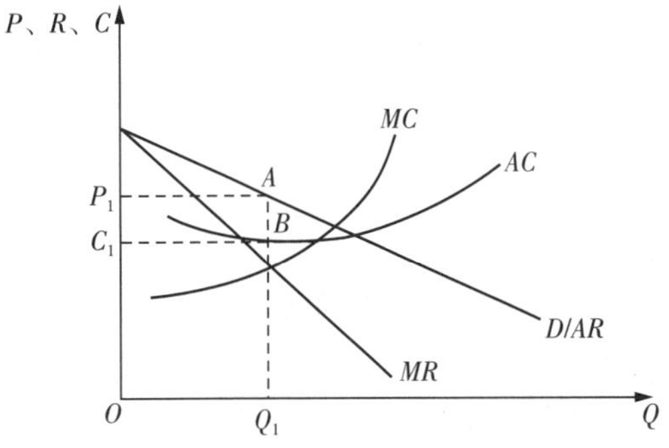

图 6-13　获得超额利润

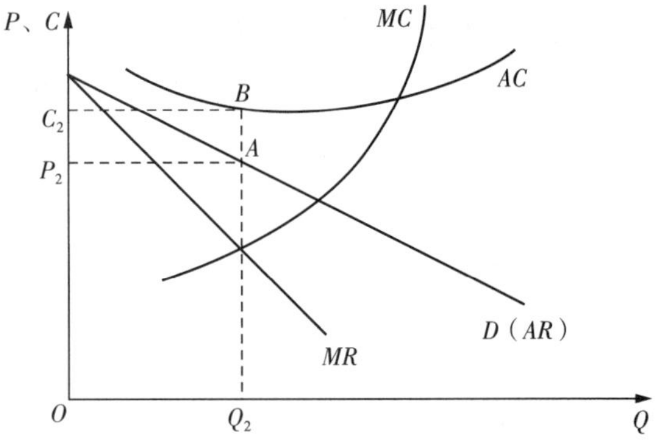

图 6-14　存在亏损

（二）长期均衡

在长期中，垄断企业可以通过调节产量与价格来实现利润最大化。垄断者在短期发生了亏损，会通过调整企业规模改变亏损状况。

如图 6-15 所示，短期垄断者利用 Q_1 的生产规模可以获得等于四边形 ABC_1P_1 面积的经济利润。长期垄断者把生产规模调整到 Q_2 的数量，可以获得等于四边形 FGC_2P_2 面积的经济利润。显然，四边形 FGC_2P_2 面积大于四边形 ABC_1P_1 面积。所以，在长期中，垄断者可以调整生产规模使之能够产生平均成本 AC_2 曲线，这在长期是可能的，对垄断者也是有利的。这时企业均衡的条件是边际收益与长期边际成本和短期边际成本都相等，即：$MR=LMC=SMC$。

四、垄断企业的价格歧视

价格歧视（price discrimination）就是同样的商品向不同的消费者收取不同的价格。歧视定价可以实现更大的利润，其基本原则是对需求富有弹性的消费者收取低价，而对需

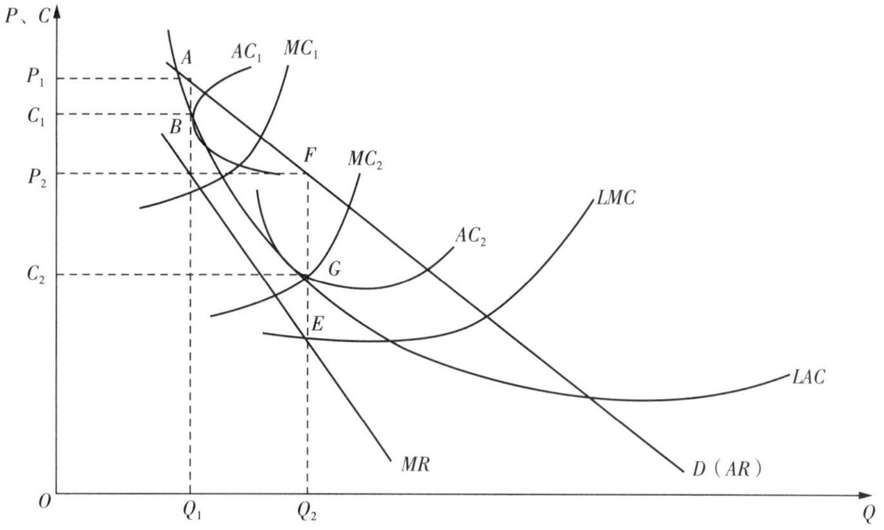

图 6－15　垄断厂商的长期均衡

求缺乏弹性的消费者收取高价。一般根据价格差别的程度把价格歧视分为三种类型：一级价格歧视，又称完全价格歧视，即每一单位产品都有不同的价格。如对一些特殊的电话（手机）号码资源进行拍卖，就是电信运营企业实施一级价格歧视的一种策略。二级价格歧视，又称成批定价（block pricing），即垄断企业根据不同购买量确定不同的价格，数量折扣是二级价格歧视的典型例子。例如，自来水公司对一定量的自来水实行一种价格，对再增加的量实行另一种价格。三级价格歧视，即垄断企业对不同市场的不同消费者实行不同的价格。例如，电力公司对工业用电和民用电实行不同的价格。

实行歧视定价需有两个条件：第一，实行歧视定价的商品不能转售。如果商品可以转售，歧视定价就没有意义了，因为低价购买者可以把这种商品再转手卖出去而获利，企业得不到好处。第二，能用一个客观标准把消费者分为需求缺乏弹性者和需求富有弹性者。不同消费者对同一种商品的具有不同需求弹性是客观存在的，问题在于能否用一种客观而具有可操作性的方法把这两类消费者区分开。

五、对垄断市场的评价

经济学家认为垄断对经济是不利的，原因在于：第一，生产资源的浪费。这就表现为，与完全竞争相比，平均成本和价格高，而产量低。第二，缺乏竞争机制。不利于行业的快速发展，同时，行业人员在对消费群体缺乏责任心的情况下，容易产生整个消费群体的不满和该行业不能随市场经济的发展而发展的情况。第三，社会福利的损失。垄断企业实行价格歧视，消费者所付出的价格高，导致消费者剩余的减少，这种减少则是社会福利的损失。

有的经济学家认为，垄断也有其有利的一面。首先，在一些行业可以实现规模经济。例如，交通、电力、通信等行业的生产，就要求通过集中大量的资产和资金进行大规模的生产才具有较佳的经济性。其次，垄断企业可以以自己雄厚的资金与人才实力实现重大的技术突破，有利于技术进步。最后，尽管在一国国内是垄断的，有效率损失，但在国际市场上有竞争力，有利于一国世界竞争力的提高。这就是为什么在国内被认为是垄断的企业，在放到国际市场竞争时，国家反而默认其垄断的存在。

第四节　垄断竞争市场

以上两节所提到的完全竞争与完全垄断是两种极端情况，美国的经济学家张伯伦根据产品差别的概念建立了垄断竞争价值理论，提出了“垄断竞争”的市场模式。那么，垄断竞争的市场与以上两种市场类型有什么区别，呈现出什么样的特点，怎样实现均衡呢？这些是本节要学习和解决的内容。

一、垄断竞争的含义及特点

（一）垄断竞争的含义

垄断竞争（monopolistic competition）是指那种许多厂商出售相近但非同质，而是具有差别的商品的市场结构。这种市场结构既有垄断的特征，又有竞争的特征。

（二）垄断竞争的特点

一般来说，垄断竞争市场具有以下特点：

（1）众多的厂商生产有差别的产品，这些产品是同类的可以互相替代的产品。产品差别的概念是美国经济学家爱德华·哈斯丁·张伯伦（E. H. Chamberlin，1899—1967）在1933年出版的《垄断竞争理论》一书中提出来的。这个概念在市场结构分析中至关重要，也是企业竞争战略、市场营销等实用性学科的理论基础。张伯伦强调，有产品差别就会引起垄断，因为有差别的产品可以用自己的产品特色垄断一部分消费者，即垄断自己的目标客户。

（2）资源流动比较自由，厂商进入或退出某个生产集团不受限制，不存在严重的进入壁垒。

（3）同一生产集团的厂商数目较多，以至于每个厂商都相信自己的行为不会产生广泛的影响，竞争对手也不会对此做出反应或采取相应行动，因而每个厂商都预期其行为不会受到对手的制裁或报复。

现实生活中，广告的狂轰滥炸对我们每个人来说已经是习以为常的事情。在黄金时间打开电视，你就会观察到什么类型的产品广告做得较多：饮料、化妆品、零食……这些消费品行业一般把收入的10%～20%投放于广告。我们注意到这些行业的市场结构都是典型的垄断竞争市场，而完全垄断企业一般就没必要做广告。

【延伸阅读】

中国的牙膏市场

随着生活水平提高，消费者的生活观念发生了变化，开始追求健康的生活，于是牙齿护理成为人们每天必做的事情，而市场也给人们提供了各类功能的牙膏、漱口水等护理用品，其中牙膏成了大众的选择，于是牙膏在市场上作为一种日用快速流通消费品存在。

中国的牙膏市场潜力巨大。按中国人口14亿计算，中国的人均消耗量远远没有达到国际水平，早在20世纪80年代，西欧发达国家人均年耗量已达4～5支，美国和日本则超过了7支，中国的牙膏市场潜力巨大，其潜力来源更大的是中国人口刷牙率的上升，从2011年10月10日的口腔医学发展战略国际研究会上获悉"近二十年来中国人口腔保健意识日渐增强，衡量口腔卫生状况的基本指标——刷牙率不断提升"。20世纪90年代中后期开始，市场规模即以年均5%的比例保持快速增长，而一年之中的市场季度变化较平稳。目前中国城市居民有三分之一人群没有良好的刷牙习惯（即未能每日早晚两次刷牙）；在广大农村地区，约有57%的人不刷牙，而农村目标消费群人口基数在5亿以上。因此未来市场潜力不可限量。

中国市场的吸引力在于它是一个价值14亿人口的市场，并且消费观念和消费能力仍在不断提升，多个牙膏品牌分享着中国庞大的牙膏市场。目前在牙膏类商品中能够称得上旺销的外资品牌约有10多个，其中中美合资的"高露洁"在中国牙膏市场的占有率高居榜首，其次是"佳洁士"和"洁诺"两个外资品牌。而以往被人们公认为具有相当大市场的著名国有品牌，如"中华""洁银""黑妹""蓝天六必治""两面针"等产品的销售额，均受到外资品牌的冲击。

资料来源：根据《中国牙膏市场现状分析》等资料整理。

二、垄断竞争市场上的均衡

（一）短期均衡

如图6－16所示，垄断竞争厂商的利润最大化均衡产量为Q_1，垄断竞争厂商收取的价格是P_1，垄断竞争厂商所获得的总利润由四边形ABP_1P_e的面积表示。在短期中每一个垄断竞争的企业都是一个垄断者，它以自己的产品差别在一部分消费者中形成垄断地位。而且，短期中其他企业生产不出与之竞争的有差别产品。这样垄断竞争企业就可以像一个垄断者那样行事，高价少销，低价多销，或歧视定价，以获得利润最大化。因此，在短期中企业均衡的条件与垄断市场是一样的，都是$MR=MC$。但是，厂商是否盈利，还要看平均收益AR与平均成本AC的关系。

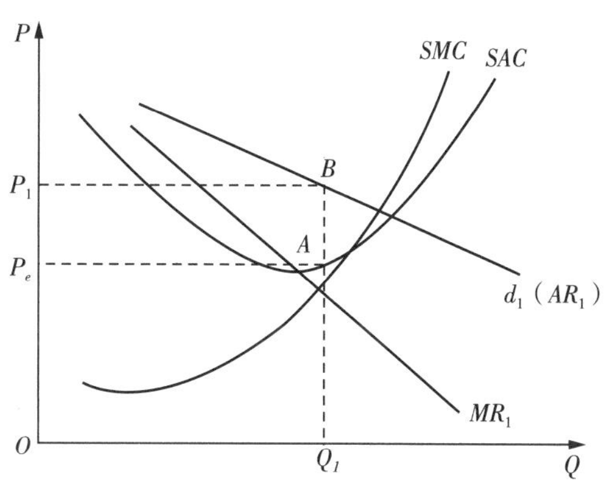

图6－16　短期均衡

（二）长期均衡

短期内垄断竞争厂商可以获得超额利润，会吸引其他厂商进入。在长期中，垄断竞争的市场上存在着激烈的竞争。各个企业可以仿制别人有特色的产品，创造出自己更有特色的产品，也可以通过广告来刺激消费者的需求，形成自己产品的垄断地位。从长期来看，垄断竞争条件下的厂商是得不到超额利润的。在长期内，由于新厂商的加入，供给曲线右移，市场价格下降，直到超额利润消失，反映在厂商均衡图上，就表现为平均收益与边际收益曲线下移。在实现了长期均衡时，边际收益等于边际成本，平均收益等于平均成本。所以，垄断竞争市场上长期均衡的条件：$MR=MC$，$AR=AC$。在图 6－17 中，长期内垄断竞争厂商仍然会维持在 $MR=MC$ 条件下生产，即图中的 E 点。

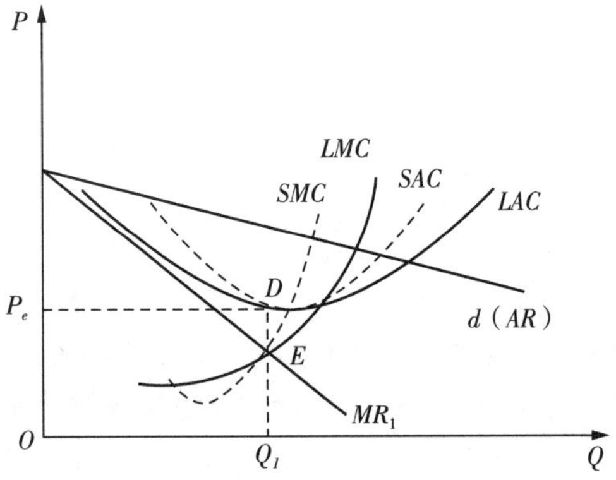

图 6－17　长期均衡

E 点所决定的均衡产量为 OQ_1，均衡价格为 OP_e，与图 6－16 比较，AR、MR 下移，超额利润即四边形 ABP_1P_e 的面积消失。

三、垄断竞争市场的评价

与完全竞争市场相比较，垄断竞争条件下成本较高，价格较高，产量较低，存在资源浪费，对消费者不利。因为在完全竞争市场中，长期均衡的条件是 $P=MR=AR=MC=AC$，两者都是 P（AR）$=AC$。差别在于完全竞争条件下 $AC=MC$，P（AR）$=MR$，而垄断竞争市场中 $AC>MC$，P（AR）$>MR$。

但也并不能说完全竞争市场就优于垄断竞争市场。因为在垄断竞争市场上消费者可以得到有差别的产品，从而满足不同的需求。而且垄断竞争市场上的产量要高于完全垄断市场，价格却要低。特别是垄断竞争有利于鼓励创新。因此，许多经济学家认为，垄断竞争从总体上看还是利大于弊的。

产品差异化是垄断竞争市场上常见的一种现象，不同企业生产的产品或多或少存在相互替代的关系，但是它们之间存在差异，并非完全可替代的。企业往往希望通过产品差异化来刺激产品的需求。

第五节　寡头垄断市场

当市场由几家大企业所控制，企业的数量少于垄断竞争市场，但又不能完全垄断，这样的市场类型有什么特点，这种市场上的各厂商之间存在策略相关性，其经济行为会相互影响，这些都是本节要学习的内容。

一、寡头市场的含义及特征

寡头（oligopoly）市场是几家大企业控制的市场。寡头垄断市场是介于垄断竞争与完全垄断之间的一种市场类型。

根据美国产业经济学家谢勒尔教授对寡头垄断行为的推断：当最大的4家厂商控制了全部市场40%的份额或更多的份额时，便很可能出现寡头垄断行为。可以说，目前我国的轿车行业已经呈现寡头垄断市场的特征。据中国汽车工业协会统计分析，2019年，我国汽车产销分别完成2 572.1万辆和2 576.9万辆，产销量继续蝉联全球第一。汽车销量排名前十位的企业集团销量合计为2 329.4万辆，高于行业增速1.5个百分点，占汽车销售总量的90.4%，高于上年同期1.5个百分点，重点企业集团市场集中度高于同期。上汽、东风、一汽、长安四家市场占有率超过40%。2019年中国品牌轿车共销售204.6万辆，占轿车销售总量的19.9%，其中，德系、日系、美系、韩系和法系轿车分别销售350.5万辆、279.7万辆、119.3万辆、62.2万辆和6.1万辆，占轿车销售总量的34.0%、27.1%、11.6%、6.0%和0.6%。前四大品牌轿车的市场占有率也超过40%。

形成寡头市场的关键原因是规模经济的存在。寡头市场具有其他市场结构所没有的二个重要特征：一是几家寡头之间的相互依存性。因为在寡头市场上，企业数量很少，每家企业都占有举足轻重的地位。他们各自在价格或产量方面决策的变化都会影响整个市场和其他竞争者的行为。因此，寡头市场上各企业之间存在着极为密切的关系。每家企业在做出价格与产量的决策时，不仅要考虑到本身的成本与收益情况，而且还要考虑到这一决策对市场的影响，以及其他企业可能做出的反应。二是寡头企业之间的关系兼有竞争性。竞争特点是需要考虑其他寡头厂商的应对方式，如广告、降价，增加产能的实际效果，则取决于竞争对手的反应。

二、卡特尔

卡特尔（Cartel）是一个行业的各个独立的厂商，就价格、产量和其他诸如瓜分销售地区或分配利润等事项达成协议并据此结成的经济同盟关系。

寡头垄断行业中，如果各厂商单独行动，为了占领市场，就会造成产量扩大，价格低落，各厂商都会蒙受损失。若是组成了卡特尔，就可采取共同行动，限制产量，提高价格，每个卡特尔成员都可分享共同的利润。

勾结定价是各寡头勾结起来协商定价。卡特尔是寡头的价格联盟，卡特尔在确定统一价格时，一般是先将各成员厂商的边际成本曲线相加，获得整个卡特尔的边际成本曲线，然后再根据市场需求曲线确定边际收益曲线，根据边际收益等于边际成本的原则，找出最大的总产量和相应的价格，这一价格就是统一的定价。

为了维持这一价格还必须对产量实行限制和分配，最理想的办法是按各厂商的边际成本进行分配，即使每一厂商在所分配产量下的边际成本都相等，并且都等于整个卡特尔的与边际收益相等的边际成本时，就可以实现利润最大化。但是，由于卡特尔各成员之间的矛盾，有时达成的协议也很难兑现，或引起卡特尔解体。

【相关链接】

OPEC：石油生产者的国际卡特尔

石油输出国组织——欧佩克（Organization of Petroleum Exporting Countries，OPEC）是一个由主要石油生产国组成的国际卡特尔，成员国包括沙特阿拉伯、科威特、阿拉伯联合酋长国、伊拉克、伊朗、卡塔尔、阿尔及利亚、加蓬、利比亚、尼日利亚、委内瑞拉和厄瓜多尔等12个国家。OPEC最初于1960年由五大石油生产国创建。根据OPEC 1968年文件制定的长期目标，成员国政府应该：①决定石油价格；②拥有和控制本国的石油资源。

第二个目标在大多数OPEC国家中都已经实现，其办法是通过接管石油公司的经营权和使其国有化。关于第一个目标，1973年底到1974年期间，OPEC将石油价格提高了4倍，从每桶3美元提高到12美元。1979年伊朗革命发生时，OPEC将石油价格提高到每桶30美元以上。过高的油价大致从1982年开始下跌，原因在于石油消费国的石油储备增加、北海这样的石油产地产量增加等。

石油价格一般在OPEC成员国石油部长的定期会议上决定。沙特阿拉伯是最有影响的成员国，因为它的生产规模大，几乎占OPEC总产量的一半，它经常通过调整产量来影响价格。1975年OPEC生产了全世界石油供应量的55%，占有世界市场中石油贸易量的80%以上。但到了20世纪80年代，它在世界市场总产量中所占份额下降为不到1/3，所有公开和隐蔽的降价都发生了。OPEC在控制石油价格和产量方面都取得过很大成功。但后来成员国破坏定价和产量配额的现象也经常发生。

资料来源：淘豆网：https：//www.taodocs.com/p—157207999.html，有删减。

三、博弈论

在寡头垄断市场上，各寡头垄断者之间存在策略相关性，即一个厂商的决策行为必然影响其他厂商的决策行为，为研究这种互相影响，需要引入博弈论。

（一）博弈论的基本概念

博弈论（game theory），是在研究行为主体间存在策略相关性条件下，决策主体的理性选择问题。它是应用数学的一个分支，也是运筹学的一个重要学科。目前在生物学、经济学、国际关系学、计算机科学、政治学、军事战略和其他很多学科都有广泛的应用。博弈论具备的要素有以下几个方面：

（1）局中人（players）或参与人。在一场竞赛或博弈中，每一个有决策权的参与者成为一个局中人，指的是一个博弈中的决策主体。

（2）策略（strategies）。是参与人在给定信息条件下的行动规则，它规定着参与人如何行动。

（3）得失（payoffs）。一局博弈结局时的结果称为得失。每个局中人在一局博弈结束时的得失，不仅与该局中人自身所选择的策略有关，而且与全局中人所取定的一组策略有关。所以，一局博弈结束时每个局中人的“得失”是全体局中人所取定的一组策略的函数，通常称为支付（payoff）函数。

（4）次序（orders）。各博弈方的决策有先后之分，且一个博弈方要作不止一次的决策选择，就出现了次序问题；其他要素相同次序不同，博弈就不同。

（5）均衡（equilibrium）。是指所有参与人的最佳组合。

（二）博弈的分类

博弈根据不同的基准也有不同的分类。一般认为，博弈主要可以分为合作博弈和非合作博弈。合作博弈和非合作博弈的区别在于相互发生作用的当事人之间有没有一个具有约束力的协议，如果有，就是合作博弈；如果没有，就是非合作博弈。根据行为的时间序列性，博弈论可进一步分为静态博弈和动态博弈两类。静态博弈是指在博弈中，参与人同时选择或虽非同时选择但后行动者并不知道先行动者采取了什么具体行动。动态博弈是指在博弈中，参与人的行动有先后顺序，且后行动者能够观察到先行动者所选择的行动。目前经济学家们所谈的博弈论一般是指非合作博弈。

（三）“囚犯困境”与“纳什均衡”

纳什均衡（Nash equilibrium）：在一策略组合中，所有的参与者面临这样一种情况，当其他人不改变策略时，他此时的策略是最好的。在纳什均衡上，每一个理性的参与者都不会有单独改变策略的冲动。

要了解纳什均衡，首先要知道什么是非合作博弈问题。现在几乎所有的博弈论教科书上都会讲“囚犯的两难处境”的例子，每本书上的例子都大同小异。话说有一天，一位富翁在家中被杀，财物被盗。警方在此案的侦破过程中，抓到两个犯罪嫌疑人——斯卡尔菲丝和那库尔斯，并从他们的住处搜出被害人家中丢失的财物。但是，他们矢口否认曾杀过人，辩称是先发现富翁被杀，然后只是顺手牵羊偷了点儿东西。于是警方将两人隔离，分别关在不同的房间进行审讯。由地方检察官分别和每个人谈话。检察官说：“由于你们的偷盗罪已有确凿的证据，所以可以判你们 1 年刑期。但是，我可以和你做个交易。如果你单独坦白杀人的罪行，我只判你 3 个月的监禁，但你的同伙要被判 10 年刑。如果你拒不坦白，而被同伙检举，那么你就将被判 10 年刑，他只判 3 个月的监禁。但是，如果你们两人都坦白交代，那么，你们都要被判 5 年刑。”斯卡尔菲丝和那库尔斯该怎么办呢？他们面临着两难的选择——坦白或抵赖。

显然最好的策略是双方都抵赖，结果是大家都只被判 1 年刑。但是由于两人处于隔离的情况下无法串供。所以，他们选择坦白交代是最佳策略。因为坦白交代可以期望得到很短的监禁——3 个月，但前提是同伙抵赖，显然要比自己抵赖要坐 10 年牢好。不仅如此，坦白还有更多的好处。如果对方坦白了而自己抵赖了，那自己就得坐 10 年牢。太不划算了！因此，在这种情况下还是应该选择坦白交代，即使两人同时坦白，至多也只判 5 年刑，总比被判 10 年好吧。所以，两人合理的选择是坦白，原本对双方都有利的策略（抵赖）和结局（被判 1 年刑）就不会出现。这样两人都选择坦白的策略以及因此被判 5 年刑的结局被称为“纳什均衡”，也叫非合作均衡。因为，每一方在选择策略时都没有“共谋”（串供），他们只是选择对自己最有利的策略，而不考虑社会福利或任何其他对手的利益。也就是说，这种策略组合由所有局中人（也称当事人、参与者）的最佳策略组合构成。没有人会主动改变自己的策略以便使自己获得更大利益。

囚徒困境现象在现实生活中比比皆是。姜昆和唐杰忠曾说过一个公共楼道占用问题的相声。住户在公共楼道里堆满了杂物，结果大家都极不方便，以致即将分娩的妇女都没法及时被送往医院。但你如果不占用公共楼道，别人也会占用。每一居住面积狭小的住户从自我利益最大化出发，都会选择占用。可是，占用的结果却最终损害了大家的利益。

【延伸阅读】

田忌赛马

我国古代有个“田忌赛马”的故事，说的是齐威王与大将田忌各出三匹马，一对一比赛三场，由于齐威王的最优、次优和较差的三匹马分别跑得比田忌的三匹马快，所以田忌总是以0∶3告负。后来田忌的谋士孙膑给田忌出主意，让最差的马去与齐威王最快的马比，而让最优的马去赢齐威王次优的马，让次优的马去赢齐威王最差的马，这样便以2∶1取胜。我们还可以进一步设想，如果齐威王知道了田忌的花招后，便会在以后的比赛中也更改出马的次序。当然田忌的出马次序也应改动。

资料来源：淘豆网：https：//www.taodocs.com/p－290365045.html，有删减。

(四) 博弈论与企业的经济行为

我们再从经济决策上来看“博弈论”。假如你是一个公司的老总，你在决定是否将自己的产品降价以及降价多少时，必须首先要考虑至少以下几个方面的问题：消费者将会增加购买吗？大概会增加多少购买量呢？其他同种产品的厂家也会降价吗？等等。你只要是理性的，一定会在考虑这些问题的基础上来作出你的决策。下面我们通过一些实例来理解博弈论和纳什均衡，看一看博弈论在市场竞争中对企业行为的影响。

1. 价格战博弈

现在我们经常会遇到各种各样的家电价格大战，如彩电价格大战、空调价格大战等。这些大战的受益者首先是消费者。每当看到一种家电产品的价格大战，百姓都会“没事儿偷着乐”。在这里，我们可以解释厂家价格大战的结局也是一个“纳什均衡”，而且价格战的结果是谁都没钱赚。因为博弈双方的利润正好是零。竞争的结果是稳定的，即是一个“纳什均衡”。这个结果可能对消费者是有利的，但对厂商而言是不利的，甚至是灾难性的。

从这个案例中我们可以引申出两个问题：一是竞争削价的结果或“纳什均衡”可能导致一个有效率的零利润结局；二是如果不采取价格战，每一个企业都会考虑是采取正常价格策略，还是采取高价格策略形成垄断价格，并尽力获取垄断利润。如果垄断可以形成，则博弈双方的共同利润最大。这种情况就是垄断经营所做的，通常会抬高价格。另一种极端的情况是厂商用正常的价格，双方都可以获得利润。从这一点，我们又引出一条基本准则：“把你自己的战略建立在假定对手会按其最佳利益行动的基础上。”事实上，完全竞争的均衡就是“纳什均衡”或“非合作博弈均衡”。在这种状态下，每一个厂商或消费者都是按照所有的别人已定的价格来进行决策。在这种均衡中，每一家企业要使利润最大化，消费者要使效用最大化，结果导致了零利润，也就是说价格等于边际成本。在完全竞争的情况下，非合作行为导致了社会所期望的经济效率状态。如果厂商采取合作行动并决定转向垄断价格，那么社会的经济效率就会遭到破坏。这就是为什么 WTO 和各国政府要加强反垄断的意义所在。

2. 智猪博弈

这个例子讲的是猪圈里有两头猪，一头大猪，一头小猪。猪圈的一边有个踏板，每踩一下踏板，在远离踏板的猪圈的另一边的投食口就会落下少量的食物。如果有一只猪去踩踏板，另一只猪就有机会抢先吃到另一边落下的食物。当小猪踩动踏板时，大猪会在小猪跑到食槽之前刚好吃光所有的食物；若是大猪踩动了踏板，则还有机会在小猪吃完落下的食物之前跑到食槽，争吃到另一半残羹。

那么，两只猪各会采取什么策略？答案是小猪将选择“搭便车”策略，也就是舒舒服服地等在食槽边；而大猪则为一点残羹不知疲倦地奔忙于踏板和食槽之间。为什么呢？因为，小猪踩踏板将一无所获，不踩踏板反而能吃上食物。对小猪而言，无论大猪是否踩动踏板，自己不踩踏板总是好的选择。反观大猪，已明知小猪是不会去踩动踏板的，自己去踩踏板总比不踩强吧，所以只好去踩动踏板了。

“智猪博弈”（Pigs'payoffs）的故事告诉我们：竞争中的弱者（小猪）以等待作为最佳策略。但是对于社会而言，因为小猪未能参与竞争，小猪搭便车时的社会资源配置并不是最佳状态。为使资源配置最有效，就要看游戏规则的核心指标设置是否合适了。

如果我们改变方案，投食仅为原来的一半分量。结果是小猪大猪都不去踩踏板了。如果投食为原来的一倍分量，结果是小猪、大猪都会去踩踏板，但是，这个规则的成本相当高（每次提供双份的食物），而且因为竞争不强烈，想让猪们去多踩踏板的效果并不好。如果投食仅为原来的一半分量，但同时将投食口移到踏板附近。结果呢，小猪和大猪都在拼命地抢着踩踏板。等待者不得食，而多劳者多得，每次的收获刚好消费完。显然，这是一个最好的方案。成本不高，但收获最大。比如，公司的激励制度设计，奖励力度太大，又是持股，又是期权，公司职员个个都成了百万富翁，成本高不说，员工的积极性并不一定很高，这相当于“智猪博弈”增量方案所描述的情形。

因此，对于制定各种经济管理游戏规则的人，必须深谙“智猪博弈”指标改变的道理。

3. 贸易自由与壁垒

任何一个国家在国际贸易中都面临着保持贸易自由与实行贸易保护主义的两难选择。贸易自由与壁垒问题，也是一个“纳什均衡”，这个均衡是贸易双方采取不合作博弈的策略，结果使双方因贸易战受到损害。X 国试图对 Y 国采取关税或非关税壁垒措施进行进口贸易限制，则 Y 国必然会进行反击，也可能会提高关税，结果谁也没有捞到好处；反之，如果 X 国和 Y 国能达成合作性均衡，即从互惠互利的原则出发，双方都减少关税限制，共同加入或成立区域性的经济组织，结果大家都从贸易自由中获得了最大利益，而且全球贸易的总收益也增加了。

【相关链接】

海南自贸港建设“百日”，吸引全球媒体关注

海南自由贸易港是按照中央部署，在海南全岛建设自由贸易试验区和中国特色自由贸易港，是党中央着眼于国际国内发展大局，深入研究、统筹考虑、科学谋划作出的重大决策。

2020 年 6 月 1 日，中共中央、国务院印发了《海南自由贸易港建设总体方案》（以下简称《总体方案》），并发出通知，要求各地区各部门结合实际认真贯彻落实。自《总体方案》印发以来，海南自由贸易港加快建设步伐，不断创造亮眼佳绩，吸引了全球媒体广泛关注。

2020 年 9 月 14 日，全球通讯社联盟刊文 *Hainan Free Trade Port Sets Benchmark For China's Opening Up*（《海南自由贸易港为中国开放树立标杆》），聚焦《总体方案》发布 100 天后海南在各个行业、领域发生的变化。文章在亚太、美洲、欧洲等地区以英语、德语、日语、韩语、马来语、乌尔都语、泰语等七种语言播发，吸引美国福克斯有线电视网（FOX）、美国哥伦比亚广播公司（CBS）、美国广播公司（ABC）、德意志新闻社子公司、日本共同社、《朝日新闻》、韩联社、马新社、巴基斯坦国际通讯社等近 280 家主流媒体、门户网站及重点资讯网站广泛转载落地，总访问量超过 1.2 亿人次。

文章提到，在全球经济低迷的背景下，海南以高速发展的态势吸引着全球游客与投资者的目光。截至目前，海南自由贸易港共有 94 个重大项目落地，其中外商投资项目 20 个，涉及旅游、现代服务业和高新技术产业等领域。特别是海南 11 个重点园区中的博鳌乐城国际医疗旅游先行区，近期推出了一种特殊类型的药品保险。这一保险涵盖了来自全球的 70 种抗癌药物，用于治疗 35 种常见癌症，其中 49 种尚未获准在中国大陆市场销售。海南居民购买这项保险的费用为 29 元/年/人，即可享受 100 万元保障额度。作为自由贸易港建设的一项创新，这项保险使海南居民能够充分享受到政策红利。

文章认为，《总体方案》给海南免税购物行业也带来了很大刺激。7 月 1 日起，海南将其年度免税购物额度从每人 3 万元（约合 4 389 美元）增加到 10 万元，从 7 月 1 日至 8 月 18 日，海南四家离岛免税店的销售额突破了 50 亿元，同比增长了 250%，日均营业额超过 1 亿元。

资料来源：海南自由贸易港官方网站：http：//www.hnftp.gov.cn/xwzx/mtsj/202009/t20200922_3292386.html，有删减。

四、寡头市场上的价格决定

（一）价格领先制

价格领先制又称价格领袖制，指一个行业的价格通常由某一寡头率先制定，其余寡头追随其后确定各自的价格。如果产品是无差别的，价格变动可能相同，即价格变动幅度相同。如果价格是有差别的，价格变动可能相同，也可能有差别。

（二）成本加成法

成本加成法即在估算的平均成本的基础上加一个固定百分率的利润，是寡头市场上一种最常用的定价方法。平均成本可以根据长期中成本变动的情况确定，而所加的利润比率则要参照全行业的利润率情况确定。这种定价方法可以避免各寡头之间的价格竞争，使价格相对稳定，从而避免在降价竞争中各寡头两败俱伤。从长期来看，这种方法能接近于实现最大利润，是有利的。

【本章小结】

本章介绍了不同的市场结构。完全竞争，亦称纯粹竞争，它指的是一种不存在丝毫垄断因素，竞争可以充分展开，市场机制在资源配置方面的作用不受任何阻碍和干扰的市场结构。完全垄断是指整个行业只有唯一的一个卖主的市场结构，通常称为垄断。垄断竞争是指那种许多厂商出售相近但非同质，而是具有差别的商品的市场结构。这种市场结构既有垄断的特征，又有竞争的特征。寡头垄断市场是几家大企业控制的市场，介于垄断竞争与完全垄断之间的一种市场类型。

【经济学家】

垄断竞争理论的创始人——爱德华·哈斯丁·张伯伦

爱德华·哈斯丁·张伯伦（E. H. Chamberlin，1899—1967），美国著名经济学家。出生在美国华盛顿，1920 年毕业于美国爱荷华大学，而后进入美国密执安大学任讲师，1922 年获该大学硕士学位，1924 年又获哈佛大学硕士学位，1927 年获哈佛大学博士学位。1929 年起任哈佛大学副教授，1934 年以后一直任哈佛大学教授。

张伯伦认为，垄断与竞争力量的混合来源于产品差别，产品差别是造成垄断的一个决定性因素。每一个卖者都是垄断者，同时也是竞争者，因此是“垄断的竞争者”。张伯伦根据产品差别的概念建立了垄断竞争价值理论。他认为，在垄断竞争的情况下，每家厂商的销售量受价格、产品性质和销售开发三个因素的影响。垄断竞争价值理论就是研究这三个因素和销售量的均衡关系。张伯伦还分析了产品性质和销售活动对产品需求和厂商产量的影响。

图 6－18　爱德华·哈斯丁·张伯伦

（图片来源：百度图片）

20 世纪 30 年代中期，张伯伦和英国剑桥的罗宾逊夫人分别出版了《垄断竞争理论》和《不完全竞争经济学》才正式宣告“斯密传统”的彻底结束。始于张、罗二人的“张伯伦革命”的主要贡献在于：他们摒弃了长期以来以马歇尔为代表的新古典经济学关于把“完全竞争”作为普遍的而把垄断看作个别例外情况的传统假定，认为完全竞争与完全垄断是两种极端情况，提出了“垄断竞争”的市场模式，并在其成因比较、均衡条件、福利效应等方面运用边际分析的方法完成了微观经济学的革命，将市场结构分成了更加符合资本主义进入垄断阶段实际情况的四种类型。

资料来源：名人传记：https：//www. mingrenzhuan. com/mingrenzhuanji/4941. html，有删减。

【练习与思考】

一、单项选择题

1. 根据完全竞争市场的条件，以下哪些行业最接近完全竞争行业？（　　）

A. 家电行业　　B. 汽车行业

C. 蔬菜行业　　D. 玉米行业

2. 完全竞争厂商达到短期均衡时(　　)。

A. $P>SAC$　　B. $P=SAC$

C. $P<SAC$　　D. 以上都有可能

3. 作为市场价格接受者的厂商是(　　)。

A. 完全竞争厂商　　B. 完全垄断厂商

C. 垄断竞争厂商　　D. 寡头垄断厂商

4. 区分垄断竞争市场和完全竞争市场的主要依据是(　　)。

A. 进入障碍的大小　　B. 生产者的数目多少

C. 本行业内部的企业多少　　D. 各企业生产的产品差别程度

5. 下列不属于垄断竞争市场特征的是(　　)。

A. 同行业中只有少数的生产者

B. 生产者对价格有一定程度的控制

C. 企业进入或退出市场比较容易

D. 同行业各个企业生产的产品存在一定差别

6. 寡头垄断厂商的产品是(　　)。

A. 同质的

B. 有差异的

C. 既可以是同质的，也可以是有差异的

D. 以上都不对

7. 以下最不可能成为垄断者的是(　　)。

A. 一个小镇上唯一的一名医生　　B. 可口可乐公司

C. 某地区的电力公司　　D. 某地区的自来水公司

8. 垄断厂商拥有控制市场的权力，这意味着(　　)。

A. 垄断厂商面对一条向下倾斜的需求曲线

B. 如果他的产品增加一个单位，则全部产品的销售价格必须降低

C. 垄断厂商的边际收益曲线低于其需求曲线

D. 以上都对

9. 在垄断竞争中，(　　)。
A. 只有为数很少几个厂商生产有差异的产品
B. 有许多厂商生产同质产品
C. 只有为数很少几个厂商生产同质产品
D. 有许多厂商生产有差异的产品

二、多项选择题

1. 关于完全垄断市场的正确表述有(　　)。
A. 完全垄断企业的需求曲线就是行业的需求曲线
B. 企业生产的产品没有十分相近的替代品
C. 企业是价格的接受者
D. 需求曲线是一条水平线
E. 需求曲线向右下方倾斜
2. 寡头垄断市场的主要特征包括(　　)。
A. 在一个行业中，只有很少几个企业进行生产
B. 它们所生产的产品有一定的差别或者完全无差别
C. 它们对价格有较大程度的控制
D. 企业可以自由进入或退出市场
E. 进入这一行业比较困难
3. 边际成本等于边际收益可称作(　　)。
A. 盈利的均衡条件
B. 盈亏平衡的均衡条件
C. 亏损最小的均衡条件
D. 利润最大化的均衡条件
E. 以上选项均正确
4. 关于垄断竞争企业和完全垄断企业需求曲线的比较，下列说法正确的是(　　)。
A. 垄断竞争企业和完全垄断企业，短期中都遵循利润最大化原则
B. 垄断竞争企业和完全垄断企业面临的需求曲线都向右下方倾斜
C. 完全垄断企业的需求曲线既是企业的需求曲线，也是市场需求曲线
D. 完全垄断企业面临的需求曲线比垄断竞争企业面临的需求曲线具有更大弹性
E. 垄断竞争企业面临的需求曲线比完全垄断企业面临的需求曲线具有更大弹性
5. 下列对完全垄断企业和完全竞争企业的描述，正确的是(　　)。
A. 两者都试图最大化利润
B. 如果边际成本超过边际收益，两者都将减少生产
C. 两者都把产量确定在边际收益等于边际成本之点
D. 如果边际收益超过边际成本，两者都将增加产量
E. 两者都面对着一条完全有弹性的需求曲线

三、判断题

(　　)1. 完全竞争厂商只能被动地接受既定的市场价格。
(　　)2. 完全竞争条件下，厂商所面临的需求曲线是一条水平线。

(　　)3. 在完全竞争市场上，SMC 曲线和 SAC 曲线的交点，被称为停止营业点。

(　　)4. 完全竞争厂商实现短期均衡时，SMC 曲线和 AVC 曲线的交点被称为停止营业点。

(　　)5. 垄断竞争厂商的长期均衡的位置是在长期平均成本曲线的上升部分。

(　　)6. 垄断竞争的行业说明厂商数目较少，厂商垄断程度很大。

(　　)7. 如果一个企业的产品市场有多个，而且是可以分割的，实行统一的价格，比实行差别价格赚取的利润多。

(　　)8. 垄断厂商是不会发生经济亏损的。

四、思考题

1. 简述四种市场结构特点。

2. 对完全竞争和垄断竞争市场上长期均衡进行对比。

3. “虽然很高的固定成本是厂商亏损的原因，但永远不会是厂商关门的原因。”你同意这一说法吗?

五、计算题

1. 已知某垄断企业的总成本方程：$TC=500+20Q^2$，又知其需求方程：$P=400-20Q$，求利润最大化的价格和产量。

2. 已知某完全竞争行业中的单个厂商的短期成本函数为

$$STC=0.1Q^3-2Q^2+15Q+10$$

试求：当市场上产品的价格为 $P=55$ 时，厂商的短期均衡产量和利润。

【实训】

对安徽省的上市汽车企业所属的市场类型进行分析。

1. 浏览安徽省统计局及相关网站，查找安徽省内汽车巨头安徽江淮汽车股份有限公司和奇瑞汽车股份有限公司。

2. 浏览这两家公司和所在行业的网站，查找基本信息并绘制有关图表。

3. 这两家公司市场属于什么市场类型，并简要分析企业的经营行为，也可结合自己就业意向或者专业进行分析。

4. 分小组讨论，汇报。

5. 根据分析结果，教师对各小组进行归纳和点评。

第七章
市场失灵与政府干预

学习目标

重点掌握：市场失灵的原因
基本了解：1. 外部性及其对策
　　　　　2. 公共物品及其提供
　　　　　3. 减少信息不对称的方法
一般了解：政府限制垄断的措施

本章导读

市场不是万能的，有时也会失灵

十八届三中全会审议通过的《中共中央关于全面深化改革若干重大问题的决定》（简称《决定》）提出的一个重大理论观点：使市场在资源配置中起决定性作用和更好发挥政府作用。这为深化经济体制改革，进而牵引和带动其他领域的改革指明了方向。

市场经济并不意味着政府无所作为、作用最小化。我们知道，“这双看不见的手”是建立在理性经济人的假设上。市场在资源配置中起决定性作用，并不是起全部作用。市场经济能解决效率问题，但无法解决公平问题；能解决惰性问题，但不能解决诚信问题。随着生产力的发展和市场规模的扩大，虽说市场具有配置资源、优胜劣汰、价值分配、经济评估等功能，但这些市场功能的有效发挥是有条件的，市场机制“有所不能”的方面必然导致“市场失灵”。因此，在发挥市场在资源配置中的决定性作用的同时，我们也要更好地发挥政府作用。《决定》对更好地发挥政府作用提出了明确要求，强调“科学的宏观调控，有效的政府治理，是发挥社会主义市场经济体制优势的内在要求”“政府的职责和作用主要是保持宏观经济稳定，加强和优化公共服务，保障公平竞争，加强市场监管，维护市场秩序，推动可持续发展，促进共同富裕，弥补市场失灵”。

发挥市场在资源配置中的决定性作用，就必须更好地发挥政府作用。要解决收入分配、教育、就业、社会保障、医疗、住房、生态环境、食品药品安全、安全生产等关系群众切身利益的问题，就要坚持发挥我国社会主义制度的优越性，发挥政府的积极作用，进一步坚持和完善市场经济制度。

资料来源：中国新闻网：http：//www.chinanews.com/gn/2013/12—02/5569346.shtml.

通过前面六章的学习，我们了解了市场配置资源的内在机制。市场机制可以调节产品的供求数量，可以调节生产要素的供求数量并决定要素的收入分配，使资源得到有效配置，实现消费者效用最大化和厂商利润最大化。实践证明，市场是资源配置的一种有效方式。但这种通过市场来配置资源的机制被亚当·斯密称为“看不见的手”并不是万能的，正如本章导读所提到的市场机制“有所不能”的方面必然导致市场失灵，市场这只“看不见的手”并不能解决所有的资源配置问题。

在现实经济活动中，除了企业和个人这两个经济主体以外，政府也积极参与经济生活，对经济进行干预和调节。那么，政府参与经济活动的原因和依据是什么？政府干预经济的行为又会对资源的配置产生哪些影响？对于政府的干预，企业的经济决策应当如何进行调整？本章我们将首先介绍市场失灵的几种原因，然后针对四种典型的市场失灵情况，提出政府对市场干预的方式。

第一节　市场失灵

经济学理论认为，现代经济是一种混合经济（又称为现代市场经济），政府与市场之间不是替代关系，而是互补关系。市场失灵之处，正是政府干预用武之地。

一、市场失灵含义

微课 7.1　市场失灵及其原因

市场失灵（market failure），是指由于市场机制不能正常地发挥作用，导致社会资源配置缺乏效率或资源配置失当的情况。经济学理论研究表明，市场机制可以调节商品供求和要素供求，即靠“看不见的手”来实现资源最优配置，特别是在完全竞争市场上，更容易实现资源最优配置。但现实经济运行中，“看不见的手”的市场机制并不一定能完全发挥作用，即便在完全竞争的市场条件下，由于各种假设条件的不确定性，在很多场合也实现不了资源最优配置，这种情况下就会出现所谓的“市场失灵”。

二、市场失灵的原因

微课 7.2　公共物品及其供给

在市场经济条件下，市场失灵的实质是价格机制对某些问题的无能为力，表现出一定的局限性。导致市场失灵的原因很多，一般认为其包括垄断、外部性、公共物品和信息不对称等因素。

（一）公共物品与市场失灵

1. 公共物品含义

公共物品（public goods）是满足社会公共需要的物品，是集体消费的物品。公共物品与私人物品相对应。私人物品是由个人消费的物品，其特征是消费的排他性与竞争性。所谓竞争性，是指在其他条件不变的情况下，对既定的可供消费的产品而言，增加一个人的消费就必然减少另一个人的消费。所谓排他性，是指私人物品在财产所有权上的独占性，你合法地占有了某种商品，别人就不能同时占有它。

相对于私人物品而言，公共物品是集体消费的物品。因此，公共物品的主要特征是消费的非排他性和非竞争性。非排他性是指不能轻而易举地排斥某人消费某种物品，比如你在享受路灯的光亮时，无法排除其他人利用路灯照亮。非竞争性是指一个人消费某种物品不会减少其他人的消费，消费者之间不存在竞争。就像无论是多一个人还是少一个人，并不会减少每个人从路灯中得到的好处。

2. 公共物品种类

（1）纯公共物品：具有完全的非竞争性和非排他性，如国防、治安、灯塔等，通常采用免费提供的方式。纯公共物品在消费时无法分割，只能由政府提供，在现实生活中并不多见。

（2）准公共物品：具有有限的非竞争性和局部的排他性。即超过一定的临界点，非竞争性和非排他性就会消失，拥挤就会出现。准公共物品又可以分为：①公益物品，如义务教育、医疗卫生、公共图书馆、博物馆、收费的公路和桥梁等；②公共事业物品，也称自然垄断产品，如电信、电力、自来水、管道、煤气等。

3. 公共物品引起市场失灵的原因

公共物品一旦生产出来，想要排斥一个人对它的消费就非常困难。因此，每个人都希望他人提供公共物品，而自己则免费享用。当一个人真的这样行动时，他的行为就被称为“免费搭便车”。因为人们不用购买就可以消费，所以公共物品就没有交易市场和相应的交易价格。这样一来，仅仅依靠市场调节，生产者就不愿意生产公共物品，导致公共物品供给短缺。

【延伸阅读】

中国在“一带一路”建设中提供的全球公共物品

20 世纪 60 年代后期，公共物品概念被引入国际领域，世界银行对全球公共物品做如下定义：全球公共物品是指那些具有很强跨国界外部性的商品、资源、服务以及规章体制、政策体制，它们对发展和消除贫困非常重要，也只有通过发达国家与发展中国家的合作和集体行动才能充分供应此类物品。

由于全球公共物品具有非排他性，其他国家的公民也可享用本国生产、提供的产品或服务，如全球公共卫生、全球安全、跨国界制度以及跨国界的基本设施的协调等，存在“搭便车”现象。全球公共物品的供应主要是由超级大国主导的，并通过主权国家以及一系列国际组织来落实。

中国在发展经济的过程中，已经在努力向国际社会提供力所能及的公共物品。“一带一路”建设是 21 世纪中国最重要的国家战略之一，并将在以下四个方面增加全球公共物品供给：

第一，产生国际合作新理念和新模式。中国的改革开放是当今世界最具影响力的制度创新之一。

第二，高效的设施互联互通。“一带一路”建设将重点落在基础设施建设和各国基础设施的互联互通上，这将推动沿线国家增加基础设施供给。

第三，提供新的国际货币。“一带一路”建设是推动亚洲区域经济合作的长期战略，中国将大力提供金融支持，包括资金、技术援助、支付清算体系等。

第四，建立新型国际金融组织。中国倡导建立金砖国家开发银行，筹建亚洲基础设施投资银行，设立丝绸之路基金，更多关注发展中国家的发展和金融需求，增加国际金融领域的全球公共物品供给。

资料来源：光明日报，2015-06-22，05版，有删减。

（二）外部性

微课 7.3　外部性及解决途径

1. 外部性含义

外部性（externality）是指某项经济活动对他人或其他企业造成了影响，但与其无关的第三方却没有因此付出代价或获得收益。这里所说的影响是指一项活动所产生的成本或利益未能通过市场价格反映出来。现实生活中经常会有这样的情况：某人的行为给他人造成了消极的影响，但是他却不需要为此付出代价；或者相反，他的行为给别人带来了某种好处，但却得不到相应的回报。比如一个化学公司在生产过程中释放大量的污染，给其他企业或者个人带来危害，但该公司并没有为此付出足够的代价；一个生产鲜花的农场使得过路的人免费得到一种享受，这些由于私人行为给其他人带来的正面或负面的影响就是外部性。再如，小造纸厂的生产不但影响生产者和消费者，而且还影响既不生产又不消费的第三方——造纸厂附近的居民。造纸厂实现了利润最大化，消费者购买并消费纸张实现了效用最大化，市场调节使他们双方都满意。但周边居民受到造纸厂污染的影响，却没有从价格和利益上获得补偿。造纸厂的经济行为即具有外部性。由于外部性的存在，市场价格不能准确反映人们实际的成本和收益，所以经济行为人最优决策的结果往往会偏离社会最优状况，市场机制此时就不能有效地进行资源配置。

2. 外部性种类

我们已经知道，外部性就是某个人或某个企业的经济活动对其他人或其他企业造成了影响，但却没有因此付出代价或得到利益。外部性又被称为外部影响或外部效应，它体现了某种经济活动给与这项活动无关的主体带来的影响。外部性可以分为正外部性和负外部性。

（1）正外部性（positive externality）（也称外部经济）是指某项经济活动给予这项活动无关的主体带来好处时，这就产生了正外部性。这时，实施这项经济活动的主体，其私人利益小于社会利益，私人成本高于社会成本。

（2）负外部性（negative externality）（也称外部不经济），是指某项经济活动给与这项活动无关的主体带来的不利影响，这就产生了负外部性。这时，实施这项经济活动的主体，其私人利益大于社会利益，私人成本低于社会成本。

无论是外部经济还是外部不经济，都可以分为生产的外部经济、生产的外部不经济和消费的外部经济、消费的外部不经济。

① 生产的外部经济，是指某个厂商的一项经济活动对其他厂商产生的有利影响。比如甲企业对所雇佣的工人进行培训，如果这些工人跳槽到乙企业工作，则乙企业不用支付培训成本就能得到熟练工人。此时，甲企业从培训工人那里得到的私人利益显然小于社会利益，甲企业的私人成本高于社会成本。

② 生产的外部不经济，是指某个厂商的一项经济活动对其他厂商或家庭产生不利影响。如前文提到的小造纸厂，其排放的污水造成环境污染、农作物减产，甚至导致居民生病。此时，造纸企业的私人利益高于社会利益，其私人成本小于社会成本。

③ 消费的外部经济，是指某个家庭或个人的经济活动对其他家庭或个人产生了有利影响。如甲家庭购买了一些美丽的花卉时，不但净化了小区内的空气，其他居民也可以观赏并闻到其花香，他们得到了不需要支付成本的享受。此时，甲家庭活动的私人利益小于社会利益，甲家庭的私人成本高于社会成本。

④ 消费的外部不经济，是指某个家庭或个人的消费行为对其他家庭或个人造成不利影响，而且没有对他人进行补偿。例如吸烟者的行为危害了被动吸烟者的身体健康，但并未对受害者进行任何补偿，此时，吸烟者的私人成本小于社会成本。

3. 外部性引起市场失灵的原因

无论是存在正外部性还是负外部性，都将造成资源配置失当，不能实现帕累托最优状态。正是由于外部性与资源配置的失当而引起市场失灵。

（1）正外部性对资源配置的影响

如果一个经济主体的行为存在正外部性，那么其私人活动的水平要低于社会所要求的最优水平。假定甲进行某项经济活动，其私人利益为 V_p，该活动所产生的社会利益为 V_s，甲的私人成本为 C_p，由于存在正外部性，$V_p < C_p < V_s$，即私人利益小于私人成本小于社会利益，尽管这项活动对社会有利，甲可能也不会进行这项活动。

因为，如果甲进行此项活动，则甲的损失为私人成本与私人利润之差：

$$C_p - V_p$$

社会其他人所得利益为社会利益与私人利益之差：

$$V_s - V_p$$

由于

$$(V_s - V_p) > (C_p - V_p)$$

所以，我们可以从其他人的受益部分中拿出一部分补偿甲的损失，社会仍然能够获益。甲实施了此项活动后，实现了在没有任何人情况变坏的条件下，使社会上某些人的状况变好。

（2）负外部性对资源配置的影响

负外部性不利于资源优化配置的影响较为明显。

例如甲进行某项经济活动，其私人利益为 V_p，社会成本为 C_s，甲的私人成本为 C_p，由于存在负外部性，则 $C_p < V_p < C_s$，即私人成本小于私人利益小于社会成本，尽管这项活动对社会不利，但甲会进行这项经济活动。

因为，如果甲不进行此项活动，其放弃的利益为私人利益与私人成本之差：

$$V_p - C_p$$

社会其他人由此避免的损失为社会成本与私人成本之差：

$$C_s - C_p$$

由于 $$(C_s - C_p) > (V_p - C_p)$$

所以还有办法使得每个家庭或厂商的损失都减少。

（三）垄断

微课 7.4 垄断及反垄断措施

1. 垄断的含义

垄断（monopoly）是一种控制，是市场自由竞争发展到一定阶段的产物。垄断会限制市场竞争。垄断者凭借其控制地位，以高于均衡价格的价格销售产品，从而获得垄断利润。而且，垄断者为维护其控制地位，会采取阻碍和放弃使用新技术的手段，影响新技术的应用和推广。所以无论从效率的角度，还是从福利分配的角度，垄断都会对经济产生一定程度的消极影响。经济学中一般把垄断视为一种市场失灵的原因。因此，反垄断成为政府干预经济的理由和任务。

2. 垄断种类

根据垄断形成的主要原因，垄断可以分为行政垄断、经济垄断和自然垄断。

（1）行政垄断，即政府职能部门要消费者按照它审定的价格购买它指定的产品和服务。

（2）经济垄断是指企业凭借其资本、生产和技术集中等经济优势，在生产经营和服务领域限制、排斥竞争，也称厂商垄断。

（3）自然垄断是由于技术上的特殊性质，由相应的规模经济性和范围经济性所决定的。如电网、自来水和煤气管道等，它们需要大量的固定资产投资，其中相当一部分是沉没成本，如果由多家企业进行重复投资，不仅会浪费资源，而且会使每家的产能都得不到充分利用，不能达到降低成本的目的。因此，在一个时期内，一些产品和服务由一家厂商单独提供会比较经济。

3. 垄断引起的市场失灵的原因

垄断的存在造成了一系列的社会损失，主要表现为社会资源的浪费和社会福利的损失。垄断主要会导致三个方面的问题：①因为由边际收益等于边际成本决定垄断产量时，产品价格高于边际成本；②缺乏公平，厂商有垄断利润存在；③和完全竞争或垄断竞争相比，垄断时产品价格高、产量低，抑制需求不利于增加供给。

垄断厂商可以通过实行价格歧视来掠夺部分甚至全部消费者剩余（指消费者愿意支付和消费者实际支付之间的差额）。此外，有的学者认为，垄断往往会妨碍技术进步。许多相关的技术和工艺不得不采用标准化的模式和垄断企业的产品相配套。而且，随着垄断公司规模的扩大，公司内部的组织管理工作将日益复杂，因此会导致内耗的增加，降低企业在管理协调方面的效率。

（四）信息不对称

1. 信息不对称的含义

微课 7.5　信息不对称及应对方法

信息不对称（asymmetry of information），是指交易双方拥有的信息数量与质量不相同。经济学家把信息分为两种，一种是公开信息，这种信息人人都可以得到，如商品的外形和其他显而易见的特征；另一种是私人信息，这种信息为一方所有，其他人无法得到，或要花代价才能得到。例如，某种商品的内在品质，卖者知道，但买者只有在购买并使用后才知道。在市场交易中，一方只能得到公开信息，另一方既有公开信息又有私人信息，后者比前者拥有的信息多，这就是信息不对称。

在对市场的描述中，隐含了一个重要的假设，即信息是完全的，供需双方的信息是对等的。但是，在现实的各类市场中，信息不完全是一个普遍现象。信息不完全的一个主要表现就是信息不对称，即交易的双方对交易的对象或内容所掌握的信息不对等，其中一方掌握着比另一方充分的信息。

【延伸阅读】

柠檬市场

“柠檬”在美国俚语中表示“次品”或“不中用的东西”。“柠檬市场”，也称次品市场，是诺贝尔经济学奖获得者乔治·阿克洛夫（George Akerlof）在其1970年发表的《柠檬市场：质量不确定和市场机制》中所提出的经济术语，又称为阿克罗夫模型。该模型指出，由于对商品信息掌握程度的不对称，区别优质产品和劣质产品的困难又是商业世界固有的，买方为了避免风险损失，只能通过市场上的平均价格来判断平均质量，只愿意付出平均价格。商品有好有坏，对于平均价格来说，提供高品质商品的卖方自然就要吃亏，提供低品质商品的卖方便得益。买方过低的价格使得卖方不愿意提供高质量的产品，于是高品质商品逐步退出市场。如此恶性循环，高品质商品被逐出市场，低品质商品则逐渐充斥市场，市场出现“劣币驱逐良币”的现象，该产品市场会逐步萎缩并消失。这种信息不对称造成的“劣胜优汰”的市场现象，便是“柠檬市场”。

资料来源：http：//www.360doc.com/content/19/0821/19/65487804_856290077.shtml.

2. 信息不对称引起市场失灵的原因

由于信息不对称导致市场失灵，就会产生逆向选择和道德风险。

所谓的逆向选择是指在买卖双方在信息不对称的情况下，拥有信息少的一方做出不利于另一方的选择，导致劣质品将优质品驱逐市场，进而出现市场交易产品平均质量下降的现象。比如，在上述二手车市场上，买车的人会把所有的卖者都视为骗子，把所有的车都视为以次充好的“包装车”，这就是逆向选择。

所谓的道德风险是指买卖双方信息不对称的情况下，拥有信息多的一方以自己的信息优势来侵犯拥有信息少的一方的利益，以实现提高自己利益的可能性。比如，在二手车市场上，卖者将车重新装饰，以次充好，卖方的这种做法就是道德风险。道德风险和逆向选择不利于实施交易，也不利于整个市场的发展。

【相关链接】

阿罗的有趣观察

信息不对称这个理念起自美国经济学家、诺贝尔经济学奖获得者肯尼斯·约瑟夫·阿罗（Kenneth J. Arrow，1921—2017）1963 年发表的《风险与医疗保险的福利经济》，虽然他没有用“不对称”这一词。阿罗的数学天赋冠于行内，但自己少用数学。阿罗的医疗文章很长，变化多，复杂无比。任何牵涉到保险的话题皆复杂，何况牵涉到有关人命的医疗市场。

这里我只能在阿罗提出的两项信息不对称说几句。其一是身体健康这回事，冷暖自知，购买保险的人比出售保险者知得清楚。这会导致不利的选择（adverse selection），即是说出售医疗保险者遇到的顾客是偏于身体欠佳的。

阿罗提到的跟信息不对称有关的第二点是道德风险（moral hazard）。不是他首先提出，但得到当时声望如日方中的阿罗下笔处理，道德风险之说就变得流行了。道德风险是说购买了保险的人不再会那么小心谨慎，例如买了火险不会那么小心防火，甚至自己纵火来赚取保险的赔偿。医疗保险也如是：有了保险依靠的人或会减少注重健康，或动不动找医生看病。阿罗指出在美国，医疗保险在政府大手推行下，医疗费用大幅上升了。阿罗可没有说，资料显示，医疗费用大幅上升主要是因为保险赔偿的打官司律师费用大幅上升，水出鱼，鱼饮水，加进了医疗收费那边去。

资料来源：张五常．经济解释卷三：受价与觅价［M］．北京：中信出版社，2012.

再如，在信贷市场上，银行和贷款人之间存在典型的信息不对称。贷款人拥有的私人信息是自己的偿还能力和偿还意愿，而银行对此并不了解。贷款人会掩盖自己的真实还款能力，骗得贷款，这就是道德风险。银行为防止骗贷，把所有贷款者都看作无偿还能力或不愿偿还的人，从而制定极高的利率来覆盖风险。如此一来，申请贷款的人都是无力偿还者，有偿还能力的人则因价格高而不来贷款，从而形成逆向选择。如果这样，信贷市场就难以存在。类似的保险市场、劳动力市场、二手市场等都大量存在信息不对称的情况。因此，政府往往通过有关的法律来保证有关交易信息的准确提供，以消除和减弱买卖双方的信息不对等，减少市场失灵。

以上对造成市场失灵的几种主要原因进行了简要介绍。此外，收入分配不均和经济周期等也会导致市场失灵。在经济全球化的背景下导致市场失灵的原因更加错综复杂。

第二节　政府干预

市场不是万能的。为克服市场失灵、弥补市场机制的缺陷和不足、优化资源配置，政府需要对市场进行干预和调控，通过采取适当的措施和手段对市场失灵进行治理，用“看得见的手”来弥补“看不见的手”调节的不足。政府对经济活动进行干预的方式：减少和消除外部性、提供公共物品、反垄断、减少信息不对称等方法等，下面我们将进一步分析这些问题。

一、公共物品供给

完全竞争市场能对社会资源实行优化配置，主要是就私人物品而言的，对公共物品的配置来说，市场却无能为力，所以公共物品多由政府提供。公共物品的供给面临的关键问题就是如何克服“搭便车”的难题，同时要通过制度和法律的保障来保证公共物品的生产。

（一）政府提供公共物品

对于国防、社会保障等纯公共物品，一般是由政府来提供，政府通过向公民征税，获得提供这些公共物品的资金。提供这些公共物品是政府在市场经济中的基本职能之一。

通过征税来提供公共物品的优点是能够克服“搭便车”心理造成的公共物品短缺，且较为简便易行。但是，征税本身也会带来费用，而且由于每个消费者的边际收益各不相同，对所有的消费者都征收同样的税收也有失公平。按照公共物品提供的最优条件，最好是对消费者实行完全的价格歧视，即对每个消费者征收的税额恰好等于他们各自的边际收益。

所以政府征收税收，一般依据居民的支付能力和收益，被称为支付能力论与收益论。支付能力论是根据收入的多少区别征税，高收入者多交，低收入者少交。收益论是根据从公共物品中得到好处的大小交纳，收益大者多交，收益少者少交。无论根据哪一种理论，收入高的人多交税都是应该的。因为高收入的人不仅纳税能力强，而且从公共物品中收益也大，例如国防给财产 1 000 万元的人带来的好处和安全感，远远多于财产 1 万元的人。

但是这样又会导致消费者尽量隐瞒他们的收入和收益，以便能够支付较低的税收。所以必须通过设计一些机制，使得消费者的边际收益真实地表现出来。因此，政府往往会对其提供的公共物品也收取一定的费用，这一方面可以减少一些征税，另一方面可以通过消费者支付的价格了解到消费者对公共物品的需求。

（二）私人提供公共物品

有些公共物品在一定条件下可以成为准公共物品或私人物品，从而通过市场机制来提供，这时政府就要把这种物品的供给交给市场。例如，灯塔是一种公共物品，它收费困难，而且不具有竞争性。但历史上曾经有私人建造灯塔，灯塔的所有者与所在港口的所有者合作（或由港口的所有者建造灯塔）。这时，所有进入这一港口的船只都要缴纳灯塔使用费。一旦实现这种收费办法，私人灯塔就可以实现边际成本与边际收益相等，从而成为私人物品。再如，有些时候，政府会将公路、桥梁等设施交给私人建设和经营。

有时，由私人提供公共物品比由政府提供的效率要高。美国纽约市的公共交通有一段时间由市政府经营，结果导致价格高，运行成本高，需要政府补贴，而且服务质量差。后来把公共交通交给私人经营，价格下降了，成本减少了，私人企业有盈利，政府也减少了财政支出，服务也好了。

但是，对私人企业所提供的公共物品的价格，政府一般会加以限制。如果价格过高，则消费者将被迫减少对公共物品的需求，由于公共物品的非竞争性，导致社会福利的减少。如果价格太低，则生产的成本难以回收，私人企业将没有兴趣提供公共物品。因此公共物品的定价要兼顾以上两方面的因素。这也是国家对教育、公共服务企业的产品进行指导定价和实行价格听证制度的原因。

近年来，通过 PPP（Public－Private Partnership）模式引导社会资本参与，即政府和社会资本合作，此为公共基础设施中的一种项目运作模式。在该模式下，鼓励私营企业、民营资本与政府进行合作，参与公共基础设施的建设，目的是扩大公共产品和服务的供给。通过吸引社会闲置资本，借助于 PPP 的模式在某种程度上解决了公共产品供给不足的现状。

【相关链接】

安徽出台政府和社会资本合作（PPP）支持政策

2017 年 9 月 12 日，安徽省人民政府办公厅发布《安徽省支持政府和社会资本合作（PPP）若干政策》。为进一步引导社会资本参与政府和社会资本合作（PPP）项目建设，扩大公共产品和服务供给。

鼓励通过 PPP 模式参与项目投资建设运营管理。在能源、交通运输、水利、环境保护、农业、林业、科技、保障性安居工程、医疗、卫生、养老、教育、文化等传统基础设施和公共服务领域，大力推广 PPP 模式。新建基础设施及公共服务项目，除现有法律、法规、规章规定的特殊情形外，优先考虑采用建设—运营—移交（BOT）、建设—拥有—运营（BOO）、建设—拥有—运营—移交（BOOT）、建设—移交—运营（BTO）、委托运营等 PPP 模式建设。存量基础设施及公共服务项目，可运用转让—运营—移交（TOT）、改建—运营—移交（ROT）、转让—拥有—运营（TOO）、委托运营、股权合作等方式转型为 PPP 项目。（牵头责任单位：省发展改革委、省财政厅；配合单位：省教育厅、省科技厅、省民政厅、省国土资源厅、省环保厅、省住房城乡建设厅、省交通运输厅、省农委、省水利厅、省林业厅、省文化厅、省卫生计生委、省旅游局、省能源局等，各市、县人民政府）。

《安徽省支持政府和社会资本合作（PPP）若干政策》涉及项目所属领域包括：放开市政基础设施建设运营市场、推行环境污染第三方治理、支持公路交通领域社会资本投资、鼓励社会资本进入铁路领域、鼓励社会资本进入能源领域、鼓励社会资本参与水利工程建设运营和激发社会领域投资活力等。

资料来源：中安在线：http：//www.cnr.cn/ah/news/20171013/t20171013_523984957.shtml，有删减。

二、外部性的解决途径

事物之间存在着相互联系和相互影响。如一列蒸汽式火车经过田野，机车喷出的火花飞溅到庄稼上，给农民造成了损失，但铁路公司并没有向农民赔偿。一列电气火车经过田野，飞驰的列车吓走了吃庄稼的飞鸟，农民因此受益，当然铁路公司也不能向农民收取赶鸟费。这就是市场失灵情形的外部性。为实现资源配置的最优状态，政府应当发挥其作用，采取一系列的手段解决外部性问题。一般来说，可以通过企业合并、征税和补贴、明确产权等方式来解决外部性问题。

（一）企业合并

企业合并是一种简单的解决生产外部性问题的方法。如果具有生产外部性的企业与受外部性影响而成本增加的企业进行合并，则原来的外部性对新成立的企业而言就内部化了。原先造成外部性的企业所不需考虑的成本和收益，在这时就成了新企业的内部成本与收益，这就使得新企业的私人成本收益同社会的成本收益相一致，从而原先外部性所造成的资源配置低效率的情况也就得到了纠正。

例如，前述中的小造纸厂，如果它排放的废水给一家养殖场的水源造成了污染，假如这两家厂合并为一个企业，则造纸厂就不得不考虑排放污水给养殖场带来的成本增加，这样，原先的外部性就内部化为合并后的企业成本。

但是，现实社会中企业的合并受到多种因素的限制，并不只取决于外部性问题，而且由于外部性影响发生的时间和空间差异，合并并非容易的事。那些发生在厂商和居民之间，以及居民之间的外部不经济，更无法用合并来解决，所以大多数外部性问题难以通过企业合并来解决，必须考虑其他的解决方案。

（二）征税和补贴

对制造负外部性的经济主体进行征税，对产生正外部性的经济主体实施补贴，是一种解决外部性问题的可行方法，这一方法最早由英国经济学家阿瑟·庇古（Arthur Pigou）提出，所以也被称为庇古税。由于外部性产生于私人成本与社会成本之间的差异，因此可以通过向制造负外部性的企业征税使其私人成本和社会成本相一致，从而使企业的决策对社会而言最优。而对产生正外部性的企业，政府应给予补贴，其补贴额应该等于该企业给社会其他部门带来的收益额，从而使该企业的私人利益和社会利益相等。

无论是征税还是补贴，其目的是通过政府采取措施使私人利益与社会利益相等，即$V_s=V_p$，私人成本与社会成本相等，即$C_p=C_s$，使资源搭配达到最优状态。

但是，庇古的分析中有一个隐含的条件，就是社会能够精确地计算外部性的大小。因为庇古税的税额要根据社会成本来确定，这构成了庇古税的一个重要缺陷，因为通常很难精确地计算社会成本，比如尾气给你造成的伤害难以计算，也无法对应到具体哪一辆车，所以庇古税的税额其实不容易确定。

（三）明确产权

在许多情况下，外部性导致资源配置失当，多是由于产权不明确造成的。如果产权完全确定并能得到充分保障，就可以杜绝一部分外部性发生。因为在产权明确的条件下，通过市场交易就可以解决一部分外部性问题。

科斯认为，在产权明确的条件下，市场机制可以有效地解决外部性问题。这就是说，私人经济主体可以解决他们之间的外部性问题，无论初始的利益如何分配，有关各方总可以达成一种双方满意的协议，在达成这种协议时，双方的状况都可以变得更好，而且结果是有效率的。这被称为科斯定理。

仍以造纸厂污染下游河水为例，下游的用水者受到损害，即存在生产的负外部性。如果给予河流下游用水者使用无污染水源的权利（财产权），则上游造纸厂将会因为污染下游水质而受罚。在这种情况下，造纸厂为了不受罚，可以向下游用水者购买（使用无污染水的）财产权，然后让下游水质受到一定程度的污染。此时，下游用水者可以用出售无污染水使用权的收入来治理河水或另行购买水源。如果购买使用权的价格小于上游造纸厂的收益，则造纸厂愿意购买，而下游用水者得到的收入足以补偿污染带来的损失，也会愿意接受。如此一来，负外部性就得以克服。如果购买使用权的价格太高，上游企业无法接受，它就要想办法治理污染或关停，负外部性也消失了。这样，通过产权交易，就可以使上游污染者为外部不经济支付代价，使得私人成本和社会成本相等，为资源的最优配置创造了条件。

但是，科斯定理的应用也有一定条件，这就是产权的界定和交易成本的大小。有些资源无法确定明确的产权，例如空气、阳光、环境等。在这种情况下，双方就无法达成一致的协议。在其他产权，例如产权归多人所有的情况下，交易成本会很高。这时市场就无法解决外部性问题。因此，应尽量通过市场方法来解决外部性问题，在市场调节无效或交易成本太高的情况下，仍需要政府用立法或行政手段来解决。

【延伸阅读】

科斯定律的阐释

最常被引用的科斯定律源于1960年提出的养牛与种麦的例子。有两块相连的土地，二者地主不同，一块用作养牛，另一块用作种麦。问题出现，因为牛群跑到麦地去吃麦，造成损害，怎么办呢？

牛群的行动可用栏杆约束，科斯假设栏杆的建造有费用，但这增加了分析的复杂性，基本上对问题没有影响。为了简化，让我假设建造栏杆的费用是零。

科斯首先假设养牛的人对麦的损害要负责，须以市价赔偿麦主的损失。牛吃麦造成损害，但牛肉的产量会增加。如果肉的升值高于麦的损失，牛主乐意赔偿，皆大欢喜，让牛多吃麦去。不管两个地主的土地划分的界线在哪里，栏杆的建造会落在牛多吃麦的边际收益等于麦的边际损害那个位置。是的，只要在边际上肉的升值高于麦的损害，肉与麦皆有市价指引，麦主会乐于多种麦给牛吃。

令人震撼的是科斯跟着把例子倒转过来，假设牛群有吃麦的权利，不需要赔偿。说震撼是因为得到的结果完全一样，栏杆会建在同样的位置。牛主有权让牛吃麦，如果在边际上麦的损害高于肉的升值，麦主会给牛主钱，以栏杆约束牛群的走动。这栏杆建造之处，还是肉的边际升值等于麦的边际损害的那个位置。

结论是，只要权利有清楚的界定，市场的运作会使栏杆的位置不变，也即是土地的使用不变。

资料来源：张五常．经济解释卷四：制度的选择［M］．北京：中信出版社，2014.

（四）管制

环境管制可以采取多种形式。有时环境保护机构规定工厂可以排放的最高污染水平，有时要求企业采用某项减少排污的技术。但是，政府管制需要了解某些行业和这些行业可以采用的各种技术的细节，从而制定出良好的管制制度。对于政府来说，收集这些信息是比较困难的，而且，管制本身的运行成本也很高，有时还会产生权力寻租行为。

政府可以通过规定或禁止某些行为来解决外部性。例如，规定把有毒的化学物质倒入河流是一种犯罪行为。在这种情况下，社会的外部成本远远大于排污者的利益。但是，在大多数情况下，事情并不是这么简单。尽管宣布了一些环境保护主义的目标，但要完全禁止污染活动是不可能的。因此，社会不是要完全消除污染，而是要评价成本与利益，以便决定允许哪种污染以及允许污染多少。比如政府采用可交易的污染许可证来治理排污的外部性。

【相关链接】

长江生态环境治理的“马鞍山实践”

马鞍山作为一座资源型城市，经历了“先有矿后有市，先生产后生活”的过程，该市沿江产业布局密集，产业结构偏重，污染排放较大，这些几十年积累的问题，经过近两年的整改，取得了显著成效。

自 2018 年以来，马鞍山共约谈问题企业 1 001 家，挂牌督办 427 个点位问题整治，整治了 684 家散乱污企业，拆除 153 家非法码头、22 家船舶修造企业，清理了 62 处固废堆放点。

马鞍山在长江生态保护的同时，也以环保整改倒逼产业转型。推动传统制造业向信息化、智能化方向融合发展，走绿色发展之路。近年来，马鞍山依靠交通及区位优势，吸引了高科技产业落户，该市也成为中国大陆首个全产业、全领域承接台资转移转型的“海峡两岸产业转型转移示范基地”，吸引了许多台商在此投资兴业。

为推动企业做好环保整改，马鞍山还推广“环保管家”，与专家学者和科研院所合作，开展企业废水废气排放实时监管、大气污染综合监控、长江入河排污口排查等专业服务，帮助企业从源头上发现和解决问题。

此外，马鞍山还构建长江生态廊道，加强防护林建设和湿地保护，完成造林绿化 1.3 万亩，退渔还湿 1 662 亩。加快滨江地区产业转型升级，实现“绿水青山就是金山银山”。

资料来源：中国新闻网：http：//www. chinanews. com/gn/2020/01—15/9061023. shtml.

三、反垄断措施

市场机制本身孕育着垄断，在市场经济条件下，自由竞争不可避免地导致垄断。市场机制不能保证竞争的完全性，反垄断必须借助政府干预。一般来说，政府通过反垄断方面的立法、政府管制和国有化来限制大公司的垄断行为。

（一）实施反垄断法

反垄断法的宗旨是保护竞争，防止少数厂商控制市场以损害多数竞争者和消费者的利益。凡是实行市场经济的国家都将反垄断法作为规范市场经济关系的基本法律之一，因此，反垄断法也被称为“经济小宪法”。

反垄断方面系统的法律最早产生于美国，美国的这种立法被称为反托拉斯法。这种立法在美国由司法部或联邦贸易委员会实施，对违法的垄断企业提起诉讼，进行行政惩罚或法律制裁。

1. 美国反垄断法律

从 1890 年到 1950 年，美国国会通过一系列法案反对垄断。其中包括《谢尔曼法》(1890)、《克莱顿法》(1914)、《联邦贸易委员会法》(1914)、《罗宾逊帕特曼法》(1936)、《惠特李法》(1938) 和《塞勒凯弗维尔法》(1950)。统称反托拉斯法。

(1)《谢尔曼法》。1890 年生效的《谢尔曼法》(*Sherman Act*) 的核心内容是第 1 条和第 2 条。第 1 条规定，任何妨碍州际或者对外贸易的商业合同、托拉斯或者其他任何形式的联合或者共谋，都得被视为违法。第 2 条规定，任何人若从事垄断或者企图垄断，或者与他人联合或者合谋以实现对州际或对外贸易或商业的任何部分的垄断，都得被视为违法。根据上述条款，《谢尔曼法》主要反对以下三种有碍于州际或者对外贸易的行为：①以合同或者企业联合的方式组建托拉斯或者类似的垄断组织；②订立限制竞争的协议；③垄断行为和谋求垄断的行为。

(2)《克莱顿法》。1914 年生效的《克莱顿法》(*Clayton Act*) 在实体法上比较重要的有三个条款。第一个是通过 1936 年的罗宾逊帕特曼法补充进来的第 2 条。它规定，对交易对手实行价格歧视行为或以其他方式表现的歧视行为，如果其后果是严重减少了竞争或者其目的是形成垄断，这样的行为是违法的。第二个重要的条款是第 3 条，该条禁止排他性的交易和搭售行为。《克莱顿法》最重要的条款是关于企业合并和建立合营企业的第 7 条。其基本内容：从事商业或者从事影响商业活动的任何人，不得直接或者间接取得从事商业或影响商业活动的其他人的股份或财产，如果这个取得会导致国内某个商业部门或者某个影响商业的活动严重减少竞争或者产生垄断趋势。

(3)《联邦贸易委员会法》。1914 年生效的《联邦贸易委员会法》(*Federal Trade Commission Act*) 最重要的条款是第 5 条。它规定，商业中或者影响商业的不正当竞争方式是违法的；商业中或者影响商业的不正当或者欺骗性行为或做法是违法的。因此，联邦贸易委员会法的主要内容是禁止不正当竞争行为。

(4)《罗宾逊帕特曼法》(*Robinson-Patman Act*)。产生于 1936 年，该法规定卖者为消除竞争而实行的各种形式的不公平的价格歧视为非法，禁止卖者对不同的买者按不同的比率付给广告和推销津贴。该法的目的是消除不公平的价格竞争。

(5)《塞勒凯弗维尔法》(*Celler-Kefauver Act*)。1950 年 12 月 29 日，美国国会正式通过的《塞勒凯弗维尔法》的主要内容：“凡从事商业的公司将不能直接或间接购买另一个也从事商业的公司的全部或部分股票或其他股份资本，并且凡受联邦贸易委员会管辖的将不能购买另一个也从事商业的公司的全部或部分财产，如果这一购买的效果在这一国家的任何地区、任何行业也许会从根本上削弱竞争，或趋向垄断。凡公司将不能直接或间接购买一个或多个从事贸易的公司的全部或部分财产，如果购买这些股票或财产，或利用这些股票而进行的股票交易，或授予代理权等其他活动的效果，在这一国家的任何地区、任何行业也许从根本上削弱竞争或趋向产生垄断。”

2. 我国的反垄断法律

我国的《中华人民共和国宪法》《中华人民共和国反不正当竞争法》《中华人民共和国商标法》《中华人民共和国专利法》《中华人民共和国消费者权益保护法》《中华人民共和国民法典》等法律中都有相应的反对不正当竞争的规定。

2008 年 8 月 1 日起施行的《中华人民共和国反垄断法》，是一部为了预防和制止垄断行为，保护市场公平竞争，提高经济运行效率，维护消费者利益和社会公共利益，促进社会主义市场经济健康发展，而制定的法律。

（二）政府管制

1. 价格管制

价格管制是政府控制垄断产品的价格。这种方法主要用于自然垄断企业，自然垄断企业的一个重要特征是它的规模经济性十分显著，即这种企业的产量规模越大，其成本越低。政府对其实行价格管制的方法有三个：一是边际成本定价，即垄断企业按照产品的边际成本确定价格。二是平均成本定价，即垄断企业按照产品的平均成本定价。由于垄断企业平均成本高于边际成本，当按照边际成本定价时，总收益小于总成本，要使企业维持下去只有实行政府补贴，按平均成本定价才能收支相抵。三是确定一个合理的资本回报率，按成本加回报进行定价。

也有些经济学家对政府实行价格管制的成效提出了质疑。美国经济学家施蒂格勒在 20 世纪 60 年代对电力行业做了一个经典的研究。他发现凡是实施电力监管的美国各州，电价比没有监管的各州还高。他提出“监管俘获”的理论解释这种现象，即垄断厂商把监管当局和政府俘获了，监管当局成了维护垄断厂商利益的工具。

2. 限制准入

政府的另一种管制是限制新企业进入该行业。由于自然垄断的性质，多家企业互相竞争的局面很难维持太长久，既然如此，为什么还要靠政府来限制新企业的进入呢？这是因为自然垄断企业一般属于公用事业性质，要求“为人人服务”，即要求让社会上所有的人都能平等地按同一价格得到服务。但公用事业在不同地区的成本可能是不一样的，比如物流和邮电业务在人口稀少的地区成本高，在人口稠密的地区成本低。因此，为了按照同一价格服务，就要用一些地区较高的利润来弥补一些地区的亏损。这时，有些新企业就可能趁机进入利润较高的地区为自己攫取高额利润，而把有亏损的地区留给“为人人服务”的公司去经营。所以，为了保护后者的利益，政府需要限制新企业的进入，办法主要是控制经营许可证或特许权的发放。

（三）国有化

政府解决垄断问题的第三种措施是国有化，是政府依照法律、法规并运用财政政策新建国有公司，或者收购公司的全部或部分股权。由于政府对国有公司的绝对控股，所以可以通过对公司的内部控制来直接实现政府的政策目标，而不需要经过反垄断、管制等外部管理的方式来得到反垄断的目的。

四、信息不对称应对方法

政府层面在信息不对称方面的作为主要表现为提高市场透明度，使交易双方能够得到充分和正确的市场信息，从而使他们做出正确的选择。一般可以通过以下方式解决信息不对称问题。

（1）政府管制

比如制定消费者权益保护法，以反对生产和销售假冒伪劣产品与交易中的欺诈行为；制定广告法，反对用虚假广告误导消费者；制定商标法，以便消费者能根据商标的不同判断不同产品质量的好坏；制定安全标准和建立生产许可证制度，防止和反对不安全产品的生产和销售；制定食品卫生法、药品管理法，规定食品药品生产和使用规范。政府还可以要求明码标价，并在商品的包装和标签上标明产品的成分、功能和生产日期，等等。这些措施都可以让消费者更好地获得产品的有关信息。

（2）企业声誉

著名企业努力塑造并珍惜它们的名声和品牌，由于对著名企业品牌管理的认可，消费者会放心购买名牌产品。比如政府可以为企业的优质产品认定“驰名商标”，消费者会提高认同感，降低自己获取商品信息的成本。

（3）承诺和保证

比如商品“三包”制度和强制认证制度等。消费者愿意购买能够提供保证书和获得质量认证的产品，或经过权威机构认可和推荐的产品。

（4）担保和抵押

当一方对另一方缺乏信任时，通过第三方担保或抵押品抵押来促成交易。但这需要额外的成本。

（5）信号辅助判断

例如，在劳动市场，雇主不仅要通过求职者简历（公开信息）了解教育信号、履历信号等，还要通过设计合理的面试问题了解求职者的真实情况（私人信息），以求从问答中寻找出反映其实际能力的信号。

（6）利用社会分工

发现并反映真实私人信息，可以通过专业化运作获得。这种信息可以出售给需要了解对方信息的交易一方，当交易方认为获得这种信息的成本小于获悉这种信息能够得到的收益时，便会购买。比如，市场上的二手车评估机构、企业资信评级机构、个人征信机构等就是这类专业化分工的结果。

【延伸阅读】

区块链能解决信息不对称问题

区块链究竟是什么？有首歌唱得好——“向天空大声地呼唤说声我爱你，向那流浪的白云说声我想你。让那天空听得见，让那白云看得见，谁也擦不掉我们许下的诺言。”这里面出现的“天空”“白云”“蓝天”“大海”，我们就可以理解成一个个节点，当你向他们喊出“我爱你”的时候，这些节点就默默地把账记录在数据库上了，然后大家都能看见。记录下来之后，歌词里的“谁也擦不掉我们许下的诺言”，擦不掉的意思就是说，我只要记下来以后，这个就成为一个恒久不变的一个东西。这就是区块链，分布式的共享账本和数据库，具有去中心化、不可篡改、全程留痕、可以追溯、集体维护、公开透明等特点。这些特点保证了区块链的“诚实”与“透明”，为区块链创造信任奠定基础。而区块链巨大的应用场景，基本上都基于区块链能够解决信息不对称问题，实现多个主体之间的协作信任与一致行动。

资料来源：任泽平．区块链能解决信息不对称问题，实现多个主体之间协作信任与一致行动．http：//www. lianmenhu. com/blockchain－14561－1.

【本章小结】

市场失灵，就是指由于市场机制不能充分地发挥作用，导致社会资源配置缺乏效率或资源配置失当的情况，市场失灵的情形主要表现为公共物品、外部性、垄断与信息不对称等。在这些情况下，仅仅依靠市场调节无法实现资源配置的最优化。

政府干预是指政府为实现一定的经济目标，通过采取适当的措施和手段对市场失灵进行治理的行为。政府要对经济活动实施必要的干预，以实现资源的最优配置，这是政府干预经济的原因。

外部性就是指某个人或某个企业的经济活动对其他人或其他企业造成了影响，但却没有因此付出代价或得到利益。

公共物品是满足社会公共需要的物品，是集体消费的物品。其特征是消费的排他性与竞争性。

垄断是一种控制，是市场自由竞争发展到一定阶段的产物。垄断会限制市场竞争。垄断者凭借其控制地位，以高于均衡价格的价格销售产品，从而获得垄断利润，并且，垄断者为维护其控制地位，会采取阻碍和放弃使用新技术的手段，影响新技术的应用和推广。

信息不对称是指参与经济活动的当事人一方比另一方拥有更多的相关信息。掌握信息比较充分的当事人往往处于比较有利的地位，而信息缺乏的当事人往往处于不利的地位。

【经济学家】

新制度经济学代表人物之一——张五常

张五常（1935—），生于香港，毕业于美国加利福尼亚大学洛杉矶分校经济学系，国际知名经济学家，他是现代新制度经济学和现代产权经济学的创始人之一。1991 年诺贝尔经济学奖获得者罗纳德·哈里·科斯（Ronald H. Coase），在诺贝尔经济学奖授奖仪式的演讲词中，多次提到张五常教授对新制度经济学的重大贡献。

1959 年，张五常到洛杉矶加州大学经济系师从现代产权经济学创始人阿门·阿尔奇安（Armen Albert Alchian）学习。1963 年开始在洛杉矶加州大学经济研究院读博士研究生，1967 年获得博士学位。1967 年到芝加哥大学师从科斯做博士后研究。1969 年到 1982 年为华盛顿大学经济学教授。1982—2000 年担任香港大学经济金融学院教授和院长。

图 7-1　张五常

（图片来源：百度图片）

在经济学的中文世界里，张五常几乎可以说是无人不知，无人不晓。他早年师从现代新制度经济学大师阿尔奇安和科斯，科斯称张五常是最为了解他的思想真谛的人。他与现代产权大师道格拉斯·诺斯（Douglass C. North，1920—2015，1993 年诺贝尔经济学奖获得者）、约拉姆·巴泽尔（Yoram Barzel）共事多年，其思想互相影响与激励。他与多数诺贝尔经济学奖得主交往甚笃。他被选为 1997—1998 年度美国西部经济学会会长，这是第一次授予美国本土之外的经济学家的殊荣。他还是中文世界最好的经济学散文家之一，他的《卖橘者言》风靡一时。

张五常教授代表作品：《佃农理论》《经济解释》《中国的经济制度》。

张五常的《佃农理论》后来成了现代合约经济学的开山之作。其中的几篇文章在期刊上发表后也成了现代新制度经济学的经典。

资料来源：节选自百度百科“张五常”，有改动。

【练习与思考】

一、单项选择题

1. 只能由政府提供的公共物品是(　　)。

A. 社会公共物品　　B. 纯公共物品

C. 准公共物品　　D. 公益性公共物品

2. 下列纯公共物品不属于准公共物品的是(　　)。

A. 教育　　B. 国防

C. 收费公路　　D. 医疗卫生

3. 消费者对某一种公共物品的消费并不影响其他人对该公共物品的消费，这称为(　　)。

A. 排他性　　B. 竞争性

C. 非排他性　　D. 非竞争性

4. 某人或某企业的经济活动会给社会上其他人带来损害，但该人或该企业却不必为这种损害进行补偿，这称为(　　)。

A. 外部经济　　B. 规模经济

C. 外部不经济　　D. 规模不经济

5. 某人的行为给其他人带来经济利益，但其他人并没有为此利益支付费用，这种现象称为(　　)。

A. 公共物品　　B. 搭便车

C. 外部经济　　D. 外部不经济

6. 下列哪一种说法体现了消费的外部不经济概念(　　)。

A. 连天下雨减少了小麦的产量　　B. 小麦减产引起农民收入下降

C. 吸烟有害于自身健康　　D. 吸烟有害于他人健康

7. 有关社会成本的正确说法是(　　)。

A. 与私人成本没有关系　　B. 包含私人成本

C. 不包含私人成本　　D. 以上都不正确

8. 解决外部性的途径有(　　)。

A. 企业合并　　B. 明确产权

C. 征税、补贴　　D. 以上都可以

9. 对私人汽车的污染排放征税将会直接引起(　　)。

A. 私人汽车所有者一定购买更多的汽车污染控制装置

B. 对公共汽车运输的需求上升

C. 私人汽车的运输能力提高

D. 以上都不是

10. 为了保护和促进竞争，限制垄断和反对不正当竞争，政府可以采取的措施有(　　)。

A. 明晰产权　　B. 法律手段和公共管制

C. 税收和补贴手段　　D. 合并相关企业

二、判断题

(　　)1. 由于市场失灵的存在，政府对经济的干预越多越好。

(　　)2. 对造成外部不经济的企业，其私人成本大于社会成本。

(　　)3. 供家庭观看的无线电视节目，是一种个人用物品。

(　　)4. 政府提供的物品都是纯公共物品。

(　　)5. 公共物品一旦生产出来，想要排斥一个人对它的消费就非常困难。于是每个人都希望别人来提供公共物品，而自己则免费享用，当一个人真的这样行动时，他的行为就被称为搭便车。

三、问答题

1. 简述何为市场失灵及其原因。

2. 政府如何干预市场失灵？

【实训】

“从南京到北京，买的不如卖的精”

俗话说“从南京到北京，买的不如卖的精”，其中的道理就是信息不对称。中国古代有所谓“金玉其外，败絮其中”的故事，讲的是商人卖的货物表里不一，由此引申比喻某些人徒有其表。在商品中，有一大类商品是内外有别的，而且商品的内容很难在购买时加以检验。如瓶装的酒类、盒装的香烟、录音带、录像带等。人们或者看不到商品包装内部的样子（如香烟、鸡蛋等），或者看得到，却无法用眼睛辨别产品质量的好坏（如录音带、录像带）。显然，对于这类产品，买者和卖者了解的信息是不一样的。卖者比买者更清楚产品实际的质量情况。这时卖者很容易依仗买者对产品内部情况的不了解欺骗买者。如此看来，消费者的地位相当脆弱，对于掌握了“信息不对称”武器的骗子似乎毫无招架之术。

为消除因信息不对称造成的消费者对产品的不信任，精明的商家想了很多办法。在大商场某一生产鸭绒制品的公司开设了一个透明车间，当场为顾客填充鸭绒被，消除了生产者和消费者之间的信息不对称所导致的不信任。

资料来源：https：//wenku. baidu. com/view/b8f00b1352d380eb62946d9e. html.

思考：

(1) 信息不对称的含义是什么？

(2) 信息不对称为什么会造成市场失灵？

第八章
国民收入核算

学习目标

重点掌握：1. 国内生产总值、国民生产总值的内涵及其相互关系
2. 人均国内生产总值
3. 用支出法计算国内生产总值

基本了解：1. 用收入法计算国内生产总值
2. 国内生产总值的缺陷
3. 绿色国内生产总值

一般了解：1. 两部门经济恒等关系
2. 三部门经济恒等关系
3. 四部门经济恒等关系

本章导读

党的十八大以来我国经济社会发展取得了重大成就

党的十八大以来，我们提出并贯彻新发展理念，着力推进高质量发展，推动构建新发展格局，实施供给侧结构性改革，制定一系列具有全局性意义的区域重大战略，我国经济实力实现历史性跃升。国内生产总值从五十四万亿元增长到一百一十四万亿元，我国经济总量占世界经济的比重达百分之十八点五，提高七点二个百分点，稳居世界第二位；人均国内生产总值从三万九千八百元增加到八万一千元。谷物总产量稳居世界首位，十四亿多人的粮食安全、能源安全得到有效保障。城镇化率提高十一点六个百分点，达到百分之六十四点七。制造业规模、外汇储备稳居世界第一。建成世界最大的高速铁路网、高速公路网，机场港口、水利、能源、信息等基础设施建设取得重大成就。我们加快推进科技自立自强，全社会研发经费支出从一万亿元增加到二万八千亿元，居世界第二位，研发人员总量居世界首位。基础研究和原始创新不断加强，一些关键核心技术实现突破，

战略性新兴产业发展壮大，载人航天、探月探火、深海深地探测、超级计算机、卫星导航、量子信息、核电技术、新能源技术、大飞机制造、生物医药等取得重大成果，进入创新型国家行列。

资料来源：习近平：《为全面建设社会主义现代化国家而团结奋斗——在中国共产党第二十次全国代表大会上的报告》，本章导读题目为编者所加。

前面我们在第一章重点介绍了经济学研究的对象、方法以及西方经济学发展历程等内容；在第二至第七章，我们主要介绍了微观经济学的基本内容，涉及供求与市场均衡、消费者行为、生产者行为、要素收入与分配理论、市场结构、市场失灵与政府干预等内容。微观经济学所关注的是单个经济单位（企业或家庭）的行为以及它们相互形成的供求关系与价格变动之间的关系。在本书第八至第十三章，我们主要介绍的是宏观经济学的基本内容，它所关注的是一个国家整体经济运行状况，以及政府如何运用经济政策来影响国家整体经济的运行。

本章主要内容是介绍国民收入核算。所谓国民收入核算，是对国民经济运行的系统描述，是在一定经济理论的指导下，综合应用统计、会计、数学等方法，为衡量一个经济社会（一国或地区）在特定时期内的经济活动和经济成果而构造的一个相互联系的指标系统。它们由国内生产总值、国内生产净值、国民收入、个人收入和个人可支配收入组成，是宏观经济调控的基础和国家宏观经济决策的依据。

第一节　国内生产总值及其核算方法

诺贝尔经济学奖获得者、美国著名经济学家保罗·萨缪尔森（Paul A. Samuelson，1915—2009），把国内生产总值（GDP）称作“21 世纪最伟大的发明之一”。GDP 通常被认为是衡量一国经济水平最重要的一个指标。本章导读提及党的十八大以来中国 GDP 从 54 亿元增长到 114 万亿元。那么，何为 GDP？GDP 如何计算？中国 GDP 连续多年稳居世界第二，那么人均 GDP 如何？人均 GDP 和人均收入是不是一回事？人均收入与人均可支配收入是不是一回事？各国之间的实力往往是通过 GDP 来比较的，GDP 是不是万能的？所有这些，正是本节所要介绍的主要内容。

微课 8.1　国内生产总值

一、国内生产总值

国内生产总值（gross domestic product，GDP）是指经济社会（即一国或地区）在一定时期内运用生产要素所生产的全部最终产品的市场价值总和。国内生产总值（GDP）是国民经济核算体系中最重要的一个总量指标，它衡量经济社会的总产出水平。

（一）关于国内生产总值概念的理解

（1）GDP 是一个市场价值的概念。换言之，GDP 的计量单位是货币单位。产品市场价值就是用这些最终产品的单位价格乘以产量获得的。基于市场价值的 GDP 概念本身表明，衡量的总量仅仅是市场活动导致的价值，对于不经过市场销售的最终产品与劳务，如厂商自给性产品、自我服务性劳动、为自己提供的家务劳动、非法的经济活动及偷漏税的地下活动等，因为没有经过市场，都无法或不能计入 GDP。

（2）GDP 测度的是最终产品（final goods）的价值，中间产品（intermediate goods）的价值不计入 GDP，以避免重复计算。最终产品（如彩电、冰箱、洗衣机、汽车、衣服、啤酒、蛋糕、医疗保健、金融、保险、旅游等）是供人们直接使用和消费，不再转卖的产品和劳务。中间产品作为投入品，是不能直接使用和消费的产品和劳务。

在现实经济中，许多产品难以区分是最终产品还是中间产品，故常运用增值法，即只计算在生产各阶段所增加的价值，因为各生产阶段上增加价值之和等于最终产品价值，下面举例说明用增加价值方法计算与用最终产品价值计算结果一致，见表 8－1。

表 8－1　生产西服过程的价值增值表　　（单位：元）

产品类型	生产阶段	产品价值	中间产品投入	增加值
中间产品	棉花	50	—	50
	棉纱	100	50	50
	棉布	200	100	100
最终产品	西服	650	200	450
合计		1 000	350	650

由表 8－1 得知，西服是最终产品，总价值为 650 元，按照增值法计算也是 650 元。如不区分最终产品和中间产品，则会有 350 元的重复计算。用增值法统计，无论把上述哪个生产阶段产品作为最终产品都不会造成重复计算，说明用增值法与最终产品价值计算结果一致。

（3）GDP 是一定时期（通常是一年）内所生产而不是所售卖掉的最终产品价值。如某企业年生产 1000 万元的产品，当年只销售 800 万元的产品，所剩 200 万元产品可看作是企业自己买下来的存货投资，同样应计入 GDP。

GDP 统计数据的有效期限通常是指一个会计核算年度，如我国国民经济核算的有效时间是从 1 月 1 日到本年的 12 月 31 日，而美国则是从 10 月 1 日到次年 9 月 30 日。

（4）GDP 是流量而不是存量。流量是一定时期内发生的变量，存量是一定时点上存在的变量。GDP 的统计数据不包括前期生产而在本期售出的产品的价值。如某房地产公司 2023 年建造的房屋在 2024 年售出，出售房屋的价值不能纳入 2024 年的国内生产总值，但出售房屋过程中的中介服务的价值则应计入 2024 年的国内生产总值之内。

（5）GDP 是一国或地区范围内生产的最终产品的市场价值总和，因而是一个“地域”概念，GDP 计算采用的是“国土原则”。而与此相联系的国民生产总值（gross national product，GNP）则是一个“国民”概念，而 GNP 计算采用的是“国民原则”。因此，一个在中国工作的美国公民的收入要计入美国的 GNP 中，但不计入美国的 GDP，而计入中国的 GDP。

微课 8.2 与国内生产总值相关其他指标

（二）名义 GDP 和实际 GDP

由于国内生产总值是用货币来计算的，因此一国国内生产总值的变动由两个因素造成：一是所生产的物品和劳务的数量变动；二是物品和劳务的价格变动。当然，二者也常常同时变动。为弄清国内生产总值变动究竟是由产量还是由价格引起，需要区分名义国内生产总值（nominal GDP）和实际国内生产总值（real GDP）。

名义国内生产总值是用生产物品和劳务的当前价格计算的全部最终产品的市场价值。实际国内生产总值是用之前某一年作为基数的价格计算出来的全部最终产品的市场价值。实际国内生产总值仅仅包含产量的变化，而名义国内生产总值既包含产量的变化，又包含价格的变化。

国内生产总值折算系数（亦称国内生产总值缩减系数）是衡量组成国内生产总值的所有产品与劳务的平均物价水平的指标。国内生产总值折算系数为名义国内生产总值与实际国内生产总值的比率，即

$$\text{国内生产总值折算系数}=\frac{\text{名义 GDP}}{\text{实际 GDP}}\times 100\%$$

因为国内生产总值折算系数是以涉及经济中所生产的全部产品的计算为基础的，所以，它是一个用来衡量通货膨胀的重要价格指数。

（三）人均 GDP

人均国内生产总值（per capita GDP）是一国国内生产总值总量除以该国人口数量，即

$$\text{人均国内生产总值}=\frac{\text{某年 GDP}}{\text{当年人口数}}$$

这里所用人口数是指当年年初与年底的人口数的平均值，或者是年中（当年 7 月 1 日零时）的人口数。

国内生产总值有助于了解一国的经济总实力与市场总规模，而人均国内生产总值有助于了解一国的富裕程度与社会福利水平。根据国际货币基金组织（IMF）2023 年 4 月公布的数据来看，美国 2023 年 GDP 为 254 645 亿美元，居世界第一，人均 GDP 为 76 348 美元，居世界第 7 位；中国 2023 年 GDP 为 181 000 亿美元，居世界第二，但人均 GDP 为 12 814 美元，居世界第 63 位。

【延伸阅读】

1978—2022 年中国 GDP 和人均 GDP 情况

改革开放后的 40 多年时间，中国经济发生了翻天覆地的变化，经济总量和人均 GDP 逐年提升，第一、第二、第三产业总值在国民经济中的地位也发生了深刻的变化，见表8－2。

表 8-2　1978—2022 年 GDP 和人均 GDP 一览表

（说明：本表按当年价格计算）

年份	GDP（单位：亿元）	第一产业总值（单位：亿元）	第二产业总值（单位：亿元）	第三产业总值（单位：亿元）	人均 GDP（单位：元）
1978	3 645.2	1 027.5	1 745.2	872.5	381
1979	4 062.6	1 270.2	1 913.5	878.9	419
1980	4 545.6	1 371.6	2 192	982	463
1981	4 891.6	1 559.5	2 255.5	1 076.6	492
1982	5 323.4	1 777.4	2 383	1 163	528
1983	5 962.7	1 978.4	2 646.2	1 338.1	583
1984	7 208.1	2 316.1	3 105.7	1 786.3	695
1985	9 016	2 564.4	3 866.6	2 585	858
1986	10 275.2	2 788.7	4 492.7	2 993.8	963
1987	12 058.6	3 233	5 251.6	3 574	1 112
1988	15 042.8	3 865.4	6 587.2	4 590.3	1 366
1989	16 992.3	4 265.9	7 278	5 448.4	1 519
1990	18 667.8	5 062	7 717.4	5 888.4	1 644
1991	21 781.5	5 342.2	9 102.2	7 337.1	1 893
1992	26 923.5	5 866.6	11 699.5	9 357.4	2 311
1993	35 333.9	6 963.8	16 454.4	11 915.7	2 998
1994	48 197.9	9 572.2	22 445.4	16 179.8	4 044
1995	60 793.7	12 135.8	28 679.5	19 978.5	5 046
1996	71 176.6	14 015.4	33 835	23 326.2	5 846
1997	78 973	14 441.9	37 543	26 988.1	6 420
1998	84 402.3	14 817.6	39 004.2	30 580.5	6 796
1999	89 677.1	14 770	41 033.6	33 873.4	7 159
2000	99 214.6	14 944.7	45 555.9	38 714	7 858
2001	109 655.2	15 781.3	49 512.3	44 361.6	8 622
2002	120 332.7	16 537	53 896.8	49 898.9	9 398
2003	135 822.8	17 381.7	62 436.3	56 004.7	10 542
2004	159 878.3	21 412.7	73 904.3	64 561.3	12 336
2005	183 867.9	23 070.4	87 364.6	73 432.9	14 103
2006	211 923	24 040	103 162	84 721	16 164
2007	249 530	28 095	121 381	100 054	18 934

（续表）

年份	GDP（单位：亿元）	第一产业总值（单位：亿元）	第二产业总值（单位：亿元）	第三产业总值（单位：亿元）	人均 GDP（单位：元）
2008	300 670	34 000	146 183	120 487	22 698
2009	335 353	35 477	156 958	142 918	25 188
2010	397 983	40 497	186 481	171 005	29 762
2011	471 564	47 712	220 592	203 260	35 099
2012	519 322	52 377	235 319	231 626	38 449
2013	568 845	56 957	249 684	262 204	41 908
2014	636 463	58 332	271 392	306 739	46 652
2015	676 708	60 863	274 278	341 567	49 351
2016	744 127	63 671	296 236	384 221	53 974
2017	827 122	65 468	334 623	427 032	59 660
2018	900 309	64 734	366 001	469 575	64 643
2019	990 865	70 467	386 165	534 233	70 892
2020	1 015 986	77 754	384 255	553 977	72 447
2021	1 149 237	83 216.5	451 544.1	614 476.4	81 370
2022	1 210 207.2	88 345.1	483 164.5	638 697.6	85 698

资料来源：1978—2006 年数据来自《中国统计年鉴 2007》；2007—2022 年数据来源于中华人民共和国国家统计局网站中的历年《统计公报》。其中人均 GDP 经本章编者整理获得，人均 GDP 是根据当年的 GDP 除以当年年初人口数（此处按照上年年末人口数）与当年年末人口数的平均值。

（四）潜在 GDP

潜在国内生产总值（potential GDP）是指衡量一个国家在充分就业和充分利用所有资源的情况下的国内生产总值。潜在国内生产总值与实际的国内生产总值有可能不一致，例如在有效需求不足的年份或经济萧条期间，潜在国内生产总值大于实际的国内生产总值。

潜在国内生产总值并不是固定不变的，而是不断增长的。它的增长来自两个方面的因素：一方面是生产要素（如社会的资本、自然资源或劳动力）总量的增加；另一方面是科学技术进步和经营管理改进引起的劳动生产率的提高。

由于一个国家的潜在国内生产总值可以看作是该国充分利用其生产可能性（生产的潜力）时的国内生产总值，所以潜在国内生产总值也称充分就业的国内生产总值。

（五）绿色 GDP

绿色 GDP（green GDP）是指一个国家或地区在扣除了自然资源（主要包括土地、森林、矿产、水和海洋）与环境因素（包括生态环境、自然环境、人文环境等）影响之后经济活动的最终成果，即将经济活动中所付出的资源耗减成本和环境降级成本从 GDP 中予以扣除。绿色 GDP 这个指标，实质上代表了国民经济增长的净正效应。绿色 GDP 占 GDP 的比重越高，表明国民经济增长的正面效应越高，负面效应越低，反之亦然。

现有的经济核算和统计方法中，没有把环境的投入（包括自然资源的投入、生态系统的投入和环境容量的投入）计算在内，因此得出的经济数据是不准确的，远远高于实际。如发生了洪灾就要修堤坝，这就造成了投资的增加和堤坝修建人员收入的增加，GDP 数据也随之增加；环境污染使病人增多，这显然是痛苦和损失，但却使医疗产业大发展，GDP 也跟着增长。绿色 GDP 是 GDP 指标的一种调整，是扣除经济活动中投入的环境成本后的国内生产总值。绿色 GDP 概念的提出体现了人们对 GDP 核算所存在的一系列缺陷进行修正的努力。

目前，有些国家已开始试行绿色 GDP 核算模式，其中主要是欧美发达国家。法国、美国和芬兰等国都相继建立了自己的自然资源核算框架体系。总体上说，绿色 GDP 的环境核算尚不成熟，迄今为止全世界还没有一套公认的绿色 GDP 核算模式，也没有一个国家以政府的名义发布绿色 GDP 结果。不过，虽然面临着许多技术、观念和制度方面的障碍，但从根本上看，离开绿色 GDP，人们难以全面衡量经济的真实发展水平，也无法用科学的基础数据来支撑可持续发展的战略决策，更难以实现对整个经济社会的统筹与平衡发展。

【延伸阅读】

世界银行提出绿色 GDP

世界银行于 1997 年提出用绿色 GDP 来衡量一个国家或地区的真实国民财富。绿色 GDP 是指名义 GDP 中扣除各种自然资本消耗之后，再经过环境调整的国内生产总值。

绿色 GDP 可用下式表示为

$$\text{绿色 GDP} = GDP - GDP_1 - GDP_2 - GDP_3$$

式中：GDP_1 是指人类无休止地向大自然索取资源，造成生态资源可持续增长能力的减少额。

GDP_2 是指人类生产和生活活动造成污染所引起的生态环境恶化。

GDP_3 是指人文因素造成 GDP 的虚数，即由于非理性消费和活动造成畸形 GDP 的增加，如高犯罪率和高贫困率造成 GDP 的增加。绿色 GDP 是较为科学的，但还有待进一步完善和改进。

（六）GDP 指标缺陷

GDP 作为一个最基本的总量指标，应该能够全面准确地反映国家的总体经济水平、科技水平和国民生活水平，但是 GDP 的统计中还存在一些不足，主要有以下几点。

（1）GDP 不能反映经济增长效率和社会成本。GDP 总量增加或增长率加快，只反映一定时期最终产品和劳务的增加，并不能反映 GDP 增加所付出的社会成本，如能源消耗、原材料消耗及水资源消耗等。

（2）GDP 不能反映环境污染和生态状况。如果 GDP 增长很快，但以环境污染和生态破坏为代价，会使居民福利水平降低，并且为子孙后代生活质量的提高设置了障碍。

（3）GDP 不能全面反映整体经济活动。有一些经济活动没有被计入 GDP，如 GDP 是按商品和劳务的市场交易价格计算的，因此非市场交易活动无法被计入。

（4）GDP不能准确地反映人们的福利状况。人类行为的目标是获得尽可能多的福利。GDP反映了总产量水平及其变化，但是人们所得到的福利却不一定和总产量同方向变化。

【相关链接】

党的20大报告指出：推动绿色发展，促进人与自然和谐共生

大自然是人类赖以生存发展的基本条件。尊重自然、顺应自然、保护自然，是全面建设社会主义现代化国家的内在要求。必须牢固树立和践行绿水青山就是金山银山的理念，站在人与自然和谐共生的高度谋划发展。

我们要推进美丽中国建设，坚持山水林田湖草沙一体化保护和系统治理，统筹产业结构调整、污染治理、生态保护、应对气候变化，协同推进降碳、减污、扩绿、增长，推进生态优先、节约集约、绿色低碳发展。

（一）加快发展方式绿色转型。推动经济社会发展绿色化、低碳化是实现高质量发展的关键环节。加快推动产业结构、能源结构、交通运输结构等调整优化。实施全面节约战略，推进各类资源节约集约利用，加快构建废弃物循环利用体系。完善支持绿色发展的财税、金融、投资、价格政策和标准体系，发展绿色低碳产业，健全资源环境要素市场化配置体系，加快节能降碳先进技术研发和推广应用，倡导绿色消费，推动形成绿色低碳的生产方式和生活方式。

（二）深入推进环境污染防治。坚持精准治污、科学治污、依法治污，持续深入打好蓝天、碧水、净土保卫战。加强污染物协同控制，基本消除重污染天气。统筹水资源、水环境、水生态治理，推动重要江河湖库生态保护治理，基本消除城市黑臭水体。加强土壤污染源头防控，开展新污染物治理。提升环境基础设施建设水平，推进城乡人居环境整治。全面实行排污许可制，健全现代环境治理体系。严密防控环境风险。深入推进中央生态环境保护督察。

（三）提升生态系统多样性、稳定性、持续性。以国家重点生态功能区、生态保护红线、自然保护地等为重点，加快实施重要生态系统保护和修复重大工程。推进以国家公园为主体的自然保护地体系建设。实施生物多样性保护重大工程。科学开展大规模国土绿化行动。深化集体林权制度改革。推行草原森林河流湖泊湿地休养生息，实施好长江十年禁渔，健全耕地休耕轮作制度。建立生态产品价值实现机制，完善生态保护补偿制度。加强生物安全管理，防治外来物种侵害。

（四）积极稳妥推进碳达峰碳中和。实现碳达峰碳中和是一场广泛而深刻的经济社会系统性变革。立足我国能源资源禀赋，坚持先立后破，有计划分步骤实施碳达峰行动。完善能源消耗总量和强度调控，重点控制化石能源消费，逐步转向碳排放总量和强度“双控”制度。推动能源清洁低碳高效利用，推进工业、建筑、交通等领域清洁低碳转型。深入推进能源革命，加强煤炭清洁高效利用，加大油气资源勘探开发和增储上产力度，加快规划建设新型能源体系，统筹水电开发和生态保护，积极安全有序发展核电，加强能源产供储销体系建设，确保能源安全。完善碳排放统计核算制度，健全碳排放权市场交易制度。提升生态系统碳汇能力。积极参与应对气候变化全球治理。

资料来源：习近平：《为全面建设社会主义现代化国家而团结奋斗——在中国共产党第二十次全国代表大会上的报告》。

二、国内生产总值与国民生产总值的区别与联系

国内生产总值（GDP）与国民生产总值（GNP）都是反映宏观经济的总量指标，但它们既有联系又有区别。

国民生产总值（GNP）是指一个国家或地区所有国民在一定时期内生产的最终产品和提供的劳务的市场价值总和。与 GDP 不同的是，GNP 是按“国民原则”核算的，即只要是本国（或本地区）居民，无论是否在本国境内（或地区内）居住，其生产或经营活动新创造的增值价值都应计算在内。如我国居民在美国工作所获得的收入应计入中国的 GNP，计入美国的 GDP。

GNP 和 GDP 可以通过以下关系式进行换算：

GNP＝GDP＋本国公民在国外的资本和劳务收入－外国公民在本国的资本和劳务收入

GNP 等于国内生产总值加上来自国外的净要素收入。国外净要素收入是指从国外得到的生产要素收入减去支付给国外的要素收入。可见，国民生产总值与国内生产总值之间的区别就在于国外的净要素收入。

【相关链接】

国家统计局：10 年来我国单位 GDP 能耗年均下降 3.3%

国家统计局 2022 年 10 月 8 日发布的党的十八大以来经济社会发展成就系列报告显示，2021 年，我国单位国内生产总值（GDP）能耗比 2012 年累计降低 26.4%，年均下降 3.3%，相当于节约和少用能源约 14 亿吨标准煤。

报告显示，我国能源生产结构加速转变，清洁能源占比持续提升。2021 年非化石能源发电装机首次超过煤电，装机容量达到 11.2 亿千瓦，占发电总装机容量的比重为 47%。水电、风电、太阳能发电装机均超过 3 亿千瓦，连续多年稳居世界首位。

天然气、水电、核电、新能源发电等清洁能源在能源生产结构中的占比持续上升。2021 年，天然气占一次能源生产总量的比重达 6.1%，比 2012 年提高 2 个百分点，一次电力及其他能源比重上升到 20.3%，提高 9.1 个百分点；而原煤比重为 67%，较 2012 年下降 9.2 个百分点。

能源消费清洁低碳加快推进。2021 年，煤炭占能源消费总量的比重由 2012 年的 68.5%降低到 56%，下降 12.5 个百分点；石油占比由 17%上升到 18.5%，提高 1.5 个百分点；天然气占比由 4.8%上升到 8.9%，提高 4.1 个百分点；一次电力及其他能源占比由 9.7%上升到 16.6%，提高 6.9 个百分点。

人均用能水平不断提高。2020 年，我国人均能源消费量 3531 千克标准煤，比 2012 年增长 18.9%，年均增长 2.2%。民生用能保障有力。2020 年，我国人均生活用能 456 千克标准煤，比 2012 年增长 46.2%，年均增长 4.9%；人均生活电力消费量年均增长 7.3%，人均生活天然气消费量年均增长 8.1%。

根据报告，2021 年，全国能源消费总量 52.4 亿吨标准煤，比 2012 年增长 30.4%，以年均 3%的能耗增速支撑了年均 6.6%的 GDP 增速。

资料来源：新华社 http：//www.gov.cn/xinwen/2022－10/08/content _ 5716737.htm.

微课 8.3　国内生产总值核算方法

三、国内生产总值（GDP）的核算方法

国民收入核算体系中有三种计量国内生产总值的方法：支出法、收入法、部门法。常用的是前两种方法，下面我们只对前两种方法进行说明。

（一）支出法核算 GDP

支出法（expenditure approach），是指通过核算全社会在一定时期内用于购买最终产品和服务的支出总和来计量 GDP。为了使支出法具备可操作性，必须确定最终产品和服务的购买者，或最后使用者。一般而言，社会最终产品和服务的购买者有四大类：国内的居民户、企业、政府，以及国外的经济主体（包括国外的个人、企业、政府机构等）。因此，用支出法核算 GDP 就是核算经济社会在一定时期内消费、投资、政府购买和净出口这四方面支出的总和。

1. 消费

消费（consumption，C）是指家庭用于物品和劳务的支出。它包括居民对耐用消费品（如电脑、电视机、洗衣机、空调、小汽车等），非耐用消费品（如食物、饮料、洗涤用品、衣服等）和服务（如医疗、教育、保险、旅游等）的支出。

【相关链接】

2022 年全国居民人均消费支出及其构成情况

全年全国居民人均消费支出 24538 元，比上年增长 1.8%，扣除价格因素，实际下降 0.2%。全国居民恩格尔系数为 30.5%，其中城镇为 29.5%，农村为 33.0%。在此特别提醒的是，居民户住宅建筑支出不包括在消费支出中，而被看作是投资支出。图 8－2 为 2022 年全国居民人均消费支出及其构成。

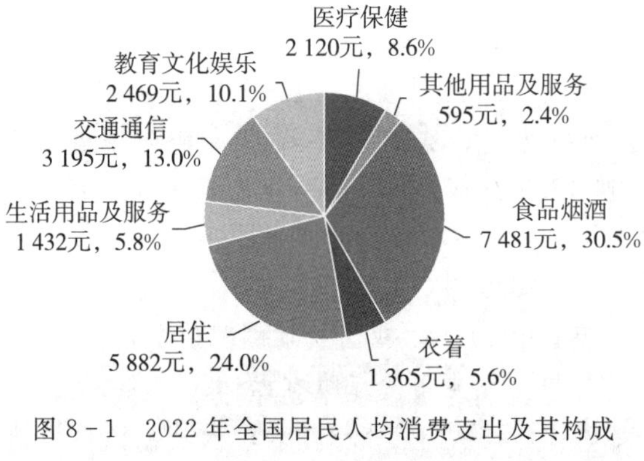

图 8－1　2022 年全国居民人均消费支出及其构成

资料来源：中华人民共和国统计局网站公布的《2022 年度统计公报》。

2. 投资

投资（investment，I）是指国内企业用于购买资本设备（包括厂房、机器设备、大型工具）的支出和居民户用于建造、购买新住宅的支出，还包括存货的变动。

投资是一个流量概念，它反映的是一定时期内资本存量的变动额。由于资本折旧的存在，在此需要区分总投资和净投资两个概念。假定某经济社会在 2020 年初的资本存量为 10 000 亿元，由于资本品在一定时期内会不断磨损，一年内资本品要消耗或折旧 600 亿元，如该经济社会在 2020 年完成的投资额 1 600 亿元中，其中 600 亿元必须用来补偿资本品的折旧以维持原有的资本存量。因此，到 2020 年末，该经济社会的资本存量将变为 11 000亿元。在这里，总投资（1 600 亿元）＝重置投资（指为补偿折旧重新购置资本品的投资 600 亿元）＋净投资（资本存量净增加的投资 1 000 亿元）。注意，用支出法计算 GDP 时的投资，指的是总投资。

从投资对象来看，可以将其分为固定资产投资和存货投资。固定资产投资是指新厂房、新机器设备、新商业用房以及新居民住宅的增加。由于居民住宅更像企业的资本品，可以长期使用，所以，经济学家把对居民住宅的投资也叫固定资产投资。存货投资是指企业掌握的存货价值的变动额。存货投资既可能是正值，也可能是负值，具体结果要看企业对市场行情预测的准确程度和据此做出的产量决策。如果市场行情比企业预测的要好，则存货减少；反之，存货增加。

【相关链接】

2022 年中国三次产业固定资产投资占比情况

2022 年全社会固定资产投资 579556 亿元，比上年增长 4.9%。其中，固定资产投资（不含农户）572138 亿元，增长 5.1%。分区域看，东部地区投资比上年增长 3.6%，中部地区投资增长 8.9%，西部地区投资增长 4.7%，东北地区投资增长 1.2%。

在固定资产投资（不含农户）中，第一产业投资 14293 亿元，比上年增长 0.2%；第二产业投资 184004 亿元，增长 10.3%；第三产业投资 373842 亿元，增长 3.0%。民间固定资产投资 310145 亿元，增长 0.9%。基础设施投资增长 9.4%。社会领域投资增长 10.9%。

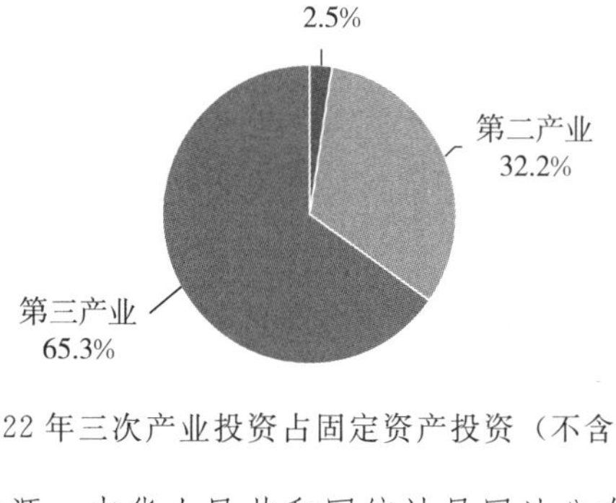

图 8－2　2022 年三次产业投资占固定资产投资（不含农户）比重

资料来源：中华人民共和国统计局网站公布的《2022 年度统计公报》。

3. 政府购买

政府购买（government purchases，G）是指各级政府购买产品和服务的支出，包括政府提供国防、法律与秩序、教育和公共设施的费用，它是政府支出的一部分。政府支出中称为转移支付的部分，是政府不以取得产品和服务为目的的支出，如对失业人员、残障人士和低收入人员发放的救济金，对受灾群众的救济等。如 2020 年，我国对新型冠状病毒性肺炎确诊患者个人负担费用实行财政兜底，这部分就属于政府转移支付。政府转移支付不能算作政府购买，因为这种支付只是简单地把收入从一部分人或组织中转移到另一部分人或组织中，并没有相应的产品和服务交易发生，因而不应计入总支出中。

各国都有一些政府投资项目，所有政府的投资活动也构成了社会总支出的一部分。为描述方便，在本书中一般将这一项直接归到政府购买中，不再单列。

4. 净出口

净出口（net export，NX）是指出口额（X）与进口额（M）之差。一个国家或地区从向国外销售产品和服务中得到的收入与其向国外购买产品和服务时支出的差额，就是该经济社会的净出口。从另一个角度看，净出口代表了国外各经济主体对本国产品和服务的净需求，其值的大小相当于外国人对本国产品和服务的净支出额，或外汇的净流入额。净出口既可能是正值，也可能是负值，关键要看进口额与出口额的相对大小。

【相关链接】

2018—2022 年中国货物进出口总额情况

2022 年货物进出口总额 420678 亿元，比上年增长 7.7%。其中，出口 239654 亿元，增长 10.5%；进口 181024 亿元，增长 4.3%。货物进出口顺差 58630 亿元，比上年增加 15330 亿元。对“一带一路”沿线国家进出口总额 138339 亿元，比上年增长 19.4%。其中，出口 78877 亿元，增长 20.0%；进口 59461 亿元，增长 18.7%。

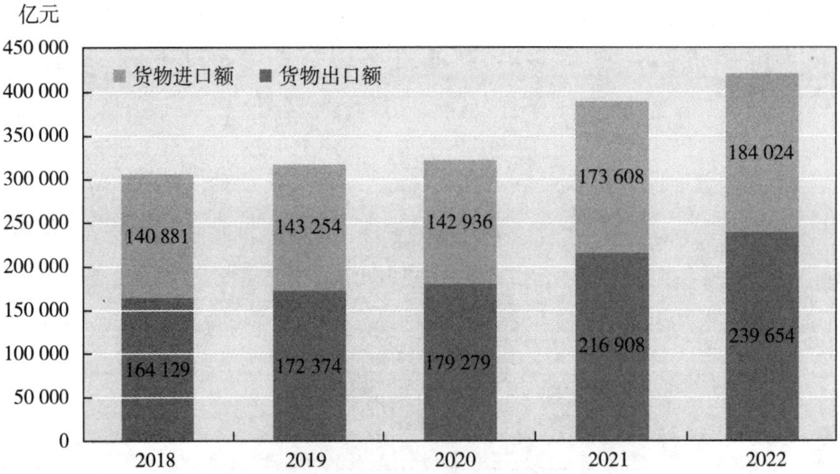

图 8-3　2018—2022 年货物进出口总额

2022 年服务进出口总额 59802 亿元，比上年增长 12.9%。其中，服务出口 28522 亿元，增长 12.1%；服务进口 31279 亿元，增长 13.5%。服务进出口逆差 2757 亿元。

资料来源：中华人民共和国统计局网站公布的《2022 年度统计公报》。

把上面的消费、投资、政府购买和净出口四个项目相加，就可以得出用支出法计算国内生产总值的公式为

$$\mathrm{GDP}=C+I+G+NX$$

式中：$NX=X-M$，X 代表出口额，M 代表进口额。

【相关链接】

用支出法计算 GDP 的案例（以美国 2019 年 GDP 构成为例）

下面用一个具体案例来说明如何用支出法核算国内生产总值。表 8－3 是根据美国商务部经济分析局数据库中提供的数据列出的，从表中可以看出，在 2019 年美国 GDP 的构成中，个人消费支出是最重要的一种需求，它在 GDP 中所占比重达到 68.09%，私人国内总投资占总需求的近 17.02%，政府购买支出（包括政府投资）占近 17.55%，而产品和服务的净出口对 GDP 的贡献是负值，为－2.66%。

表 8－3　2019 年美国 GDP 的构成（按现价计算）

项目	金额（10 亿美元）	占比（%）
国内生产总值	21 729.1	100
个人消费支出（C）	14 795	68.09
物品	4 558.5	
●耐用品	1 547.6	
●非耐用品	3 010.9	
服务	10 236.5	
私人国内总投资（I）	3 698.3	17.02
固定资产投资	3 680.2	
●非居民住宅	2 862.5	
●居民住宅	817.7	
私人存货变化	18	
产品和服务净出口（NX）	－577.9	－2.66
出口	2 497.7	
●产品	1 629.2	
●服务	868.5	
进口	3 075.6	

（续表）

项目	金额（10 亿美元）	占比（%）
●产品	2 459	
●服务	616.6	
政府购买和总投资（G）	3 813.7	17.55
联邦政府支出	1 449.8	
●国防支出	862.1	
●非国防支出	587.7	
州及地方政府	2 363.9	

资料来源：美国商务部经济分局，网址：www. bea. gov.

（二）收入法核算 GDP

收入法（income method）是指用要素收入即企业生产成本来核算国内生产总值。严格来说，最终产品市场价值除了生产要素收入的构成成本外，还有间接税、折扣、公司未分配利润等内容，因此用收入法核算的国内生产总值应包括以下一些项目。

（1）工资、利息和租金等这些生产要素的报酬。工资包括对工作的酬金、津贴和福利费，也包括工资收入者必须缴纳的所得税及社会保险税。利息在这里指人们给企业提供的货币资金所得利息收入，如银行存款利息、企业债券利息等，但政府公债利息及消费信贷利息不包括在内。租金包括出租土地、房屋等租赁收入，以及专利、版权等收入。

（2）非公司企业主收入，如医生、律师、农民和小店铺主的收入。他们使用自己的资金，自我雇佣，其工资、利息、利润、租金常混在一起作为非公司企业主收入。

（3）公司税前利润，包括公司所得税、社会保险税、股东红利及公司未分配利润等。

（4）企业转移支付及企业间接税。这些虽然不是生产要素创造的收入，但要通过产品价格转嫁给购买者，故也应视为成本。企业转移支付包括企业对非营利性组织的社会慈善捐款和消费者“呆账”。企业间接税包括关税、消费税、销售税、货物税、营业税、增值税等。

（5）资本折扣。它虽不是要素收入，但包括在应回收的投资成本中，也应计入 GDP。

这样，按收入法核算的国内生产总值＝工资＋利息＋利润＋租金＋间接税和企业转移支付＋折扣。它和以支出法计算的国内生产总值从理论上说是相等的。但是实际核算中常有误差，因而还要加上一个统计误差。即

国内生产总值＝工资＋利息＋利润＋租金＋间接税和企业转移支付＋折扣＋统计误差

微课 8.4 国民收入核算体系的其他总量

第二节 国民收入核算体系的其他总量

在西方国民收入核算体系中，除了要弄清上面所说的国内生产总值和国民生产总值这些概念外，还要弄清国内生产净值、国民收入、个人收入和个人可支配收入这些概念及其相互关系。

一、国内生产净值

任何产品价值中不仅包含有消耗的原料、材料等价值，还包含有使用的资本设备的折旧。最终产品价值并未扣除资本设备消耗的价值，因此，还不是净增加值，因而最终产品市场价值总和只能称国内生产总值。最终产品价值中如扣除了消耗的资本设备价值，就得到了净增加值，因而从GDP中扣除资本折旧，就得到国内生产净值（net domestic product，NDP）。NDP是指一国在一定时期内（通常为一年），在本国领土上新创造的价值总和。NDP与GDP的关系可表达为

$$NDP=GDP-折旧$$

二、国民收入

国民收入（national income，NI）是指一个国家在一定时期内（通常为一年），用于生产产品和提供劳务的各种生产要素（如劳动、资本、土地与企业家才能）所获得报酬（收入）的总和。

国民收入和国内生产净值的区别：从理论上讲，国民收入是从分配的角度考察的，而国内生产净值是从生产的角度考察的；从数量上来讲，国民收入等于国内生产净值减去企业间接税再加上政府补贴。

间接税从形式上看是由企业负担的，实际上间接税支出附加在成本上，在销售产品中转移出去了。间接税作为产品的价格附加，既不是任何生产要素提供的，也不是为任何生产要素所获得。因此，计算国民收入时要扣除。政府补贴是国家对产品售价低于生产要素成本价格的企业补贴，目的是弥补企业的损失来维持这种产品的生产。这种补贴可看作是一种负税（即倒付的税），属于企业生产要素的收入。因此，计算国民收入时要从间接税中扣除政府补贴。

国民收入用公式表示为：

国民收入＝国内生产净值－企业间接税＋政府补贴＝工资＋利润＋利息＋租金＋津贴

三、个人收入

个人收入（personal income，PI）是指一个国家所有个人在一定时期内（通常为一年），从各种来源所得到的收入的总和。它包括劳动收入、企业主收入、租金收入、利息收入、股息收入、政府转移支付和企业转移支付等。

个人收入用公式表示为

个人收入＝国民收入－（公司未分配利润＋公司利润税＋公司和个人缴纳的社会保险税）＋（政府对个人支付的利息＋政府对个人的转移支付＋企业对个人的转移支付）

＝工资和薪金＋企业主收入＋个人租金收入＋个人利息收入＋政府和企业对个人的转移支付－公司和个人缴纳的社会保险费

个人收入与国民收入的区别：国民收入中有一部分不分配给个人，如公司未分配利润、公司利润税等，这不构成个人收入。而个人收入中通过再分配渠道取得的部分，如政府和企业对个人的转移支出，则不属于国民收入。

四、个人可支配收入

个人可支配收入（disposable personal income，DPI）是指一个国家所有个人在一定时期内（通常为一年），所得到的收入总和减去个人或家庭纳税的部分和非税支付，即实际得到的由个人自由使用的收入。个人税收包括个人所得税、个人财产税、遗产税等；非税支付包括罚款、教育费用和医疗费用等。

个人可支配收入一是用于个人消费，包括食品、衣物、居住、交通、文娱和其他杂项等；二是个人储蓄，包括个人存款、个人购买债券等。

个人可支配收入用公式表示为

DPI＝PI－（个人税收＋非税支付）＝个人消费支出＋个人储蓄

【相关链接】

2018—2022 年全国居民人均可支配收入及其增长情况

2022 年全国居民人均可支配收入 36883 元，比上年增长 5.0%，扣除价格因素，实际增长 2.9%。全国居民人均可支配收入中位数 [51] 31370 元，增长 4.7%。按常住地分，城镇居民人均可支配收入 49283 元，比上年增长 3.9%，扣除价格因素，实际增长 1.9%。城镇居民人均可支配收入中位数 45123 元，增长 3.7%。农村居民人均可支配收入 20133 元，比上年增长 6.3%，扣除价格因素，实际增长 4.2%。下图 8-6 为 2018—2022 年全国居民人均可支配收入及其增长速度的有关情况。

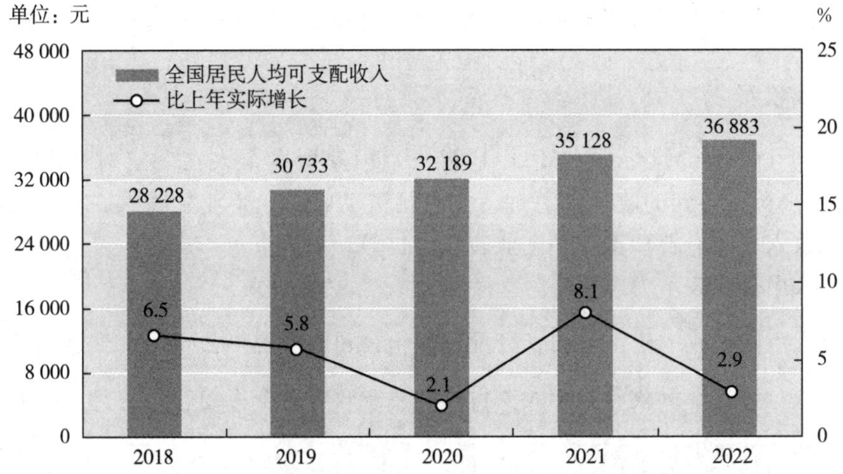

图 8-4　2018—2022 年全国居民人均可支配收入及其增长速度

资料来源：中华人民共和国统计局网站公布的《2022 年度统计公报》。

第三节　国民收入核算中的供求恒等式

微课 8.5　国民收入核算中的供求恒等式

从支出法、收入法与部门法所计算出的国内生产总值的一致性，可以说明国民经济中的一个基本平衡关系——总支出等于总收入。总支出代表了社会对最终产品的总需求（aggregate demand，AD），而总收入代表了社会对最终产品的总供给（aggregate supply，AS）。因此，从国民生产总值的核算中可以得出这样一个恒等式。

总需求（AD）≡总供给（AS）

在国民收入核算过程中，总需求与总供给之间的恒等关系可以通过两部门经济模型、三部门经济模型和四部门经济模型中的收入流量循环关系来分别加以说明。

一、两部门经济

（一）两部门经济的含义

两部门经济（two - sector economy）是指由厂商和居民户这两种经济单位组成的经济，也是一种最简单的经济结构形式。在这种经济中，居民户向厂商提供各种生产要素，得到相应的收入，并用这些收入购买各种产品和劳务；厂商购买居民户提供的各种生产要素进行生产，并向居民户提供各种产品与劳务。

（二）两部门经济的收入流量循环模型

两部门经济的收入流量循环模型如图 8 - 5 所示。

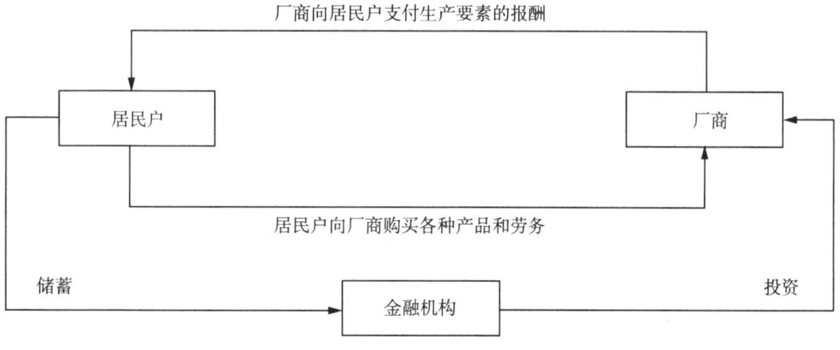

图 8 - 5　两部门经济的收入流量循环模型

（三）两部门经济中的供求恒等关系

如果居民户把一部分收入用来购买厂商生产的各种产品和劳务，把另一部分收入储蓄起来，厂商在居民户的消费之外又获得了其他来源的投资。两部门经济中的收入流量的循环模型如图 8 - 5 所示，居民户把储蓄存入金融机构，而厂商则从金融机构中获得投资。如果通过金融机构把居民户全部储蓄都转化为厂商的投资，即储蓄等于投资，这个经济仍然可以运行下去。

1. 总需求

总需求分为居民户的消费需求（C）与生产经营者的投资需求（I）两部分，即总需求＝消费需求＋投资需求，即

$$AD=C+I$$

2. 总供给

总供给是全部产品与劳务供给的总和。产品与劳务是由各种生产要素生产出来的。所以，总供给是各种生产要素供给的总和，即劳动、资本、土地和企业家才能供给的总和。生产要素的供给可以用各种生产要素相应得到的收入总和来表示，即用工资、利息、地租和利润的总和来表示。工资、利息、地租和利润是居民户所得到的收入，这些收入分为消费（C）和储蓄（S）两部分。所以总供给＝消费＋储蓄，即

$$AS=C+S$$

总需求≡总供给，或者 $C+I\equiv C+S$。两边同时消除 C，则可得到：$I\equiv S$

因此，两部门经济中，国民收入恒等关系是投资恒等于储蓄。

二、三部门经济

（一）三部门经济的含义

三部门经济（three - sector economy）是指由厂商、居民户与政府这三种经济单位所组成的经济。在这种经济结构中，政府的经济职能是通过税收与政府支出实现的。政府通过税收和政府支出与居民户及厂商发生经济关系。

（二）三部门经济的收入流量循环模型

三部门经济的收入流量循环模型如图 8 - 6 所示。

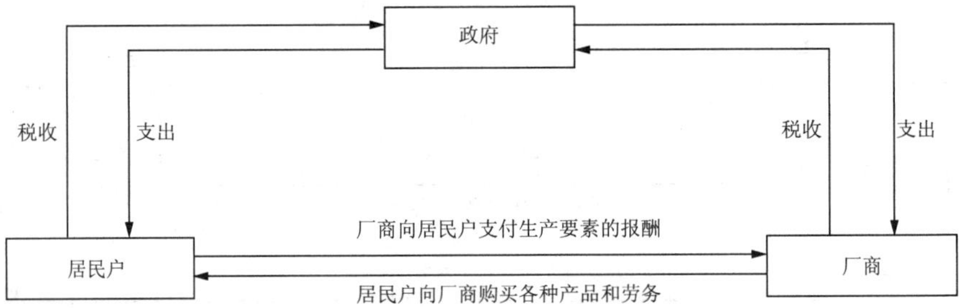

图 8 - 6　三部门经济的收入流量循环模型

（三）三部门经济中的供求恒等关系

图 8 - 6 表示了三部门经济中的收入流量循环，即居民户、厂商与政府之间的经济关系。这时经济要正常运行下去，不仅要储蓄等于投资，还要求政府来自居民户与厂商的税收和政府向居民户与厂商的支出相等。

1. 总需求

在三部门经济中，总需求包括居民户的消费需求、厂商的投资需求和政府的需求。政

府的需求可以用政府的支出（G）来表示，所以，总需求＝消费＋投资＋政府支出。可表达为

$$AD=C+I+G$$

2. 总供给

三部门经济的总供给中，除了居民户供给的各种生产要素外，还有政府的供给。政府的供给是指政府为提供国防、立法、基础设施等公共物品而征收相应的收入——税收（T）。所以，可以用政府税收来代表政府的供给，总供给＝消费＋储蓄＋税收，即

$$AS=C+S+T$$

三部门经济中的总供给与总需求的恒等式关系为

$$AD\equiv AS$$

即

$$I+G\equiv S+T$$

也就是说，三部门经济中的国民收入恒等关系是投资加政府支出恒等于储蓄加税收。

三、四部门经济

（一）四部门经济的含义

四部门经济（four - sector economy）是指由厂商、居民户、政府和国外这四种经济单位所组成的经济。在这种经济中，国外的作用：一是作为国外生产要素的供给者，向国内各部门提供产品与劳务，对国内来说，这就是进口；二是作为国内产品与劳务的需求者，向国内进行购买，对国内来说，这就是出口。

（二）四部门经济的收入流量循环模型

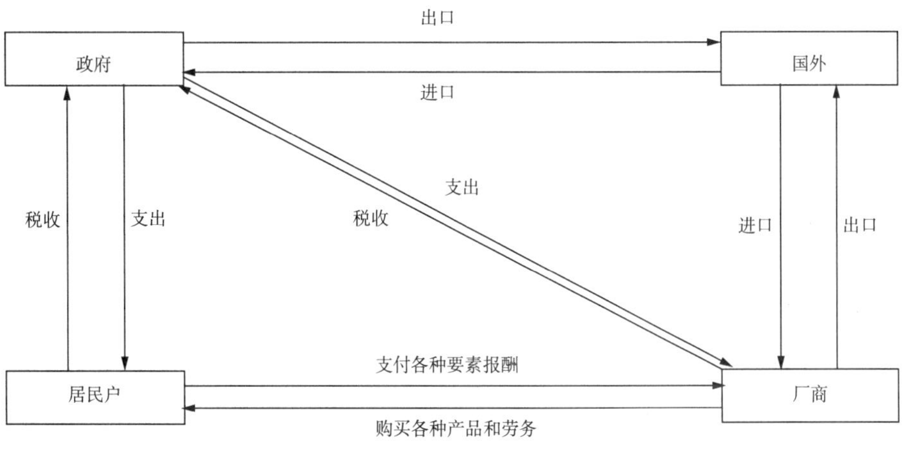

图 8－7　四部门经济的收入流量循环模型

(三) 四部门经济中的供求恒等关系

四部门经济中的收入流量循环关系，即居民户、厂商、政府与国外之间的经济联系，如图 8—7 所示。这时经济要正常运行下去，不仅要储蓄等于投资、政府税收等于支出，而且还要所有的出口与所有的进口相等。

1. 总需求

在四部门经济中，总需求不仅包括居民户的消费需求、厂商的投资需求与政府的需求，而且还包括国外的需求。国外的需求对国内来说就是出口，所以可以用出口来代表国外的需求。这样得出的总需求＝消费＋投资＋政府支出＋出口，如果以 X 代表出口，则可表达为

$$AD=C+I+G+X$$

2. 总供给

四部门经济的总供给中，除了居民户供给的各种生产要素和政府的供给外，还有国外的供给。国外的供给对国内来说就是进口，所以可以用进口来代表国外的供给。如果以 M 代表进口，则可以把上式写成总供给＝消费＋储蓄＋政府税收＋进口，即

$$AS=C+S+T+M$$

四部门经济中的总需求与总供给的恒等关系为

$$AD\equiv AS$$

即

$$I+G+X\equiv S+T+M$$

【本章小结】

本章首先从宏观经济分析的基本问题入手，介绍宏观经济学的研究对象和宏观经济的基本问题，其次介绍了国民收入的核算体系，重点介绍了国内生产总值、国内生产净值、国民收入、个人收入和个人可支配收入等指标，以及用支出法和收入法计算国内生产总值的方法。最后介绍了国民收入核算中的供求恒等式。

【经济学家】

“GDP 是 21 世纪最伟大的发明之一”的提出者——保罗·萨缪尔森

诺贝尔经济学奖获得者、美国著名经济学家保罗·萨缪尔森，把国内生产总值（GDP）称作“21 世纪最伟大的发明之一”。萨缪尔森 1935 年毕业于芝加哥大学，随后获得哈佛大学硕士学位和博士学位，并一直在麻省理工学院任经济学教授，是麻省理工学院研究生部的创始人。1947 年，他成为约翰·贝茨·克拉克奖的首位获得者；1970 年，他获得诺贝尔经济学奖，也是第一位获得诺贝尔经济学奖的美国经济学家。

图 8-10 保罗·萨缪尔森
（图片来源：百度图片）

萨缪尔森是当今世界经济学界的巨匠之一，他研究的内容十分广泛，涉及经济学的各个领域，是世界上罕见的多能学者。他是那些能够和普通大众进行交流的为数极少的经济学家之一。他经常出席美国国会作证，在美国联邦委员会、财政部和各种私人非营利机构任学术顾问。他发展了数理和动态经济理论，将经济科学提高到新的水平，是当代凯恩斯主义的集大成者，被誉为“经济学界的最后一位通才”。

2009 年 12 月 13 日，他在其位于美国马萨诸塞州的家中逝世，享年九十四岁。美联社在他逝世的当天总结这位美国经济学泰斗一生最主要的三大成就：一是他将数学分析方法引入经济学；二是他帮助在经济困境中上台的肯尼迪政府制定了著名的“肯尼迪减税方案”；三是他编写了一部被数百万大学生奉为经典的教科书《经济学》。在《经济学》这本教材中，他把 GDP 称作是“21 世纪最伟大的发明之一”。也正是他的这本著作，将西方经济学理论第一次系统地带进中国，并使这种思考方式和视野在中国落地生根。

资料来源：节选自百度百科“保罗·萨缪尔森”，有改动。

【练习与思考】

一、单项选择题

1. 下列说法错误的是（　　）。

A. GDP 和 GNP 都是流量概念

B. GDP 是地域概念，GNP 是国民概念

C. GDP 和 GNP 都是以市场交换为基础

D. GDP 和 GNP 是同一概念，没有区别

2. “面粉是中间产品”这一命题（　　）。

A. 一定是不对的　　B. 一定是对的

C. 可能是对的，也可能是不对的　　D. 以上三种说法全对

3. 以下哪个不是存量指标（　　）。

A. 存货　　B. 资本

C. 社会财富　　D. 投资

4. 在一个有家庭、企业、政府和国外构成的四部门经济中，GDP 是（　　）的总和。

A. 消费、总投资、政府购买和净出口

B. 消费、净投资、政府购买和净出口

C. 消费、总投资、政府购买和总出口

D. 工资、地租、利息、利润和折旧

5. 某国 2020 年人均 GDP 大于人均 GNP，这表明该国公民从外国取得的收入（　　）外国公民从该地区取得的收入。

A. 大于　　B. 小于

C. 等于　　D. 可能大于可能小于

6. 下列哪一项不列入国内生产总值的核算？（　　）

A. 出口到国外的一批货物

B. 经纪人为一座旧房买卖收取的一笔佣金

C. 政府给贫困家庭发放的一笔救济金

D. 保险公司收到一笔家庭财产保险

7. 用收入法计算的 GDP 应等于（　　）。

A. 消费＋投资＋政府支出＋净出口

B. 工资＋利息＋地租＋利润＋间接税

C. 工资＋利息＋中间产品成本＋利润＋间接税

D. 生产企业收入－中间产品成本

8. 下列说法中正确的是（　　）。

A. 一旦个人收入决定以后，只有个人所得税的变动才会影响个人可支配收入

B. 间接税不计入 GNP

C. 间接税不计入 NNP

D. 居民购买股票的行为在经济学意义上不算投资

9. 在一般情况下，国民收入核算体系中数值最小的是（　　）。

A. 国民生产净值　　B. 个人收入

C. 个人可支配收入　　D. 国民收入

10. 名义国民生产总值随着下述哪种因素的变化而变化（　　）。

A. 商品的数量　　B. 商品的价格

C. 商品的数量和价格　　D. 商品的质量

二、多项选择题

1. 经济学意义上的投资是指（　　）。

A. 企业增加一笔存货　　B. 建造一座住宅

C. 企业购买一台计算机　　D. 企业为一台机床提取折旧

2. 在下列项目中，属于政府购买的有（　　）。

A. 地方政府办三所中学　　B. 政府给低收入者提供一笔住房补贴

C. 政府订购一批军火　　D. 政府给公务员增加薪水

3. 下列说法中正确的是（　　）。

A. 某建筑去年已经完成，今年的销售金额应加入今年的 GDP

B. 总投资和净投资的差就是 GDP 和 GNP 的差

C. 转移支付增加了，但 GDP 不增加

D. 如果两个邻居相互为对方扫雪，并且分别向对方支付费用，会增加 GDP

E. 国民产出的增加并不意味着个人生活水平的提高

4. 下列各项中，不计入 GNP 的是（　　）。

A. 私人建造的住宅　　B. 从事二手货交易的经纪人提取的佣金

C. 政府向失业者提供的救济金　　D. 保险公司收取的保险金

E. 国库券利息

三、判断题

(　　)1. 国民生产总值等于各种最终产品和中间产品的价值总和。

(　　)2. 在国民生产总值的计算中，只计算有形的物质产品的价值。

(　　)3. 住宅建筑支出不是被看作耐用消费品消费支出而是被看作是投资支出的一部分。

(　　)4. 总投资增加时，资本存量就增加。

(　　)5. 政府的转移支付是国民生产总值构成中的一部分。

(　　)6. 存货变动是仓库产品的增加或减少，因而存货变动不能被算作投资。

(　　)7. 银行存款者取得的利息收入属于要素收入。

(　　)8. 在只有家庭和企业的两部门经济的国民收入报表中，投资与储蓄具有恒等关系。

(　　)9. 从经济学上看，人们购买债券和股票属于投资行为。

(　　)10. 国内生产总值是从国民生产总值中减去国外净要素支付后的余额。

四、问答题

1. 什么是宏观经济总量指标？宏观经济总量指标主要包括哪些？

2. 什么是国内生产总值？什么是国民生产总值？两者有何联系？

3. 什么是绿色 GDP？

五、计算题

假设某国 2020 年的经济数据见表 8－4.

表 8－4　某国 2020 年的经济数据

项目	金额（单位：10 亿美元）
个人消费支出	1832.3
折旧	302.3
政府转移支付	189.2
雇员收入	2002.8
税收	199.7
私人投资	403.8
产品和劳务输出	339.6
政府对企业的补贴	8
政府对产品和劳务的购买	667.9
净利息	135.7
财产所有者的收入	168.9
公司利润	689.1
产品和劳务的进口	286.3

试用支出法、收入法计算国内生产总值和国内生产净值。

【实训】

对安徽省各地级市的宏观经济数据的比较分析。

1. 浏览安徽省统计局网站（http：//tjj. ah. gov. cn/）。

2. 在安徽省各市近五年的国民经济与社会发展统计公报中查找需要的有关宏观经济数据。

3. 通过绘制表格和趋势线，对各地级市的经济与社会发展作出评价；根据分析结果讨论安徽省各地级市经济发展的特点。

4. 教师对各小组的数据处理与分析结果进行归纳和点评。

第九章
经济增长与经济周期

学习目标

重点掌握：1. 经济增长理论
　　　　　2. 经济增长与经济发展
　　　　　3. 经济周期
基本了解：1. 经济增长方式
　　　　　2. 经济周期类型
一般了解：1. 哈罗德-多马增长模型
　　　　　2. 新古典增长模型

本章导读

党的20大报告指出：我们党成功推进和拓展了中国式现代化

中国式现代化，是中国共产党领导的社会主义现代化，既有各国现代化的共同特征，更有基于自己国情的中国特色。

——中国式现代化是人口规模巨大的现代化。我国十四亿多人口整体迈进现代化社会，规模超过现有发达国家人口的总和，艰巨性和复杂性前所未有，发展途径和推进方式也必然具有自己的特点。我们始终从国情出发想问题、作决策、办事情，既不好高骛远，也不因循守旧，保持历史耐心，坚持稳中求进、循序渐进、持续推进。

——中国式现代化是全体人民共同富裕的现代化。共同富裕是中国特色社会主义的本质要求，也是一个长期的历史过程。我们坚持把实现人民对美好生活的向往作为现代化建设的出发点和落脚点，着力维护和促进社会公平正义，着力促进全体人民共同富裕，坚决防止两极分化。

——中国式现代化是物质文明和精神文明相协调的现代化。物质富足、精神富有是社会主义现代化的根本要求。物质贫困不是社会主义，精神贫乏也不是社会主义。我们不断厚植现代化的物质基础，不断夯实人民幸福生活的物质条件，同时大力发展社会主义先进文化，加强理想信念教育，传承中华文明，促进物的全面丰富和人的全面发展。

——中国式现代化是人与自然和谐共生的现代化。人与自然是生命共同体，无止境地向自然索取甚至破坏自然必然会遭到大自然的报复。我们坚持可持续发展，坚持节约优先、保护优先、自然恢复为主的方针，像保护眼睛一样保护自然和生态环境，坚定不移走生产发展、生活富裕、生态良好的文明发展道路，实现中华民族永续发展。

——中国式现代化是走和平发展道路的现代化。我国不走一些国家通过战争、殖民、掠夺等方式实现现代化的老路，那种损人利己、充满血腥罪恶的老路给广大发展中国家人民带来深重苦难。我们坚定站在历史正确的一边、站在人类文明进步的一边，高举和平、发展、合作、共赢旗帜，在坚定维护世界和平与发展中谋求自身发展，又以自身发展更好维护世界和平与发展。

资料来源：习近平：《为全面建设社会主义现代化国家而团结奋斗——在中国共产党第二十次全国代表大会上的报告》。

何为经济增长和经济周期？这正是本章要学习的内容。经济增长和经济周期是经济学中的重要问题。正如美国经济学家、诺贝尔经济学奖获得者詹姆士·托宾（James Tobin，1918—2002）所说："宏观经济学有两个不变的基本命题。其一是说明经济活动中的短期波动，有些人将这种波动称为周期，这种年复一年，月复一月的变化，综合起来形成繁荣或衰退，通货膨胀或通货紧缩。其二是说明长期经济趋势，即某一经济在几十年内的增长率。"本章主要讲述经济增长理论、经济增长因素分析、经济增长理论的发展和经济周期等内容。

第一节　经济增长理论

研究经济增长是经济学中一个古老而重要的议题。人类生存和发展的前提就是物质产品的稳定和增加。近代经济学的奠基人、英国古典经济学家亚当·斯密研究的中心问题就是经济增长。因此说经济增长是经济学最古老的主题之一并不过分。现代经济增长理论是在凯恩斯主义出现之后形成的，它研究国民收入的长期增长趋势，是从长远的眼光来观察经济的表现。本节在介绍经济增长相关概念的基础之上，通过增长核算和增长理论两种方法来研究经济增长的相关问题。

一、对经济增长的一般认识

微课 9.1　经济增长

（一）经济增长的含义及衡量指标

美国经济学家、诺贝尔经济学奖得主西蒙·史密斯·库兹涅茨（Simon Smith Kuznets，1901—1985）曾这样定义经济增长：一个国家的经济增长，可以定义为给居民提供种类日益繁多的经济产品的能力长期上升，这种不断增长的能力是建立在先进技术以及所需要的制度和思想意识之相应的调整的基础上的。

在现代经济增长理论中，经济增长被定义为一个国家在一定时期内实际人均产出水平的提高（或人均实际产品和劳务的增加）速度。经济增长反映着一个国家一定时期生产能力扩张的速度，决定着一定时期一个国家的人民生活水平和这个国家的“国力”。

由经济增长的含义可知，反映经济增长的最基本指标就是国内生产总值（GDP），以及在其基础之上衍生出来的国民生产总值（GNP）和国民收入（NI）指标。为了准确、真实地计算经济增长速度，我们在使用这些经济指标时必须考虑到以下两个因素的影响。

（1）价格因素。我们为了计算真实的经济增长速度，首先必须在经济指标中排除通货膨胀的影响。也就是说，不能用现行的价格指标计算，而要用不变的价格指标计算。这样计算出的才是实际 GDP、GNP 和 NI。

（2）人口因素。为了反映人民生活水平的真实变动情况，我们还要将产出的实际增长用当时的人口数量来除，得出人均实际 GDP、GNP 和 NI。

衡量经济增长，不仅要看它所达到的水平，还要看其增长速度，因此需要考察经济增长率。我们常以国内生产总值的增长率作为经济增长率，若设某年国内生产总值为 Y，一年中其增量为 ΔY，则经济增长率 G 为

$$G=\frac{\Delta Y}{Y}$$

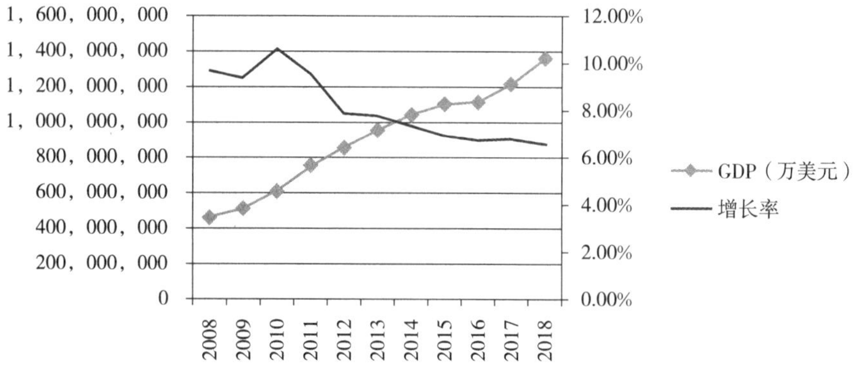

图 9－1　2008—2018 年中国 GDP 与 GDP 增长率

资料来源：世界银行网站。

【延伸阅读】

改革开放 40 年中国 GDP 增长 33.5 倍，年均增长 9.5%

1978 年，我国是世界上最贫穷的国家之一。按照世界银行的统计数据，当时我国人均国内生产总值（GDP）只有 156 美元，当时最贫穷的撒哈拉沙漠以南的非洲国家人均 GDP 平均数是 490 美元，我们连它的三分之一都没达到。中国在 1978 年底拥有 10 亿的庞大人口，其中 81%是农民，文盲众多，84%的人每天的生活费达不到每人每日 1.25 美元的国际贫困线标准。而且，当时我们处在一个非常封闭的环境中，进出口贸易中，出口只占国内生产总值的 4.1%，进口占 5.6%，两项加起来只有 9.7%，也就是说，当时我们

90%以上的国民经济跟世界经济是不相干的。就是在这么低的起点上，1978 年至 2017 年的 39 年间，中国经济的年均增长速度达到 9.5%，平均每 8 年翻一番，远高于同期世界经济 2.9%左右的年均增速，这样一个增长速度，在人类经济发展史上罕见，而且几乎超出所有人的预期。

改革开放至今，我国也是世界上唯一没有出现金融经济危机的国家，而且当其他国家出现金融经济危机的时候，我们对它们的稳定和复苏做出了巨大贡献。例如，1997 年和 1998 年的东亚金融危机，当时普遍认为东亚经济可能从此一蹶不振，实际上到 2000 年以后，东亚经济又开始恢复蓬勃发展，最主要原因就是中国当时承诺人民币不贬值，并且在危机发生后，我们还维持了 8%的经济增长，拉动了周边经济体的经济复苏。2008 年国际金融经济危机发生后，中国作为一个负责任的大国，很快推出四万亿元经济计划，并且在 2009 年第一季度就恢复了经济增长，并且拉动了世界其他经济体经济增长。

资料来源：林毅夫．改革开放 40 年中国经济增长创造世界奇迹［N］．经济参考报，2018-05-02.

（二）经济增长与经济发展的区别

经济增长（economic growth）和经济发展（economic development）常被认为是可以相互通用的。其实两者并不完全相同。从经济含义看，它们至少有以下三个方面的区别。

第一，经济增长是一个“速度指标”，它反映的是一国社会财富增加的速度。因此，在测量上，我们一般用百分比，而不是用绝对数量来表示。而经济发展则是一个“水平概念”，它反映的是一国人民生活水准（甚至综合国力）的高度，即一个国家人均社会财富的拥有量。例如，我们常常在说一个国家的富裕程度时，并不用增长率来表示，而是用人均实际收入水平，比如人均多少美元来表示。有些富裕国家即使某个时期经济增长速度可能并不高，甚至还比不上某些穷国，但是人均生活水平还是比较高，甚至要高很多，这就是经济发展程度的差别。

第二，经济增长是明确的产量增加，是一个“量”的概念，具体表现为 GDP 增加。相比之下，经济发展则是一个较复杂的“质”的概念，必须从很多方面来说明，如制度、结构、技术进步、自然条件、地理位置、资源配置和文化教育以及福利保障，甚至人口的平均寿命等，是一个社会从落后状态到先进状态的过程。正因为如此，有不少经济学家说，某些国家只有经济增长而没有经济发展。这是因为这些国家经济增长速度可能很快，但经济发展方面并没有显著变化，特别是经济结构的变化。再比如，我们常常听到不少经济学家把发达国家称为“工业化国家”或“后工业化国家”，而这样称一些发展中国家则显然不合适。严格来说，经济发展离不开经济增长，经济增长也是经济发展的条件和指标之一，但是经济增长不等于经济发展。

第三，从时间上看，经济发展是研究更长时期的经济变动，而经济增长则是研究一定时期内（一般是逐年的）经济活动的变动。从这个意义上看，经济发展和经济增长是相互联系的。一个国家只有不断实现经济增长，或提高经济增长速度，经济发展才有可能；反过来看，一个国家经济的长期发展有助于生产能力的积累和扩张，从而为加速经济增长提供良好的内外部条件。正因为如此，经济学家在研究发展中国家的经济时，往往对经济增长进行理论和实践的分析。但是这只是研究经济发展的基本条件和途径，而并不是经济发展本身。在实践当中，有些国家单纯追求富裕，而不求发展，最终往往不能长久维持富裕。

可见，任何一个国家，既需要经济增长，也需要经济发展。经济发展问题不仅仅是发展中国家面临的问题，也是发达国家面临的问题。尽管发达国家已经比较发达了，但是经济发展并没有达到顶点。二战以来发达国家经济比以往有了新的发展，这充分体现在技术进步、经济管理方式、生产结构和社会经济关系的变化，以及教育、科研投入、人均收入等方面。

让我们考察世界一些国家的经济增长经历，表 9－1 列出的是近 50 年来，16 个国家在 GDP 总量方面的绝对数和平均增长率，由此可见经济增长与经济发展的关系。

表 9－1　世界一些国家 1970—2018 年不同的经济增长经历

国别	期初 GDP（美元）	期末 GDP（美元）	平均年增长率
美国	1 075 900 000 000	20 544 343 456 936	6.34%
中国	91 506 211 306	13 608 151 864 637	10.98%
日本	209 070 551 157	4 971 323 079 771	6.82%
德国	215 021 806 498	3 947 620 162 502	6.25%
英国	130 596 349 412	2 855 296 731 521	6.64%
法国	148 948 860 281	2 777 535 239 277	6.28%
印度	63 517 182 000	2 718 732 231 257	8.14%
巴西	42 327 600 116	1 868 626 087 908	8.21%
加拿大	87 762 259 546	1 713 341 704 877	6.39%
墨西哥	35 541 711 470	1 220 699 479 845	7.65%
印度尼西亚	9 656 740 014	1 042 173 300 625	10.24%
阿根廷	31 584 210 365	519 871 519 807	6.01%
南非	17 907 041 999	368 288 939 768	6.50%
巴基斯坦	10 027 088 677	314 588 210 501	7.44%
孟加拉国	8 992 721 809	274 024 958 965	7.38%
阿拉伯埃及共和国	7 682 492 054	250 894 760 351	7.53%

资料来源：世界银行集团，http://www.worldbank.org.cn.

从表 9－1 中我们可以看出，50 年前，中国并不是一个经济大国。中国的 GDP 总量只比加拿大略高，而且远远落后于德国。但是，由于惊人的经济增长速度，中国今天是一个超级经济大国，GDP 总量只低于美国。随着时间的推移，由于增长率的差别，按 GDP 总量给各国排序会有很大的差别。相对于其他国家，中国一直在上升，增长缓慢的国家是阿根廷、德国、法国。在 1970 年，德国是世界第二大经济体，GDP 总量是中国的 2.35 倍，比日本高 3%。现在，德国的 GDP 总量只有中国的 30%，比日本低 26%。

这些数据表明，世界上最富的国家并不能保证它们将来也是最富的，而世界上最穷的国家也不是永远就处于贫穷状态。保持持续的增长，国家才有可能变得富裕。

（三）研究经济增长问题的方法

在宏观经济学中，对于经济增长的研究有两种互为补充的分析方法：一种是经济增长核算，它将决定产量增长的不同因素的贡献程度数量化；另一种是经济增长理论，它将增长过程中生产要素供给、技术进步、储蓄和投资之间的互动关系模型化。下面我们就分别从这两个方面对经济增长的问题进行分析。

二、经济增长核算

经济增长核算方法可以用来分析经济增长的源泉。经济增长是产量的持续增加，因此可以根据总生产函数来研究经济增长的源泉。总生产函数表示的是总产量与生产中使用的全部生产要素投入量之间的函数关系，用公式表示为：

$$Y=AF\ (K,\ L)$$

式中：Y 代表产量；K 代表资本；L 代表劳动；A 代表技术。总生产函数假定技术是不变的，所以 A 是一个外生变量，且固定不变；F 表示产量与生产要素投入之间的函数关系。从总生产函数可以看出，一个国家或地区经济增长的源泉主要是资本、劳动与技术进步。

1. 资本

资本分为物质资本与人力资本。物质资本又称有形资本，是指投在机器、设备、厂房、交通设施等生产物上的资本；人力资本又称无形资本，是指体现在劳动者身上的投资，如劳动者的文化技术水平、健康状况等。这里所研究的是物质资本。

英国古典经济学家亚当·斯密把资本的增加作为国民财富增加的源泉；现代经济学家认为，在经济增长中，一般的规律是资本的增加要大于人口的增加，即人均资本量是增加的，从而每个劳动力所拥有的资本量（资本—劳动比率）是增加的。只有人均资本量的增加，才有人均产量的提高。

2. 劳动

劳动的增加是指劳动力的增加。劳动力的增加分为劳动力数量的增加和劳动力质量的提高。无论是劳动力数量的增加还是劳动力质量的提高，对经济增长都是重要的。劳动力数量的增加有三个源泉：人口的增加、就业率的提高和劳动时间的增加。劳动力质量的提高则是文化技术水平和健康水平的提高。劳动力是数量与质量的统一。一个高质量的劳动力，可以等于若干低质量的劳动力。劳动力数量的不足，可以由质量的提高来弥补。

3. 技术进步

技术进步在经济增长中的作用，体现在生产率的提高上面。技术进步中最主要的内容是知识的进展。知识进展包括科学技术的发展及其在生产中的运用，新工艺的发明与采用等等。特别需要强调的是，知识进展不仅包括自然科学与技术科学的进展，还包括管理科学的进展。

微课 9.2　经济增长理论与模型

三、经济增长理论与模型

1936 年凯恩斯《就业、利息和货币通论》的出版标志着西方经济学开始从微观、静态、定量和短期的分析方法的限制中走出来。现代经济增长理论直接产生于对凯恩斯经济学的修正和扩展，或者是对凯恩斯经济学发展和完善的努力。

经济增长模型旨在通过对决定经济增长的因素之间量的分析来解决这样三个问题：第一，在长期中是否存在一种稳定状态的增长；第二，实现稳定均衡增长的条件是什么；第三，这种均衡增长是否有稳定性。总而言之，经济增长模型是寻求经济长期稳定增长的途径。下面我们介绍几种重要的模型和理论。

（一）哈罗德-多马增长模型

20 世纪 40 年代，英国经济学家罗伊·福布斯·哈罗德（Roy Forbes Harrod，1900—1978）和美国经济学家埃弗塞·多马（1914—1997，Evsey David Domar）分别提出了经济增长模型，由于他们所提出的模型类似，故称为哈罗德-多马增长模型。我们以哈罗德模型为主来介绍这一模型的基本内容。这一模型在假设技术不变的前提下研究资本增加与经济增长之间的关系，其基本公式为

$$G=\frac{S}{C}$$

式中，G 代表国民收入增长率，即经济增长率；S 代表储蓄率，即储蓄量在国民收入中所占的比例；C 代表资本-产量比率，即生产 1 个单位产量所需要的资本量。

这里的基本前提是投资等于储蓄。因此，这一模型强调的是资本增加对经济增长的作用，分析的是资本增加与经济增长之间的关系。

根据这一假设，资本与劳动的配合比率是不变的，从而资本-产量比率也就是不变的。这样，经济增长率实际就取决于储蓄率。假定 C 为 3，如果 S 为 15%，经济增长率 G 则为 5%。在资本-产量比率不变的情况下，储蓄率高，则经济增长率高；储蓄率低，则经济增长率低。经济增长率和储蓄率呈同方向变化，和资本-产量比率呈反方向变化。

哈罗德模型还用实际增长率、有保证的增长率与自然增长率三个概念分析了经济长期稳定增长的条件与波动的原因。如果这三种增长率不一致，则会引起经济的波动。

（二）新古典增长模型

新古典增长模型是由美国经济学家、诺贝尔经济学奖获得者罗伯特·默顿·索洛（Robert Merton Solow，1924—）等人提出来的。这一模型认为，哈罗德-多马模型所指出的经济增长途径是很难实现的。这也就是说，在现实中，由于各种因素的影响，实际增长率、有保证的增长率与自然增长率很难达到一致。因此他们的模型通过改变资本-产量比率，并考虑技术进步对经济增长的作用。新古典增长模型的公式为

$$G=a\,\frac{\Delta K}{K}+b\,\frac{\Delta L}{L}+\frac{\Delta A}{A}$$

式中：$\Delta K/K$ 代表资本增长率，$\Delta L/L$ 代表劳动增长率，a 代表经济增长中资本所作的贡献比率，b 代表经济增长中劳动所作的贡献比率，a 与 b 之比即资本-劳动比率，$\Delta A/A$ 代表技术进步增长率。即：

经济增长率＝技术进步率＋（劳动份额×劳动增加率）＋（资本份额×资本增长率）

这一模型的含义：第一，决定经济增长的因素是资本的增加、劳动的增加和技术进步。第二，资本-劳动比率是可变的，从而资本-产量比率就是可变的。第三，资本-劳动

比率的改变是通过价格的调节来进行的。如果资本量大于劳动量，则资本的相对价格下降，劳动的相对价格上升，从而使生产中更多地利用资本，更少地利用劳动，通过资本密集型技术来实现经济增长。反之，如果资本量小于劳动量，则资本的相对价格上升，劳动的相对价格下降，从而使生产中更多地利用劳动，更少地利用资本，通过劳动密集型技术来实现经济增长。这样，通过价格的调节使资本与劳动都得到充分利用，经济得以稳定增长。

这一模型强调了价格对资本-劳动比率的调节作用，与新古典经济学的观点相似，故称新古典增长模型。这一模型认为，在长期中实现均衡的条件是储蓄全部转化为投资，即对凯恩斯储蓄等于投资这一短期均衡条件的长期化。

（三）零增长理论

20世纪50年代至60年代，西方国家的高经济增长政策尽管获得了成功，但也引起了滞胀、环境污染、社会风气败坏等问题。在经济学界引起了关于经济增长的争论，许多学者对经济增长提出了异议。这就是零增长理论的来由，这种理论或认为增长是有极限的，或认为即使可以无限增长，增长也是不可取的。

零增长理论认为，影响经济增长的五个因素是人口增长、粮食供应、资本投资、环境污染和能源消耗。这些因素的共同特点在于它们的增长都是指数增长，即按照一定的百分比递增。他们把这五种因素的相关数据代入公式并运用计算机进行计算，得出的结论：假定世界上自然的、经济的和社会的关系没有重要的变化，那么，由于世界粮食的短缺、资源的耗竭和污染的严重，世界人口和工业生产能力将会发生非常突然和无法控制的崩溃。为了避免这种人类毁灭的命运，必须在1975年停止人口增长，在1980年停止工业投资的增长，以达到零增长的全球性均衡。

另一种相关的观点认为，即使增长不存在极限，也并不可取，因为经济增长的结果并不一定使生活水平提高，而人们为经济增长所付出的社会与文化的代价却很高。这首先就在于，持续的经济增长使人们失去了许多美好的享受，例如无忧无虑的闲暇，田园式的享受，清新的空气，等等。其次，经济增长所带来的仅仅是物质享受的增加，但物质并不是唯一的幸福源泉，有些物质产品的增加也许还会给人们带来负效用。最后，人对幸福的理解还取决于他在社会上的相对地位，尽管经济增长增加了个人收入的绝对量，但并不一定能提高其地位。提出此观点的美国福利经济学家米香认为，在经济增长中，人们失去的幸福太多了，因此，即使经济增长是可能的，也是不可取的。应当停止经济增长，恢复过去那种田园式的生活。

（四）新增长理论

美国经济学家、诺贝尔经济学奖获得者保罗·罗默（Paul M. Romer，1955—）在1986年提出的新经济增长模型是经济增长理论的重大突破。在新古典增长模型中，考虑到了技术进步在经济增长中的重要作用，但技术进步被作为外生变量，对经济增长的贡献表示为扣除劳动和资本所做贡献之后的余量。罗默提出经济增长包括四个要素：资本、劳动、人力资本和技术水平。模型中的资本指原有技术水平的设备和原材料等投资。劳动是非熟练劳动。人力资本是指熟练劳动，是通过对人力的投资形成的，其主要途径有三个：教育、卫生保健和移民入境。教育对人力资本形成的作用，体现在提高劳动者素质，形成高素质的人才；卫生保健对人力资本形成的作用，体现在提高劳动者身体素质。这两项人力资本形成的途径需要大量投资，而作为人力资本形成途径的移民入境，不需要较多的投资，因为移民入境国在人力投资的净受益恰好是移民出境国的净损失。模型中的技术水平是指采用新设备、新材料和实行新设计、新工艺等所带来的创新成果，这也需要大量投资。

新经济增长理论中强调的作为内生变量的技术进步主要表现在两个方面：一是表现在劳动者的熟练程度上，可用人力资本来表示；二是体现在新设备、新原料、新设计、新工艺等物质产品的技术先进性上，可用技术水平来表示。新经济增长理论解释了人力资本在经济增长中的重要性，说明了资本增加并不会引起资本边际收益递减，因为资本发生了质变。这一理论对解释知识经济等新问题有重大意义，对认识教育在增长中的重要性也有重要启示。

【相关链接】

保罗·罗默：重新定义经济增长

20 世纪 80 年代，美国经济正逐步从滞胀的梦魇中苏醒，而大洋彼岸的亚洲力量已然崭露头角。1981 年，26 岁的保罗·罗默（Paul Michael Romer）刚刚花了一年时间完成了他的论文，彼时这位野心勃勃的年轻学者决定建立一个更好的经济增长模型，这篇《具有外部性、递增报酬和无界增长的动态竞争性均衡》在正式提交时被缩短为 143 页，大部分涉及了专业的数学知识。

但这篇艰涩的论文对于身处经济学前沿的学者们而言，则有别样的意味——世界经济增长的拐点已经到来。

伴随着 20 世纪 90 年代那股席卷全球的科技浪潮，由罗默开创的内生增长理论成了宏观经济学中的显学。1997 年，他被《时代》杂志评为美国 25 位最具影响力人物。2018 年，63 岁的罗默接过了诺贝尔经济学奖的桂冠，评委会在颁奖词中写道："保罗定义了知识是如何成为长期推动经济增长的动力，当经济每年都有几个百分点的增长并且保持数十年的时候，人们的生活方式将随之发生剧变。之前的宏观经济强调技术创新是经济增长的主要驱动力，但是并没有展示经济政策和市场条件如何决定技术变革，保罗通过演示经济力量对公司愿景的管理，进而产生新的创意和革新这种方式解决了上述问题。"

资料来源：谢洋．保罗·罗默：重新定义经济增长［N］．时代周报，2019-03-19，有删减。

第二节　经济增长方式

微课 9.3　经济增长方式与可持续发展

经济增长方式是指生产要素的组合方式。经济增长首先依赖于生产要素投入的增加。生产要素一般可以分为三类：资本、土地（自然资源）和劳动。任何生产过程都离不开这三大要素，在不同的生产过程中，它们的比例是不同的。与经济增长概念相比，经济增长方式主要是用以考察经济产出量的增加是通过什么途径或采取什么方法实现的，它与经济增长的关系是手段与目的的关系。

一、经济增长方式的类型

（一）增长方式的分类

经济增长方式反映了经济增长的特征和主导趋势。由于经济增长所反映的特征是多样的，因此，对经济增长方式的分类也有多种模式。目前，最常见的有粗放型和集约型。此外，还有数量型和质量型，速度型和效益型，外向型和内涵型等。

1. 粗放型

粗放型经济增长（extensive economic growth）方式的基本特征主要是在原有技术水平基础上以增加生产要素的投入来扩大生产规模，实现经济增长。

2. 集约型

集约型经济增长（intensive economic growth）方式的基本特征主要是依靠提高生产要素的质量和使用效率来实现经济增长。

（二）粗放型和集约型经济增长方式的联系与区别

从联系看，二者都是在一定的投入中谋求经济增长；就区别而言，主要是动力结构和运行状况有所不同，在实现经济生活中表现出各自的一些基本特征。

从经济增长动力结构来看，粗放型增长方式主要依靠追加生产要素的数量，以资源、劳动的高投入和高消耗支持经济增长。在现代市场经济条件下，粗放型经济增长往往表现为一种供给主导型的“短缺经济”，生产规模在低层次社会需求拉动下做低水平、外延式的平面扩张；而集约型经济增长则主要依靠提高生产要素的质量和使用效率，以改进技术、改善管理、提高劳动力素质等方式支持经济增长。现代市场经济条件下，集约型经济增长往往表现为一种需求主导型的“均衡经济”，生产规模在高层次社会需求的引导下向高水平作内涵式立体扩大。同时，技术进步引起重点产业和部门的扩张，继而推动产业结构和产品结构的合理化、高级化。

从经济运行状况看，粗放型经济增长方式下的社会生产表现为高投入、高消耗和低产出、低质量、低效率的特征，经济系统的整合性差。增长过程中经常出现的结构扭曲和总量失衡使经济发展伴随着剧烈的周期性经济波动，结果往往导致环境污染、资源衰竭、产品质量下降、科技进步受阻、经济发展缺乏后劲，且容易陷入“高速度、低效益”的恶性循环。集约型经济增长方式下的社会生产表现出低投入、低消耗和高产出、高质量、高效益的特征，经济系统的整合性好，呈现出长期的稳定、持续增长之势，有利于节约资源，改善环境，促进产品质量的提高和科技的发展，整个经济进入速度与效益相统一的良性循环，能够保证经济、社会的可持续发展。

二、选择经济增长方式的意义

（一）促进生产效率的提高

在一个生产过程中，如果生产要素投入的总量没有改变但生产水平提高了，就说明生产效率提高了。促进生产效率提高的因素很多，包括技术进步、生产管理的改进、规模效益、资源转移、产业组织的改善和由于缩短工作时间所导致的效益的提高等。一个国家或地区在一定时期内采取什么样的经济增长方式是该国资源禀赋状况、经济发展阶段和经济体制等因素综合作用的结果。

在一个国家的工业化初期，由于自然资源较为丰富，劳动力数量众多，生产技术水平和管理水平较低，加之人均收入水平低，消费者对产品档次要求也不高，经济增长以粗放型增长为主是难以避免的。一个国家在初步实现工业化以后，一方面经济总量不断增大，人口增加，使经济增长和资源环境的矛盾日益突出，粗放型经济增长方式越来越受到资源和环境因素的约束。另一方面，随着工业基础的建立，科技也得到了相应的发展，国民经济各部门对科技的吸纳力大大加强，从而为经济的集约增长提供了可能。而集约化增长又进一步促进了生产效率的提高。

（二）合理配置资源

经济增长需要有各种资源的供给，但资源的有限性决定了能源、原材料的高消耗无法保证经济长期、稳定的高速增长。粗放型经济增长方式依靠资源的大量消耗，尤其是随着经济规模的扩大，消耗量会持续增加，如此一来，必将导致资源枯竭，难以支撑国民经济持续快速增长。因此，加快经济增长方式的转变，把持续高速增长建立在优化结构、提高劳动者素质和经济效益的基础上来，就能在一定程度上缓解资源有限性与经济增长对资源需求不断扩大的矛盾，为经济持续增长创造有利条件。

（三）提高经济效益

实现经济增长方式的转变有利于提高经济效益。在粗放型经济增长方式下，生产要素投入大，资源消耗大，但是产品的附加值低，盈利水平低。而集约型经济增长虽然在某些情况下也要增加生产要素的投入，但其经济增长主要是通过提高生产要素的质量和生产效率来实现的。在这种增长方式下实现的经济增长，不仅资源消耗低，而且提供的产品数量多，质量高，能够很好地满足消费者的需求，也可以提高企业的经济效益，从而较快地增强国家的经济实力。

（四）增强竞争力

实现经济增长方式的转变有利于增强一个国家在世界上的竞争力。发达国家凭借其技术优势，垄断着技术密集型产品的出口市场，不断向国际市场推出技术含量较高的产品，获取丰厚的利润，发展中国家则主要依赖出口初级产品和凭借劳动力成本低廉而生产的低档产品，这类产品附加值低，利润少，在国际竞争中处于弱势地位。

【相关链接】

构筑资源节约与环境友好的绿色发展体系

当前，我国经济已由高速增长阶段转向高质量发展阶段，而经济高质量发展的一个普遍形态和基本特征就是绿色发展。党的十九大报告明确提出，推动绿色发展就是要建立包括绿色经济、绿色技术、清洁能源、资源节约在内的绿色生产体系，倡导绿色生活方式。

推动形成绿色发展体系的核心，是加快推动形成绿色生产方式和生活方式，协同推进新型工业化、城镇化、信息化、农业现代化和绿色化。具体包括八个方面。

一要转方式。加快扭转依靠要素扩张的粗放发展方式，依靠技术和制度创新，推动国家整体发展方式的绿色化、低碳化和循环化。

二要调结构。特别要加快提升工业智能制造和绿色制造能力，调整能源消费结构，大力推动煤炭清洁化利用，持续降低化石能源比重。

三要优布局。重点优化国土空间开发布局，调整重点区域、重点流域产业布局。合理确定区域环境承载能力，培育发展新动能，从源头减少污染物排放。

四要强产业。推动传统产业智能化、清洁化改造，实现人工智能、大数据、云计算等和制造业深度融合。

五要节资源。实行最严格的耕地保护、节约用地和水资源管理制度，实现生产系统和生活系统循环链接，推进资源全面节约和循环利用。

六要控污染。坚决打好污染防治攻坚战，包括蓝天、碧水、净土保卫战，从紧从快补齐生态环境短板。

七要育生态。坚持底线思维，划定并严守生态保护红线，实现一条红线管控重要生态空间，确保“生态功能不降低、面积不减少、性质不改变”。

八要绿生活。倡导简约适度、绿色低碳的生活方式和价值观。大力推动绿色消费，大力发展公共交通，鼓励公众绿色出行。

资料来源：中国社会科学网，2019－08－29，有删减。

三、可持续发展

（一）可持续发展的定义

可持续发展（sustainable development），最早是由环境学家和生态学家提出来的。第二次世界大战以后，经济发达国家开始了战后重建，发展中国家也大规模地开始了工业化进程。虽然许多国家人均收入得到了大幅度提高，但也出现了许多不良后果：人口急剧增加，贫富差距日趋拉大，环境污染日益严重，生态平衡遭到破坏，不可再生资源迅速消耗等。20 世纪 70 年代以后，热带雨林开始逐渐消失，人口的不断增加带来资源和环境的双重压力，一些发展中国家出现了“贫困—人口增长—环境退化—贫困”的恶性循环。

一些数据表明，世界经济发展过程中付出的环境代价，在发达国家占 GDP 的 2%～4%，在发展中国家占 10%以上。面临上述挑战，人类必须深刻反省以前的经济增长方式，寻求摆脱困境的方法和途径。于是可持续发展理论脱颖而出。可持续发展是人类社会总结自己的发展历程，重新审视自己的经济活动与发展行为而提出的一种新的发展思想和发展模式。

可持续发展被定义为“既满足当代人的需要，又不损害未来世代人满足其自身需要的能力的发展”。尽管对此定义人们还有各种不同的解释，但有两点是共同的：认识到环境与资源对经济增长的制约；强调代际内和代际间的公平。

1972 年联合国大会决定每年 6 月 5 日为世界环境日。1978 年，国际环境和发展委员会首次在有关文件中正式使用了可持续发展概念。可持续发展在这份文件中被定义：在不牺牲未来几代人需要的情况下，满足我们这代人的需要。1987 年世界环境与发展委员会在其题为《我们共同的未来》的报告中将可持续发展作为关键性概念使用。1992 年世界环境与发展大会以“可持续发展”为指导方针，制定并通过了《21世纪行动议程》和《里约热内卢宣言》等重要文件。

（二）可持续发展的基本思路

（1）改变单纯追求经济增长、忽视生态环境保护的传统发展模式。

（2）由资源型经济过渡到知识技术型经济，综合考虑社会、经济、资源与环境效益。

（3）通过产业结构调整与合理布局，开发应用高新技术，实行清洁生产和文明消费，提高资源和能源的使用效率，减少废弃物排放等措施，协调环境与发展之间的关系，使社会经济的发展既能满足当代人的需要，又不致对后代人的需要构成危害，最终达到社会、经济、资源与环境的持续稳定发展。

（4）要实现可持续发展，重要的手段就是制定和实现可持续发展战略。所谓可持续发展战略是指改善和保护人类美好生活及其生态系统的计划和行动的过程，是多个领域发展战略的总称，它要求各方面的发展目标，特别是社会、经济及生态、环境目标相互协调。

（三）可持续发展战略的实施措施

（1）将生态环境目标纳入社会经济发展目标，将可持续发展作为发展的主要内容。

（2）明确环境资源及其产品的各种权属关系，建立健全环保法规体系。

（3）强化政府对环境的管理职能。

（4）加强国际协调，开展环境问题上的南北对话和东西方协商制度。

【延伸阅读】

《全球能源互联网促进全球环境治理行动计划》发布

2019年3月9日，全球能源互联网发展合作组织发布了《全球能源互联网促进全球环境治理行动计划》（以下简称《行动计划》），力图从能源可持续发展的角度为全球环境和生态文明建设探索一条新路。

该行动计划介绍了以全球能源互联网为载体破解全球环境问题的解决方案，提出实施理念传播、机制建设、清洁开发、电网互联、电力普及、电能替代、能效提升和生态修复八大行动。《行动计划》说，能源开发利用方式不合理是造成全球环境问题的关键因素，相比大规模开发利用化石能源等方式，全球能源互联网是保障能源安全供应、破解生态环境难题、产生最小环境代价的统筹优化方案，走的是一条资源节约、环境友好，实现经济发展和环境保护双赢的道路。具体来说，清洁替代可以减少化石能源污染排放并控制升温，电能替代能够推动自然资源合理利用和综合保护，互联互通则可促进能源资源统筹开发和全球配置。

全球能源互联网是清洁主导、电为中心、互联互通、共建共享的现代能源体系，其实质是“智能电网＋特高压电网＋清洁能源”，通过发挥特高压输电技术优势，实现全球清洁能源大规模开发、远距离输送、大范围配置。

全球能源互联网发展合作组织2016年3月在北京成立，由致力于推动世界能源可持续发展的相关企业、组织、机构和个人等自愿组成，目前会员已遍及大约80个国家和地区。

资料来源：新华网，http：//www.xinhuanet.com/2019－03/10/c_1124216641.htm.

第三节 经济周期理论

微课 9.4 经济周期

1825 年，英国爆发了资本主义历史上的第一次生产过剩性经济危机，以后每隔 10 年左右就有一次这样的危机。面对危机时期生产锐减、物价暴跌、社会动荡和人心不安的状况，人们将这种危机称为“恐慌”或其他令人生畏的名称。同时，也有一些经济学家冷静地分析这种现象。就在大多数经济学家仍把危机作为一种孤立的现象时，法国一位原来行医的学者朱格拉提出，危机并不是一种孤立的现象，而是经济中周期性波动中的一个阶段。从那时以来，经济周期就成为经济学的主题之一。

一、经济周期的定义及阶段

什么是经济周期？美国著名经济学家、美国诺贝尔经济学奖第一人保罗·萨缪尔森（Paul A. Samuelson，1915—2009）对资本主义经济的发展曾做过这样的描述：“在繁荣之后，可以有恐慌与暴跌。经济扩张让位于衰退。国民收入、就业和生产下降。价格与利润跌落，工人失业。当最终达到最低点以后，复苏开始出现。复苏可以是缓慢的，也可以是快速的。新的高涨可以表现为长期持续的旺盛的需求、充分的就业机会以及提高的生活标准。它也可以表现为短暂的价格膨胀和投资活动，紧接而至的是又一次灾难性的萧条。简单来说，这就是所谓‘经济周期’。”

所谓经济周期（economic cycle），又称商业循环（business cycle），是指经济活动沿着经济发展的总体趋势所经历的有规律的扩张和收缩。经济活动的综合指标，诸如国内生产总值、工业生产指数、就业或失业人数等指标的波动，都可以大致显示宏观经济活动的周期性波动。这里我们以国内生产总值作为显示经济周期的指标。图 9－2 是一个典型的表示经济周期的曲线图。

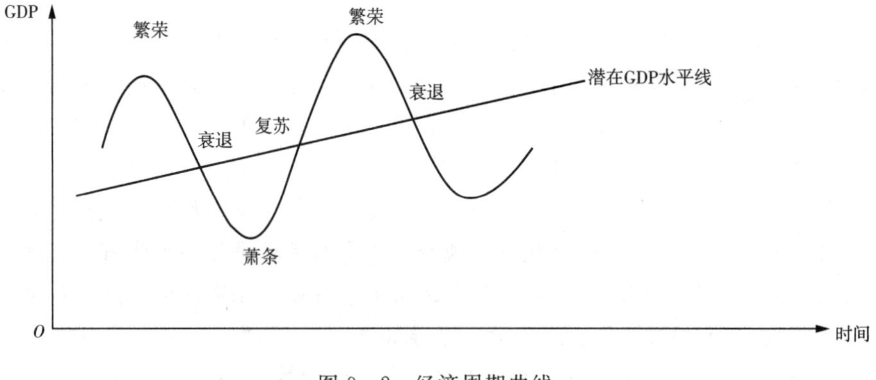

图 9－2 经济周期曲线

图 9－2 中的直线是经济的长期增长趋势线。由于经济在总体上保持着或多或少的增长，所以经济增长的长期趋势是正斜率的。经济周期大体上可以划分为四个阶段：繁荣（prosperity）、衰退（recession）、萧条（depression）和复苏（recovery）。

假定开始时经济处于繁荣阶段，这时经济活动处于高水平的时期，就业增加，产量扩大，社会总产出逐渐达到最高水平。

繁荣阶段不可能长期维持下去，当消费增长放慢引起投资减少时，或投资本身下降时，经济就会开始下滑，使经济处于衰退阶段。在衰退阶段初期，由于需求，首先是消费需求与生产能力的偏离，使投资增加的势头受到抑制，随着投资减少，生产开始下降，失业增加；另一方面，消费减少，产品滞销，价格下降，进而使企业利润降低，致使企业的投资进一步减少，相应地，收入也不断地减少，最终会使经济跌落到萧条阶段。

萧条阶段是指经济活动处于最低水平的时期。在这一阶段存在大量的失业，大批生产能力闲置，工厂亏损，甚至倒闭。但萧条时期也不可能无限延长，随着时间的推移，现有设备的不断损耗，以及由消费引起的企业存货的减少，致使企业考虑增加投资，使就业开始增加，产量逐渐扩大，使经济进入复苏阶段。

复苏阶段是指经济走出萧条并转向上升的阶段。在这一阶段，生产和销售回涨，就业增加，价格也有所提高，整个经济呈上升的势头。随着生产和就业继续扩大，价格上升，整个经济又逐步走向繁荣阶段。然后又开始经济的另一个循环。

由此可以看出：第一，经济周期的中心是国内生产总值的波动，由于这种波动而引起了失业率、物价水平、利率和对外贸易等活动的波动，所以，研究经济周期的关键是研究国内生产总值波动的规律与根源。第二，经济周期是经济中不可避免的波动。第三，虽然每次经济周期并不完全相同，但它们却都有共同之处，即每个周期都是繁荣与衰退的交替。

【相关链接】

日本，失去的十年

在 20 世纪最后的 10 年，已经崛起为世界第二位经济大国的日本在面临经济转型的当头，由于宏观经济政策和金融政策的失误而遭遇经济泡沫，经济和社会陷入“长期停滞”，经历了所谓的“失去的 10 年”。

第二次世界大战后，日本在“贸易立国”的口号下实施“外需主导型”的经济增长战略获得了巨大的成功，国力明显增强，并且在 20 世纪 80 年代开始崛起成为世界第二位的经济大国。从 80 年代中期开始的日本的经济转型整整花费了 20 年以上的时间，经历了以下三个阶段。

第一阶段（1985 年至 1989 年初），日本的“外需主导型”经济增长战略获得成功，贸易顺差增大，外汇储备迅速增加。与此同时，日本与包括美国在内的西方发达国家贸易摩擦也日益增多。日元升值压力逐步增大，日本国内的估价和房地产也开始升值，经济泡沫化倾向显著。

第二阶段（1989 年末至 1990 年初），在日元大幅度升值的环境下，日本的经济结构转型因政府的宏观政策和金融政策的失误一时无法到位，并且在美国压力下过急地开发金融和资本市场，热钱大量流入，日本国内资产升值失去理智，完全偏离实体经济，导致经济泡沫破裂。

第三阶段（1990 至 2005 年），日元的大幅度升值远远超过了日本当初的预想，急速的升值开始冲击日本经济，加上日本政府信奉凯恩斯主义推行扩张性财政，不仅使经济陷入长期低迷，而且债台高筑，日本开始经历“失去的 10 年”。

资料来源：蔡林海，翟锋．前车之鉴·日本的经济泡沫与失去的十年 [M]．北京：经济科学出版社，2007.

二、经济周期的类型

根据不同的标准，经济周期可以有多种分类。我们以经济波动的周期长短为依据，将它们分成四种类型。

（一）基钦周期

1923 年，美国经济学家约瑟夫·基钦（Joseph Kitchen，1861—1932）提出了基钦周期。基钦认为，经济波动有大周期和小周期之分，小周期平均长度为 40 个月，一个大周期通常由两三个小周期构成，这种 40 个月左右的周期被称为基钦周期或短周期。

（二）朱格拉周期

1860 年，法国经济学家克里门特·朱格拉（Clèment Juglar，1819—1905）在其《论法国、英国和美国的商业危机及其发生周期》一书中提出，经济周期由繁荣、危机和清偿三个阶段组成，周期平均长度为 8～10 年，也被称为中周期。

（三）康德拉季耶夫周期

1926 年，苏联经济学家康德拉季耶夫（Nikolai Dimitrievich Kondratiev，1892—1941）发表的《经济生活中的长波》一文中提出，一个经济周期长度平均为 50 年左右。这种约 50 年的经济周期也被称为长周期。

（四）库兹涅茨周期

这是由美国经济学家西蒙·史密斯·库兹涅茨（Simon Smith Kuznets，1901—1985）提出的平均长度为 20 年的经济周期。库兹涅茨周期变化与房屋建筑、人口增长率的变化以及消费与收入的比率等有密切关系。这种经济周期在第二次世界大战后，受到相当大的重视。

在第二次世界大战之后，经济周期仍然存在，但有一些与以往不同的特点。第一，经济中的波动仍存在，但更没有规律性。第二，繁荣阶段延长了，而衰退阶段缩短了。第三，没有出现过像 20 世纪 30 年代那样严重的萧条。从总体上说，尽管有周期性波动，但波动程度小了，经济以繁荣为主。

三、经济周期理论概说

经济周期具有阶段性变动的特征，那么造成经济周期的原因是什么呢？不同的经济学家对此做出了不同的解释，经济周期理论有几十种之多，大体上可以分为内生经济周期理论和外生经济周期理论两类。

（一）内生经济周期理论

内生经济周期理论是在经济体系之内寻找经济周期运动的因素。这种理论并不否认外生因素对经济的冲击作用，但它强调经济中这种周期性的波动是经济体系内的因素引起的。因此，每一次繁荣都为下一次衰退创造了条件。这些经济体系内的因素自发地运动就引起了周期性波动。内生经济周期理论包括许多理论，其中乘数-加速原理相互作用理论影响最广。

1. 乘数-加速原理相互作用理论

乘数-加速原理相互作用理论是凯恩斯主义者提出的。凯恩斯主义认为引起经济周期的因素是总需求，在总需求中起决定作用的是投资。这种理论正是把乘数原理和加速原理结合起来说明投资如何自发地引起周期性经济波动。

乘数-加速原理相互作用理论可以用下面的公式来表示：

$$Y_t = C_t + I_t + G_t$$

式中：Y_t为现期国内生产总值，C_t为现期消费，I_t为现期投资，G_t为现期政府支出。

这个公式说明了，根据凯恩斯主义的国民收入决定论，现期收入等于现期消费、现期投资与现期政府支出之和（不考虑开放经济中的净出口）。

现期消费取决于边际消费倾向β和前期收入Y_{t-1}：

$$C_t = \beta \times Y_{t-1}$$

现期投资取决于加速系数a和消费的变动$C_t - C_{t-1}$：

$$\begin{aligned} I_t &= a \times (C_t - C_{t-1}) = a \times (\beta \times Y_{t-1} - c \times Y_{t-2}) \\ &= a \times \beta (Y_{t-1} - Y_{t-2}) \end{aligned}$$

上式说明了在考虑消费时，投资最终仍取决于收入的变动，即加速原理所说明的关系。乘数-加速模型所说明的是以下几个问题。

第一，在经济中，投资、国内生产总值、消费相互影响，相互调节。如果政府支出为既定的（即政府不干预经济），只靠经济本身的力量自发调节，那么就会形成经济周期。经济周期中各阶段的出现，正是乘数与加速原理相互作用的结果。而这种自发调节中，投资是关键的，经济周期主要是投资引起的。

第二，乘数与加速原理相互作用引起经济周期的具体过程：投资增加通过乘数效应引起国内生产总值的更大增加，国内生产总值的更大增加又通过加速效应引起投资的更大增加，这样，经济就会出现繁荣。然而，国内生产总值达到一定水平后由于社会需求与资源的限制无法再增加，这时就会由于加速原理的作用使投资减少，投资的减少又会由于乘数的作用使国内生产总值继续减少。这两者的共同作用又使经济进入衰退。衰退持续一定时期后由于国内生产总值回升又使投资增加、国内生产总值再增加，从而经济进入另一次繁荣。

第三，政府可以实施干预经济的政策来减轻经济周期的波动。比如政府可以运用经济政策改变和影响现期消费（C_t）、加速系数（a）和边际消费倾向（c），从而影响现期国内生产总值，减轻甚至消除经济周期的波动。

2. 其他内生经济周期理论

（1）消费不足理论

消费不足理论认为衰退的原因在于收入中用于储蓄的部分过多，用于消费的部分不足。

储蓄过多和消费不足，又是由于收入分配过于不均等原因造成。同可以投资的数量相比，富人得到了过多的收入。如果收入分配均等一些，储蓄就不会过多，消费也就不会不足。

（2）投资过度理论

投资过度理论认为衰退的原因不是投资太少，而是投资过多。投资过多是指生产资本品（和耐用品）部门的发展超过了生产消费品部门的发展。经济扩张时，资本品（和耐用品）下降速度也比消费品快。资本品（和耐用品）投资的波动造成了整个经济波动。

（3）货币信用过度论

货币信用过度论把经济周期看作是一种货币现象，认为经济波动是银行货币和信用波动的结果。按照这一理论，银行货币和信用的扩张导致利率下降，从而引起投资增加，走向繁荣；反之，银行货币和信用的紧缩导致利率上升，从而引起投资减少，走向衰退。

（4）心理理论

心理理论认为经济周期波动的原因在于公众心理反应的周期变化。这种理论用心理上的乐观预期和悲观预期的交替说明繁荣和萧条的交替：人们对前途抱乐观态度时，投资和生产增加，经济走向繁荣；人们对前途抱悲观态度时，投资和生产下降，经济走向衰退。

（二）外生经济周期理论

外生经济周期理论认为，经济周期的根源在于经济体系之外的某些因素，如战争和政治事件的变动。这种理论也并不否认经济中内在因素的重要性，但它强调引起这些因素变动的根本原因在经济体系之外，而且，这些外生因素本身并不受经济因素的影响。外生经济周期理论也包括很多，当前最有影响的是 20 世纪 80 年代之后出现的实际经济周期理论。

1. 实际经济周期理论

实际经济周期理论认为，第一，经济周期并不是实际国内生产总值与潜在（充分就业）国内生产总值的背离，而是潜在国内生产总值本身的变动。第二，它认为市场机制无论在短期还是长期都是完善的，可以自发地调节并使经济实现充分就业均衡。因此，经济周期不是由市场机制的自发调节引起的，即不在于经济体制的内部。第三，它并不否认经济周期的存在，但认为引起这种周期的是来自外部的冲击，即一些实际因素。这种外部冲击可以是技术进步、自然灾害、战争或其他突发事件。由于这些冲击没有规律，因此经济周期也没有规律。第四，当经济受到外部冲击引起波动时，要靠市场机制自发调节恢复均衡。政府的政策只会加剧波动，而不会有助于稳定，甚至成为引起波动的外部冲击之一。因此，实际经济周期理论认为政府应放弃对经济的干预，让市场机制自发发挥调节作用。

我们以技术进步这种外部冲击为例，说明实际经济周期理论对经济波动的解释。假设经济原来处于充分就业均衡状态，这时发生了某种技术突破，例如，出现了智能电脑。新的技术突破带来了有利的投资机会，引起投资迅速增加，并带动了整个经济的发展，引起经济繁荣，直到这种技术突破引起的投资机会最终消失。如果技术突破接连出现，经济就会持续繁荣下去，但是技术突破不可能一个接着一个出现。当投资逐渐减少时，经济就进入了衰退，只有等待下一次技术突破的出现，才有可能再次繁荣。技术突破是间断性的，经济也会出现繁荣与衰退的交替。

其他外部冲击也会引起经济波动。外部冲击可分为有利的冲击与不利的冲击。有利的冲击引起繁荣及以后的衰退，不利的冲击则先引起衰退，而后又逐渐恢复繁荣。无论哪一种冲击都会引起经济周期。这些外部冲击与经济内部的市场机制无关。

2. 其他外生经济周期理论

(1) 创新理论

创新理论认为创新是经济周期波动的主要原因。采用新技术、采取新的组织结构、开发新产品和新市场等创新提高了生产效率，为创新者带来了盈利，引起其他企业效仿，形成创新浪潮。创新浪潮使银行信用扩大，对资本品的需求增加，引起经济繁荣。随着创新的普及，盈利机会消失，银行信用紧缩，对资本品的需求减少，从而引起经济衰退。

(2) 太阳黑子论

太阳黑子论认为太阳黑子的周期性变化造成恶劣的气候，使农业生产减产，影响了工商业，从而使整个经济周期性地出现衰退。太阳黑子论的提出者杰文思用长期中太阳黑子活动周期与经济周期基本吻合的资料来证明这种理论。

【延伸阅读】

关于20世纪30年代大萧条的争论

20世纪30年代的大萧条已经过去70多年了，但经济学家围绕这次大萧条的争论一直没有停止。这种争论不是纯学术性的，而是为了更深入地认识引起大萧条的原因，避免这种悲剧的重演。

一种观点认为，引起大萧条的真正原因是支出的减少。20世纪20年代后期是美国经济极度繁荣的时代，新住房、新工厂不断建立，资本积累迅速增加，股市上扬。但是这种繁荣背后亦有潜在的危机。由于世界经济增长的不平衡，一些国家采取了限制性贸易政策。人们对未来有不确定的感觉。1929年秋的纽约股市崩溃引发了危机，支出大大减少，投资崩溃，建筑业几乎消失。这就是悲观与不确定性引起的支出减少，包括耐用品消费和投资的减少。

另一种观点认为，大萧条更深刻的原因是货币供给的大幅度减少。这种货币供给减少并不是由美联储的货币紧缩引起的，因为基础货币并没有减少。货币供给减少的原因在于大量银行破产或停业，不能创造货币。在大萧条之前，经济极度繁荣，银行信贷亦大大增加，但大萧条开始之后，许多企业破产，无力偿还银行债务，这就使银行的银根吃紧，继而又引发了挤兑风潮，使银行破产或停业。银行破产，货币供给减少，使企业得不到贷款，更加无法维持生产和经营，同时又使利率上升，压抑了投资。如果没有银行的破产与货币供给的减少，大萧条也许不至于如此严重。

经济学家在争论大萧条原因的同时，也提出了大萧条会不会重演的问题。大部分经济学家认为发生这种大萧条的可能性很小。因为，第一，在制度上有了许多进步。例如，中央银行作为商业银行的最后贷款人和存款保险制度防止了银行大量倒闭。第二，国家加强了对经济的干预，1929年美国的国家支出仅占国内生产总值的6%，如今这一比例已经上升到20%以上。政府的支出增加有利于避免大萧条的出现。第三，经济发生变化，无论个人和社会抵抗衰退的能力都加强了。比如，劳动参工率提高和双职工家庭的增加，使消费维持在一定水平上。

历史不会重演，但我们仍然要减少经济周期。

资料来源：梁小民．西方经济学［M］．北京：中央广播电视大学出版社，2002.

【本章小结】

本章着重讨论经济增长理论和经济周期理论。经济增长理论主要是用增长核算方法来分析经济增长的源泉，是研究在制度既定的条件下，决定经济增长的资源、技术等要素与增长之间的关系。经济增长理论主要包括经济增长模型、经济增长因素分析以及对经济增长的争论三个方面的内容。

经济周期是指经济活动沿着经济发展的总体趋势所经历的有规律的扩张和收缩。对经济周期的解释分为内生经济周期理论和外生经济周期理论，其中影响较大的分别是乘数-加速原理相互作用理论和实际经济周期理论。

【经济学家】

世界银行原高级副行长——林毅夫

林毅夫（1952—），中国台湾省宜兰县人，北京大学国家发展研究院教授，英国科学院外籍院士、发展中国家科学院院士（原第三世界科学院院士），世界银行原高级副行长，芝加哥大学农业经济博士。他是1979年度诺贝尔经济学奖得主西奥多·W. 舒尔茨教授的关门弟子。

林毅夫是中国改革开放以后第一位从西方学成归国的经济学博士。他是改革开放以后第一位在国际最权威的经济学学术杂志《美国经济评论》和《政治经济学杂志》发表论文的中国大陆经济学家。他是在国际经济学界受到瞩目的华人经济学家之一，是中国大陆第一位运用规范的现代经济学理论和方法研究中国问题的学者，也是国际经济学界公认的研究中国问题的权威学者之一。

林毅夫的主要研究领域是发展经济学、农业经济学、制度经济学。

2010年5月，国际著名出版发行公司“General Books LLC”编辑出版了《中国学者传记》，经济学家林毅夫等一批为世界学术研究做出卓越贡献的享誉国际的学术大家被精选入书。

2014年，林毅夫入围2014年度华人经济领袖。

2015年10月26日，中国经济理论界的最高奖——中国经济理论创新奖揭晓：以林毅夫研究组、张军、樊纲为主要贡献人的过渡经济学理论，高票获得第七届中国经济理论创新奖。

2018年11月，林毅夫入选100名改革开放杰出贡献对象。

2018年12月18日，党中央、国务院授予林毅夫改革先锋称号，颁授改革先锋奖章，并获评经济体制改革理论的探索者。

图9-3　林毅夫
（图片来源：百度图片）

2018 年 12 月 22 日，入选“中国改革开放海归 40 年 40 人”榜单。

2019 年 12 月 18 日，林毅夫入选“中国海归 70 年 70 人”榜单。入选理由：植根于改革开放实际，自主创立并实践了新结构经济学理论体系，在国际上产生重要影响力。首位来自发展中国家的世界银行高管，搭建起中国和世界银行、各国政府沟通的桥梁。

资料来源：节选自百度百科“林毅夫”和“林毅夫—MBA 智库百科”，略有改动。

【练习与思考】

一、单项选择题

1. 经济增长的最基本特征是(　　)。

A. 国民生产总值的增加　　B. 技术进步

C. 制度与意识的相应调整　　D. 以上三个都是

2. 根据哈罗德-多马模型，当资本-产量比率为 4，储蓄率为 20%时，则经济增长率为(　　)。

A. 5%　　B. 80%

C. 15%　　D. 20%

3. 关于经济周期的核心问题是(　　)。

A. 价格的波动　　B. 利率的波动

C. 国民收入的波动　　D. 股票的波动

4. 中周期的每一个周期为(　　)。

A. 8～9 年　　B. 8～10 年

C. 10～11 年　　D. 3～5 年

5. 可持续发展是指(　　)的经济增长。

A. 没有过度的技术进步　　B. 没有过度的人口增长

C. 没有过度的资本投资　　D. 没有过度地使用自然资源

6. 加速原理认为(　　)。

A. 消费增加导致 GDP 数倍增加　　B. GDP 数量增加会引起投资数倍增加

C. GDP 增长会导致消费数倍增加　　D. 投资增加会引起 GDP 数倍增加

7. 经济周期的四个阶段依次是(　　)。

A. 繁荣、衰退、萧条、复苏　　B. 衰退、复苏、繁荣、萧条

C. 衰退、萧条、繁荣、复苏　　D. 繁荣、萧条、衰退、复苏

二、多项选择题

1. 西方经济学中划分的经济周期类型有(　　)。

A. 朱格拉周期　　B. 库兹涅茨周期

C. 熊彼特周期　　D. 康德拉季耶夫周期

2. 当某一社会经济处于经济周期的衰退阶段时，(　　)。

A. 经济的生产能力超过它的消费需求　　B. 总需求逐渐增长，但没有超过总供给

C. 存货的增加与需求的减少相联系　　D. 总需求超过总供给

3. 影响经济增长的要素包括(　　)。

A. 制度　　B. 资源

C. 技术　　　　　　　　　　　　　　　　D. 规模

三、判断题

(　　)1. 在宏观经济学中，经济增长通常被定义为产量的增加。

(　　)2. 经济增长和经济发展是同一概念范畴。

(　　)3. 经济发展具有比经济增长更广泛的内涵。

(　　)4. 集约型经济增长方式主要是以增加生产要素的投入来扩大生产规模，实现经济增长。

(　　)5. 消费不足理论认为，经济周期是一种纯货币现象。

四、问答题

1. 什么是经济增长，它和经济发展有何区别？

2. 什么是经济周期，经济周期是可以避免的吗？

3. 根据时间的长短，经济周期的分类有哪些？

4. 你认为经济增长的源泉是什么？

第十章
通货膨胀和失业

学习目标

重点掌握：1. 通货膨胀的原因和测度
　　　　　2. 通货膨胀对经济的影响
　　　　　3. 失业的概念、失业类型
基本了解：1. 通货膨胀类型及治理
　　　　　2. 失业的治理
一般了解：通货膨胀与失业之间的关系

本章导读

民国时期的超级通胀：法币贬值到能用来点烟

国民党政权在大陆的统治仅仅维持了22年的时间即告覆灭，这在中国历史上是甚为罕见的。个中原因很多，既有政治、军事因素，也有经济原因。而通货膨胀则是它走向崩溃的经济根源。抗战胜利后，美国政府曾想帮助国民政府改良法币，使中国货币稳定，办法之一就是发行特种法币来回收市面上流通的旧法币，但随着内战的爆发，此政策只能作罢（后来发行的首批由美国钞票公司印制的金圆券其实就是没有发行的法币特种券）。由于军费的浩大，法币基本上已经沦为了废纸。同时，严重的通货膨胀使广大老百姓民不聊生，苦不堪言。图10-1、10-2就是当时严重的通货膨胀的缩影。

资料来源：

1. 李彦宏，周忠．通货膨胀与国民党政权的覆亡［J］．湘潭师范学院学报（社会科学版），1995（1）期：65—69.

2. 图10-1、10-2，https：//xw. qq. com/amphtml/20180211A0AXTM00.

图 10-1 用法币点烟的美军士兵

图 10-2 1945 年，中国小女孩拿厚厚的几摞钞票买东西

我们从本章导读可以看出：严重的通货膨胀对社会的危害性极大，对广大百姓的生活会造成严重的影响，有时会导致社会动荡甚至政权更迭。通过本章的学习，我们将了解形成通货膨胀的原因、通货膨胀的类型、通货膨胀如何治理，以及通货膨胀与失业之间的关系。

第一节 通货膨胀

通货膨胀（inflation），一般指因纸币发行量超过商品流通中实际需要的货币量而引起的纸币贬值、物价上涨的现象。其实质是社会总需求大于社会总供给。通货膨胀在现代经济学中是指整个社会物价水平普遍而持续地上升。

微课 10.1.1 通货膨胀的原因和测度

一、通货膨胀的原因

造成通货膨胀的最直接原因就是货币供应量过多。货币供应量与货币需求量相适应是货币流通规律的要求。一旦违背了这一经济规律，过多发行货币，就会导致货币贬值，物价水平持续上升，造成通货膨胀。

通货膨胀的深层原因主要有需求拉动、成本推动、结构因素以及供给不足、预期不当和体制制约等。

二、通货膨胀的测度

通货膨胀率（rate of inflation）是指整体价格水平的变化程度。究竟如何衡量通货膨胀呢？经济学家通常用物价指数（price index）来衡量价格上涨的幅度。为了便于比较，物价指数衡量任何一个既定年份相对于共同基年的价格水平。根据定义，基年的物价指数为 100。任何其他年份的物价指数由该年价格水平与基年价格水平的比率乘以 100 计算而得。通常用三种不同的物价指数来衡量通货膨胀，即消费者物价指数、生产者物价指数和 GDP 平减指数。

（一）消费者物价指数

消费者物价指数（consumer price index，CPI），又称居民消费价格指数，是反映与居民生活有关的产品及劳务价格的物价变动指标，通常作为观察通货膨胀水平的重要指标。

$$居民消费价格指数=\frac{现期价格指数}{基期价格指数}\times 100\%$$

如果居民消费价格指数升幅过大，表明通胀已经成为经济不稳定因素，会有实施紧缩货币政策和财政政策的风险，从而造成经济前景不明朗。因此，该指数过高的升幅往往不被市场欢迎。

【相关链接】

2022 年中国居民 CPI 情况

国家统计局网站公布的《2022 年度统计公报》显示，2022 年居民消费价格比上年上涨 2.0%，具体居民消费价格比上年涨跌幅度见表 10－1。

表 10－1　2022 年中国居民消费价格指数

指　标	全　国	城　市	农　村
居民消费价格	2.0	2.0	3.0
其中：食品烟酒	2.4	2.6	2.1
衣　着	0.5	0.6	0.3
居　住	0.7	0.5	1.3
生活用品及用务	1.2	1.2	1.0
交通和通信	5.2	5.2	5.0
教育文化和娱乐	1.8	1.9	1.7
医疗保健	0.6	0.6	0.8
其他用品和服务	1.6	1.5	2.0

注：上表 10－1 中“居住类价格”包括租赁房房租、住房保养维修及管理、水电燃料、自有住房服务价格。

资料来源：国家统计局网站公布的《2022 年度统计公报》。

（二）生产者物价指数

生产者物价指数（producer price index，PPI），主要用于衡量各种商品在不同生产阶段的价格变化情况，与消费者物价指数一样，通常作为观察通货膨胀水平的重要指标。

对于外汇市场而言，市场更加关注的是最终产品 PPI 的月度变化情况。由于食品价格因季节变化较大，而能源价格也经常出现意外波动，为了能更清晰地反映出整体商品的价格变化情况，一般将食品和能源价格的变化剔除，从而形成“核心生产者物价指数”，进一步观察通货膨胀率变化趋势。

（三）GDP 平减指数

GDP 平减指数（GDP deflator），又称 GDP 缩减指数，也称 GDP 折算系数。它是用名义 GDP 与实际 GDP 比率计算的物价水平衡量指标。它的计算基础比 CPI 广泛得多，涉及全部商品和服务，除消费外，还包括生产资料和资本、进出口商品和劳务等。因此，这一指数能够更加准确地反映一般物价水平走向。其计算公式为

$$\text{GDP 平减指数}=\frac{\text{名义 GDP}}{\text{实际 GDP}}\times 100\%$$

经济学家们之所以关注 GDP 平减指数，还因为与投资相关的价格水平在这一指标中具有更高的权重。

通货膨胀率计算公式为

$$\text{通货膨胀率}=\frac{\text{当年物价指数}-\text{基期物价指数}}{\text{基期物价指数}}\times 100\%$$

其中基期就是选定某年的物价水平作为一个参照，这样就可以把其他期的物价水平与基期水平作对比，从而衡量当期的通货膨胀水平。

微课 10.1.2 通货膨胀的影响类型和治理

三、通货膨胀对经济的影响

（一）通货膨胀对生产的影响

通货膨胀对生产的影响主要表现在两个方面，首先，通货膨胀破坏社会再生产的正常进行。在通货膨胀期间，由于物价上涨的不平衡造成各生产部门和企业利润分配的不平衡，使经济中的一些稀有资源转移到非生产领域，造成资源浪费，妨碍社会再生产的正常进行。其次，通货膨胀使生产性投资减少，不利于生产的长期稳定发展。预期的物价上涨会促使社会消费增加、社会储蓄减少，从而缩减了社会投资、制约生产的发展。

（二）通货膨胀对流通的影响

通货膨胀打破了流通领域原有的平衡，使正常的流通受阻。通货膨胀会鼓励企业大量囤积商品，人为加剧市场的供求矛盾。而且由于币值的降低，潜在的货币购买力就会转化为实际的货币购买力，进而加快货币流通速度，进一步加剧通货膨胀。

（三）通货膨胀对分配的影响

通货膨胀改变了原有的收入分配比例和原有的财富占有比例。依靠固定收入的人群在整体收入分配中所占的比例变小了，以货币形式持有财富的人也受到了损害。因此通货膨胀影响国民收入的初次分配和再分配环节。

（四）通货膨胀对消费的影响

通货膨胀使居民的实际收入减少，这意味着居民的消费水平下降了，而物价上涨的不平衡性和市场上囤积居奇与投机活动的盛行使一般消费者受到的损失更大。

四、通货膨胀的类型

通货膨胀是一个极为复杂的经济现象，现代经济学根据通货膨胀的形成原因将其划分为以下几种类型。

（一）需求拉动型通货膨胀

需求拉动型通货膨胀（demand - pull inflation）是指商品和劳务的总需求量超过总供给量所造成的过剩需求拉动了物价的普遍上升。需求拉动型通货膨胀是一种最常见的通货膨胀。这种通货膨胀是由于货币供应过度增加以致需求过剩而产生的，是“太多的货币追逐太少的货物”的结果。

（二）成本推进型通货膨胀

成本推进型通货膨胀（cost - push inflation）是指在总需求不变的情况下，由于生产要素价格上涨，致使生产商品和劳务的成本增加，从而导致物价总水平持续上涨的现象。成本推进型通货膨胀又可分为以下四种。

1. 工资推动的通货膨胀

工资推动的通货膨胀（wage - driven inflation）是指由于过高的工资提高了生产成本，从而导致一般物价水平的上涨。

2. 利润推动的通货膨胀

利润推动的通货膨胀（profit - driven inflation）是指具有市场垄断地位的厂商为了增加利润，不顾市场供求关系，提高价格所引起的通货膨胀。

3. 进口性通货膨胀

进口性通货膨胀（imported inflation）是指一国经济中的一些重要的进口物品价格上升，引起用这些进口品作为原料的本国产品生产成本上升，从而导致物价水平的上涨。

4. 出口性通货膨胀

出口性通货膨胀（export inflation）是指当一国出口迅速扩张，以致出口生产部门的边际生产成本上升，国内市场的产品供给不足，导致国内物价水平的上升。

（三）供求混合推进型通货膨胀

供求混合推进型通货膨胀（hybrid inflation）是将供求两个方面的因素综合起来，认为通货膨胀是由需求拉动和成本推进共同起作用导致的。持这种观点的经济学家认为，在现实经济社会中，通货膨胀的原因究竟是需求拉动还是成本推进是很难分清的。因此，他们反对将通货膨胀划分为“需求拉动”或“成本推进”类型，认为通货膨胀既有来自需求方面的因素，又有来自供给方面的因素，即所谓“拉中有推、推中有拉”。

例如，通货膨胀可能从过度需求开始，但由于需求过度所引起的物价上涨会促使工会要求提高工资，因而转化为成本（工资）推进的因素；另一方面，通货膨胀也可从成本方面开始，如工资提高等，但如果不要求增加货币收入，这种通货膨胀过程是不可能持续下去的，因为工资上升会使失业增加或产量减少，结果将会使“成本推进”的通货膨胀过程终止。

可见，“成本推进”只有加上“需求拉动”才有可能产生一个持续性的通货膨胀。总之，长期性的通货膨胀过程是由需求因素和供给因素共同作用而产生的。

（四）结构型通货膨胀

结构型通货膨胀（structural inflation）是在总需求和总供给大体处于平衡状态时，由于经济结构方面的因素所引起的物价持续上涨。结构型通货膨胀又可分为以下两种。

1. 需求结构转移型通货膨胀

需求结构转移型通货膨胀（demand structure transfer inflation）。在总需求不变的情况下，某个部门的一部分需求转移至其他部门，而劳动力及其他生产要素却不能及时转移，这时需求增加了的部门的工资和产品价格上涨，而需求减少了的部门的产品价格却未必相应下降，结果导致物价总水平的上升。

2. 部门差异型通货膨胀

部门差异型通货膨胀（sector differential inflation）。一般来说，产业部门生产率的增长快于服务业部门，但两大部门的货币工资增长速度却相同，且这种增长速度是由产业部门生产率的增长速度所决定的，结果就会导致服务业部门货币工资的增长速度超过其生产率的增长速度。这种部门间生产率增长速度的差异和货币工资的一致增长，就造成服务部门成本持续上升的压力，从而成为一般物价水平上涨的原因。

五、如何治理通货膨胀

由于通货膨胀对于经济的正常发展有相当不利的影响，所以各国都十分重视平抑通货膨胀。其主要的治理措施有以下几个方面。

（一）控制货币供应量

由于通货膨胀作为纸币流通条件下的一种货币现象，其最直接的原因就是流通中的货币量过多，所以各国在治理通货膨胀时所采取的一个重要对策就是控制货币供应量，使之与货币需求量相适应，减轻货币贬值和通货膨胀的压力。

（二）调节和控制社会总需求

对于需求拉动型通货膨胀，调节和控制社会总需求是关键。这主要通过实施正确的财政政策和货币政策来实现。在财政政策方面，就是通过紧缩财政支出，增加税收，谋求预算平衡、减少财政赤字来实现。在货币政策方面，主要是紧缩信贷，控制货币投放，减少货币供应量。综合财政政策和货币政策来治理通货膨胀，其重要途径就是通过控制固定资产投资规模和控制消费基金过快增长来实现控制社会总需求的目的。

（三）增加商品有效供给，调整经济结构

治理通货膨胀的另一个重要措施就是增加商品的有效供给，主要的手段有降低成本，减少消耗，提高经济效益，提高投入产出的比例等，同时，调整产业和产品结构，支持短缺商品的生产。

（四）其他政策

治理通货膨胀的其他政策还包括限价、减税、指数化等。

第二节 失 业

一、失业的概念

微课 10.2.1 失业的概念及类型

根据国际劳工组织（International Labor Organization，ILO）的定义，失业（unemployment）是指在一定年龄范围内的人愿意工作而没有工作，并正在寻找工作的一种社会经济现象。这样的人被称为失业者。可见，失业者的认定必须符合四个条件：即在一定年龄范围内、有工作能力、愿意就业、没有工作。凡是在一定年龄范围内愿意工作而没有工作，并正在寻找工作的人都是失业者。

失业率（unemployment rate）是指劳动力中失业者的百分比，其中劳动力（labor force）总数等于就业人数加上失业人数，用公式表示为

$$失业率=\frac{失业人数}{失业人数+就业人数}\times 100\%$$

失业是一个重要的社会问题、政治问题和经济问题。控制失业、实现充分就业一直是各国政府努力争取的宏观经济目标之一。同时就业人口、失业人口和非劳动力人口三者之间存在不断流动的关系。图 10－3 说明了就业人口、失业人口和非劳动力人口三者之间的转换关系。

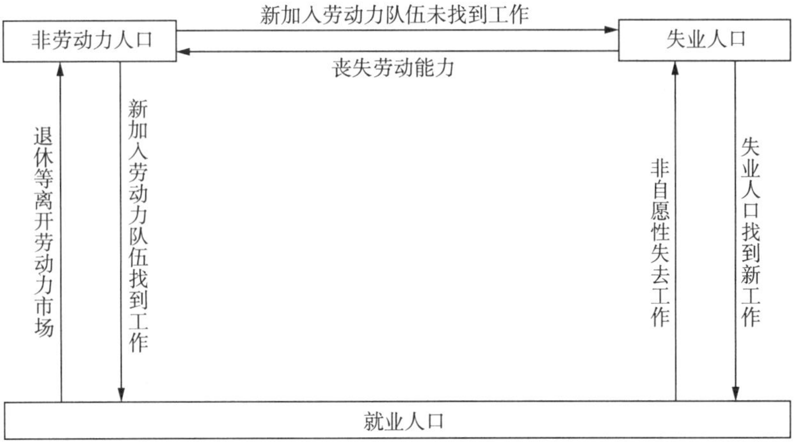

图 10－3　就业人口、失业人口与非劳动力人口三者之间的转换关系

图 10－3 方框里的存量是一个比较容易统计的量，它们之间的动态流量变动则是不容易被测算的变量。失业率不一定能准确反映失业的严重程度，但依然是重要的宏观经济指标。对一个经济社会来说，失业表明一部分资源没有达到充分利用，愿意工作且有工作能力的人没有用于生产，因而产出减少。

$$失业的损失=潜在\ GDP-实际\ GDP$$

【延伸阅读】

奥肯定律

美国著名的经济学家阿瑟·奥肯（Arthur M. Okun，1928—1980）发现了周期波动中经济增长率和失业率之间的经验关系，即当实际GDP增长相对于潜在GDP增长（美国一般将之定义为3%）下降2%时，失业率上升大约1%；当实际GDP增长相对于潜在GDP增长上升2%时，失业率下降大约1%，这条经验法则以其发现者为名，称为奥肯定律。潜在GDP这个概念是奥肯首先提出的，它是指在保持价格相对稳定情况下，一国经济所生产的最大产值。潜在GDP也称充分就业GDP。

资料来源：节选自MBA智库·百科“奥肯定律”。

二、失业的类型

不同的经济学家根据不同的标准区分了不同种类的失业，概括起来主要有以下几种类型。

（一）周期性失业

周期性失业（cyclical unemployment），是指在经济增长放慢时上升而在繁荣时下降的失业。随着经济逐渐走向衰退，企业早晚要削减产量，裁减它们所雇佣的劳动力数量。经济衰退越严重，持续的时间越长，失业就会越严重。随着经济复苏并开始增长，失业率也会开始下降。由于失业跟随经济周期而波动，故称之为“周期性失业”。

（二）季节性失业

季节性失业（seasonal unemployment），是指随着季节变换，特定类型的劳动需求发生变化所导致的失业。建筑业、农业和旅游业的从业者通常会有规律地面临季节性失业。例如，由于气候的原因，在许多地方，冬季建筑施工会放慢，对建筑工人的需求会减少。

（三）摩擦性失业

摩擦性失业（frictional unemployment），是指从一个工作转换到另一个工作的过程中产生的失业，这种失业称为摩擦性失业。当人们离开目前的工作，或是自愿或是被开除或被解雇，直到他们寻找到新的工作之前所发生的失业，就是摩擦性失业。

（四）结构性失业

结构性失业（structural unemployment），是指由于经济结构的变化而引起的失业。经济结构的变动（例如有些部门发展迅速，而有些正在收缩；有些地区正在开发，而有些地区已经衰落）要求劳动力的流动能迅速适应这些变动，但由于劳动力一时难以改变技术结构、地区结构和性别结构，很难适应经济结构的变动，从而会出现失业。

【延伸阅读】

机器人多了工人会失业吗？人工智能也在创造新岗位

无人便利店、无人餐厅、无人配送、无人工厂……近年来，基于新技术的“无人经济”迅猛发展。数据显示，目前中国无人零售相关企业超 1.6 万家，工业机器人相关企业超 5.6 万家，今年以来均增长 30%以上。越来越多的“无人业态”应用了哪些技术？给生产生活带来了什么改变？

1. 从制造到“智”造

AI 为生产赋能，提效率降成本，替人干“苦活、累活、脏活、危险活”。2020 年 7 月 14 日，国家发改委等 13 部门联合印发的《关于支持新业态新模式健康发展激活消费市场带动扩大就业的意见》提出，发展基于新技术的“无人经济”，支持建设智能工厂，实现生产过程透明化、生产现场智能化、工厂运营管理现代化。

业内人士指出，人工智能、5G 等技术及其在工业机器人、自动驾驶、自动装卸堆存等方面的应用，将生产一线单调、繁复、艰苦、危险的工作交给机器人和人工智能去完成，使生产过程智能化成为可能，促进了生产、流通、服务降本增效。工厂内的智能化之外，在高危行业和恶劣工作环境下，危险作业机器人也可以代人“涉险”。以有色金属行业为例，工厂、矿山事故风险高，机器换人需求迫切。2020 年 5 月，工信部提出在上述行业推广全流程的少人无人化生产，督促企业对设备进行智能化改造。自动驾驶采矿设备，将使工人不必再承受安全风险和恶劣的作业环境。

2. “非接触式”服务

无人驾驶、无人配送、无人零售等新业态落地，创造新消费场景。零售、餐饮、娱乐、健康等消费场景下，不需要导购员、收银员、咨询人员、服务员、配送员，基于智能技术提供无人值守服务的新业态如雨后春笋。“无人经济”在服务业大显身手，突如其来的新冠肺炎疫情更是加快了这一进程。如今，无人驾驶、无人配送、无人零售、无人酒店、无人餐厅、无人物流等新业态已在不少大中城市落地。

3. “无人”不等于“减人”

淘汰部分旧岗位的同时，创造大量新岗位，就业质量更高。机器人越来越多，工人会失业吗？针对“无人经济”发展可能影响就业的质疑，专家指出，人类历史上的每一次产业革命和技术革命，都伴随着旧岗位的淘汰和新岗位的产生，“无人经济”的发展可能会减少一些辛苦、危险的工作岗位，从长远看却能创造新的就业机会。

机器人取代了一些工人，也需要人员对机器人进行运维。不久前，人社部等部门联合颁布了“工业机器人系统运维员”这一新兴职业的国家职业技能标准，为相关人才培养指明了方向。

资料来源：http：//m. qdxin. cn/detail/222725. html，有删减。

三、失业的治理

就业是民生之本。就业和再就业问题，一直是人民最关心、最直接、最现实的问题之一。实现全社会比较充分的就业，既是构建和谐社会的重要基础，也是各国政府解决影响经济社会稳定问题的最有效切入点之一。

微课 10.2.2　失业的治理以及失业与通货膨胀的关系

为缓和失业所造成的巨大经济和社会影响，政府可以在失业的治理方面发挥重要的作用。关于失业的治理政策，大致可以分为两大类：主动的失业治理政策和被动的失业治理政策。

（一）主动的失业治理政策

主动的失业治理政策首先从劳动供给方面着手，尽量做到在劳动供给数量、结构和质量上与劳动需求相符合。失业一般都表现为劳动供给总量大于劳动需求总量。因此，失业的首要问题就是控制劳动的供给规模。政府可以采取延长劳动者接受教育时间的方法，一方面可以推迟青年人进入劳动市场的时间，直接起到缓解失业的作用；另一方面还能提高劳动者的素质，降低结构性失业的可能性。其次，针对容易失业的劳动群体（包括青年人、妇女、低技能劳动者、缺乏劳动技能的人以及有长期失业经历的人等），政府可以通过降低最低工资，加强职业培训来降低他们的失业率。

另外，主动的失业治理政策还包括提供就业和培训等重要信息，加速劳动力的流动性，以及通过寻求工资谈判的分散化、提高工资的非指数化等措施提高工资的灵活性。

（二）被动的失业治理政策

在市场经济条件下，要彻底消除失业现象是不可能的，就业水平由一个国家的经济活动水平所决定，是难以改变的。既然消除失业现象是不可能的，减少失业人数也很困难，而失业又会造成社会成员收入差距，那么就应该实施被动的失业治理政策，对失业者进行救济，也就是建立起一套完善的失业保障体系。通过发放失业救济和失业保障，使失业者能够维持基本的生活水准。

【相关链接】

党的 20 大报告指出：实施就业优先战略

就业是最基本的民生。强化就业优先政策，健全就业促进机制，促进高质量充分就业。健全就业公共服务体系，完善重点群体就业支持体系，加强困难群体就业兜底帮扶。统筹城乡就业政策体系，破除妨碍劳动力、人才流动的体制和政策弊端，消除影响平等就业的不合理限制和就业歧视，使人人都有通过勤奋劳动实现自身发展的机会。健全终身职业技能培训制度，推动解决结构性就业矛盾。完善促进创业带动就业的保障制度，支持和规范发展新就业形态。健全劳动法律法规，完善劳动关系协商协调机制，完善劳动者权益保障制度，加强灵活就业和新就业形态劳动者权益保障。

资料来源：习近平：《为全面建设社会主义现代化国家而团结奋斗——在中国共产党第二十次全国代表大会上的报告》。

四、失业与通货膨胀的关系——菲利普斯曲线

菲利普斯曲线（Phillips Curve）是用来表示失业与通货膨胀之间交替关系的曲线，由新西兰经济学家威廉·菲利普斯（William Phillips）于 1958 年在《1861—1957 年英国失业和货币工资变动率之间的关系》一文中最先提出。他在此文中证明，英国在 1861—1957 年间，工资膨胀与失业之间具有统计关系。如果纵轴表示通货膨胀率，横轴表示失业率，每一点代表某一具体年份的观察值，在坐标图中可得到各点的分布。把拟合最好的分布点连接起来的曲线就是著名的“菲利普斯曲线”，如图 10 - 4 所示。该图表明，通货膨胀与

失业之间呈逆向关系。

菲利普斯曲线凸向原点。对此，一般的解释是随着总需求的扩展，开始会出现大量的剩余劳动力，无须大幅度提高工资就可以应付劳动的超额需求。但是劳动力越来越少，企业为了获得所需的劳动力就不得不支付越来越高的工资，同时工会的地位也逐渐加强。这就是说，菲利普斯曲线说明了低失业的年份往往有高通货膨胀，而高失业的年份往往有低通货膨胀。

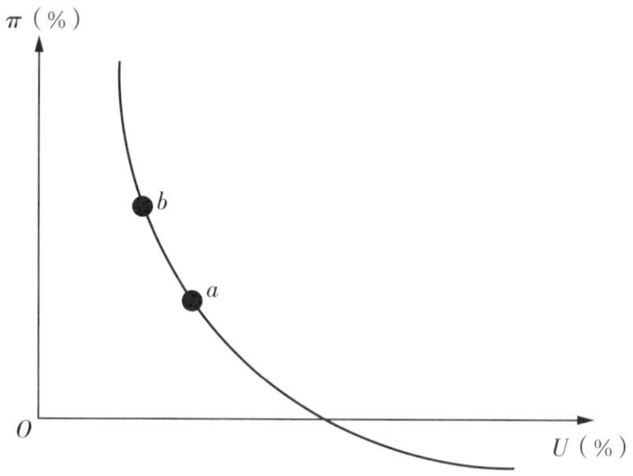

图 10－4　通货膨胀与失业之间的关系

菲利普斯曲线呈现在政府面前的似乎是一个很简单的政策选择。政府可以在通货膨胀与失业之间权衡取舍：以较高的通货膨胀率为代价实现较低的失业率，反之亦然。决策者会偏好低通货膨胀和低失业，但正如菲利普斯曲线所总结的历史数据表明的，这种结合是不可能的。根据萨缪尔森和索洛的看法，决策者面临着通货膨胀和失业的权衡取舍，菲利普斯曲线直观地说明了这种权衡取舍。

【相关链接】

表 10－2　1978—2022 年中国通货膨胀率与失业率统计表

年份	通货膨胀率（%）	失业率（%）	经济增长率（%）
1978	0.7	5.3	11.7
1979	2	5.4	7.6
1980	6	4.9	7.8
1981	2.4	3.8	5.2
1982	1.9	3.2	9.1
1983	1.5	2.3	10.9
1984	2.8	1.9	15.2
1985	9.3	1.8	13.5
1986	6.5	2	8.8
1987	7.3	2	11.6

（续表）

年份	通货膨胀率（%）	失业率（%）	经济增长率（%）
1988	18.8	2	11.3
1989	18	2.6	4.1
1990	3.1	2.5	3.8
1991	3.4	2.5	9.2
1992	6.4	2.3	14.2
1993	14.7	2.6	13.5
1994	24.1	2.8	12.6
1995	17.1	2.9	10.5
1996	8.3	3	9.6
1997	2.8	3.1	8.8
1998	−0.8	3.1	7.8
1999	−1.4	3.1	7.1
2000	0.4	3.1	8
2001	0.7	3.6	7.5
2002	−0.8	4	8.3
2003	1.2	4.3	9.5
2004	3.9	4.2	10.1
2005	1.8	4.2	10.4
2006	1.5	4.1	10.7
2007	4.8	4	11.4
2008	5.9	4.2	9
2009	−0.7	4.3	8.7
2010	3.3	4.1	10.3
2011	5.4	4.1	9.2
2012	2.6	4.1	7.8
2013	2.6	4.1	7.7
2014	2.0	4.09	7.4
2015	1.4	4.05	6.9
2016	2.0	4.02	6.7
2017	1.6	3.90	6.9
2018	2.1	3.8	6.6
2019	2.9	3.6	6.1

（续表）

年份	通货膨胀率（%）	失业率（%）	经济增长率（%）
2020	2.5	4.2	2.3
2021	0.9	3.96%	8.1
2022	2	5.6	3

注：表 10-2 中通货膨胀率为居民消费价格比上年涨跌幅度，失业率为城镇登记失业率，其中 2022 年为全年全国城镇调查失业率平均值为 5.6%。

资料来源：2011 年及之前的数据来源于《中国人口和就业统计年鉴 2012》，2012 年及之后的数据来源国家统计局网站公布历年《统计公报》。

【本章小结】

失业与通货膨胀是现代经济发展的两大顽疾，也是宏观经济学研究的两个中心问题。任何一个经济社会都很难避免这两大问题。本章介绍了通货膨胀概念、通货膨胀产生原因、通货膨胀的测度、通货膨胀的类型、通货膨胀对经济的影响、通货膨胀的治理以及失业概念、失业的类型和失业的治理。在本章的最后部分介绍了菲利普斯曲线，它是一条用来描述失业与通货膨胀之间关系的曲线。现代经济学认为，在短期内，失业与通货膨胀之间存在替代关系，即政府可以通过一定的宏观经济政策用较高的失业率来换取较低的通货膨胀率，反之亦然。

【经济学家】

菲利普斯曲线的提出者——威廉·菲利普斯

威廉·菲利普斯（William Phillips，1914—1975），新西兰经济学家，他是著名的"菲利普斯曲线"的提出者，同时还是 MONIAC 液压计算机的发明者。

1914 年，菲利普斯生于新西兰的一个农民家庭。15 岁那年，他就因为生活所迫到澳大利亚的一个金矿做工，晚上收工后，他在昏暗的灯光下自学电机工程。1937 年，他到了英国，在伦敦电力局找了一份工作，还参加了英国电机工程师协会。二战爆发后他投笔从戎，在太平洋战场上作战，还在日本兵的战俘营里待过一段艰难岁月。一直到战争结束后，32 岁的菲利普斯脱下军装，到伦敦经济学院学习社会学，这时他才在课堂上接触到经济学，并深深为之吸引。

图 10-5 菲利普斯

（图片来源：百度图片）

菲利普斯对稳定政策和经济动态系统的关系产生了浓厚的兴趣。1954 年，他在《经济学杂志》上发表了一篇《封闭经济中的稳定政策》，其中讨论的就是反应滞后对宏观稳定政策的影响。菲利普斯有着那种工程师特有的根深蒂固的经验主义倾向，他总觉得在做理论思辨之前要先搞计量分析，于是，他着手做这方面的研究。1958 年，菲利普斯在《经济学》杂志上发表了那篇著名的《1861—1957 年英国失业率和货币工资变化率之间的关系》，后来所说的菲利普斯曲线就是在这篇文章中首先提出来的。菲利普斯利用近 100 年间的英国工资的统计资料，讨论了工资变动率和失业率之间的关系。

但真正使菲利普斯曲线一夜之间扬名的，还要算萨缪尔森和索洛于 1960 年在《美国经济评论》上发表的那篇《关于反通货膨胀政策的分析》。事实上，“菲利普斯曲线”这个名称就是萨缪尔森和索洛在这次讨论中给起的。这两位经济学家用美国的数据换掉英国的数据，并用物价上涨率代替名义工资增长率，得出了短期内通货膨胀率和失业率之间的替换关系。有了菲利普斯曲线，新古典综合派就可以方便地开出宏观经济政策的“药方”：要想降低失业率，不妨提高通货膨胀率，为了治理通货膨胀，难免在失业上做出牺牲。有了这两位大师的推崇，菲利普斯曲线从此就被绣上了新古典综合派的“旗帜”，被写进了新古典综合派的“宪章”。

资料来源：节选自百度百科“威廉·菲利普斯”，有改动。

【练习与思考】

一、选择题

1. 通货膨胀是指(　　)。

A. 货币发行量过多引起物价水平普遍而持续地上升

B. 货币发行量超过了流通中的货币量

C. 货币发行量超过了流通中的商品价值量

D. 以上均不正确

2. 一般用来衡量通货膨胀的物价指数是(　　)。

A. 消费者物价指数　　B. 生产者物价指数

C. GDP 平减指数　　D. 以上均正确

3. 根据通货膨胀的原因，可将其划分为(　　)。

A. 需求拉动型通货膨胀　　B. 成本推动型通货膨胀

C. 供求混合推进型通货膨胀　　D. 结构型通货膨胀

4. 失业率是指(　　)。

A. 失业人数占劳动力人数的百分比　　B. 失业人数占人口总数的百分比

C. 失业人数占就业人数的百分比　　D. 以上均正确

5. 充分就业的含义是(　　)。

A. 人人都有工作，没有失业者　　B. 消灭了周期性失业的就业状态

C. 消灭了自然失业时的失业状态　　D. 消灭了自愿失业时的失业状态

6. 引起周期性失业的原因是(　　)。

A. 工资刚性　　B. 总需求不足

C. 经济中劳动力的正常流动　　D. 经济结构的调整

7. 由于经济萧条所造成的失业是(　　)。

A. 摩擦性失业　　B. 结构性失业

C. 周期性失业　　　　　　D. 自愿失业

8. 技术的进步造成部分人不适应新的工作要求，由此产生的失业是(　　)。

A. 自愿失业　　　　　　B. 摩擦性失业

C. 需求不足的失业　　　　　　D. 结构性失业

二、问答题

1. 如何理解通货膨胀?

2. 通货膨胀对经济的影响?

3. 失业的概念及失业的基本类型。

4. 简述通货膨胀与失业之间的关系。

三、计算题

已知某国有关人口情况：人口 5 000 万，就业人数 2 500 万，失业人数 200 万。请问：

1. 该国劳动力人数是多少?

2. 该国的失业率多少?

3. 如果摩擦性失业和结构性失业 120 万，自然失业率是多少?

4. 实现了充分就业时，该国人就业人数有多少?

5. 如果在失业中有 20 万人是由于嫌工作不好而不愿就业，那么真正的失业率应该是多少?

【实训】

1. 根据表 10－2 中 CPI、城镇人口登记失业率的数据，绘制通货膨胀率和失业率的趋势线，并说明通货膨胀与失业的关系。

2. 通过所绘制的趋势线及表 10－2 中 CPI、城镇人口登记失业率具体数据，能否大致说明通货膨胀和失业呈反向关系。如果不能，请结合中国的实情，解释其原因。

3. 教师对各小组绘制的趋势线及分析结果进行归纳和点评。

第十一章 货币基本理论

学习目标

重点掌握：1. 货币基本概念
2. 凯恩斯的货币需求理论
3. 货币均衡

基本了解：1. 货币供给机制
2. 利率的决定

一般了解：1. 货币乘数
2. 货币失衡

本章导读

货币的产生

路德维希·冯·米塞斯（Ludwig Von Mises，1881—1973）曾说："货币不是，也不可能是通过国家命令或某种全体公民一致认可的社会契约而产生，它必产生于自由的市场过程。"

在货币产生之前，以物易物的贸易就已经出现。人们生产出自己最擅长生产的物品，并将剩余用以交换。每件产品都有以其他产品表示的交换价值，人人都可以通过换取其更加需要的产品而获益。自发的市场是一个互惠互利的交换场所。

然而，物物交换有着严重的缺陷，它限制了交易规模和生产规模。在物物交换开始之前，甲方首先要找到卖方乙，而同时，乙方也必须正好对甲方手中的产品有需求。举个例子，如果一个拥有鸡蛋的人想买一双鞋，那么他必须找到一个鞋匠，而且这个鞋匠同时也想买鸡蛋。想象一下，如果鞋匠并不想要买鸡蛋，那么拥有鸡蛋的人如何才能买到鞋呢？换句话说，他怎么能够找到一个想买鸡蛋的鞋匠？

再说得直白一点：我以教授经济学为生，在一个物物交换的世界中，当我想买一份报纸的时候，就必须找到一个想听经济学课程的报纸商人，这样才能完成物物交换。然而，找到这样的报纸商人来达成交易的可能性实在是微乎其微。

通过上例，可以发现，在以物易物的制度框架下，需求的双重巧合是交易达成的关键要素。除此以外，物品的不可分割性也是以物易物贸易的另一难题。面对物物交换带来的障碍和限制，人们在不断尝试着克服，在充分运用了人类的想象力和创造力，终于发明了一种让交易过程变得高效的东西：货币（Money）！

资料来源：〔美〕罗斯巴德．银行的秘密：揭开美联储的神秘面纱［M］．第2版．北京：清华大学出版社，2011，有删减。

本章导读谈到货币（currency）的产生，可以看出货币对经济至关重要。产品市场和要素市场的运行都离不开货币的媒介作用，人类社会的很多财富都需要用货币进行计量。货币基本理论是学习和理解货币工具与货币政策的基础。本章主要介绍货币与货币市场的基本概念、货币需求与货币供给的基本理论，以及利率是如何决定的。

第一节　货币与货币市场

微课 11.1　货币与货币市场

什么是宏观经济层面上的货币？经济学统计的货币包含哪几种层次，是按照什么标准划分的？货币市场是怎样构成的？这些问题是了解货币市场运行机制的基础。货币在经济中的作用与一个经济的金融体系密切相关。因此，想要了解货币对经济的影响，需要首先了解金融体系。本节选取金融体系中与货币关系密切的中央银行、金融中介机构及市场进行。

一、货币基本概念

在经济学中，货币是指在商品劳务贸易中或债务清偿时被广泛接受的交易媒介手段。

从微观经济活动层面上，货币表现出其在满足人们的交易、支付、价值衡量和贮藏等需求中所具有的功能，也就是流通手段、价值尺度、贮藏手段和支付手段四大职能。这些基础功能是货币产生、发展和发挥经济作用的基因。对货币宏观功能的分析，是以货币的微观功能为前提的。

宏观经济中所称的货币，一般是指经济活动中以现金和存款形式存在的资产，因为这两种资产都具有很高的流动性，所以被纳入了货币统计的范围。现金是经济中被最广泛接受的交换媒介，它作为货币存量的一部分无可非议。存款包括银行和其他金融机构的存款，这些存款都是社会经济部门分散存在银行系统中的，由于这些存款可以及时变现并用于购买物品和劳务，因此也作为货币存量的一部分。

除了现金和存款形式存在的资产，还有一些资产没有被纳入货币统计中来，其主要原因是流动性。经济学家用流动性来说明一种资产可以兑换为经济中的交换媒介的容易程度。资产的流动性，就是指将其转换为现金而不受损失的能力。流动性越高，货币性就越强；流动性越低，货币性也就越低（货币性是一项资产执行货币职能能力的高低）。

我国对货币层次的划分就是以货币的流动性为标准的，流动性不同的货币，在流通中发挥的作用也不相同。货币层次的划分有利于中央银行进行宏观经济运行监测和货币政策操作。我国将货币划分为三个层次：

$$M_0 = \text{流通中的现金}$$

$$M_1 = M_0 + \text{活期存款}$$

$$M_2 = M_1 + \text{定期存款} + \text{储蓄存款} + \text{其他存款}$$

流通中的现金和银行活期存款为流通中的货币，是我国的狭义货币量 M_1；定期存款、储蓄存款、其他存款（如证券公司的客户保证金）属于潜在的货币量，与 M_1 一起构成我国的广义货币量 M_2。M_1 和 M_2 都是研究宏观经济调控的主要变量。表 11－1 列出了 2022 年 1—12 月我国的货币供应量（money supply）情况。

表 11－1　2022 年 1—12 月中国的货币供应量　　单位：亿元人民币

项目	2022 年 1 月	2022 年 2 月	2022 年 3 月	2022 年 4 月	2022 年 5 月	2022 年 6 月
货币和准货币（M_2）	2 431 022.72	2 441 488.90	2 497 688.34	2 499 710.9	2 527 026.15	2 581 451.2
货币（M_1）	613 859.35	621 612.11	645 063.80	636 139.01	645 107.52	674 374.81
流通中货币（M_0）	106 188.87	97 227.70	95 141.92	95 626.49	95 546.86	96 011.17

项目	2022 年 7 月	2022 年 8 月	2022 年 9 月	2022 年 10 月	2022 年 11 月	2022 年 12 月
货币和准货币（M_2）	2 578 078.57	2 595 068.27	2 626 600.92	2 612 914.57	2 647 008.48	2 664 320.84
货币（M_1）	661 832.33	664 604.85	664 535.17	662 140.99	667 042.6	671 674.76
流通中货币（M_0）	96 509.19	97 231.03	98 672.06	98 416.71	99 740.12	104 706.03

注：2018 年 1 月，人民银行完善货币供应量中货币市场基金部分的统计方法，用非存款机构部门持有的货币市场基金取代货币市场基金存款（含存单）。

资料来源：中国人民银行网站公布的《2022 年统计数据》。

货币供应层次的划分，有利于为中央银行的宏观金融决策提供一个清晰的货币供应结构图，有助于掌握不同的货币运行态势，并据此采取不同的措施进行调控。另一方面，货币层次有助于中央银行分析整个经济的动态变化，每一层次的货币供应量，都有特定的经济活动和商品运动与之对应，通过对各层次货币供应量变动的观察，中央银行可以掌握经济活动的状况，并分析预测其变化的趋势。

二、中央银行

（一）中央银行及特点

中央银行（central bank）是一国金融机构的中心。作为非营利性的政府机构，它负责统筹管理全国金融活动，并实施货币政策以维持经济发展和物价水平的稳定。

中央银行的主要管理职责都是寓于金融业务的经营过程之中的，即利用其所拥有的力量，如货币供给量、利率等，对金融领域乃至整个经济领域的活动进行管理、控制和调节。中央银行的活动主要有以下特点。

（1）不以营利为目的。中央银行以金融调控为己任，稳定货币、促进经济发展是其宗旨。

(2) 不经营普通银行业务。中央银行不对社会上的企业、单位和个人办理存贷款、结算等业务，只与政府或其他金融机构发生资金往来关系。

(3) 决策相对独立。在制定和执行货币政策时，中央银行具有相对独立性，不应受到其他部门和机构的干预和牵制。

【延伸阅读】

中国人民银行发展历史

人民银行的历史渊源，可以追溯到第二次国内革命战争时期。1931 年 11 月，在江西瑞金召开的“全国苏维埃第一次代表大会”上，通过决议成立“中华苏维埃共和国国家银行”(简称苏维埃国家银行)，并发行货币。从土地革命到抗日战争时期一直到中华人民共和国诞生前夕，人民政权被分割成彼此不能连接的区域。各根据地建立了相对独立、分散管理的根据地银行，并各自发行在本根据地内流通的货币。1948 年 12 月 1 日，以华北银行为基础，合并北海银行、西北农民银行，在河北省石家庄市组建了中国人民银行，并发行人民币，成为中华人民共和国成立后的中央银行和法定本位币。

中国人民银行成立至今的 50 多年，特别是改革开放以来，在体制、职能、地位、作用等方面，都发生了巨大而深刻的变革。

1948 年 12 月 1 日，中国人民银行在河北省石家庄市宣布成立。华北人民政府当天发出布告，由中国人民银行发行的人民币在华北、华东、西北三区的统一流通，所有公私款项收付及一切交易，均以人民币为本位货币。

1949 年 9 月，中国人民政治协商会议通过《中华人民共和国中央人民政府组织法》，把中国人民银行纳入政务院的直属单位系列，接受财政经济委员会指导，与财政部保持密切联系，赋予其国家银行职能，承担发行国家货币、经理国家金库、管理国家金融、稳定金融市场、支持经济恢复和国家重建的任务。

1953 年开始建立了集中统一的综合信贷计划管理体制，即全国的信贷资金，不论是资金来源还是资金运用，都由中国人民银行总行统一掌握，实行“统存统贷”的管理办法，银行信贷计划纳入国家经济计划，成为国家管理经济的重要手段。

1982 年 7 月，国务院批转中国人民银行的报告，进一步强调“中国人民银行是我国的中央银行，是国务院领导下统一管理全国金融的国家机关”，以此为起点开始了组建专门的中央银行体制的准备工作。

1983 年 9 月 17 日，国务院作出决定，由中国人民银行专门行使中央银行的职能，并具体规定了人民银行的 10 项职责。

从 1984 年 1 月 1 日起，中国人民银行开始专门行使中央银行的职能。

1993 年，按照国务院《关于金融体制改革的决定》，中国人民银行进一步强化金融调控、金融监管和金融服务职责，划转政策性业务和商业银行业务。

1995 年 3 月 18 日，全国人民代表大会通过《中华人民共和国中国人民银行法》，首次以国家立法形式确立了中国人民银行作为中央银行的地位，标志着中央银行体制走向了法制化、规范化的轨道，是中央银行制度建设的重要里程碑。

1998年，按照中央金融工作会议的部署，改革人民银行管理体制，撤销省级分行，设立跨省区分行，同时，成立人民银行系统党委，对党的关系实行垂直领导，干部垂直管理。

2003年，按照党的十六届二中全会审议通过的《关于深化行政管理体制和机构改革的意见》和十届人大一次会议批准的国务院机构改革方案，将中国人民银行对银行、金融资产管理公司、信托投资公司及其他存款类金融机构的监管职能分离出来，并和中央金融工委的相关职能进行整合，成立了中国银行业监督管理委员会。同年9月，中央机构编制委员会正式批准人民银行的"三定"调整意见。12月27日，十届全国人民代表大会常务委员会第六次会议审议通过了《中华人民共和国中国人民银行法（修正案）》。

有关金融监管职责调整后，人民银行新的职能正式表述为"制定和执行货币政策、维护金融稳定、提供金融服务。"同时，明确界定："中国人民银行为国务院组成部门，是中华人民共和国的中央银行，是在国务院领导下制定和执行货币政策、维护金融稳定、提供金融服务的宏观调控部门。"

资料来源：中国人民银行网站：http：//www.pbc.gov.cn/rmyh/105226/105433/index.html，有删减。

（二）中央银行的职能

1. 发行的银行

中央银行享有货币发行的垄断权，是发行的银行。这里的货币就是我们通常所说的现金及其他信用货币。中央银行根据经济运行情况，合理调节市场流通中货币的数量，保持币值的稳定。

2. 国家的银行

中央银行对内代表国家贯彻执行财政金融政策，对外代表政府参与国际金融机构的活动。作为国家的银行，央行的主要业务是代理国库并为政府筹措资金、代理国家发行债券、对国家给予信贷支持、保管外汇和黄金储备等。中央银行是一国的金融行政管理机构，监管商业银行及非银行金融机构，管理金融市场，其目的是稳定一国金融、促进社会经济发展。

3. 银行的银行

中央银行代表政府管理全国的商业银行和政策性银行，是银行的银行，其职能包括集中存款准备金，充当最后贷款人，实施全国清算。

为了保证商业银行的清偿能力、防止银行破产、保护存款者利益，中央银行以法律形式规定了缴存中央银行的存款准备金率，并通过这部分存款准备金来管理商业银行和其他金融机构。

中央银行作为最后贷款人，在商业银行资金不足时，尤其是当商业银行遭到存款挤提，可能陷入严重的流动性困境时，中央银行通常会发挥最后贷款人的作用，向这类商业银行提供信贷支持。

各商业银行都向中央银行缴存存款准备金，并在中央银行开立账户。中央银行组织银行间资金和票据的全国清算。

三、金融中介机构

金融中介机构（financial intermediaries）是把居民和企业与金融市场联系起来的纽带，它在资金融通过程中能够以某种方式吸收资金、运用资金，并且能够提供各种金融产品和金融服务。金融中介机构类型较多，包括商业银行、政策性银行、保险公司、证券公司、基金管理公司、证券交易所、金融控股公司、信托投资公司、信用合作社等。金融中介机构中最重要的是商业银行。

商业银行（commercial banks）又称存款货币银行，是以货币为特殊经营对象，向社会提供存款、贷款、结算等综合金融服务的特殊企业。例如我们熟悉的中国工商银行、中国农业银行、中国银行、中国建设银行、交通银行、招商银行等都是商业银行。与其他金融中介机构相比，能够向社会公众吸收活期存款、创造货币是商业银行最明显的特征，而其他金融中介机构，如证券公司和保险公司都不能向社会公众吸收活期存款和发放贷款。

企业取得银行的贷款后，一般不会全部提取现金，而是存在银行账户上逐笔使用，或转账给在其他银行开户的业务往来单位。这些因商业银行发放贷款而产生的存款叫作派生存款，创造派生存款的过程即是信用货币创造。正是商业银行具有创造货币的功能，使它具有了特殊的职能，它们的活期存款构成了货币供给或交换媒介的重要组成部分，也是信用扩张的重要源泉。

【相关链接】

我国现行的金融体系

经过40多年的改革开放，中国金融业获得了巨大的发展，金融机构体系结构日趋完善，已经形成了由中央金融委员会、中国人民银行、国家金融监督管理总局、中国证券监督管理委员会为主导，各类商业银行为主体，政策性银行、非银行金融机构为辅翼的层次丰富、种类较为齐全、分工合作、服务功能比较完备的金融机构体系，多种金融机构并存，分业经营，分工协作，在国民经济发展中，发挥了重要的作用。

我国现行的金融机构体系按照其地位和功能可以划分为4个层次：

(1) 金融管理监管层。包括中央金融委员会（2023年3月，中共中央、国务院印发了《党和国家机构改革方案》，组建中央金融委员会。主要职责是加强党中央对金融工作的集中统一领导，负责金融稳定和发展的顶层设计、统筹协调、整体推进、督促落实，研究审议金融领域重大政策、重大问题等）、中国人民银行（中国的中央银行，1948年12月1日成立。在国务院领导下，制定和执行货币政策，防范和化解金融风险，维护金融稳定，提供金融服务，加强外汇管理，支持地方经济发展）、国家金融监督管理总局（2023年3月，中共中央、国务院印发了《党和国家机构改革方案》。在中国银行保险监督管理委员会基础上组建国家金融监督管理总局，将中国人民银行对金融控股公司等金融集团的日常监管职责、有关金融消费者保护职责，中国证券监督管理委员会的投资者保护职责划入国家金融监督管理总局。不再保留中国银行保险监督管理委员会）、中国证券监督管理委员会（1992年10月成立，依法对证券、期货业实施监督管理）。

(2) 商业银行。商业银行是指以吸收存款、发放贷款和从事中间业务为主的营利性机构。主要包括国家控股大型商业银行（中国工商银行、中国建设银行、中国银行、中国农业银行、交通银行、中国邮政储蓄银行等）、股份制商业银行（中国民生银行、中信银行、中国光大银行、华夏银行、招商银行、兴业银行、上海浦东发展银行等）、城市商业银行（北京银行、南京银行、杭州银行、宁波银行、徽商银行等）、农村商业银行（北京农村商业银行、上海农村商业银行、合肥科技农村商业银行等）和外国在华商业银行（外国独资银行、外国银行分行、中外合资银行）。

（3）政策性银行。政策性金融机构由政府发起并出资成立，为贯彻和配合政府特定的经济政策和意图而进行融资和信用活动的机构。包括国家开发银行、中国进出口银行、中国农业发展银行。政策性银行不以营利为目的，其业务的开展受国家经济政策的约束并接受中国人民银行的业务指导。

（4）非银行类金融机构。包括保险公司（中国人保、中国平安、中国人寿、太平洋保险等）、证券公司（海通证券、广发证券、国信证券、国泰君安证券等）、信用合作社、信托投资公司、金融租赁公司、财务公司、资产管理公司等。

资料来源：郭福春，吴金旺．金融基础［M］．2版．北京：高等教育出版社，2019，有修改。

四、金融市场

金融市场（finance market）是各种金融工具交易的场所，又称公开市场。中央银行主要是通过在公开市场上的活动来运用货币政策调节经济。金融市场主要分为货币市场和资本市场两大部分（习惯上也经常将整个金融市场称作货币市场）。

（一）货币市场

货币市场（currency market）是从事短期信用工具买卖的市场，是短期信用工具与货币相交换的市场。在货币市场上交易的短期信用工具有：商业票据、国库券、银行承兑票据、可转让定期存单等。参与的主体包括政府主管国库的机构、中央银行、商业银行和其他金融机构。

货币市场上的金融工具（financial tools）比资本市场的流动性要高，融资期限在一年以下，风险也相对较低，货币市场上的交易工具多具有“准货币”性质。货币市场主要由以下几个部分组成：同业拆借市场、国库券及其回购市场以及票据市场。

货币市场规模巨大，它是绝大多数正常商业活动不可缺少的中间环节。货币的供求在货币市场上能够得到充分的反映，货币市场上的供求变动是市场利率变化的决定因素。当风险最小、期限最短的利率一旦由其供求关系确定的时候，其他一系列风险较大、期限较长的贷款利率都会调整到与其相适应的水平。正是由于利率之间的这种联动作用，各国中央银行的货币政策总是在货币市场上通过短期债券的买卖来实现。

（二）资本市场

资本市场（capital market）是指从事长期信用工具买卖的场所。长期信用工具指借贷期限在一年以上的信用工具，例如公债、公司债券和股票等。

资本市场对国民收入循环流量的影响往往要持续很多年。当消费者需要购买房地产及高档耐用消费品时，往往需要长期负债；当公司扩大规模或建立新企业时，常常靠发行债券或股票来筹集资金。这样，资本市场就与实际资本的积累和总投资密切相关，它在相当程度上决定着实际的经济增长。

资本市场对利率的影响虽然不如货币市场那样大，却也起着重要的作用。从宏观角度看，无论是短期债券还是长期债券或股票，都是在同一个金融市场为争夺同一笔总资金而相互竞争。当经济繁荣、预期利润率普遍上升的时候，长期债券的高利率和股票的较高收益又会拉动短期利率上升。因此，当我们考察利率的决定时，无论是把利率理解为基础利率还是理解为各种市场利率的总称，它都是由整个金融市场上的货币供求关系决定的。

第二节 货币需求理论

微课 11.2 货币需求理论

货币需求（money demand）是指经济主体能够并愿意以货币形式持有其资产的需要。经济学意义上的需求指的是有效需求，不单纯是一种心理上的欲望，而是一种能力和愿望的统一。货币需求量是指在特定的时间和空间内，经济中各个部门需要持有货币的数量，即一定时期内经济对货币的客观需求量。货币需求理论研究的就是为何需要货币，什么是货币需求的决定因素，以及货币需求与实际经济活动的关系。不同的货币需求理论对此做出了不同的解释。

一、传统货币数量说

传统货币数量说主要包括现金交易数量说和现金余额数量说。

（一）费雪的现金交易数量说

1911 年，美国经济学家埃尔文·费雪（Elvin Fisher，1867—1947）在其所著的《货币购买力》中提出了著名的交易方程式，也称为费雪方程式：

$$MV=PT$$

式中：M 代表货币量，V 代表货币流通速度[①]，P 代表物价水平，T 代表商品和劳务的交易量。费雪认为，在方程式中，V 和 T 在长期中都不受 M 变动的影响：V 由制度因素决定，在短期内很难改变，可以视为一个常数；T 则取决于资本、劳动和资源的供给状况以及生产技术水平等非货币因素，大体上也是稳定的。因此，只有物价水平 P 和货币量 M 有直接关系。他认为，货币量是最活跃的因素，会经常变动，并且是主动的变动，而物价则是主要的被动因素。只要货币量发生变化，马上就会反映到物价上来，引起物价变动。因此，交易方程式所反映的是货币量决定物价水平的理论。

（二）剑桥学派的现金余额数量说

阿瑟·塞西尔·庇古（Arthur Cecil Pigou，1877—1959）是剑桥学派（Cambridge School）的主要代表人物，也是福利经济学创始人。1917 年，他在英国《经济学季刊》上

---

① 货币流通速度是指一年之内一定量的货币存量周转次数。假定每年交易额就是国内生产总值的价值量，用 Y 表示，每年的年均货币存量用 M 表示，则货币流通速度 $V=Y/M$。

发表了《货币的价值》一文，提出并全面阐述了剑桥方程式：

$$\pi = k\frac{Y}{M}L$$

式中：π 代表货币价值（即货币购买力，为物价指数的倒数），k 代表总资源中愿意以货币形式持有的比重（相当于交易方程式中货币流通速度的倒数），Y 代表总资源（总收入），$k\times Y$ 代表真实货币需求，M 代表名义货币供给。

庇古认为，货币的价值由货币供求的数量关系决定。货币需求是以人们的手持现金来表示，它不仅是作为交易媒介的货币，也包括贮藏货币，这是剑桥方程式区别于交易方程式的关键所在，等式中 k 就集中反映了这一思想。剑桥学派把 k 解释为人们的持币量与支出总量的比例。持有货币的比例越大，所需货币越多。然而，两者在本质上是一致的，都是试图说明物价和货币价值的升降取决于货币量的变化。假定其他因素不变，物价水平与货币量成正比，货币价值与货币量成反比。

二、凯恩斯的货币需求理论

1936 年，约翰·梅纳德·凯恩斯（John Maynard Keynes）在他的巨著《就业、利息和货币通论》指出，经济主体愿意持有货币而不是其他缺乏流动性的资产，是为了应付日常的、临时的或投机的需要，从而产生货币需求。货币需求理论也被称为流动性偏好理论。凯恩斯认为货币需求是由三个动机决定的。

1. 交易动机

交易动机（transaction motive）即由于收入和支出的时间不一致而产生的持有货币的愿望。凯恩斯又将其分为个人的收入动机和企业的经营动机。从个人收入的取得到支出，从企业销售收入的获得到生产和销售费用的支出，总有一段时间间隔。人们需要在这段时间持有一定数量的货币。凯恩斯和古典经济学家一致认为，交易性货币需求与收入水平呈正相关关系，收入越高，交易性货币需求就越大；收入越低，交易性货币需求就越少。

2. 谨慎动机

谨慎动机（precautionary motive）即为应付各种始料未及的情况而产生的持有货币的愿望，如应付失业、疾病等意想不到的事件，以及企业的不时之需。凯恩斯认为，预防性货币需求也与人们的收入水平呈正相关关系，收入水平越高，预防性货币需求也就越多；反之，预防性货币需求就越少。交易动机和谨慎动机的货币需求都是交易性货币需求，它们都与收入水平成正相关关系，是国民收入的增函数。以 M_t 表示交易性货币需求，Y 表示收入水平，则交易性货币需求可表示为

$$M_t = f(Y)$$

3. 投机动机

投机动机（speculative motive）即由于利率的不确定性，根据对市场利率变化的预期需要持有货币以便从中获利的动机。典型的投机活动就是买卖债券。债券不仅能给持有者带来一定的利息收入，还可因债券价格的波动获得资本收益。投机性货币需求与利率水平呈负相关关系，利率水平越高，预期持有债券的资本收益就越高，人们就会愿意持有更多的债券，减少投机性货币需求；反之，利率水平越低，投机性货币需求会越多。如果以

Ms 表示投机性货币需求，i 表示利率水平，投机性货币需求函数可表示为

$$M_s = f\ (i)$$

将交易性货币需求与投机性货币需求相结合，就得到了完整的凯恩斯货币需求函数为

$$M_d = M_t + M_s = f\ (Y,\ i)$$

它表明，对货币的需求与收入水平呈正方向变动，与利率呈反方向变动。可见，这与费雪认为货币需求与利率水平没有什么相关性的观点存在很大差别。

根据凯恩斯的货币需求函数，货币流通速度并不是一个不变的量，即使是在短期内，技术条件没有发生什么变化，货币流通速度也将是不稳定的。为明确这一点，将凯恩斯货币需求函数代入费雪方程式就可以得到：

$$f\ (Y,\ i)\ \times V = P \times Y$$

从而可得：

$$V = P\frac{Y}{f\ (Y,\ i)}$$

由于利率上升时，投机性货币需求减少，使 $f\ (Y,\ i)$ 下降，这样货币的流通速度就会加快；反之，利率水平下降时，由于对投机性货币需求增加，因此货币流通速度也会下降。由于利率水平是经常变动的，所以货币流通速度也会经常变动。这与费雪认为在短时间内不变的观点存在很大差异。

货币流通速度还取决于人们心目中的正常利率，而且还会随着人们的预期而不断地变化，因此，投机性货币需求也是不稳定的，这就导致了货币流通速度的起伏波动。

凯恩斯认为，当利率降到某一低点时（如图 11－1 中的 i_0），货币需求会无限增大，此时无人愿意持有债券，都愿意持有货币。也就是说，由于利率过低，流动性偏好就具有绝对性，图中对着 i_0 的水平线，就是著名的流动性陷阱（liquidity trap）。

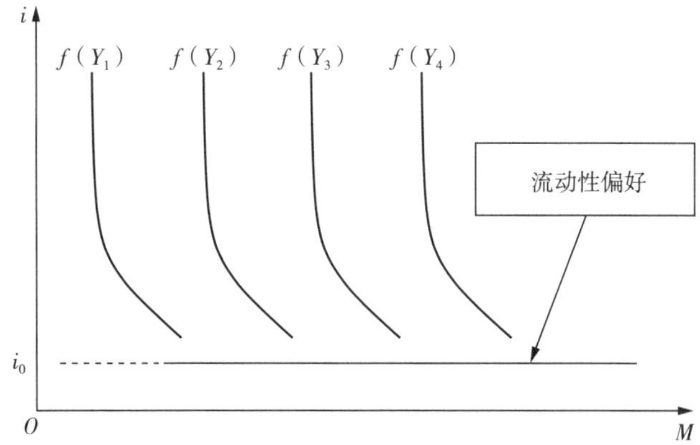

图 11－1　凯恩斯的货币需求函数图

三、弗里德曼的现代货币数量说

米尔顿·弗里德曼（Milton Friedman，1912—2006）在凯恩斯的基础上继续扩大了财富

形式的范围，不仅将货币同债券、股票、耐用消费品、房屋及机器等实物资产或金融资产视为财富，而且还将人力资本也划入财富的种类中去，对货币的需求就取决于财富总量及构成财富总量的各种资产的结构搭配，在此基础上，弗里德曼提出了货币需求函数为

$$M/P=f\ (Y_p;\ W;\ R_m,\ R_b,\ R_e,\ 1P\times d_p/d_t;\ \mu)$$

式中：M 代表名义货币量，P 代表物价水平，Y_p 代表恒久性收入，W 代表非人力财富占总财富的比例，R_m、R_b、R_e 分别代表存款、债券和股票的预期名义收益率，$1P\times d_p/d_t$ 代表物价水平的预期变动率，μ 代表随机因素的影响总和。

一般来说，财富构成比例和物价变动率在一定时期相对稳定，μ 一般也为常量，R_m、R_b、R_e 直接受市场利率 R 的制约，因此可用 R 来表示。这样，弗里德曼的货币需求函数公式可以简化为

$$M/P=f\ (Y_p,\ R)$$

这说明，货币的实际需要量取决于国民收入和利率的变化。

【延伸阅读】

现代货币主义理论创始人——米尔顿·弗里德曼

米尔顿·弗里德曼（Milton Friedman，1912—2006），美国当代经济学家、芝加哥大学教授、芝加哥经济学派代表人物之一，货币学派的代表人物，1976 年诺贝尔经济学奖获得者。

弗里德曼是货币主义经济学派的主要提倡者。他最知名的理论是提出了以货币供给作为决定生产价值基准的因素，通货膨胀在根本上源自货币供给量的主张。他主张在通货膨胀与货币供给之间有着一个紧密而稳定的联结关系，亦即通货膨胀的现象应该是以联邦储备银行对全国经济提供的货币数量为基准；他强烈反对以金融政策作为需求管理的手段，并且主张政府在经济上扮演的角色应该被严格限制。他亦深信经济自由，最终将导致政治自由。

弗里德曼对于消费层面的分析也相当知名，亦即他在 1957 年提出的恒常所得假说(Permanent income Hypothesis)。这个理论被一些经济学者视为是他在经济学方法论上最重要的贡献。他其他重要的贡献还包括了对菲利普斯曲线的批评，以及他提出的失业率的自然比率的概念（1968 年）。这些学说都与货币和金融政策在对经济的长期及短期影响上有关。

弗里德曼是一位家喻户晓且拥有最高专业成就的伟大经济学家。在这方面，人们常常将他与约翰·梅纳德·凯恩斯相提并论。弗里德曼始终对凯恩斯心怀敬意，尽管他本人在某种程度上已经取代了凯恩斯。

资料来源：节选自百度文库“米尔顿·弗里德曼”，有改动。

四、货币需求的影响因素

从上述的各种理论中，可以得出以下几个结论：

（1）货币需求与利率呈反向变动。当利率提高时，人们偏向资产更高的收益性，会选择持有较少的货币，导致货币需求减少；而利率降低时，人们偏向资产更高的流动性，导致货币需求增加。

（2）货币需求同价格水平呈反方向变动。价格水平的上涨将使货币需求增大，价格水平的下降将使需求量减少。

（3）货币需求同收入呈同方向变动。即收入增加，货币需求增加；收入减少，货币需求减少。

第三节　货币供给理论

微课 11.3　货币供给理论

货币供给（money supply）是指一定时期内一国银行系统向经济中投入货币的行为，是银行系统向经济主体注入货币的过程。货币供给分析主要包括货币层次划分、货币供给的机制和货币供给的决定因素。货币层次划分前文已有所涵盖，本节主要从中央银行和商业银行的货币创造过程来研究货币供给机制，并简单谈谈货币供给的决定因素。

货币供给必然形成一定的货币量，即货币供应量，它是货币供给的结果。货币需求量只是一个预测值，而货币供给量是一个实实在在的值，是反映在银行（包括中央银行和商业银行）资产负债表（balance sheet）中一定时点上的负债总额，是银行通过各项资产业务向经济社会中投放出去的。

一、中央银行对基础货币的创造

从会计学角度看，任何经济部门的经济活动都受到资产与负债平衡关系的约束，银行部门也不例外。然而，在处理资产和负债关系方面，银行部门，特别是中央银行与非银行部门有很大不同。作为非银行的一般经济部门，当其资金不足时，可以向银行、别的企事业单位或社会公众借款，商业银行在资金不足时，也可以从中央银行获得信用支持。但是，作为“最后贷款人”的中央银行，却无处告贷。中央银行是社会资金运动的组织和管理部门，要承担向社会提供货币资金的责任。

在任意一个时点上，中央银行的资产与负债总是保持平衡。这一平衡关系，意味着中央银行现有的信贷资金来源已经被全部占用，如果不补充新的资金来源，则无法满足社会经济发展对追加货币资金的需求。中央银行既存在着不断补充信贷资金的需要，又无从获得新的资金来源。于是，中央银行只能利用自身掌握的货币发行权和信贷管理权，来创造信贷资金来源。由此可见，信用创造货币是当代不兑现信用货币制度下货币供给制度的重要内容，而且信用创造货币的功能为中央银行所掌握。

基础货币（monetary base）又叫高能货币，是指在部分准备金制度下能够通过银行体系创造出多倍的存款货币，包括流通中的现金与银行体系的准备金。如果以 MB 表示基础货币，则可以得到基础货币方程式：

$$MB=C+R$$

式中，C 为流通中现金，R 为银行体系的准备金总额。

考察基础货币方程式，应首先从中央银行资产负债表入手。表 11－2 是一个简化的中央银行资产负债表。

表 11－2 简化的中央银行资产负债表

资产	负债
A_1：对金融机构再贷款	C：流通中现金
A_2：政府借款	R：金融机构存款（准备金）
A_3：政府证券	L_1：非金融机构存款
A_4：国外资产	L_2：政府存款
其中：$A_{4.1}$：外汇储备	L_3：自有资本
$A_{4.2}$：黄金	L_4：其他
$A_{4.3}$：特别提款权	

根据资产负债表的平衡关系，有

$$A_1+A_2+A_3+A_4=C+R+L_1+L_2+L_3+L_4$$

从而可得

$$C+R=(A_1+A_2+A_3+A_4)-(L_1+L_2+L_3+L_4)$$

等式右边的各项都会影响基础货币的供给。具体而言，中央银行资产负债表的资产方对金融机构的再贷款、政府借款、政府证券、外汇储备和在途资金的增加都会引起基础货币的等额扩张；反之，这些资产项目的减少又会相应地减少基础货币的供应。等式右边的非金融机构存款、政府存款、自有资本和其他项的增加则会减少基础货币的供给；反之，它们的减少则会增加基础货币的供给。

比如美联储（Federal Reserve）在公开市场活动中出售债券时，它就换回了美元，减少了基础货币的供给。当美联储购买债券时，它支付了美元，就扩大了基础货币的供给。基础货币量的变动会通过一系列机制在银行系统内放大，从而改变了货币供应量。

1. 中央银行的资产对基础货币的影响

我们以中央银行对金融机构的再贷款为例，说明中央银行资产变动对基础货币的影响。

对银行等金融机构的再贷款是我国投放基础货币的主要渠道之一。假定中央银行给中国工商银行提供了 1000 万元的再贷款，工商银行得到这一贷款后，就将它存入了在中央银行的账户上，这时，对中央银行和工商银行的 T 型账户的影响：

中央银行向工商银行提供 1 000 万元再贷款时的 T 型账户

资产（万元）		负债（万元）	
对金融机构再贷款	+1 000	储备	+1 000
		（或：现金	+1 000）

工商银行的T型账户

资产（万元）		负债（万元）	
储备	+1 000	从中央银行借款	+1 000
（或：现金	+1 000）		

这一行动的结果使工商银行的储备增加了1 000万元。若工商银行将这1 000万元变成了现金，则使T型账户的库存现金增加了1 000万，负债方没有变化；对中央银行的影响：在负债方流通现金增加了1 000万元，资产方仍是对金融机构再贷款增加1 000万元。

尽管存在这样的差别，但不论是增加了工商银行的储备（R），还是增加了工商银行的库存现金（C），都使基础货币增加了1 000万元。

此外，中央银行购买政府债券，国外资产变动等情况都会影响中央银行的资产，进而引起基础货币的变化。国外资产包括中央银行持有的外汇储备、黄金和国际货币基金组织的特别提款权，其中影响最大的是外汇储备。

例如，在结售汇制下，如果我国某企业出口获得了美元，它必须要结汇，也就是将外汇收入卖给商业银行（售汇就是在企业需要外汇进口商品或设备时，须向银行购买，银行将外汇售给企业）。商业银行结汇后，又要将外汇卖给中国人民银行。人民银行买入商业银行的外汇资产时，其外汇储备（$A_{4.1}$）就会增加，商业银行在人民银行的存款（R）增加，基础货币就会相应增加。（想一想：如果一国的国际贸易长期保持大额顺差，在结售汇制度下，就会被动投放很多基础货币。）

2. 中央银行的负债对基础货币的影响

我们以政府存款为例，说明中央银行负债变动对基础货币的影响。

政府通过征税和出售政府债券得到的资金，先是存入在商业银行的账户，然后再从商业银行账户转入到中央银行账户。现在假定，财政部发行了1亿元的国库券，国库券发行完成后最初存在商业银行，然后再转入中央银行账户，这时，财政部的T型账户就会发生如下变动：

财政部的T型账户

资产（万元）		负债（万元）
在商业银行存款	−10 000	
在中央银行存款	+10 000	

现在商业银行失去了1亿元的存款，准备金减少了1亿元，因而商业银行的T型账户会发生如下变动：

商业银行的T型账户

资产（万元）		负债（万元）	
准备金	−10 000	财政部存款	−10 000

由于财政部和商业银行T型账户的变动，使中央银行的T型账户也发生了如下变动：

中央银行的 T 型账户

资产（万元）	负债（万元）	
	商业银行准备金	－10 000
	政府存款	＋10 000

由此可见，政府存款（L_2）增加的结果，使银行系统准备金（R）减少了 1 亿元，即基础货币减少了 1 亿元。

【相关链接】

表 11－3　2022 年 12 月我国中央银行的资产负债表　　单位：亿元人民币

项目 Item	金额 Amount
国外资产（Foreign Assets）	226 906.56
外汇（Foreign Exchange）	214 712.28
货币黄金（Monetary Gold）	3 106.57
其他国外资产（Other Foreign Assets）	9 087.71
对政府债权（Claims on Government）	15 240.68
其中：中央政府（Of which: Central Government）	15 240.68
对其他存款性公司债权（Claims on Other Depository Corporations）	143 132.29
对其他金融性公司债权（Claims on Other Financial Corporations）	1 557.00
其他资产（Other Assets）	29 947.25
总资产（Total Assets）	416 783.78
储备货币（Reserve Money）	360 956.03
货币发行（Currency Issue）	110 012.57
金融性公司存款（Deposits of Financial Corporations）	227 876.54
其他存款性公司存款（ Deposits of Other Depository Corporations）	227 876.54
非金融机构存款（Deposits of Non－financial Institutions）	23 066.92
不计入储备货币的金融性公司存款 (Deposits of financial corporations excluded from Reserve Money)	5 208.41
发行债券（Bond Issue）	950.00
国外负债（Foreign Liabilities）	1 574.47
政府存款（Deposits of Government）	41 272.91
自有资金（Own Capital）	219.75
其他负债（Other Liabilities）	6 602.21
总负债（Total Liabilities）	416 783.78

注：1. 自 2017 年起，对国际金融组织相关本币账户以净头寸反映。

2. “非金融机构存款”为支付机构交存人民银行的客户备付金存款。

3. 自 2022 年 12 月起，“货币发行”含流通中数字人民币。12 月末流通中数字人民币余额为 136.1 亿元。

资料来源：中国人民银行网站。

二、银行体系派生存款的创造

（一）商业银行创造货币的前提

1. 部分存款准备金制度

存款准备金（deposit reserve）制度是指中央银行根据宏观货币管理以及维持金融机构资产流动性的需要，规定商业银行等金融机构缴存中央银行存款准备金的比率和结构，并根据货币政策的要求对既定比率和结构进行调整，借以对社会货币供应量进行调节控制的制度。

如果商业银行将吸收的存款全部存入在央行的准备金账户，那么商业银行就没有剩余资金发放贷款。只有缴纳部分存款准备金，商业银行才能有多余资金发放贷款。发放出去的贷款在交易支付过程中又成为银行体系中新的存款。这种通过发放贷款创造出来的存款又被称作派生存款。

2. 不完全提取现金

假设中央银行的准备金率为10%，A商业银行吸收了100万存款，缴存了10万元准备金后，剩余的90万元就可以用于发放贷款了，可是，如果甲公司从该商业银行获得了90万元贷款，并将贷款全部提取现金，这时，A银行的T型账户为

A商业银行的T型账户

资产（万元）		负债（万元）	
库存现金	0	存款	+100
法定准备金	+10		
贷款	+90		

如果甲公司提取的现金没有再被存入到商业银行，则最初银行系统中的100万元存款仍是100万元。所以，只有不完全提取现金，商业银行系统才能增加派生存款，信用货币才能被创造出来。当然，个人和企业的资金需求是商业银行发放贷款的前提条件。

（二）商业银行创造货币

1. 商业银行创造货币的过程

仍延续前例，甲公司将获得的90万元贷款用于向乙公司购买原材料，乙公司将90万元存入了B银行。B银行在收到90万元的资金后，其T型账户为

B商业银行的T型账户

资产（万元）		负债（万元）	
储备	+90	存款	+90

B银行也必须按照10%的法定存款准备金比率的要求提取9万元法定准备金。提取法定准备金后，B银行的T型账户变为

B 商业银行的 T 型账户

资产（万元）		负债（万元）	
储备	+81	存款	+90
法定准备金	+9		

提取 9 万元的法定准备金后，B 银行还有 81 万元可用于发放贷款。假定它将这 81 万元全部贷给了丙公司，这时，B 银行的 T 型账户又变为

B 商业银行的 T 型账户

资产（万元）		负债（万元）	
法定准备金	+9	存款	+90
贷款	+81		

丙公司又将它从 B 银行取得的 81 万元贷款支付给其供应商丁公司，丁公司的开户银行 C 银行收到 81 万元的存款后，同样按照 10%的准备金率提取 8.1 万元的法定准备金，将剩余的 72.9 万元发放贷款。在整个银行系统中如此循环下去，最后就形成了见表 11-4 所列的情况。

表 11-4　存款乘数的作用

银行	存款（万元）	法定准备金（万元）
A 银行	100	10
B 银行	90	9
C 银行	81	8.1
D 银行	72.9	7.29
E 银行	65.61	6.651
…	…	…
…	…	…
银行体系合计	1 000	100

这样，最早在某银行存入的 100 万元，在提取 10%的法定准备金后，就在银行系统中创造出了 1 000 万元，它是原来 100 万元的 10 倍，这就是存款乘数，它等于法定存款准备金率（i）的倒数。由于我们在这里没有考虑其他因素，因此也被称为简单存款乘数（m）。

$$m=\frac{1}{i}$$

同样地，如果从银行提取 100 万元的存款，又会引起多倍的存款货币的收缩，收缩的倍数也仍然是法定准备金比率的倒数。简单货币乘数表明一定的最初存款变化能够带来多少货币供应量的变化，这对分析货币供给十分重要。

2. 货币乘数

现实生活中，商业银行由于银行间往来清算的需要，可能会保留一些超额准备金，这样能够贷出的资金就会减少。而且，获得贷款的单位和个人一般会将贷款部分提取现金，部分存于往来账户，这样就出现了一个现金漏损。超额准备金和现金漏损共同造成了货币创造中的漏损，这样使得存款货币的创造受到一定程度的削弱。

在明白了存款货币的创造之后，我们用一个公式来表示基础货币与货币供应量之间的关系，即：

$$M=K\times MB$$

式中：M 代表货币供应量，MB 代表基础货币量，K 就是货币乘数（money multiplier），表示基础货币的变动会引起货币供应量变动的倍数。货币乘数不同于存款乘数，它受到法定准备金率、通货比率、超额准备金比率等因素的影响。实际货币乘数的计算公式为

$$货币乘数=\frac{1+现金比率}{法定准备金率+超额准备金率+现金比率}$$

如果现金比率为 40%，法定准备金率为 10%，超额准备金率为 0.5%，则货币乘数为

$$K=\frac{1+0.4}{0.10+0.005+0.40}=2.77$$

如果其他因素不变，法定准备金率提高为 15%，则货币乘数为

$$K=\frac{1+0.4}{0.15+0.005+0.40}=2.52$$

这里需要注意的是，法定准备金率的调整改变的不是基础货币的数量，而是改变了货币乘数。

【延伸阅读】

中国人民银行决定于 2023 年 3 月 27 日下调金融机构存款准备金率

为推动经济实现质的有效提升和量的合理增长，打好宏观政策组合拳，提高服务实体经济水平，保持银行体系流动性合理充裕，中国人民银行决定于 2023 年 3 月 27 日降低金融机构存款准备金率 0.25 个百分点（不含已执行 5%存款准备金率的金融机构）。本次下调后，金融机构加权平均存款准备金率约为 7.6%。

中国人民银行将坚决贯彻落实党的二十大、中央经济工作会议和全国两会精神，按照党中央、国务院决策部署，精准有力实施好稳健货币政策，更好发挥货币政策工具的总量和结构双重功能，保持货币信贷总量适度、节奏平稳，保持流动性合理充裕，保持货币供应量和社会融资规模增速同名义经济增速基本匹配，更好地支持重点领域和薄弱环节，不搞大水漫灌，兼顾内外平衡，着力推动经济高质量发展。

资料来源：中国人民银行网站。

第四节　货币均衡与利率决定

微课 11.4　货币均衡与利率决定

在了解完货币需求理论和货币供给理论后，就可以进一步分析货币市场的均衡了。货币的供求决定利率，利率影响总需求与实际国内生产总值，所以，要了解货币如何影响经济，就必须了解货币市场上利率是如何决定的。

一、货币均衡

货币的需求与供给既相互对立，又相互依存，货币的均衡状况则是这两者对立统一的结果。货币均衡（monetary equilibrium）即货币供求均衡，是指在一定时期经济运行中的货币需求与货币供给在动态上保持一致的状态。

货币均衡具有三个特征：一是货币供给与货币需求的大体一致，而非在数量上完全相等；二是货币均衡是一个动态过程，在短期内货币供求可能不一致，但在长期内是大体一致的；三是现代经济中货币均衡在一定程度上反映了经济总体均衡状况。

1. 货币运动中的内在均衡机制

货币运动的内在均衡机制，决定着货币供求能够自动保持均衡状态。

从货币的需求方出发，利率上升，公众会增加在银行的存款，减少在银行的贷款。结果银行的存款增加，实际存款准备金率提高，货币乘数下降。另一方面，商业银行向中央银行要求融通资金的数量减少，基础货币增量下降；反之则相反。

从货币的供给方出发，基础货币与中央银行放出的信用量成正比，货币乘数与存款准备金率成反比（不考虑漏损）。中央银行放出的信用量减少，或者存款准备金率提高，都会使商业银行的可贷资金量减少。商业银行出于自身经济利益的考虑，一方面会提高存款利率，争取多吸收存款以增加资金来源；另一方面会提高贷款利率，以弥补因存款利息支出增加带来的成本；反之则相反。

因此，货币运动过程内部机制的自我调节，货币供应与货币需求主要变量的相互配合，能够自动保持或恢复均衡。而就货币供求双方的关系而言，货币需求是主动方，而货币供给总是处于被动地位，货币总是为了满足不断增长的货币需求而被投放到流通领域。

在实际经济过程中，货币需求的增长出自发展经济的需要。而发展经济的要求则是由政府为中心，各经济部门为主体，包括企业乃至个人在内的投资决策体系所决定。一旦政府作出加速经济发展的决策，不仅因为政府支出增加而使财政出现赤字，而且政府的发展经济导向效应将会自上而下递增，形成投资需求膨胀的局面，从而刺激对货币的需求。而货币的自身均衡机制又决定了货币的供求双方总会趋于一致，人们能够创造货币需求，也同样能创造出相应的货币供给，从而实现商品市场和货币市场的同时均衡。

2. 货币均衡水平决定

货币在运动过程中通过其内在机制的自我调节，能够自发保持供给与需求的均衡关系，而货币供应量正是按货币需求向流通领域供应货币的结果，是货币供求关系的产物。因此，流通领域的货币数量，取决于货币的均衡水平。

货币在运动过程中的自我调节机制能够使其保持均衡状态的特性，决定了单纯追求货币自身的供求均衡，在货币流通的决策和管理方面是不具有实际意义的。而且，货币运动作为国民经济运行体系的一个重要构成部分，与国民经济的其他方面不可能不发生联系。特别是在当前信用货币制度下，货币运动对国民经济有着极其重要的能动作用，货币数量已经成为宏观经济中重要的经济变量和政策变量。因此，研究货币均衡问题，固然首先要涉及货币的自身均衡问题，但更重要的是研究货币的均衡水平，及由此而决定的流通领域中的货币数量与宏观经济其他变量的综合平衡问题。

二、货币均衡与社会供求均衡

在现代经济运行中，货币供求均衡在一定程度上反映了国民经济总体的均衡状况。物价涨跌作为货币失衡的外在表现形式，非常直观地显现了货币均衡与社会总供求均衡之间的关系。

（一）社会总供求的含义

社会总供求是社会总供给与社会总需求的合称。所谓社会总供给，通常是指一定时期内一国生产部门按一定价格提供给市场的全部产品和劳务的价值之和，以及在市场上出售的其他金融资产总量。由于这些商品都是在市场上实现其价值，因此，社会总供给也就是一定时期内社会的全部收入或总收入。所谓社会总需求，通常是指一定时期内一国社会各方面要占用或使用的全部产品之和。在市场经济条件下，一切需求都表现为有货币支付能力的购买需求，所以社会总需求也就是一定时期社会的全部购买支出。

（二）货币均衡与社会总供求均衡

（1）社会总供给决定货币需求。一国在一定时期生产出一定数量的商品和劳务后，这些商品和劳务的价值需要实现，由此产生了货币需求。到底需要多少货币量，取决于有多少实际资源需要货币实现其流转并完成，包括生产、交换、分配和消费这些相互联系的再生产过程，这是社会总供给决定货币需求的基本理论的出发点。

（2）货币需求决定货币供给。要实现货币供求的均衡，中央银行需要依据一定时期货币需求量的多少调控货币供给量。

（3）货币供给形成社会总需求。通过银行体系投放到市场上的货币一旦被各类经济主体所获得，就会形成真实的对商品和劳务的购买能力，进而形成社会总需求。

（4）社会总需求决定社会总供给。一定时期各经济主体对商品和劳务有多少需求，决定了该时期商品和劳务的产出水平。如果需求少而产出多，则会出现生产过剩、商品滞销、物价下跌；反之则相反。

如果以 A_s 代表社会总供给，A_d 代表社会总需求，M_s 代表货币供给，M_d 代表货币需求，则均衡供求与社会总供求均衡之间的相互关系如图 11－3 所示（箭头代表主导性作用）。

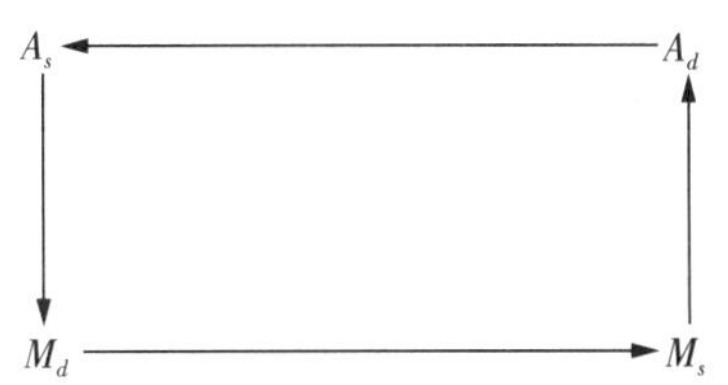

图 11－3　货币均衡与社会总供求均衡的关系图

从经济决定金融的基本原理出发，社会供求均衡（即市场均衡）决定货币均衡，但与此同时，货币均衡对社会总供求均衡也具有重要的反作用。

三、利率的决定

利率是货币的价格，如同一切商品和劳务的价格一样，利率也是由货币市场上的供求关系决定的。我们在了解货币需求与货币供给的基础上就可以说明利率的决定。

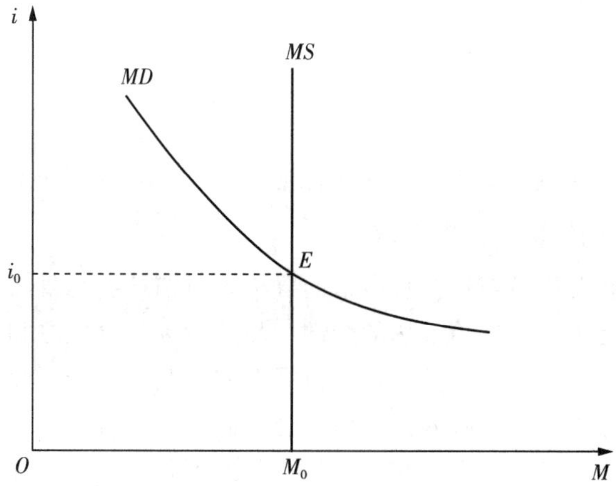

图 11-4 利率的决定

在图 11-4 中，横轴表示实际货币量，纵轴表示利率，*MD* 为货币需求曲线，*MS* 为货币供给曲线。*MD* 向右下方倾斜，表明货币需求与利率呈反方向变动。*MS* 是一条垂直于横轴的曲线，表示在某一时间，货币供给量是固定的，是由中央银行的货币政策和货币乘数决定的。当 *MD* 与 *MS* 相交于 *E* 点时，决定了市场利率为 i_0。

我们可以用表 11-5 说明货币市场均衡的实现过程。

表 11-5 利率决定表

利率（%）	实际货币需求量（万亿）	实际货币供给量（万亿）
7	2	3
5	3	3
3	4	3

当利率为 7%时，人们想持有的货币量仅为 2 万亿元，但当前的货币供给量是 3 万亿元。此时，3 万亿元是居民与社会组织的实际持有量。由于人们实际持有的货币量大于他们需要持有的货币量，必然就要把一部分货币抛售出去，变成其他形式的资产，比如用货币去购买证券与股票这类金融资产。金融资产价格与利率之间呈反方向变动，即金融资产价格上升，利率下降；金融资产价格下降，则利率上升。于是，只有利率下降到 5%，人们想持有的货币量与实际持有的货币量相等时，金融资产价格才不上升，利率才不下降，这时，货币市场均衡利率是使货币供求相等的均衡利率。

当利率为 3%时，人们想持有的货币量为 4 万亿元，但实际持有的只有 3 万亿元。于是人们想把自己持有的金融资产卖出变为货币，金融资产的供给增加，金融资产的价格因此下降，从而导致利率上升，直至利率上升为5%时，货币市场又恢复均衡。

所以，当货币市场供求均衡，人们想持有的货币量与实际持有的货币量相等时，决定了均衡利率。

既然利率由货币市场的供求决定，那么货币供求的变动都会影响利率。

首先来看货币需求的变化，如图 11 - 5 所示。

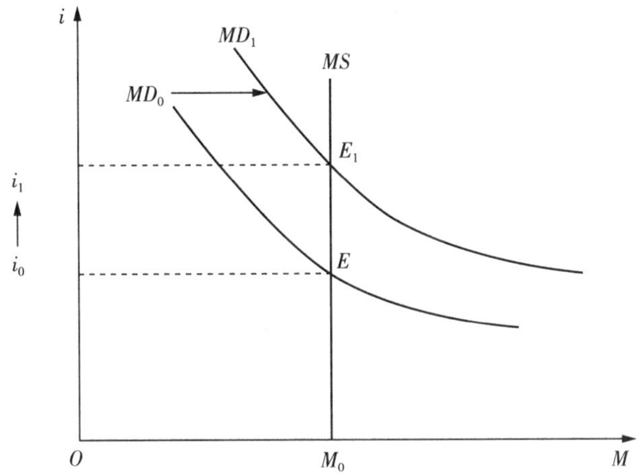

图 11 - 5　货币需求的变化对利率的影响

在图 11 - 5 中，由于实际国内生产总值增加，货币需求增加，货币需求曲线从 MD_0 向右移至 MD_1，货币供给并没有变动，MD_1 与 MS 相交，决定了利率由 i_0 上升为 i_1，货币需求增加使利率上升。同理，货币需求减少会导致利率下降。再看货币供给的变动，如图 11 - 6所示。

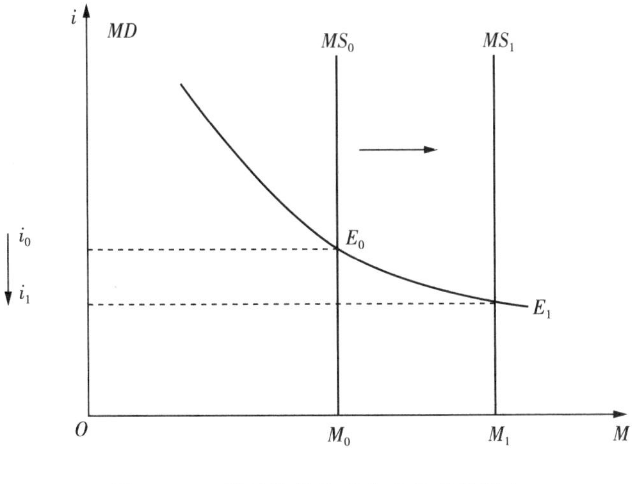

图 11 - 6　货币供给的变化对利率的影响

在图 11 - 6 中，货币需求未变，但货币供给增加了，即货币供给曲线从 MS_0 向右移动到 MS_1，与原来的货币需求曲线相交，决定了利率从 i_0 下降为 i_1。这说明货币供给的增加使得利率下降。同理，货币供给减小会导致利率上升。

四、货币失衡

货币失衡（monetary imbalance）是与货币均衡相对应的概念。货币均衡要求货币供给大体等于货币需求，如果货币供给偏离货币需求，则存在货币失衡。货币失衡主要有两大类型：总量性货币失衡和结构性货币失衡。

总量性货币失衡是指货币供给在总量上偏离货币需求达到一定程度从而使货币运行影响经济的状态。这里也有两种情况：货币供应量相对于货币需求量偏小，或货币供应量相对于货币需求量偏大。在现代信用货币制度下，前一种货币供给不足的情况很少出现，即使出现也容易恢复。经常出现的是后一种货币供给过多引起的货币失衡。造成货币供应量大于货币需求量的原因很多，例如政府向中央银行透支以融通财政赤字，一味追求经济增长速度而不适当地采取扩张性货币政策刺激经济等，其后果之一就是引发严重的通货膨胀。

结构性货币失衡是另一大类货币失衡，主要发生在发展中国家，是指在货币供给与需求总量大体一致的总量均衡条件下，货币供给结构与对应的货币需求结构不相适应。结构性货币失衡往往表现为短缺与滞留并存，经济运行中的部分商品、生产要素供过于求，另一部分又供不应求。其原因在于社会经济结构的不合理。因此，结构性货币失衡必须通过经济结构调整加以解决，而经济结构的刚性往往又使其成为一个长期的问题。

总量性货币失衡和结构性货币失衡不是非此即彼的简单关系，在现实经济运行中往往是两者相互交织，相互联系，从而形成复杂的货币局面。由于结构性货币失衡的根源在于经济结构，所以中央银行在宏观调控时更多的注意总量性失衡。

弗里德曼认为："通货膨胀无论何时何地都是一种货币现象，即在一定意义上，通货膨胀是，而且也只能是由货币数量的急剧增加引发的，不是由于产出的增长引致。许多现象都能引起通货膨胀的暂时性波动，但只有在影响到货币增长的情况下，这些现象才能对通货膨胀产生持续性的影响。然而，引起货币增长的可能原因林林总总，其中包括黄金的发现、政府的财政开支、私人支出等等。"

五、货币失衡的调节措施

出现货币失衡时，政府一般会通过"看得见的手"加强干预，主动调节，设法使货币均衡在短期内尽快达到。其采用的方法一般可分为以下四种：

1. 供给型调节

所谓供给型调节，是指依靠调节货币供给量使货币从失衡达到均衡。当货币供给量大于货币需求量时，通过压缩货币供给量使之与货币需求量相适应，在货币供给量小于货币需求量时，通过增加货币供给量使之与货币需求量保持一致。由于中央银行是货币供给量的决策主体，因此，供给型调节主要是通过中央银行进行的。

2. 需求型调节

所谓需求型调节，是指依靠调节货币需求量使货币从失衡达到均衡。当货币供给量大于货币需求量时，通过增加货币需求量使之与既定的货币供给量相适应。在货币供给量小于货币需求量时，通过缩小货币需求量使之与既定的货币供给量保持一致。由于货币需求量是一个独立于银行体系的外生变量，因此，需求型调节措施更多的是在银行体系之外推行的。

3. 混合型调节

所谓混合型调节，是指面对货币供求失衡局面，综合运用货币政策、财税政策、进出口政策等，一方面压缩货币供应量，另一方面增大货币需求量，双管齐下。既搞供应型调节，又搞需求型调节，以达到社会总供求、货币供求的均衡。

4. 逆向型调节

所谓逆向型调节，是指面对货币供给量大于货币需求量的失衡局面，中央银行不是压缩货币供给量，而是增加货币供给量，以此促成货币供求重新均衡。其具体内涵：若货币供给量大于货币需求量，现实经济中存在着尚未充分利用的生产要素，社会经济运行对其产品需求又很大，那么可通过对这类产业追加投资和发放贷款，以促进供给的增加，并以此来消化过多的货币供给，达到货币供需由失衡到均衡的调整。

【本章小结】

本章主要介绍货币基本理论。货币需求是人们在不同条件下，出于各种考虑对持有货币的需要。货币供给则是一个国家或地区在某一时点上所拥有的货币数量，可以从不同层次加以考察。货币的供应量由中央银行创造的基础货币与商业银行的信用货币扩张决定。货币均衡对一国经济尤为重要，如果失衡将会发生通货膨胀等问题。

【经济学家】

国际货币基金组织（IMF）前副总裁——朱民

朱民（1952—），上海人，现任清华大学国家金融研究院院长。曾先后任职于世界银行、中国银行、中国人民银行，曾任国际货币基金组织（IMF）副总裁。

研究领域：主要从事国际金融、银行业务和宏观经济方面的研究。

管理经验：长期从事经济金融理论研究，并具有丰富的金融实践和管理经验。他曾参与中国重大的金融改革工作以及大型金融机构和中央银行的管理，熟悉宏观经济管理、金融市场、金融监管。曾在世界银行等国际金融组织工作，具有丰富的国际金融工作经验。

1978—1982 年，在复旦大学经济系学习。

1985—1990 年，赴美留学，获美国普林斯顿大学公共行政管理硕士学位、美国约翰斯·霍普金斯大学经济学硕士学位和经济学博士学位。

2003—2009 年，任中国银行副行长。

2009 年 10 月，任中国人民银行党委委员、副行长。

2010 年 2 月 24 日，兼任国际货币基金组织（IMF）总裁特别顾问。

2011 年 7 月 13 日，国际货币基金组织总裁拉加德正式提名朱民为 IMF 副总裁；7 月 26 日，他正式出任该组织副总裁职位，成为史上首位进入 IMF 高层的华人。2016 年 7 月底，朱民卸任国际货币基金组织副总裁一职。

2014年，朱民入围2014年度华人经济领袖。2016年3月25日，朱民荣获“影响世界华人大奖”。2018年12月，入选“中国改革开放海归40年40人”榜单。

图11-7　朱民
（图片来源：百度图片）

2019年12月18日，朱民入选“中国海归70年70人”榜单。入选理由：他是史上首位进入IMF高层的中国人。在他的推动下，人民币被纳入特别提款权（SDR）货币篮子，这是IMF 70多年历史上第一次有新兴市场国家的货币进入SDR货币篮子，对改变国际金融治理机制具有历史意义。

资料来源：节选自百度百科“朱民”，略有改动。

【练习与思考】

一、选择题

1.（　　）是提供金融服务和产品的企业。

A. 金融市场　B. 金融体系　C. 金融中介　D. 金融工具

2. 资本市场是指（　　）。

A. 短期市场　B. 一级市场　C. 发行市场　D. 长期市场

3. 货币市场交易与资本市场交易相比较，具有（　　）的特点。

A. 期限短　B. 流动性低　C. 收益率高　D. 风险大

4. 商业银行的经营目标是（　　）。

A. 追求利润最大化　B. 安全性最高　C. 流动性最好　D. 效益性最好

5. 下列哪个因素是商业银行可以决定的因素？（　　）

A. 基础货币　B. 收入或财富的增长

C. 利率的变化　D. 超额准备金率

6. 在存款总额一定的情况下，法定准备金率越高，商业银行可用于贷款的份额(　　)。

A. 不变　　B. 越少　　C. 越多　　D. 为零

7. 如果通货比率为30%，法定准备金率为15%，超额准备金率为0.5%，则货币乘数为(　　)。

A. 1.05　　B. 1.27　　C. 2.19　　D. 2.86

8. 我国对货币层次的划分是以货币的(　　)为标准的。

A. 结构　　B. 流动性　　C. 流通速度　　D. 购买力

9. 凯恩斯认为，人们持有货币的动机有交易性动机、预防性动机和(　　)。

A. 储藏性动机　　B. 流通性动机　　C. 投机性动机　　D. 投资性动机

10. 流动性陷阱是指(　　)。

A. 人们普遍预期利率将上升时，愿意持有货币而不愿持有债券

B. 人们普遍预期利率将上升时，愿意持有债券而不愿持有货币

C. 人们普遍预期利率将下降时，愿意持有货币而不愿持有债券

D. 人们普遍预期利率将下降时，愿意持有债券而不愿持有货币

二、判断题

(　　)1. 如果能在极短时间内以极小的损失出售，就可以说这种资产具有很好的流动性。

(　　)2. 中央银行独占货币发行权是中央银行区别于商业银行的根本标志。

(　　)3. 一定时期货币供给量的大小由中央银行决定。

(　　)4. 货币市场上货币的供求决定利率。

(　　)5. 货币需求同价格水平呈同方向变动。

(　　)6. 费雪认为在费雪方程式中只有货币流通速度 V 和货币量 M 有直接关系。

(　　)7. 凯恩斯货币需求理论中，受利率影响的货币需求是交易性货币需求。

(　　)8. 弗里德曼认为货币的实际需要量取决于国民收入和利率的变化。

(　　)9. 货币均衡指的是在一定时期经济运行中的货币需求和货币供给在静态上保持一致的状态。

(　　)10. 货币供应量指的就是流通中的货币量。

三、问答题

1. 人们需要货币的动机是什么？

2. 中央银行的职能是什么？它是如何创造基础货币的？

3. 什么是货币乘数，有哪些影响因素？

4. 已知某国家中央银行法定存款准备金率为10%，原始存款为5 000亿美元，假定银行没有超额准备金，该国的存款乘数和派生存款各是多少？

第十二章
宏观经济政策

学习目标

重点掌握：1. 宏观经济政策及其目标基本内容
　　　　　2. 财政政策内涵、工具
　　　　　3. 货币政策内涵、工具
基本了解：1. 财政政策类型、内容和目标
　　　　　2. 货币政策类型、内容和目标
一般了解：1. 相机抉择
　　　　　2. 财政政策和货币政策搭配使用

本章导读

2022 中央经济工作会议指出：继续实施积极的财政政策和稳健的货币政策

2022 中央经济会议强调，做好 2023 年经济工作，要以习近平新时代中国特色社会主义思想为指导，全面贯彻落实党的二十大精神，扎实推进中国式现代化，坚持稳中求进工作总基调，完整、准确、全面贯彻新发展理念，加快构建新发展格局，着力推动高质量发展，更好统筹疫情防控和经济社会发展，更好统筹发展和安全，全面深化改革开放，大力提振市场信心，把实施扩大内需战略同深化供给侧结构性改革有机结合起来，突出做好稳增长、稳就业、稳物价工作，有效防范化解重大风险，推动经济运行整体好转，实现质的有效提升和量的合理增长，为全面建设社会主义现代化国家开好局起好步。

会议要求，明年要坚持稳字当头、稳中求进，继续实施积极的财政政策和稳健的货币政策，加大宏观政策调控力度，加强各类政策协调配合，形成共促高质量发展合力。

积极的财政政策要加力提效。保持必要的财政支出强度，优化组合赤字、专项债、贴息等工具，在有效支持高质量发展中保障财政可持续和地方政府债务风

险可控。要加大中央对地方的转移支付力度，推动财力下沉，做好基层“三保”工作。

稳健的货币政策要精准有力。要保持流动性合理充裕，保持广义货币供应量和社会融资规模增速同名义经济增速基本匹配，引导金融机构加大对小微企业、科技创新、绿色发展等领域支持力度。保持人民币汇率在合理均衡水平上的基本稳定，强化金融稳定保障体系。

资料来源：节选自《2022 中央经济工作会议公报》。

本章导读提及 2023 年我国继续实施积极的财政政策和稳健的货币政策，积极的财政政策要加力提效，稳健的货币政策要精准有力。何为财政政策、货币政策？财政政策和货币政策有哪些工具调节宏观经济平稳运行。这正是本章要介绍的主要内容。同时，通过本章的学习，你将明白国家为什么要干预经济以及如何干预经济。

第一节　宏观经济政策目标

微课 12.1　宏观经济政策目标

宏观经济政策（macroeconomic policy）是指国家或政府为了增进社会经济福利而制定的解决经济问题的指导原则和措施。它是政府为了达到一定的目的而对经济有意识的干预活动，其目的是让经济能够稳定运行，减少经济波动带来的影响。

一、宏观经济政策四大目标

宏观经济政策目标是指宏观经济政策最终所要达到的目的。大多数经济学家都认为，宏观经济政策主要有四大目标：充分就业、物价稳定、经济增长和国际收支平衡。

（一）充分就业

充分就业（full employment）是指消灭了由于需求不足而造成的周期性失业时的就业状态。充分就业不是失业率为零，也不是指一切有劳动能力的劳动者全部都就业了，而是指在一定市场工资水平下，愿意就业的劳动者都能够就业的状况。充分就业时仍包含摩擦性和结构性失业，但不包含周期性失业。充分就业时的失业率就称自然失业率，我们通常用失业率来反映某一时期的就业状况。

失业率应该为多少才与充分就业不矛盾？一般认为，只要一个经济社会失业率仅为自然失业率时，就可以被认为已达到充分就业。然而，确定自然失业率并非易事，如在 20 世纪 60 年代，美国经济学家认为合理目标应为 4%，而这一水平被认为太低，因为它引起了加速的通货膨胀。近年来，对自然失业率估计值为 6%，而 20 世纪 90 年代以来的事实表明，当失业率低于 6%时，仍有可能保持物价稳定。

失业率只能设法降低，但不能消除，因为有些失业是在任何情况下都会存在的，如摩擦性失业。适度的失业率对经济是有益的。如果没有失业的压力，就业者工作的效率会降低；相反，保持一定失业率无异于是一种负激励。

【相关链接】

2018—2022 年中国城镇新增就业人数情况

国家统计局网站公布的《2022 年度统计公报》显示，2022 年末全国就业人员 73351

万人，其中城镇就业人员45931万人，占全国就业人员比重为62.6%。全年城镇新增就业1206万人，比上年少增63万人。全年全国城镇调查失业率平均值为5.6%。年末全国城镇调查失业率为5.5%。全国农民工总量29562万人，比上年增长1.1%。其中，外出农民工17190万人，增长0.1%；本地农民工12372万人，增长2.4%。

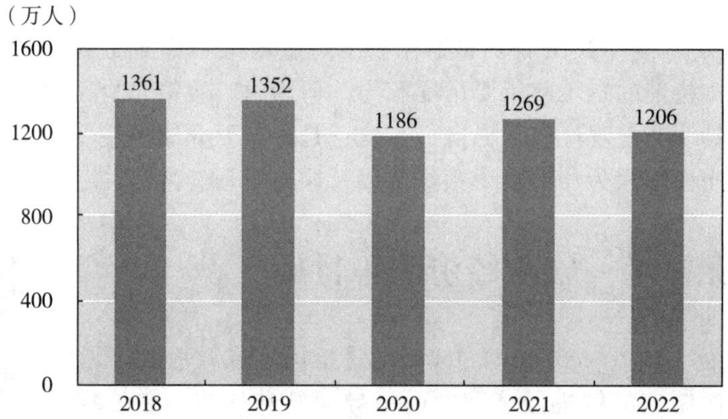

图12-1　2018—2022年城镇新增就业人数

资料来源：国家统计局网站公布的《2022年度统计公报》。

（二）物价稳定

物价稳定（price stability）是指物价总水平的稳定。由于各种商品价格变化的繁杂和统计的困难，一般用价格指数（price index）来表示价格水平的变化。关于衡量市场物价水平的变动，当前国际上通行的做法是测算居民消费价格指数（consumers price index，CPI）。CPI计算包括了城镇居民日常消费的生活用品和劳务的价格变动。物价稳定体现在CPI的相对稳定，轻微的CPI上涨，也被看作是正常的经济现象。

物价稳定是否指通货膨胀率为零，这也是一个有争议的问题。如弗里德曼认为最佳通货膨胀率是负数，而多数经济学家认为最佳的通货膨胀率应为正值，当然这一数值有一定的限制，如在2%～3%对经济发展有利，一旦突破这一数值达到10%以上时，政府就必须介入加以干预。

【相关链接】

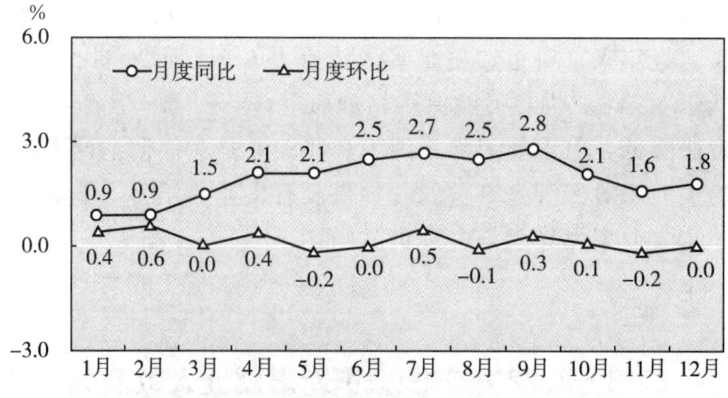

图12-2　2022年中国居民消费价格阅读涨跌幅度

资料来源：国家统计局网站公布的《2022年度统计公报》。

（三）经济增长

经济增长（economic growth）是指一定时期内一国或地区经济的持续均衡增长。通常用一定时期内 GDP 年均增长率来衡量。

经济增长可以促进国民收入的提高。国民收入的稳定增长并不意味着增长的速度越高越好，当然也不是越低越好。那么，增长多少是合适的呢？一个基本的判断：国民经济是否处于均衡状态，即总需求与总供给相一致。但国民经济均衡时，并不一定是充分就业的，而充分就业时也许又会出现通货膨胀，三者难于求全，怎么办？一个合适的方法：力求使实际增长率与潜在增长率相一致。潜在增长率也称为自然增长率，在理论上被定义为充分就业时的增长率。但在实际测算一国的潜在增长率时，往往用一个相当长时期的平均增长率来衡量。当经济增长率超过潜在增长率时，经济有过热之嫌；反之，则是经济衰退。不同国家、同一国家的不同发展阶段，其潜在增长率是不同的，因而经济增长目标要视具体情况而定。

【相关链接】

国家统计局网站公布的《2022 年度统计公报》显示，初步核算，2022 年国内生产总值 1210207 亿元，比上年增长 3.0％。其中，第一产业增加值 88345 亿元，比上年增长 4.1％；第二产业增加值 483164 亿元，增长 3.8％；第三产业增加值 638698 亿元，增长 2.3％。第一产业增加值占国内生产总值比重为 7.3％，第二产业增加值比重为 39.9％，第三产业增加值比重为 52.8％。全年最终消费支出拉动国内生产总值增长 1.0 个百分点，资本形成总额拉动国内生产总值增长 1.5 个百分点，货物和服务净出口拉动国内生产总值增长 0.5 个百分点。全年人均国内生产总值 85698 元，比上年增长 3.0％。国民总收入 1197215 亿元，比上年增长 2.8％。全员劳动生产率为 152977 元/人，比上年提高 4.2％。

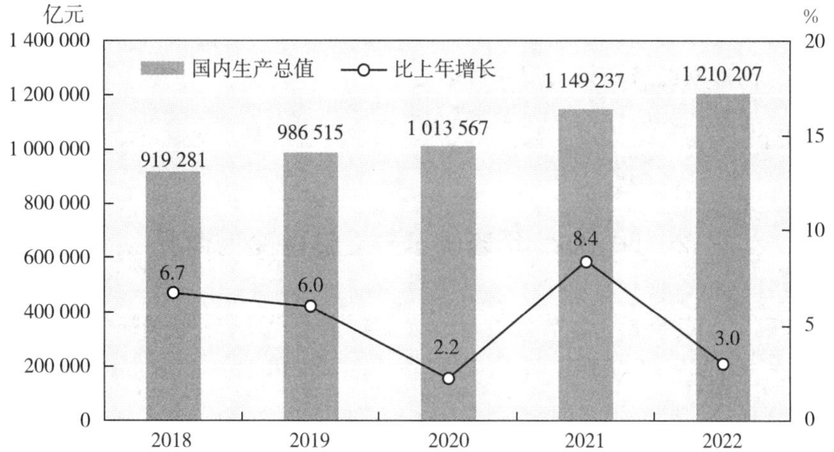

图 12-3　2018—2022 年中国国内生产总值及其增长幅度

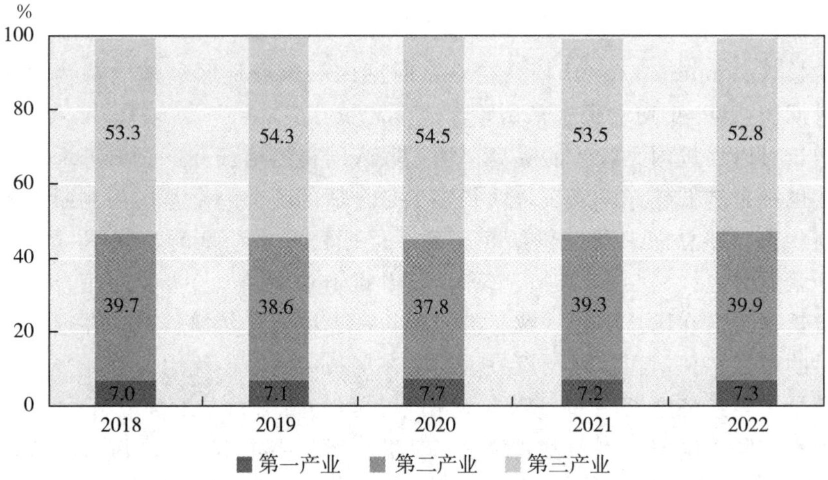

图 12-4　2018—2022 年中国三次产业增加值占国内生产总值比重

资料来源：国家统计局网站公布的《2022 年度统计公报》。

（四）国际收支平衡

国际收支平衡（balance of international payments）也称外部平衡，指一国国际收支净额即净出口与净资本流出的差额为零。差额大于零时被称为入超，差额小于零时又成为出超。

国际收支净额＝净出口－净资本流出

式中：净出口＝出口－进口；资本净流出＝本国在国外的投资－国外在本国的投资

在开放经济中，货物、资金和劳务在国际流动，这种流动的价值表现就是国际收支。若一国在国际交往中一直处于入超状态，则意味着最终需求的输出，本国货币就会贬值；反之，一国在国际交往中一直处于出超状态，则意味着最终需求的输入，本国货币就会升值。为维持本国币值的稳定和国民经济的自主性，各国都应该保持国际收支的基本平衡。

国际收支对经济开放的国家是至关重要的，随着国际经济交往的密切，如何平衡国际收支成为制定一国宏观经济政策的重要目标之一。

【相关链接】

2018—2022 年末国家外汇储备变化情况

2022 年末国家外汇储备 31277 亿美元，比上年末减少 1225 亿美元。全年人民币平均汇率为 1 美元兑 6.7261 元人民币，比上年贬值 4.1%。图 12-5 为 2018—2022 年末国家外汇储备变化情况。

宏观经济政策调控的理想状态是：较低的失业、较低的通胀、汇率相对稳定下的经济高增长。但是，上述四大政策目标的充分实现往往是矛盾的。

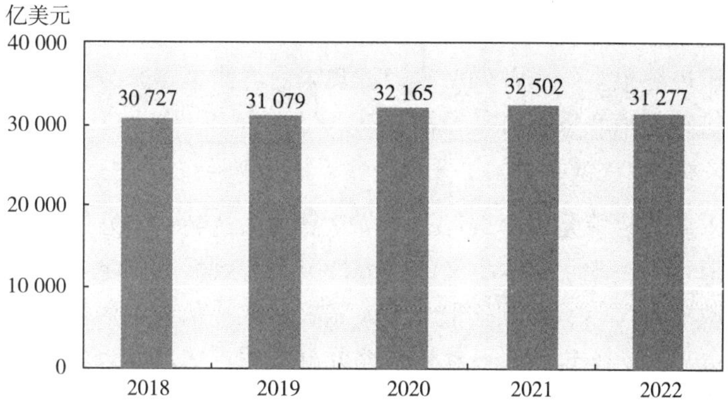

图 12－5　2018—20122 年末国家外汇储备

资料来源：国家统计局网站公布的《2022 年度统计公报》。

二、宏观经济政策四大目标之间的矛盾

现代宏观经济政策四大目标之间的关系为既相互促进又相互矛盾。相互矛盾主要体现在以下几个方面。

（一）充分就业与物价稳定之间的矛盾

为了实现充分就业，通常会运用扩张性财政政策和货币政策，而运用这些政策又会导致财政赤字的增加和货币供给量的增加，从而引起通货膨胀，给物价稳定带来压力，严重的还会恶化经济增长的条件。

（二）充分就业与经济增长之间的矛盾

充分就业与经济增长有一致性，也存在矛盾。一方面，经济增长会提供更多的就业机会；另一方面，经济增长中的技术进步又会引起产业结构变动和资本对劳动的替代，进而引发结构性失业和部分工人相对过剩。

（三）充分就业与国际收支平衡之间的矛盾

充分就业的实现会引起国民收入增加，而在边际进口倾向既定的情况下，国民收入增加必然引起进口增加，从而引起国际收支不平衡。

（四）物价稳定与经济增长之间的矛盾

在实行扩张性财政政策和货币政策来促进经济增长的过程中通常会伴随着通货膨胀，而为缓解通货膨胀，保持物价稳定，如果同时采取紧缩性财政政策和货币政策，且操作过度，则又可能导致通货紧缩和经济停滞。

鉴于宏观经济政策目标之间的矛盾，国家在制定和实施宏观经济政策时，需要对政策目标重点进行选择或对多重目标进行协调。国家在不同时期，针对不同经济问题所确定的宏观经济政策目标和采取的相应政策重点也是有所变化的。例如，20 世纪 50 年代，美国注重于充分就业与物价稳定，60 年代侧重于充分就业与经济增长，70 年代后已趋向物价稳定和四个目标兼顾。

三、宏观经济政策内容

宏观经济政策内容很多。通常就宏观经济政策内容侧重点来分，有宏观经济需求管理政策、宏观经济供给管理政策和对外经济政策。

（一）宏观经济需求管理政策

宏观经济需求管理政策是指侧重通过调节总需求来达到一定宏观经济政策目标的宏观经济政策。凯恩斯认为，现代资本主义的一般情况是有效需求不足，造成失业和危机，应对的最好办法是政府通过赤字财政政策来扩大需求，弥补私人有效需求不足，从而刺激经济增长，实现充分就业。不过，当已经达到充分就业后再增加货币数量，就会造成有效需求过度，出现“真正”或“绝对”的通货膨胀，需要运用紧缩性的需求管理政策来抑制，这就是所谓凯恩斯主义经济需求管理政策的主要内容。无论国民收入总需求大于还是小于总供给，主要是侧重于对总需求的调节来达到充分就业的均衡。宏观经济需求管理政策主要是财政政策和货币政策，本章将予以重点阐述。

（二）宏观经济供给管理政策

宏观经济供给管理政策是指侧重通过对总供给的调节来达到一定宏观经济政策目标的宏观经济政策。20 世纪 60 年代末 70 年代初，美国经济因在生产过程中长期积累的矛盾，造成了经济停滞、失业和通货膨胀的并发症。凯恩斯主义侧重宏观经济需求分析及其管理的理论和政策受到严重挑战，尤其是石油价格大幅度上涨给国家经济带来的严重影响，促使美国一些经济学家们认识到了总供给的重要性。他们认为供给先于并决定需求，指出凯恩斯主义偏重宏观经济需求分析的不足和政策引发“滞胀”的弊病，转向侧重供给分析，在总需求-总供给模型中加入了总供给对国民收入和价格水平影响的分析，主张解决总供求失衡的根本办法是调整总供给。宏观经济供给管理政策主要包括控制工资与物价的收入政策、改善劳动力市场的人力政策和促进技术或效率进步的经济增长政策。宏观经济供给管理政策在本章中不予展开。

（三）对外经济政策

现在绝大多数国家经济都是开放市场经济，各国经济之间存在着广泛、紧密的联系和影响。因此，一国为达到既定的经济政策目标，既需要考虑国内经济政策，也需要配套对外经济政策；在制定和实施财政政策与货币政策时，结合制定和实施对外贸易政策与汇率政策，以实现国际收支的平衡和国际经济关系的协调。有关对外经济政策将在第十三章予以介绍。

第二节 财政政策

微课 12.2 财政政策工具及其运用

财政政策（fiscal policy）是一国根据所确定的宏观经济目标，通过财政收入和财政支出的变动调节社会需求，进而影响宏观经济运行过程与结果的基本准则和措施的总和。财政政策的基本手段是通过对支出和税收的调节，按照“逆经济风向行事”的基本原则。

在经济萧条时，实行扩张性的财政政策，增加总需求，以刺激经济增长；在经济繁荣时，采取紧缩性的财政政策，减少总需求，以缓解通货膨胀的压力，从而保证国民经济平稳持续地发展。财政政策是国家干预和调节经济的主要政策之一。

一、财政政策工具

财政政策的运用工具主要是政府支出和财政收入。

（一）政府支出

政府支出（government expenditure）是构成总需求的一项重要组成部分。它是政府制定和实施宏观经济需求管理政策、实现宏观经济目标的一个重要政策工具。按支出方式，政府支出可分为政府购买支出和政府转移支付两部分。

1. 政府购买支出

政府购买支出（government purchase expenditure）是指政府对商品和劳务的购买支出，主要分为两个方面：一是政府举办公共工程的支出，政府对社会有需要而私人经济主体无力举办或不愿举办的公共设施和公共建筑，如机场、港口、桥梁、高速公路、公园、学校、水利等进行投资；二是政府管理各种社会事业的支出，如政府对国家安全、政府行政、科学研究、教育、文化、环境保护、卫生保健等管理的需要而购买商品和劳务的支出，以及向公务人员支付的薪金等。政府购买支出是构成总需求的一项重要组成部分，因此它是国民收入的一个组成部分。

2. 政府转移支付

政府转移支付（government transfer payment）主要是指政府对私人部门或下级政府的无偿转移支付，它是一种收入再分配的形式。主要包括三个方面：一是政府的社会保障与社会救济支出；二是政府公债的利息支出；三是政府对农业的补贴等。由于政府转移支付是政府收入的一项扣除，所以，通常将税收与政府转移支付之差称为净税收。政府转移支付构成个人可支配收入的一部分。

【相关链接】

2022年中国财政支出情况

1. 一般公共预算支出情况。

2022年，全国一般公共预算支出260 609亿元，比上年增长6.1%。其中，中央一般公共预算本级支出35 570亿元，比上年增长3.9%；地方一般公共预算支出225 039亿元，比上年增长6.4%。

主要支出科目情况如下：

（1）教育支出39 455亿元，比上年增长5.5%。

（2）科学技术支出10 023亿元，比上年增长3.8%。

（3）文化旅游体育与传媒支出3 905亿元，比上年下降2%。

（4）社会保障和就业支出36 603亿元，比上年增长8.1%。

（5）卫生健康支出22 542亿元，比上年增长17.8%。

(6) 节能环保支出 5 396 亿元，比上年下降 3.2%。

(7) 城乡社区支出 19 415 亿元，比上年下降 0.2%。

(8) 农林水支出 22 490 亿元，比上年增长 2.3%。

(9) 交通运输支出 12 025 亿元，比上年增长 5.3%。

(10) 债务付息支出 11 358 亿元，比上年增长 8.7%。

2. 政府性基金预算支出情况。

2022 年，全国政府性基金预算支出 110 583 亿元，比上年下降 2.5%。分中央和地方看，中央政府性基金预算本级支出 5 544 亿元，比上年增长 76.8%；地方政府性基金预算支出 105 039 亿元，比上年下降 4.7%，其中，国有土地使用权出让收入相关支出 63 736 亿元，比上年下降 17.8%。

3. 国有资本经营预算支出情况

2022 年，全国国有资本经营预算支出 3 395 亿元，比上年增长 29.5%。分中央和地方看，中央国有资本经营预算本级支出 1 661 亿元，比上年增长 79.6%；地方国有资本经营预算支出 1 734 亿元，比上年增长 2.2%。

资料来源：中华人民共和国财政部网站公布的《2022 年财政收支情况》，内容有删减。

（二）财政收入

财政收入（fiscal income）是政府调节宏观经济需求水平和结构、实现经济需求管理目标的资金来源，财政收入主要由各项税收和公债构成。

1. 税收

在政府收入中，税收（tax revenue）是最主要的部分。合理的税收制度不仅是政府运用财政支出手段来调节宏观经济需求水平和结构、实现经济需求管理目标的保障，而且对调节国民收入再分配、保障社会分配公平具有十分重要的作用。现在，税收已占西方发达国家国民收入比重的 20%以上，在西欧高福利国家甚至达到 50%。

【相关链接】

2022 年中国财政收入情况

1. 一般公共预算收入情况

2022 年，全国一般公共预算收入 203 703 亿元，比上年增长 0.6%，扣除留抵退税因素后增长 9.1%。其中，中央一般公共预算收入 94 885 亿元，比上年增长 3.8%，扣除留抵退税因素后增长 13.1%；地方一般公共预算本级收入 108 818 亿元，比上年下降 2.1%，扣除留抵退税因素后增长 5.9%。全国税收收入 166 614 亿元，比上年下降 3.5%，扣除留抵退税因素后增长 6.6%；非税收入 37 089 亿元，比上年增长 24.4%。

主要税收收入项目情况如下：

(1) 国内增值税 48 717 亿元，比上年下降 23.3%，扣除留抵退税因素后增长 4.5%。

(2) 国内消费税 16 699 亿元，比上年增长 20.3%。

(3) 企业所得税 43 690 亿元，比上年增长 3.9%。

(4) 个人所得税 14 923 亿元，比上年增长 6.6%。

(5) 进口货物增值税、消费税 19 995 亿元，比上年增长 15.4%。关税 2 860 亿元，比上年增长 1.9%。

(6) 出口退税 16 258 亿元，考虑动用以前年度结转资金等因素后，全年实际办理出口退税 18 678 亿元。

(7) 城市维护建设税 5 075 亿元，比上年下降 2.7%。

(8) 车辆购置税 2 398 亿元，比上年下降 31.9%。

(9) 印花税 4 390 亿元，比上年增长 7.7%。其中，证券交易印花税 2 759 亿元，比上年增长 11.4%。

(10) 资源税 3 389 亿元，比上年增长 48.1%。

(11) 土地和房地产相关税收中，契税 5 794 亿元，比上年下降 22%；土地增值税 6 349 亿元，比上年下降 7.9%；房产税 3 590 亿元，比上年增长 9.5%；耕地占用税 1 257 亿元，比上年增长 18%；城镇土地使用税 2 226 亿元，比上年增长 4.7%。

(12) 环境保护税 211 亿元，比上年增长 3.9%。

(13) 车船税、船舶吨税、烟叶税等其他各项税收收入合计 1 309 亿元，比上年增长 6%。

2. 政府性基金预算收入情况

2022 年，全国政府性基金预算收入 77 879 亿元，比上年下降 20.6%。分中央和地方看，中央政府性基金预算收入 4 124 亿元，比上年增长 3%；地方政府性基金预算本级收入 73 755 亿元，比上年下降 21.6%，其中，国有土地使用权出让收入 66 854 亿元，比上年下降 23.3%。

3. 国有资本经营预算收入情况

2022 年，全国国有资本经营预算收入 5 689 亿元，比上年增长 10%。分中央和地方看，中央国有资本经营预算收入 2 343 亿元，比上年增长 17.2%；地方国有资本经营预算本级收入 3 346 亿元，比上年增长 5.5%。

资料来源：节选自中华人民共和国财政部网站公布的《2022 年财政收支情况》。

按不同方法，税收可以分为以下几类。

(1) 按征收对象，税收可以分为所得税、货物税和财产税三类。所得税是对个人和企业的收入（通常是纯收入）征收的税。所得税占政府总税收很大比重，是政府运用财政支出手段来调节经济活动的主要资金来源，其税率变化会对经济运行产生很大的调节作用。货物税是对流通中的商品征收的税。财产税是以法人和自然人拥有与归其支配的财产为对象所征收的一类税收。财产税类税种的课税对象是财产的收益或财产所有人的收入，主要包括房产税、财产税、遗产和赠予税等税种。

(2) 按纳税方式，税收可以分为直接税和间接税两类。直接税是指由纳税人直接负担的税收，如所得税（包括个人所得税和企业所得税）和财产税等。这类税收的纳税人同时就是负税人，税金不能转嫁给他人。间接税是指对商品和服务征收的税，如货物税、销售税、消费税、进口关税等。这类税收的纳税人不是负税人，纳税人是厂商，负税人是商品和服务的消费者。因而间接税的税金是由纳税人转嫁给消费者。

（3）按收入中被扣除的税收比例，税收可以分为累进税、累退税和比例税三类。累进税是指按照征税对象收入数额增加相应提高征税税率的税种。直接税通常具有累进的性质；相反，累退税是指按照征税对象收入数额增加相应下调征税税率的税种。间接税通常具有累退的性质。比例税是指对同一征税对象，不论其数额多少，都按同一比例征收的税种。间接税一般实行比例税率。

2. 公债

公债（government bonds）是政府向公众举借的债务，或者说是公众对政府的债权，它是财政收入的另一个组成部分。公债是政府运用财政支出手段来调节宏观经济需求水平和结构、实行经济需求管理目标的重要资金来源，更是调控金融市场的重要途径。按不同方法，公债可以分为以下几类。

（1）按发行公债的政府行政级别不同，公债被分为中央政府公债（国债）和地方政府公债两类。

（2）按期限长短不同，公债被分为短期公债、中期公债和长期公债三类。短期公债是为期 1 年或 1 年以内的公债，最常见的形式是国库券，主要是为了弥补当年的财政赤字或解决临时资金周转不灵的问题。中期公债是指偿还期限为 1～5 年的公债，主要是弥补财政赤字或筹措建设资金。长期公债是指偿还期限为 5 年以上的公债，主要是为了筹措经济建设资金。

【延伸阅读】

1. 公债的特点

公债作为债券体系中的一个品种，与其他债券相比，它具有以下四个方面的特点。

（1）安全性高。在各类债券中，公债的信用等级通常被认为是最高的。

（2）流通性强。公债的二级市场十分发达，转让很方便。

（3）收益稳定。公债的付息由政府保证，对于投资者来说，投资公债的收益是比较稳定的。

（4）免税待遇。大多数国家规定对于购买公债所获得的收益，可以享受免税待遇。

2. 国际上衡量财政赤字的两条警戒线

第一条警戒线：财政赤字占 GDP 的比重不能超过 3%。如果超过了 3%，财政赤字就超过了警戒线，就会出现财政的风险。

第二条警戒线：财政赤字不能超出财政总支出的 15%。政府的钱不够花时，可以去借债支出，钱再不够了，还可以去借债，但一国政府的财政赤字要是超出这个百分比，就比较危险了。

资料来源：韩秀云．推开宏观之窗［M］．北京：经济日报出版社，2003，略有改动。

二、财政政策类型

在运用宏观财政政策调节经济、进行需求管理时，政府应根据不同情况来调整政府支出和税收，按照“逆经济风向行事”的原则，采取扩张性或紧缩性财政政策。在现代国家的财政政策理论和实践中，政府还可以采用通过财政分配活动对社会总需求的影响保持中性的平衡性财政政策。财政政策类型、内容和目标，见表 12－2。

表 12-2　财政政策类型、内容和目标

财政政策类型	政策内容	政策目标
扩张性财政政策	增加政府支出、减少政府税收	实现充分就业
紧缩性财政政策	减少政府支出、增加政府税收	抑制通货膨胀
中性财政政策	控制政府支出、维持政府税收	保持经济稳定增长

（一）扩张性财政政策

扩张性财政政策（expansionary fiscal policy）是指通过政府增加支出和减少税收来刺激经济增长的政策。

在一国处于经济萧条时期，总需求小于总供给，产品过剩，价格下降，利率上升，失业增加。这时，政府就要运用扩张性财政政策，通过增加政府支出、减少税收来刺激总需求，以实现充分就业。一方面，政府扩大公共工程支出、政府购买和转移支付等，有利于刺激私人投资和个人消费，从而刺激总需求，推动经济走出萧条；另一方面，政府减少税收，主要是减少企业和个人所得税，既可以使企业收入增加，从而增加投资，又可以使个人有更多的可支配收入，从而增加消费，这样也会刺激总需求，推动经济走出萧条。

经济萧条时期，通过增加政府支出、减少税收来刺激总需求，以实现充分就业，往往会造成财政赤字，因而扩张性财政政策通常就是赤字财政政策。赤字财政政策是凯恩斯主义最为主张的一项财政政策。凯恩斯主义认为，在经济萧条时期，为了解决有效需求不足，克服萧条，政府应放弃财政收支平衡的旧信条，增加支出，减少税收，实行赤字财政政策；否则，追求财政收支平衡会发生“挤出效应”，使财政政策作用相互抵消。

（二）紧缩性财政政策

紧缩性财政政策（tight fiscal policy）是指通过增加财政收入或减少财政支出以抑制社会总需求增长的政策。

当一国处于经济繁荣时期，总需求大于总供给，存在过度需求，而产量无法增加时，会引起通货膨胀。这时，政府要通过减少政府支出、增加税收来抑制总需求，以实现物价稳定。因为，一方面，政府公共工程支出与购买的减少会抑制投资，转移支付的减少可以减少个人消费，这样就抑制了总需求；另一方面，增加企业和个人所得税会减少企业收入和个人可支配收入，从而抑制企业投资和个人消费，这样也会抑制总需求，有助于抑制或消除通货膨胀，实现物价稳定。

经济繁荣时期，政府减少支出、增加税收会带来财政盈余，因而紧缩性财政政策往往会是盈余财政政策。如果一国经济处在繁荣时期，应怎样处置财政盈余呢？较好的办法是政府把财政盈余作为闲置资金存储起来，等到经济萧条时使用，而不能现在用于扩大政府支出，偿还所欠公债；否则，就会因增加政府投入和居民现金收入，进一步促进社会投资和消费，加剧通货膨胀，难以实现物价稳定的目标。

（三）中性财政政策

中性财政政策（neutral fiscal policy）又称均衡性财政政策，是指通过财政收支的大体平衡，以保持社会供求同步增长，维持社会供求基本平衡的政策。

当一国社会总供求保持大体平衡时，政府可以采用财政收支保持平衡的平衡性财政政策，对社会总需求的影响保持中性，既不发生扩张性作用，也起不到紧缩性作用，以保障经济稳定增长。中性财政政策作用能否有效发挥，关键是科学合理地确定支出的总规模，能够实现对社会资源的有效利用。由于现实经济常常处于非均衡运行状态，扩张性财政政策和紧缩性财政政策运用较多，均衡性财政政策运用较少。均衡性财政政策的出发点是维持社会总供求对比关系的既定格局。因此，它适宜于在现实社会总供求矛盾不突出或社会总供求处于基本平衡的经济条件下选用。

三、财政政策效果

财政政策本身具有某些内在的自动调节机制。但财政政策这种内在稳定器的作用十分有限，要消除通货紧缩或通货膨胀的缺口，保证经济的稳定增长，还需要政府有意识地运用财政政策来调节经济，而各项财政政策手段的运用，既会对整个经济产生乘数效应（multiplier effect），同时，也会产生挤出效应（crowding out effect），需要政府审时度势，把握分寸。

（一）财政政策的内在稳定器效用

财政政策的内在稳定器（build－in stabilizers）或自动稳定器（automatic stabilizers）是指财政制度本身具有某些内在的自动调节经济、使经济稳定的作用。当经济出现波动时，内在稳定器就会自动发生作用，减少经济萧条或通货膨胀的程度。具有内在稳定器或自动稳定器作用的财政政策主要包括企业和个人所得税，以及各种转移支付。

企业和个人所得税的征收都有固定的起点和固定累进的税率。当经济繁荣时，就业人数增加，国民收入水平上升，企业利润和个人收入都会增加，他们所缴纳的税额就会自动增加，而且政府税收的自动增加幅度会超过收入上升的幅度，从而会自动地抑制消费和投资的增加，有助于减轻由于需求过旺而引起的通货膨胀。当经济衰退时，则反之。失业救济金和各种福利支出等转移支付有固定的发放标准。当经济衰退时，随着失业人数和需要其他补助人数的增多，这类转移支付就会自动增加，有助于遏制消费和投资的进一步减少，可在一定程度上缓和经济衰退。当经济繁荣时，则反之。

经济学家认为，财政政策的内在稳定器作用在轻微的经济衰退和通货膨胀中往往能起良好的稳定作用，有助于稳定经济，但这种内在稳定作用十分有限。在衰退时期，内在稳定器只能缓和经济衰退的程度，而不能扭转下降的趋势。在繁荣时期，内在稳定器只能缓和物价上涨的程度，而不能扭转物价上涨的趋势。此外，内在稳定器也有一定的非灵活性，例如，税收易减不易增，福利费用支出易增不易减等。因此，要消除通货紧缩或通货膨胀的缺口，保证经济的稳定，还需要政府有意识地运用财政政策来调节经济。但是，如果政府能充分估计到财政政策的内在稳定器作用，那么政府在制定和实施扩张性或紧缩性财政政策进行需求管理时，就能把握力度，取得更好的效果。

（二）财政政策的乘数效应

财政收支的增加或减少与国民收入的增加与减少之间多少存在乘数关系。各项财政政策手段的运用，会通过财政乘数对国民收入产生的影响，程度不同地起到调节社会总需求、实现宏观经济管理目标的作用。财政乘数有政府购买乘数、转移支付乘数和税收乘数。

政府购买是总需求的主要组成部分。在边际消费倾向为一定的情况下，政府购买的增量变化对国民收入会产生乘数影响。政府购买乘数（government purchase multiplier）用K_G来表示，其公式可表达为

$$K_G=\frac{1}{1-\beta}$$

式中：β为边际消费倾向，边际消费倾向是家庭增加收入中用于消费的比率。

政府转移支付的变化会引起国民收入同方向的乘数变化。当政府转移支付增加时，居民的可支配收入增加，则消费与储蓄增加，而消费增加又引起国民收入的增加；反之，则减少。政府转移支付乘数用K_{TR}来表示，其公式可表达为

$$K_{TR}=\frac{\beta}{1-\beta}$$

政府转移支付乘数（government transfer payment multiplier）等于边际消费倾向与1减去边际消费倾向之比，或等于边际消费倾向与边际储蓄之比。

政府税收取自国民收入，因而它与国民收入之间具有反方向的乘数变化关系。税收乘数（tax multiplier）用K_T来表示，其公式可表达为

$$K_T=\frac{\beta}{1-\beta}$$

【相关链接】

消费函数

消费函数（consumption function）是指消费支出与其决定因素之间的函数关系。决定消费水平的因素很多，如收入、财产、利率、收入分布等。其中，收入是最根本的因素。因此，消费函数实质上是指消费与收入之间的函数关系。消费函数是指消费与决定消费的各种因素之间的依存关系。但凯恩斯理论假定，在影响消费的各种因素中，收入是消费的唯一的决定因素，收入的变化决定消费的变化。随着收入的增加，消费也会增加，但是消费的增加不及收入的增加多。

消费函数这一概念，最先由英国经济学家凯恩斯于1936年在他的《就业、利息和货币通论》一书中提出：总消费是总收入的函数。这一思想用线性函数形式表示为

$$C=\alpha+\beta y$$

式中，C表示总消费，α表示自主消费（是指不受收入影响以及本能消费需要所形成的消费），β表示边际消费倾向，y表示收入，βy表示引致消费（指受收入因素和边际消费倾向影响所形成的消费）。

边际消费倾向：（marginal propensity to consume）是家庭增加收入中用于消费支出的比率，也就是增加的1单位的收入中用于增加的消费部分的比率，用公式表示为

$$MPC=\frac{\Delta C}{\Delta Y}$$

边际消费倾向与平均消费倾向（average propensity to consume）不同，平均消费倾向是总消费与可支配总收入的比率。

边际消费倾向是消费曲线的斜率，它的数值通常是大于 0 而小于 1 的正数。这表明，消费是随收入增加而相应增加的，但消费增加的幅度低于收入增加的幅度，即边际消费倾向是随着收入的增加而递减的。

资料来源：节选自百度百科“消费函数”，有改动。

从理论上来说，有了各种财政乘数公式，就可以计算出为填补一定数量的潜在国内生产总值与实际国内生产总值之间的差距，即 GDP 缺口，须增减多少政府支出或税收，即用 GDP 缺口除以各种财政乘数就可以得到。

从上述这三个财政乘数公式中可知，政府购买乘数的政策效果大于政府转移支付乘数和税收乘数的政策效果。因为，政府购买乘数公式中的分子等于 1，而政府转移支付乘数和税收乘数公式中的分子小于 1，这说明了政府购买乘数大于政府转移支付乘数和税收乘数的绝对值。

（三）财政政策的挤出效应

运用财政政策调节总需求和国民收入会有乘数效应，那是在假设工资、价格、利率，以及对未来预期不变等条件下得出的理论数值。然而，在现实中这些会对政府购买、税收等做出相反的反应，削弱甚至抵消财政政策的乘数作用。

所谓“挤出效应”，是指政府支出增加所引起的私人投资或消费的相应降低现象。当政府购买增加刺激了物品与劳务需求时，在货币供给既定的情况下，货币需求会增加，以致引起了利率上升，从而抑制了私人投资或消费，减少了对物品与劳务的需求。

第三节　货币政策

微课 12.3　货币政策工具及其运用

货币政策（monetary policy）是国家根据宏观经济调控的目标，通过中央银行对货币供给和信贷规模管理来调节信贷供给与利率水平，以影响和调节宏观经济运行状况的方针、政策、措施的总称。它是国家干预和调节经济的主要宏观政策之一。对于货币政策的使用，一般也是根据“逆经济风向行事”的原则。在经济衰退时期，政府多采用扩张性货币政策，在经济过热或繁荣时期，多宜采用紧缩性货币政策。

货币政策和财政政策一样，也是通过调节国民收入以达到稳定物价、充分就业、经济增长和平衡国际收支的目标。两者的不同之处在于，财政政策直接影响总需求的规模，而货币政策是通过利率的变动来对总需求产生影响，是间接发挥作用的。货币政策通过调节利率，改变信贷条件，进而影响总需求变动，促进宏观经济朝着既定的目标运行。经济全球化的今天，一国的货币政策对另一国经济活动也会产生影响，特别是全球主要经济体货币政策的外溢性对他国影响更大。

一、货币政策工具

中央银行主要通过有效运用公开市场业务、贴现率政策和法定准备金率政策三大货币政策工具，调节金融市场上的货币供给量和利率，进而最终影响宏观经济朝着既定的目标运行。

（一）公开市场业务

公开市场业务（open market operation）是指中央银行在金融市场公开买进或卖出有价证券，以影响商业银行货币供给量的货币政策工具。中央银行在公开市场上的交易对象是证券商，主要是商业银行和政府债券的专门代理商，而不直接与社会公众进行证券交易。

当经济出现通货膨胀时，总需求过度，中央银行会在公开市场卖出政府债券。买进了政府债券的商业银行因向中央银行付款而减少银行准备金，为满足法定准备金率的要求，不得不收缩信贷规模，由于货币乘数作用，造成货币供应量的成倍收缩；同时，债券价格也下降，共同引起利率上升，导致投资需求下降，再通过投资乘数作用，引起总需求的进一步收缩，进而抑制通货膨胀。当经济出现衰退或进入萧条时，则反之。

（二）调整再贴现率

再贴现（rediscount）是商业银行向中央银行贷款的方式之一，也是中央银行执行货币政策的重要手段。再贴现是指商业银行在需要资金时，将已贴现而未到期的票据向中央银行贴现的票据转让行为。所谓再贴现率（rediscount rate），就是央行办理再贴现所采用的利率。换句话说，再贴现率就是央行向商业银行贷款时执行的利率，即商业银行从央行贴现时所支付的必要的成本。它一般低于商业银行向客户贷款的利率。

央行通过调整这种利率，可以影响商业银行向央行贷款的积极性，从而达到调控整个货币体系利率和资金供应状况的目的。再贴现率政策是指中央银行通过变动对商业银行的贴现率和贴现条件影响商业银行的贷款意愿，以调节货币供给量与利率，从而实现需求管理目标。

当经济出现通货膨胀时，中央银行提高贴现率或严格贴现条件，就会使商业银行减少向中央银行的借款，从而商业银行难以增加准备金而减少对客户的贷款；又因银行创造货币机制的作用，成倍地减少流通中的货币供给量；同时，商业银行也会相应提高对客户的贷款利率，进一步限制了客户的借款需求，从而共同引发了利率提高，抑制了投资，抑制了总需求，进而达到抑制通货膨胀的目标。当经济出现衰退或进入萧条时，则反之。

再贴现机制其实在很大程度上发挥着中央银行最后贷款人的作用，解决商业银行的准备金和流动性不足的问题。作为一项政策工具，它还具有“告示效应”，向公众表明未来货币政策意向，从而影响银行和社会公众的预期。

但需要指出的是，再贴现政策的成效还取决于商业银行对再贴现率变动的反应弹性，也就是说，央行只能引导商业银行的意愿。从这个意义上说，此政策的主动性不强。

【延伸阅读】

承兑汇票贴现、转贴现和再贴现

一般而言，票据贴现可以分为三种，分别是贴现、转贴现和再贴现。

贴现：指商业汇票的持票人在汇票到期日前，为了取得资金，贴付一定利息将票据权利转让给商业银行的行为；贴现是商业银行向持票人融通资金的一种方式。

转贴现：指商业银行在资金临时不足时，将已经贴现但仍未到期的票据，交给其他商业银行或贴现机构给予贴现以取得资金融通。

再贴现：指中央银行通过买进商业银行持有的已贴现但尚未到期的商业汇票，向商业银行提供融资支持的行为。

贴现的利率：在人民银行现行的再贴现利率的基础上进行上浮，贴现的利率是市场价格，由双方协商确定，但一般不超过同期的贷款利率。

贴现利息的计算：贴现利息是汇票的持有人在票据到期前为获取资金向贴现银行支付的利息，计算方式：贴现利息＝票面金额×贴现率×未到期天数。

资料来源：http：//www.cnnsr.com.cn/web/practice/168361.html.

（三）调节法定存款准备金率

存款准备金（deposit reserve）是指金融机构为保证客户提取存款和资金清算需要而准备的在中央银行的存款，这部分资金的作用是限制金融机构信贷扩张，保证客户提取存款和资金清算。法定存款准备金率（deposit reserve rate）是指金融机构按规定向中央银行缴纳的存款准备金占其存款总额的比率。存款准备金率变动对商业银行的作用过程如下。

当中央银行提高法定准备金率时，商业银行可提供贷款及创造信用的能力就下降。因为准备金率提高，货币乘数就变小，从而降低了整个商业银行体系创造信用、扩大信用规模的能力，其结果是社会的银根偏紧，货币供应量减少，利息率提高，投资及社会支出都相应缩减。反之亦然。下面举个例子来说明调整存款准备金率对商业银行贷款的变化。

央行网站 2020 年 1 月 1 日消息，为支持实体经济发展，降低社会融资实际成本，中国人民银行决定于 2020 年 1 月 6 日下调金融机构存款准备金率 0.5 个百分点。这意味着符合条件的商业银行每吸收 1 000 亿元存款就少向央行缴存 5 亿元的存款准备金，金融机构由此可以多发放 5 亿元的贷款。

【相关链接】

表 12-3　2010—2023 年央行调整存款准备金率一览表

公布时间	生效期	大型金融机构			中小金融机构		
		调整前	调整后	调整幅度	调整前	调整后	调整幅度
2023—03—17	2023—03—27	11.00%	10.75%	−0.25%	9.00%	8.75%	−0.25%
2022—11—25	2022—12—05	11.25%	11.00%	−0.25%	9.25%	9.00%	−0.25%
2022—04—15	2022—04—25	11.50%	11.25%	−0.25%	9.50%	9.25%	−0.25%
2021—12—06	2021—12—15	12.00%	11.50%	−0.50%	10.00%	9.50%	−0.50%
2021—07—09	2021—07—15	12.50%	12.00%	−0.50%	10.50%	10.00%	−0.50%
2020—01—01	2020—01—06	13.00%	12.50%	−0.50%	11.00%	10.50%	−0.50%
2019—09—06	2019—09—16	13.50%	13.00%	−0.50%	11.50%	11.00%	−0.50%
2019—01—04	2019—01—15	14.50%	14.00%	−0.50%	12.50%	12.00%	−0.50%

（续表）

公布时间	生效期	大型金融机构			中小金融机构		
		调整前	调整后	调整幅度	调整前	调整后	调整幅度
2018－10－07	2018－10－15	15.50%	14.50%	－1.00%	13.50%	12.50%	－1.00%
2018－06－24	2018－07－05	16.00%	15.50%	－0.50%	14.00%	13.50%	－0.50%
2018－04－17	2018－04－25	17.00%	16.00%	－1.00%	15.00%	14.00%	－1.00%
2016－02－29	2016－03－01	17.50%	17.00%	－0.50%	15.50%	15.00%	－0.50%
2015－10－23	2015－10－24	17.50%	17.00%	－0.50%	14.00%	13.50%	－0.50%
2015－08－25	2015－9－6	18.00%	17.50%	－0.50%	14.50%	14.00%	－0.50%
2015－6－27	2015－6－28	18.50%	18.00%	－0.50%	15.00%	14.50%	－0.50%
2015－4－19	2015－4－20	19.50%	18.50%	－1.00%	16.00%	15.00%	－1.00%
2015－2－4	2015－2－5	20.00%	19.50%	－0.50%	16.50%	16.00%	－0.50%
2012－5－12	2012－5－18	20.50%	20.00%	－0.50%	17.00%	16.50%	－0.50%
2012－2－18	2012－2－24	21.00%	20.50%	－0.50%	17.50%	17.00%	－0.50%
2011－11－30	2011－12－5	21.50%	21.00%	－0.50%	18.00%	17.50%	－0.50%
2011－6－14	2011－6－20	21.00%	21.50%	0.50%	17.50%	18.00%	0.50%
2011－5－12	2011－5－18	20.50%	21.00%	0.50%	17.00%	17.50%	0.50%
2011－4－17	2011－4－21	20.00%	20.50%	0.50%	16.50%	17.00%	0.50%
2011－3－18	2011－3－25	19.50%	20.00%	0.50%	16.00%	16.50%	0.50%
2011－2－18	2011－2－24	19.00%	19.50%	0.50%	15.50%	16.00%	0.50%
2011－1－14	2011－1－20	18.50%	19.00%	0.50%	15.00%	15.50%	0.50%
2010－12－10	2010－12－20	18.00%	18.50%	0.50%	14.50%	15.00%	0.50%
2010－11－19	2010－11－29	17.50%	18.00%	0.50%	14.00%	14.50%	0.50%
2010－11－10	2010－11－16	17.00%	17.50%	0.50%	13.50%	14.00%	0.50%
2010－5－2	2010－5－10	16.50%	17.00%	0.50%	13.50%	13.50%	0.00%
2010－2－12	2010－2－25	16.00%	16.50%	0.50%	13.50%	13.50%	0.00%
2010－1－12	2010－1－18	15.50%	16.00%	0.50%	13.50%	13.50%	0.00%

资料来源：http：//www.southmoney.com/shuju/hjsj/202005/5704010 _ 3.html，有更新。

当中央银行降低存款准备金率时，金融机构可用于贷款的资金增加，社会的贷款总量和货币供应量也相应增加；反之，社会的贷款总量和货币供应量将相应减少。中央银行通过调整存款准备金率，可以影响金融机构的信贷扩张能力，从而间接调控货币供应量。一般地，存款准备金率上升，利率会有上升压力，这是实行紧缩的货币政策的信号。存款准备金率是针对银行等金融机构的，对最终客户的影响是间接的；而利率是针对最终客户的，比如客户存款的利息，影响是直接的。

公开市场业务、调整贴现率和调节法定存款准备金率等三大货币政策工具是一般性控制工具，对经济的调节和影响作用是全面的，但又是有差别的。公开市场业务是一种灵活而有效的货币政策工具，因而成为最重要的，也是最常用的货币政策工具。调整再贴现率是货币政策中一个相对次要的工具。而调节法定存款准备金率作用程度过于强烈，它会引起政策上过大和过分突然的变化，多数西方国家很少采用。

除运用以上三种主要手段外，货币政策还运用一些次要手段，如道义上的劝告，证券信贷、分期付款和抵押贷款条件的控制，实施利率上限等。

二、货币政策类型

在不同的经济形势下，中央银行要运用不同的货币政策来调节经济，以实现需求管理的目标。大体说来，货币政策有三种类型：扩张性货币政策、紧缩性货币政策和均衡性货币政策。

（一）扩张性货币政策

扩张性货币政策（expansionary monetary policy）是运用于经济萧条时期的货币政策。在萧条时期，由于总需求小于总供给，失业率高，资源未被充分利用。对此需要运用扩张性货币政策：在公开市场上买进有价证券，降低贴现率并放松贴现条件，降低法定存款准备金率等。这样就可以增加货币供给量，降低利率，刺激总需求，促进资源充分利用和实现充分就业。

（二）紧缩性货币政策

紧缩性货币政策（tight monetary policy）是运用于经济繁荣时期的货币政策。在繁荣时期，总需求大于总供给，经济增长过热，通货膨胀严重。对此，需要运用紧缩性货币政策：在公开市场上卖出有价证券，提高贴现率并严格贴现条件，提高法定存款准备金率等。这样就可以减少货币供给量，提高利率，抑制总需求，迫使过热经济降温，抑制通货膨胀，保持经济稳定增长。

（三）均衡性货币政策

均衡性货币政策（balanced monetary policy）是运用于经济平稳时期的货币政策。此时总需求与总供给之间大体保持平衡，经济稳定增长，接近充分就业。对此需要运用均衡性货币政策：按照国内生产总值增长率确定货币供应量增长率，适度进行公开市场上有价证券的买卖，维持或微调现有贴现率，稳定法定存款准备金率等。这样就可以使货币供给量与货币需求量大体相等，进而保持或促进总需求与总供给的平衡，促使经济稳定增长。

【相关链接】

英国央行权衡负利率利弊认为其当前效果存疑

英国央行尚未准备好跟随欧洲央行和日本央行的步伐，实施负利率政策，表示借款人是否会从中获益尚不清楚。英国央行 2020 年 8 月 6 日公布了对负利率货币政策的评估总结，并选择维持基准利率在 0.1%，同时维持债券购买操作不变。

投资者一直押注，行长安德鲁·贝利和其他央行委员最终会采取这一措施，以应对几个世纪以来最严重的经济衰退。然而，虽然政策制定者们表示会继续评估，但他们指出，新冠肺炎疫情对银行构成的损害可能会妨碍这一刺激措施向企业和家庭进行传导。

英国央行货币政策报告指出："目前，由于 Covid－19 在一段时间内对经济造成严重的干扰，会对银行资产负债表产生负面影响。它们给个人和企业提供资金，在帮助英国经济复苏方面发挥重要的作用。因此，此刻实施负利率政策作为经济刺激工具的效果可能较差。"

英国央行权衡了负利率的利与弊，指出该举措可以通过提高资产价格、降低市场利率、使得货币贬值以提振出口的方式来支撑经济。与此同时，银行的利润率往往会受到挤压，因为它们不得不对存放在中央银行的存款支付费用，也无法轻易地将此转嫁给普通消费者。

英国央行目前的结论：在银行为大量不良贷款做准备的当口，对银行的影响尤为关键。目前，购买债券、指引政策走向仍然是更加理想的政策。投资者尚未放弃希望。他们依然押注，2021 年晚些时候央行会祭出负利率。

资料来源：http：//finance. sina. com. cn/roll/2020－08－06/doc－iivhuipn7243844. shtml，略有改动。

三、货币政策效果

所谓货币政策效果，是指调整货币供给量的政策对国民收入水平变动的影响。如果国民收入水平变动大，货币政策效果就强；如果国民收入水平变动小，货币政策效果就弱。

在对货币政策的作用、机制和主要目标等问题上，凯恩斯主义与货币主义之间观点有较大的差异。凯恩斯主义强调财政政策在扩大总需求、实现充分就业、促进经济稳定增长方面的重要性；货币主义强调货币政策在稳定宏观经济方面的重要性。货币政策的主要目标是保持物价稳定，反对把利率作为货币政策的目标，主张实行简单规则的货币政策，反对斟酌使用的货币政策。但许多经济学家对货币政策的运用效果还是有一些共识。

（一）增加货币供给的货币政策对经济的调节效果

增加货币供给在下列四种不同情形时，对经济的调节效果不同。

（1）当经济中存在潜在、未被充分利用的生产能力时。货币供给量增加，信贷放松，利率下降，会刺激厂商增加投资，带来产出的增长，而不是价格的提高，表现为总需求曲线向上移动，导致了一个更高的均衡产出水平。

（2）当经济的运行已发掘出大部分生产能力时。此时货币供给量增加，贷款继续加倍放大，利率下降，厂商追加投资，带来产出的增长，同时抬高了资本品价格，表现为总需求曲线沿着总供给曲线向上倾斜的上端上升，出现价格和产出"双高"均衡。

（3）当经济的运行接近其全部生产能力时。较松的货币政策可能导致价格的上升，对产出没有影响，较低的利率将总需求曲线移到右方。

（4）当经济处于严重的衰退之时。此时货币需求曲线非常平坦，即使是较大的货币供给变化也可能仅带来较小的利率变化。货币供给的增长在最需要产出增长的时候却不能带来产出增长，这时货币政策可能相对无效。

（二）减少货币供给的货币政策对经济的调节效果

大幅度收紧货币政策将会导致总需求大量减少，以致经济从接近充分就业的水平移动到出现大量失业的状态。当货币政策有足够大的变化时，总需求曲线将向左移动很多，并且将经济从处于总供给曲线的垂直部分的均衡移动到处于水平部分的均衡，此时产出大大下降。

微课 12.4 财政政策和货币政策的搭配

第四节 财政政策和货币政策的搭配

以上两节有关财政政策和货币政策的运用工具、类型和效果的阐述都是侧重理论上的。然而，在实施中，财政政策和货币政策往往会受到很多局限。

一、财政政策和货币政策的局限性

（一）政策时滞问题

一项宏观政策，从提出到推行再到达预期的目标过程中会有一个“时间差”（time lag），这个“时间差”被称为政策时滞。政策时滞可以分为内在时滞和外在时滞。政策的内在时滞是指从经济中发生了引起不稳定的变动，到决策者制定出适当的经济政策并付诸实施之间的时间间隔。政策的外在时滞是指从政策实施到政策在经济中完全发生作用或达到预期目标之间的时间间隔。

宏观经济政策的时滞由于其本身的性质而有很大的差别。如财政政策的内在时滞较长，因为财政政策从决策、会议批准到实施，需要很多中间环节，但由于财政政策直接作用于总需求，见效快，所以外在时滞较短。货币政策的内在时滞较短，因为货币政策是由中央银行直接决定，所以中间环节少；但由于货币政策作用较为间接，所以外在时滞客观存在，无法消除。这就要求政策制定者必须具有相当的技巧，在解决原有问题的同时避免出现新的问题。

（二）公众预期影响

公众对政策本身形式的预期也会影响政策的效果。如果公众认为政策的变动只是暂时的，从而不对政策的变动做出反应，那么该政策变动后就很难达到预期目标。

比如，当政府实行减税政策时，如果公众认为政府减税只是一个暂时的或一次性的举措，那么，他们就不会因此而增加消费或投资。这样，就会使减税起不到预期的刺激总需求的作用。再比如，如果公众预期未来经济会发生严重衰退，那么即使政府减税，公众也不会增加消费和投资，这样就会使政府减税的举措起不到刺激总需求的作用。只有当公众认为政府的政策是一种长期政策，并且他们对经济的预期和政府的预期大致接近时，他们才会与政策相配合。但要让公众能够做出正确的预期，并且能自动地去配合政府的政策，却又相当困难，这些都会使政策难以达到预期的目标。

（三）非经济因素影响

经济政策常常会受到许多因素，特别是国内外各种政治因素的影响。这就要求决策者在制定经济决策时不仅要考虑经济因素，还要考虑政治因素。在某个时期，政治因素甚至比经济因素更为重要。例如西方国家在总统大选前夕，尽管经济中出现了通货膨胀，但在位者为了再次当选，一般不会采取紧缩性政策，以免失业增加、经济萧条，给他（她）带来不利的影响。另外，政策在实施过程中因受各种因素影响，而难于达到预期目标。例如，增税会遇到普遍反对，减少政府购买会遇到被减少了订货的厂商反对，减少转移支付则会遭到一般平民及其同情者的反对和抵制。政府出于政治上的考虑，不得不终止或减少这方面的政治措施，从而使政策难以达到预期目标。再有，国际政治关系的变动、某些重大政治事件的发生，以及意想不到的自然灾害等，所有这些都会影响政策的实施及其效果。

以上分析表明，运用宏观经济政策来调节经济并非易事。如何结合实际情况，协调地运用各种宏观经济政策，更好地达到预期的宏观经济政策目标，便成了宏观经济学中的一个很重要的课题。在长期的实践过程中，西方经济学者认为，在政策的运用中应当注意相机抉择、组合搭配和内外协调。

二、财政政策和货币政策的相机抉择及组合搭配

本章第二、第三节只是单独考察了财政政策和货币政策的效果。在实际的宏观经济政策制定中，财政政策往往和货币政策互相搭配、协调配合。这样，才能取长补短，更好地实现预期的宏观调控目标。

财政政策和货币政策都是政府进行需求管理、实现宏观经济目标的手段，但是各有其优劣之处。如何依据不同经济形势和各项政策特点，灵活地选择适当的政策措施，即所谓相机抉择；将各项政策组合起来使用，以更好地达到宏观经济政策的预期效果，即所谓组合搭配。相机抉择，就是要根据不同经济形势相应地采取不同的对策。

宏观经济政策具有“逆经济风向行事”的特点，经济形势“紧”（如经济萧条，失业率上升）时，就采取“松”的政策；经济形势“松”（如经济繁荣，通货膨胀）时，就采取“紧”的政策，但这也不是绝对的，还要看具体情况而定。通常，财政政策和货币政策的组合搭配通常有如下四种形式。

（一）“双松”政策组合

“双松”政策组合，即采用扩张性财政政策和扩张性货币政策，适用于经济萧条阶段。在经济萧条时期，社会有效需求严重不足，这时采用扩张性财政政策和扩张性货币政策可以双管齐下，对经济的刺激就会更为强烈、更加有效，能够起到解决失业和刺激经济增长的宏观调控目标。

（二）“双紧”政策组合

“双紧”政策组合，即采用紧缩的财政政策和紧缩的货币政策，适用于经济过热阶段。在经济过热阶段，社会总需求严重大于总供给，发生严重通货膨胀。政府采用紧缩性财政政策在使总需求减少的同时会使利率下降，而同时配合采用紧缩性的货币政策，则会抑制利率下降，从而抑制总需求的增加。

（三）“一松一紧”政策组合

“一松一紧”政策组合，即采用松的财政政策和紧的货币政策，适用于经济衰退阶段。此时通货膨胀和经济萧条并存。在经济衰退阶段，政府可采用扩张性财政政策刺激需求，采用紧缩性货币政策控制通货膨胀。这种政策组合使用会导致利率上升，产生“挤出效

应”。

（四）“一紧一松”政策组合

“一紧一松”政策组合，即紧的财政政策和松的货币政策。当经济中出现通货膨胀但不太严重、政府开支过大时，可采用这种组合。通过紧缩性财政政策抑制需求，用扩张性的货币政策降低利率、刺激投资，以防止财政政策过紧而引起衰退。

在西方国家的现实经济生活中，大多实行扩张性财政政策与紧缩性货币政策。但是，制度因素的阻碍造成这种政策组合的难度加大，反向效果增加。有鉴于此，有些经济学家转向主张采用紧缩性财政政策与扩张性货币政策搭配，这样更能增加社会储蓄，降低利率，促进高的投资和经济增长，同时实现物价稳定，防止或缓解通货膨胀。

【相关链接】

克林顿上任之初应采用何种宏观经济政策组合搭配

46岁的威廉·杰斐逊·克林顿（William Jefferson Clinton，1946—）最终赢得了1992年美国大选的胜利，这主要是因为他的竞选策略专注于国内议题，特别是当时陷入低谷的美国经济。1993年1月，克林顿上任时，美国财政赤字占GDP比重为4.9%，失业率超过7%。请你根据以上所学的宏观经济政策知识，谈谈克林顿当时应运用何种宏观经济政策组合搭配来调控美国的经济？

【本章小结】

本章首先介绍了宏观经济政策目标的基本内容，以及宏观经济政策目标之间存在的矛盾。其次介绍了财政政策和货币政策的基本内涵、运用类型、内容和目标以及两种政策的相互搭配，这也是本章重点所在。

【经济学家】

现代宏观经济学创始人——约翰·梅纳德·凯恩斯

约翰·梅纳德·凯恩斯（John Maynard Keynes，1883—1946），英国著名的经济学家，现代经济学最有影响的经济学家之一，他创立的宏观经济学与弗洛伊德所创的精神分析法和爱因斯坦发现的相对论一起并称为二十世纪人类知识界的三大革命。他因开创了经济学的“凯恩斯革命”而称著于世，被后人称为“宏观经济学之父”。

1936年，其代表作《就业、利息和货币通论》(*The General Theory of Employment, Interest and Money*）正式出版，立即在大危机后惊魂未定的西方世界引起轰动。西方学者对此评论道：“凯恩斯是在致命危机威胁资本主义世界时挽救和巩固了这个社会。”可以说后来的宏观经济学都是建立在凯恩斯的《通论》的基础之上的。毫无疑问，凯恩斯是一个伟大的经济学家，他敢于打破旧思想的束缚，承认有非自愿失业的存在，首次提出国家干预经济的主张，对整个宏观经济学的贡献是极大的。他论证了国家直接干预经济的必要性，提出了比较具体的目标。他的这种以财政政策和货币政策为核心的思想后来成为整个宏观经济学的核心。

凯恩斯主义的理论体系是以解决就业问题为中心，而就业理论的逻辑起点是有效需求原理。其基本观点：社会的就业量取决于有效需求。所谓有效需求，是指商品的总供给价格和总需求价格达到均衡时的总需求。当总需求价格大于总供给价格时，社会对商品的需求超过商品的供给，资本家就会增雇工人，扩大生产；反之，总需求价格小于总供给价格时，就会出现供过于求的状况，资本家或者被迫降价出售商品，或让一部分商品滞销，因无法实现其最低利润而裁减雇员，收缩生产。因此，就业量取决于总供给与总需求的均衡点，由于在短期内，生产成本和正常利润波动不大，因而资本家愿意供给的产量不会有很大变动，总供给基本是稳定的。这样，就业量实际上取决于总需求，这个与总供给相均衡的总需求就是有效需求。

图 12－6　凯恩斯

（图片来源：百度图片）

资料来源：百度百科“约翰·梅纳德·凯恩斯”，有改动。

【练习与思考】

一、单项选择题

1. 政府的财政收入政策通过哪一个因素对国民收入产生影响（　　）。

A. 政府转移支付　　B. 政府购买　　C. 消费支出　　D. 税收

2. 属于内在稳定器项目的是（　　）。

A. 总需求　　B. 公债

C. 税收　　D. 政府公共工程支出

3. 当经济中存在通货膨胀时，应采用的财政政策工具是（　　）。

A. 增加政府支出和减少税收　　B. 减少政府支出和减少税收

C. 减少政府支出和增加税收　　D. 增加政府支出和增加税收

4. 扩张性财政政策对经济的影响是（　　）。

A. 缓和了经济萧条但增加了政府债务　　B. 缓和了萧条也减轻了政府债务
C. 加剧了通货膨胀但减轻了政府债务　　D. 缓和了通货膨胀但增加了政府债务
5. 中央银行降低再贴现率，会使银行准备金(　　)。
A. 增加　　B. 减少
C. 不变　　D. ABC 三种情况都有可能
6. 中央银行在公开市场卖出政府债券是企图(　　)。
A. 收集一笔资金帮助政府弥补财政赤字
B. 减少商业银行在中央银行的存款
C. 减少流通中的基础货币以紧缩货币供给
D. 通过买卖债券获取差价利益
7. 实施货币政策的机构是(　　)。
A. 财政部　　B. 中央银行　　C. 商业银行　　D. 中央政府
8. 中央银行最常用的政策工具是(　　)。
A. 法定存款准备金率　　B. 公开市场业务
C. 再贴现率　　D. 道义劝告
9. 为支持实体经济发展，降低社会融资实际成本，中国人民银行决定于 2020 年 1 月 6 日下调金融机构存款准备金率 0.5 个百分点（不含财务公司、金融租赁公司和汽车金融公司)。这意味着符合条件的商业银行每吸收 10 000 万元存款就少向央行缴存(　　)万元的存款准备金，金融机构由此可以多发放同数额资金的贷款。
A. 50　　B. 150　　C. 500　　D. 1 850
10. 当经济中出现通货膨胀但不太严重、政府开支过大时，可采用(　　)这种组合。
A. 扩张性的财政政策和扩张性的货币政策
B. 扩张性的财政政策和紧缩性的货币政策
C. 紧缩性的财政政策和扩张性的货币政策
D. 紧缩性的财政政策和紧缩性的货币政策
11. 货币政策和财政政策的区别在于(　　)。
A. 前者主要是用来应对经济萧条，后者主要是用来应对通货膨胀
B. 前者主要是通过改变投资支出发生作用，后者主要是通过影响消费支出发生作用
C. 前者主要是通过利率来影响总需求，后者主要是通过财政收入和支出的变化来影响总需求
D. 以上三项都正确
12. 通常，紧缩性的财政政策和扩张性的货币政策同时实施会使一国经济(　　)。
A. 产量增加，利率变动不确定　　B. 产量减少，利率下降
C. 产量变动不确定，利率下降　　D. 产量增加，利率下降

二、多项选择题

1. 国家进行总供需调节时使用的货币政策的主要手段是(　　)等。
A. 公开市场业务　　B. 法定存款准备金率
C. 再贴现率　　D. 利率
E. 税收

2. (　　)是市场经济国家进行总供需调节的两大类基本政策，经常为实现调节目标而被同时使用。

A. 产业政策　　B. 货币政策
C. 财政政策　　D. 涉外经济政策
E. 国土和资源开发利用政策

3. 下列(　　)属于松的财政政策和松的货币政策的政策组合。

A. 财政扩大支出　　B. 财政削减支出
C. 增加货币供应　　D. 降低市场利率
E. 降低税率

4. 紧的财政政策和松的货币政策的政策组合是(　　)。

A. 增加政府支出　　B. 减少政府支出
C. 减少货币供应量　　D. 增加货币供应量
E. 降低利率

5. 公债作为债券体系中的一个品种，与其他债券相比，具有(　　)的特点。

A. 安全性高　　B. 风险性大
C. 流通性强　　D. 收益稳定
E. 免税待遇

6. 中央银行采取下列(　　)措施意味着货币供给量将减少。

A. 降低贴现率　　B. 提高贴现率
C. 提高法定存款准备率　　D. 买进有价证券
E. 卖出有价证券

三、问答题

1. 简述宏观经济政策目标的基本内容。
2. 财政政策和货币政策的工具各有哪些?
3. 试述财政政策和货币政策的相机抉择及组合搭配。

第十三章
开放经济中的宏观经济

学习目标

重点掌握：1. 影响国际贸易的因素
2. 国际收支的三个主要项目
3. 汇率概念及两种标价法

基本了解：1. 国际贸易理论
2. 固定汇率制和浮动汇率制

一般了解：1. 国际资本流动
2. 开放经济中的最优政策配合

本章导读

党的20大报告指出：推进高水平对外开放

依托我国超大规模市场优势，以国内大循环吸引全球资源要素，增强国内国际两个市场两种资源联动效应，提升贸易投资合作质量和水平。稳步扩大规则、规制、管理、标准等制度型开放。推动货物贸易优化升级，创新服务贸易发展机制，发展数字贸易，加快建设贸易强国。合理缩减外资准入负面清单，依法保护外商投资权益，营造市场化、法治化、国际化一流营商环境。推动共建“一带一路”高质量发展。优化区域开放布局，巩固东部沿海地区开放先导地位，提高中西部和东北地区开放水平。加快建设西部陆海新通道。加快建设海南自由贸易港，实施自由贸易试验区提升战略，扩大面向全球的高标准自由贸易区网络。有序推进人民币国际化。深度参与全球产业分工和合作，维护多元稳定的国际经济格局和经贸关系。

资料来源：习近平：《为全面建设社会主义现代化国家而团结奋斗——在中国共产党第二十次全国代表大会上的报告》。

开放是当代中国的鲜明标识。党的二十大和中央经济工作会议强调“推进高水平对外开放”，充分体现了中国进一步深化对外开放的坚定决心，擘画了新时代对外开放的宏伟蓝图。作为开放型大国经济，我国始终关注通过开放利用好国内国际两个市场两种资源。改革开放 40 多年来，我国以开放统筹国内国际两个大局，在利用外资和对外投资、进口与出口方面实现同步开放，市场和资源双向开放，已经成为国际经济大循环的重要组成部分。[①]

第一节　国际贸易与国家经济

开放经济（open economy）活动按其性质可以划分为两大方面，一是商品市场的开放和流通；二是资本市场的开放和流通。前者指的是实质资源（主要包括商品和劳务）在国家或地区之间的流动，该领域被称为国际贸易（international trade）。本节主要介绍国际贸易的含义、分类及其影响因素，并对国际贸易理论作简要阐述。

一、国际贸易基本概念

（一）国际贸易的含义

国际贸易是指一个国家（或地区）同其他国家（或地区）之间进行商品和劳务交换的活动。随着开放程度的增加，资源和劳动在全球范围内进行整合和分工，国际贸易的数量和范围都越来越大，国际贸易影响一国宏观经济。

微课 13.1　国际贸易的基本概念

（二）国际贸易的分类

根据货物移动方向，国际贸易可以分为出口贸易（export trade）、进口贸易（import trade）和过境贸易（transit trade）。出口贸易是一国卖给外国产品或劳务；进口贸易是一国向外国购买产品或劳务。出口和进口之间的差额称为净出口或贸易余额。出口大于进口称为贸易盈余（或贸易顺差）；出口小于进口称为贸易赤字（或贸易逆差）。过境贸易是指如果甲国经丙国国境向乙国运送商品，对丙国来说就是过境贸易。

按照商品形式，国际贸易可以分为货物贸易（goods trade）和服务贸易（service trade）。货物贸易也称为有形贸易（tangible trade），指商品的进出口。服务贸易也称为无形贸易（invisible trade），指国际的劳务交换。服务贸易又分为两种：一种是与商品进出口有关而发生的从属性活动，如运输、装卸和金融保险等劳务活动；另一种是与商品进出口无关的贸易，如国际旅游、贷款利息、投资利润、技术转让和信息咨询服务等。货物贸易和服务贸易的主要区别是：货物贸易的进口和出口需要经过海关手续，从而表现在海关的贸易统计上；后者不经过海关手续，通常不显示在海关的贸易统计上，二者都是国际收支的组成部分。

---

① 顾学明，张丹．统筹好五对关系　推进高水平对外开放．红旗文稿［J］．2022/24.

【相关链接】

表 13-1 2007—2022 年中国进出口商品总值表 金额单位：百万美元

年份	进出口		出口		进口		净出口（出口－进口）
	总额	增速（%）	总额	增速（%）	总额	增速（%）	
2007	2 176 175	23.6	1 220 060	25.9	956 115	20.8	263 944
2008	2 563 255	17.8	1 430 693	17.3	1 132 562	18.5	298 131
2009	2 207 535	－13.9	1 201 612	－16.0	1 005 923	－11.2	195 689
2010	2 974 001	34.7	1 577 754	31.3	1 396 247	38.8	181 507
2011	3 641 864	22.5	1 898 381	20.3	1 743 484	24.9	154 897
2012	3 867 119	6.2	2 048 714	7.9	1 818 405	4.3	230 309
2013	4 158 993	7.5	2 209 004	7.8	1 949 989	7.2	259 015
2014	4 301 527	3.4	2 342 293	6.0	1 959 235	0.4	383 058
2015	3 953 033	－8.0	2 273 468	－2.9	1 679 564	－14.1	593 904
2016	3 685 557	－6.8	2 097 631	－7.7	1 587 926	－5.5	509 705
2017	4 107 138	11.4	2 263 345	7.9	1 843 793	16.1	419 552
2018	4 622 444	12.6	2 486 696	9.9	2 135 748	15.8	350 947
2019	4 577 891	－1.0	2 499 482	0.5	2 078 409	－2.7	421 073
2020	4 655 913	1.7	2 589 952	3.6	2 065 962	－0.6	523 990
2021	6 043 874	29.8	3 357 143	29.6	2 686 731	30.0	670 412
2022	6 309 600	4.4	3 593 601	7.0	2 715 999	1.1	877 603

资料来源：中华人民共和国海关总署网站公布的海关统计：http：//www.customs.gov.cn/customs/302249/zfxxgk/2799825/302274/302277/302276/4807694/index.html.

（三）影响国际贸易的因素

1. 影响出口贸易的因素

（1）自然资源的丰裕程度。如果一国有充裕的自然资源，除了满足本国生产和消费需要以外还有剩余；或者该国拥有的资源在国际上的丰裕程度相对较高，就可以利用这种资源的优势，通过增加出口来获得外汇收入。

（2）生产能力和技术水平的高低。一国的生产能力和技术水平越高，其产品在国际市场上的竞争力就越强，而且出口产品的附加值也会越高，这不仅能增加出口商品的数量，更能增加出口额。

（3）汇率水平的高低。在特定条件下，如果一国货币汇率下跌，即对外贬值，则外币兑换本币的数量就会增加，这意味着外币购买力的提高和本国商品价格的相对降低。此时，出口商就有可能在不减少收益的情况下，降低出口商品价格，从而增加一国的出口。同时，这也有利于本国旅游收入及其他劳务收入的增加；反之，如果汇率上升，则会导致相反的结果。

（4）一国出口贸易水平的高低。它不仅取决于本国的经济状况，还受国际市场需求水平和需求结构变动的影响。例如，在世界经济不景气的情况下，由于国际市场需求不旺，各国的出口贸易都可能因此减少。

2. 影响进口贸易的因素

（1）一国的经济总量或总产出水平。在一般情况下，一国的经济总产出水平越高，经济总量规模越大，其进口贸易额就越大。这一方面是因为，总产出水平越高或经济规模越大，对自然资源和投资品的需求就越大，在此情况下，仅靠本国的资源通常无力支撑庞大的需求，客观上就需要增加进口。另一方面，总产出水平较高的国家，其居民收入水平和与之相应的消费水平也较高，消费需求或消费偏好的差异也较大，这会促进该国进口贸易的扩大。

（2）汇率水平。汇率（exchange rate）水平不仅对出口贸易产生重要影响，也是影响一国进口贸易的重要因素。在其他因素不变的情况下，如果一国货币汇率上升即货币升值，以本币标示的进口商品价格就会下降，本国居民对进口商品的需求就会增加，为满足这种需求，就要扩大进口贸易。当然，如果汇率下跌，则会导致进口贸易的缩减，但却会增加出口。

（3）国际市场商品的供给情况和价格水平。在国际市场上，如果商品紧俏，会导致价格大幅度上升，从而使一国的进口贸易受到影响；反之则相反。

此外，在贸易活动中，各国政府的贸易政策以及对进出口贸易的限制也会对国际贸易产生重要影响。

二、国际贸易理论的演变

微课 13.2　国际贸易理论的演变

国际贸易的迅速发展说明国际贸易对各国都是有利的。经济学家对国际贸易的作用做出了解释，提出了各种不同的理论。

（一）绝对优势理论

绝对优势理论是亚当·斯密（Adam Smith）提出的。这一理论认为，如果一国生产一种产品的效率比另一国高，该国在这种产品生产上就具有绝对优势。各国应该集中生产并出口具有绝对优势的产品，而进口不具有绝对优势的产品，这对各国都是有利的，是一种国际分工。

（二）比较优势理论

斯密的理论存在这样一个问题：如果一国无论生产什么产品，其绝对成本都低于另一国，这种情况下，国际贸易还有利于双方吗？大卫·李嘉图（David Ricardo）的理论解释了这一问题。他认为，如果一国生产一种产品的机会成本比另一国低，该国在生产这种物品上就有比较优势。如果一国生产自己相对成本低的东西（即有比较优势的产品），与别国进行交换，则对双方而言就都是有利的。我们来举例说明：

如果 A、B 两国都生产汽车和粮食，A 国生产一辆汽车需要 0.9 万小时劳动，生产一吨粮食需要 300 小时劳动；B 国生产一辆汽车需要 1 万小时劳动，生产一吨粮食需要 500 小时劳动。A 国在生产汽车和粮食上都有绝对优势。A 国生产一辆汽车要放弃 30 吨粮食，生产一吨粮食要放弃 0.033 辆汽车；B 国生产一辆汽车要放弃 20 吨粮食，生产一吨粮食要放弃 0.05 辆汽车。

由此可见，B 国生产汽车的机会成本（放弃的粮食数量）低于 A 国，所以在生产汽车上有比较优势；A 国生产粮食的机会成本（放弃的汽车数量）低于 B 国，所以在生产粮食上有比较优势。

那么，在理论上，A 国专门生产粮食，B 国专门生产汽车，然后进行交易就有利于双方。

各国在不同的产品上有比较优势，从而进行贸易，各方就都会获利。任何一个国家无论生产率（绝对优势）如何，一定有自己的比较优势，因此，各国之间的交易就是双赢的。这种以比较优势为基础的国际贸易理论一直是自由贸易理论的中心，也是自由贸易政策的基础。

（三）要素禀赋理论

20 世纪初，瑞典经济学家伊·菲·赫克歇尔（Eli F Heckscher，1879—1952）和伯梯尔·俄林（Bertil Ohlin，1899—1979），开始从生产要素禀赋的差异来解释各国生产成本和价格的不同，重新分析国际贸易的基础。要素禀赋在这里是指一国所拥有的两种生产要素的相对比例。这一理论认为，各国的资源条件不同，也就是生产要素的供给情况不同，这是国际贸易产生的基础，要素禀赋差异解释了比较优势理论，使得比较优势理论更加完善和更有说服力。

根据这一理论，各国应该集中生产并出口那些能够充分利用本国充裕要素的产品，进口那些需要密集使用本国稀缺要素的产品。国际贸易给各国带来的好处是资源配置在世界范围内实现最优化，产品价格和生产要素的价格趋于均等化。

（四）规模经济贸易理论

规模经济贸易理论也称为新国际贸易理论。战后发达国家之间制成品贸易的迅速增长是传统的比较优势理论和要素禀赋理论都无法解释的。这些发达国家的资源比例是相似的，特别是同类产品的生产更具有相同的要素密集性。20 世纪 80 年代后，诺贝尔经济学奖获得者、美国经济学家保罗·克鲁格曼（Paul R. Krugman）等人提出了新国际贸易理论来解释这种现象。这种理论的依据是世界市场竞争的不完全性和规模经济的存在。

传统的贸易理论一般不考虑规模的变化，或假设规模报酬不变。规模经济贸易理论认为这一假设是不完全的，许多产品的生产都有规模报酬递增的特点，即随着生产规模的扩大，单位要素投入能够生产更多的产品。因此，大规模的生产可以降低单位产品的生产成本，规模经济是现代国际贸易的基础。

克鲁格曼认为，工业产品是类似的，但不是同质的，大多数工业产品的市场是不完全竞争的，生产企业的规模需要达到一定的程度才能实现规模效益。各国利用规模经济来生产有限类别的产品，如果每个国家只生产几类产品，那么每种产品的生产规模就会比生产所有产品时的规模更大，才能实现国际分工的规模效益。在只生产有限种类产品的同时，通过国际贸易实现产品的流动，又保证各国不牺牲消费的多样性。

各种自由贸易理论都证明了国际贸易的好处，也推动了国际贸易的发展。

【延伸阅读】

世界贸易组织（WTO）

世界贸易组织（World Trade Organization，WTO）是一个独立于联合国的永久性国际组织，其前身为关税与贸易总协定（General Agreement on Tariffs and Trade，GATT）。GATT是于1947年由美国、英国、法国等23个国家在日内瓦签订的旨在降低关税，减少贸易壁垒的有关关税和贸易政策的多边国际协定，是全球性的，也是联合国相关组织。

1994年4月，在摩洛哥马拉喀什举行的关贸总协定部长级会议上正式决定成立世界贸易组织。

1995年1月1日，世界贸易组织正式开始运作，负责管理世界经济和贸易秩序，总部设在日内瓦莱蒙湖畔的关贸总部大楼内（同年12月12日，关贸总协定128个缔约方在日内瓦举行最后一次会议，宣告关贸总协定的历史使命完结）。该组织的基本原则和宗旨是通过实施非歧视、关税减让以及透明公平的贸易政策，来达到推动世界贸易自由化的目标。世界贸易组织由部长级会议、总理事会、部长会议下设的专门委员和秘书处等机构组成。它管辖的范围除传统的和乌拉圭回合新确定的货物贸易外，还包括长期游离于关贸总协定外的知识产权、投资措施和非货物贸易（服务贸易）等领域。世界贸易组织具有法人地位，它在调解成员争端方面具有更高的权威性和有效性，在促进贸易自由化和经济全球化方面起着巨大作用。

资料来源：央视国际网络：http：//www. cctv. com/special/173/－1/22445. html，有修改．

三、政府对进出口贸易的干预

政府对进出口贸易进行干预或限制的目的，主要是保护国内产业免受国外竞争者的损害，维持本国的经济增长和国际收支平衡。

政府对国际贸易的干预包括对进口贸易的干预和对出口贸易的干预两个方面。干预的措施主要采取关税限制和非关税限制两种方式，即关税壁垒和非关税壁垒。关税壁垒是指国家通过征收高额关税来限制外国商品进口的一种外贸政策。非关税壁垒则是指采用关税以外的手段对国外商品进口设置障碍的各种措施。如进口配额、进口许可证、最低限价制、技术壁垒和绿色壁垒等。

政府除了利用关税和非关税措施限制与调节进口贸易外，还常常采取各种鼓励出口的措施对出口贸易进行干预。政府刺激出口的主要措施是出口补贴。出口补贴分为直接补贴和间接补贴两种。直接补贴是政府直接以现金形式弥补出口企业国际市场价格与本国国内市场价格的差价；间接补贴是对出口企业在出口商品时给予财政上的优惠待遇，如出口退税、出口信贷等。补贴的目的是降低本国出口产品的价格，提高其在国际市场上的竞争力，扩大出口。

政府无论采取何种措施对进出口贸易进行干预，其目的都是实现国家利益以及实现政府宏观调控的目标。虽然政府对进出口贸易的干预具有一定的合理性和必要性，但在世界经济一体化的今天，政府的行为要受到许多协定和协议的限制。

【延伸阅读】

贸易壁垒

1. 贸易壁垒简介

贸易壁垒（trade barriers）又称贸易障碍，指一国对国外商品劳务交换所设置的人为限制，主要是指对外国商品劳务进口所实行的各种限制措施。

一般分关税壁垒（tariff barriers）和非关税壁垒（non－tariff barriers）两类。就广义而言，凡使正常贸易受到阻碍，市场竞争机制作用受到干扰的各种人为措施，均属贸易壁垒的范畴。

2. 关税壁垒

所谓关税壁垒，是以高额关税作为限制商品进口的一种措施。对外国商品征收高额进口关税，以提高其成本和削弱其竞争能力，从而达到限制这些商品进口、保护本国产品在国内市场上竞争优势的目的。常见的关税壁垒有以下几种形式：

（1）关税高峰。在总体关税水平较低的情况下少数产品维持的高关税。

（2）关税升级。通常对某一特定产业的进口原材料设置较低的关税，甚至是零税率，而随着加工深度的提高，相应地提高半成品、制成品的关税税率。

（3）关税配额。对一定数量（配额量）内的进口产品适用较低的关税税率，对超过该配额量的进口产品适用较高的税率。

（4）从量关税。按照商品的重量、数量、容量、长度和面积等计量单位为标准计征的关税。

（5）从价关税。按照进口商品的价格为标准计征的关税。其税率表现为货物价格的百分率。

3. 非关税壁垒

非关税壁垒是指一国或地区在限制进口方面采取的除关税以外的所有措施。它是相对于关税而言的。这种措施可以通过国家法律、法令以及各种行政措施的形式来实现。非关税壁垒形式多样，且更为隐蔽。如进口许可、出口许可、技术性贸易壁垒、进口配额、进口禁令、出口限制、反倾销、反补贴和保障措施等。在非关税壁垒中，我们又将以技术壁垒为核心的包括绿色壁垒和社会壁垒在内的所有阻碍国际商品自由流动的新型非关税壁垒，称之为新贸易壁垒。主要包括：

（1）技术性贸易壁垒是指进口国对进口商品制定强制性和非强制性的苛刻繁琐的技术法规或标准、卫生检疫规定以及检验商品的合格评定程序，从而提高对进口商品的要求，增加进口难度，最终达到限制进口的目的。

（2）绿色贸易壁垒又称为环境贸易壁垒，是近年来国际上出现的一种新型非关税壁垒措施。它是指以保护环境、保护人类和动植物生命健康为借口构筑的贸易壁垒。绿色贸易壁垒的主要表现形式有绿色市场准入、绿色技术标准、绿色标志、绿色包装制度、绿色卫生检疫制度等。

(3) 社会壁垒是指社会责任标准壁垒，指以劳动者劳动环境和生存权利为借口而采取的贸易保护措施。企业的社会责任，包括遵守商业道德、保护劳工权利、保护环境等。当前，全球很多大的采购集团非常青睐有 SA8000 认证企业的产品。而对发展中国家来说，劳动力成本是其最大的比较优势，社会责任壁垒将大大削弱发展中国家在劳动力成本方面的比较优势。

资料来源：张燕芳．国际贸易理论与实务［M］．北京：人民邮电出版社，2018.

第二节　国际金融与国家经济

本节将介绍国际金融理论和汇率理论。国际金融理论研究的是资本市场中金融资源（主要包括投资和借贷）在国家和地区之间的流动，汇率理论主要研究汇率的决定、汇率的变动和汇率制度等问题，这是分析开放条件下宏观经济运行与调节的重要基础。

一、国际收支

（一）国际收支与国际收支平衡表

国际收支（balance of payments）是指在一定时期内，某一经济体（国家或地区）居民与非居民之间进行的各种经济交易的系统记录。国际收支综合反映了对外经济交往状况，是开放经济不同于封闭经济的重要宏观经济变量，是制定合理的对外经济政策和宏观调控政策的依据之一。

国际收支平衡表是指根据经济分析的需要，将国际收支按照复式记账原理和特定账户分类编制出来的一种统计报表。它集中反映了一国国际收支的结构和总体状况。

编制国际收支平衡表时，需要对各个项目进行归类，分成若干个账户，并按照需要进行排列，即所谓的账户分类。国际货币基金组织出版的《国际收支手册》（第 5 版）提供了国际收支平衡表的账户分类标准，即分为经常账户、资本与金融账户两大账户，各国可以根据本国具体情况对之进行必要的调整。

1. 经常账户

经常账户记录实际资源的流动，包括“货物与服务”“收益”和“经常转移”三项。

(1) 货物和服务。货物是指通过海关的进出口货物，以海关进出口统计资料为基础，在货物所有权发生变化时被记录下来，进出口均采用离岸价格（FOB）计价。服务包括运输、旅游、通信、建筑、保险、金融服务、计算机和信息服务、专有权使用费和特许费、各种商业服务、个人文化娱乐服务以及政府服务。

(2) 收益。收益包括职工报酬和投资收益两类。职工报酬是指本国居民在国外工作（一年以下）而得到并汇回的收入，以及支付外籍员工（一年以下）的工资福利。投资收益包括直接投资项下的利润利息收益和再投资收益、证券投资收益（股息、利息等）及其他投资收益。

(3) 经常转移。经常转移主要包括侨汇、无偿捐赠和赔偿等项目，包括实物和资金。

2. 资本与金融账户

资本与金融账户记录资本在国际的流动，包括资本账户和金融账户。

资本账户包括资本转移和非生产、非金融资产交易。资本转移主要包括固定资产转移、债务减免、移民转移和投资捐赠等。非生产、非金融资产交易是指非生产出来的有形资产（天然的土地和地下资源等）和无形资产（专利、版权、商标和经销权等）的所有权转移。

金融账户记录的是一个经济体对外资产负债变更的交易，包括直接投资、证券投资、其他投资和储备资产四类。其中储备资产是指中央银行等货币当局拥有的对外资产，包括货币黄金、外汇、特别提款权和在国际货币基金组织的储备头寸。

此外，国际收支平衡表（表13－2）还设置了净误差与遗漏一项。净误差与遗漏是基于会计上的需要，在国际收支平衡表借贷双方出现不平衡时设置的，用以抵消统计偏差的项目。

表13－2　2022年中国国际收支平衡表　　单位：亿元人民币

项目	借方	贷方	差额
一、经常项目	－238 921.56	266 098.56	27 177.00
A. 货物和服务	－211 384.68	250 234.57	38 849.90
a. 货物	－180 327.36	225 467.28	45 139.92
b. 服务	－31 057.31	24 767.29	－6 290.02
1. 加工服务	－55.91	963.92	908.00
2. 维护和维修服务	－293.94	560.26	266.32
3. 运输	－11 377.18	9 804.58	－1 572.60
4. 旅行	－7 731.83	646.56	－7 085.27
5. 建设	－507.62	962.90	455.28
6. 保险和养老金服务	－1 335.28	304.25	－1 031.02
7. 金融服务	－261.78	336.10	74.31
8. 知识产权使用费	－2 989.87	892.18	－2 097.68
9. 电信、计算机和信息服务	－2 542.91	3 739.09	1 196.18
10. 其他商业服务	－3 540.17	6 352.08	2 811.91
11. 个人、文化和娱乐服务	－177.27	91.77	－85.50
12. 未提及的政府服务	－243.55	113.61	－129.94
B. 初次收入	－25 823.41	12 866.56	－12 956.85
1. 雇员报酬	－928.15	1 384.10	455.95
2. 投资收益	－24 836.60	11 208.93	－13 627.68
3. 其他初次收入	－58.66	273.53	214.88
C. 二次收入	－1 713.48	2，997.43	1 283.95
1. 个人转移	－280.01	385.26	105.25

（续表）

项目	借方	贷方	差额
2. 其他二次收入	－1 433.46	2 612.17	1 178.70
二、资本和金融项目	—	—	－21 163.54
A. 资本项目	－36.06	16.02	－20.04
B. 金融项目	－19，005.13	－2，138.37	－21 143.50
1. 非储备性质的金融账户	－12 155.47	－2 138.37	－14 293.84
（1）直接投资	－10 115.86	11 823.13	1 707.26
（2）证券投资	－11 637.02	－7 146.13	－18 783.15
（3）金融衍生工具	209.55	－567.43	－357.89
（4）其他投资	9 387.87	－6 247.93	3 139.94
2. 储备资产	—	—	－6 849.66
三、净误差与遗漏	—	—	－6 013.46

备注：

1. 本表计数采用四舍五入原则。

2. 根据《国际收支和国际投资头寸手册》（第六版）编制，资本和金融账户中包含储备资产。

3.《国际收支平衡表》采用修订机制。

资料来源：国家外汇管理局网站公布的《中国国际收支平衡表时间序列（BPM6）》。

（二）国际收支差额分析

根据复式记账原理，原则上国际收支平衡表的借方总额和贷方总额是相等的，余额为零。然而，这只是形式上的平衡，是会计意义上的账面平衡，并不代表真正意义上国际收支均衡。

在国际收支平衡表上，就某一部分或具体项目来看，借方和贷方经常是不相等的，双方相抵后会出现一个差额。所谓国际收支顺差或逆差的提法，就是针对不同口径划分的特定账户上出现的局部差额而言的。贷方余额表明顺差；反之，借方余额表示逆差。

通常用于衡量国际收支状况的局部差额有贸易差额、经常差额和综合差额三种。

1. 贸易差额

贸易差额即货物进出口差额。贸易差额反映了一国产业结构、产品国际竞争力和一国在国际分工中的地位。对很多国家来说，贸易收支在全部国际收支中所占的比重相当大，同时也易于通过海关及时搜集，能够较快较好地反映一国对外经济状况，因此历史上贸易差额曾长期代表国际收支状况，当今国际收支分析仍经常针对贸易差额。随着服务贸易的发展，服务贸易的规模迅速扩大，在贸易中的地位不断提高，对发达国家尤其如此，这些国家也开始将其纳入贸易差额分析之中。

2. 经常差额

经常差额代表经常账户的收支状况，反映了实际资源的跨国转移状况。经常账户顺差说明实际资源从国内向国外净转移，反之表明实际资源从国外向国内净转移。经常差额反映国民收入与国内吸收之间的关系，等于国民收入与消费、投资、政府支出等国内吸收之差，是开放宏观经济分析的重要变量，因而成为衡量国际收支状况的重要指标。

3. 综合差额

综合差额考察的是除储备资产以外所有项目的状况。该差额反映了一国国际收支的综合情况，可以衡量国际收支对一国储备的压力，因为综合差额必然导致官方储备的反向变动，从而可以判断一国货币汇率的走势和调整压力。

（三）国际收支失衡调节

国际收支失衡分为逆差和顺差两种，都会对一国经济产生诸多不良影响，所以有必要采取政策措施加以调节，使之恢复均衡。国际收支调节的政策主要有以下四种。

1. 外汇缓冲政策

外汇缓冲政策是指通过外汇储备的变动或临时向外借款抵消超额外汇供求以调节国际收支。国际收支出现逆差时，货币当局减少外汇储备或临时向外借款，在外汇市场上抛售外汇，弥补外汇供给缺口；出现顺差时，货币当局在外汇市场上购进外汇，增加外汇储备，消除超额外汇供给。

2. 货币政策和财政政策

货币政策和财政政策是进行宏观经济调控和需求管理的主要手段。货币政策在于调节货币供应量，公开市场业务、再贴现和法定存款准备金率是传统的三大货币政策工具。财政政策主要是通过改变税收和政府支出来调节总需求。国际收支出现逆差或顺差时，政府会通过实行货币政策和财政政策进行调节。

3. 汇率政策

汇率政策是指政府运用汇率的变动来调节国际收支。在不同的汇率制度下，汇率政策的形式有所不同。在固定汇率制度下，汇率政策表现为对本国货币实行法定升值或法定贬值；在浮动汇率制度下，货币当局或明或暗地干预外汇市场，使本国货币升值或贬值。

4. 直接管制措施

运用货币政策、财政政策和汇率政策调节国际收支是通过市场机制发挥作用，政策时滞较长，难以立竿见影，特别是对结构性国际收支失衡难以收到成效。因此，出现结构性逆差时，许多发展中国家往往采取直接管制措施。直接管制措施是指政府直接干预国际经济交易的政策措施，包括贸易管制和外汇管制。

采取何种政策或政策组合来调节国际收支，首先取决于国际收支失衡的性质，其次取决于国际收支失衡时国内宏观经济状况，以及内外均衡之间的关系。简而言之，国际收支调整的基本原则：正确使用并搭配各种调节政策，以最小的经济和社会代价恢复国际收支均衡。

【延伸阅读】

国际货币基金组织

国际货币基金组织（International Monetary Fund，IMF）是于1944年7月在美国新罕布什尔州布雷顿森林召开的一次联合国会议上构想建立的。参加此次会议的44个国家试图建立一个经济合作框架，避免再次出现20世纪30年代大萧条的竞争性货币贬值现象。

(1) 基金组织的责任：基金组织的主要宗旨是确保国际货币体系，即各国（及其公民）相互交易所依赖的汇率体系及国际支付体系的稳定。

(2) 监督：为了保持稳定，防止国际货币体系发生危机，基金组织通过一种称作监督的正式系统，对国别政策以及各国、地区和全球经济和金融发展进行检查。基金组织向188个成员国提供建议，鼓励有利于促进经济稳定、减少对经济和金融危机的脆弱性以及提高生活水平的政策。它通过《世界经济展望》定期提供其对全球前景的评估，通过《全球金融稳定报告》定期提供其对金融市场的评估，通过《财政监测报告》提供其对公共财政发展的评估，还出版一系列地区经济展望。

(3) 资金援助：基金组织的融资为成员国纠正国际收支问题提供喘息空间。通过与基金组织密切合作，成员国当局就基金组织支持的贷款制定调整规划。是否继续提供贷款支持取决于成员国能否有效实施这些规划。

(4) 能力建设：基金组织提供能力建设和培训，其目的是帮助成员国增强其设计和有效实施政策的能力，包括在税收政策和征管、支出管理、货币和汇率政策、银行和金融体系监管、立法框架和统计等领域。

(5) 特别提款权：基金组织发行一种称作特别提款权（SDR）的国际储备资产，用以补充成员国的官方储备。特别提款权总额约为2 040亿特别提款权（约合2 860亿美元）。基金组织成员国之间可自愿用特别提款权兑换货币。

(6) 资金：基金组织的主要资金来源是成员国的份额，份额大致反映成员国在世界经济中相对地位。第十四次份额总检查最近生效之后，份额资金总额约为4 770亿特别提款权（约合6 680亿美元）。此外，基金组织可以通过借款临时补充份额资金。新借款安排（NAB）能提供高达1 820亿特别提款权（约合2 540亿美元）的补充资金，是份额资金的主要后备支持。2012年中期，成员国还承诺通过双边借款协议增加基金组织的资金；目前生效的约为2 800亿特别提款权（约合3 930亿特别提款权）。

(7) 治理和组织结构：基金组织对成员国政府负责。其组织结构的最高层次是理事会，由每个成员国的一位理事和一位副理事组成，通常来自中央银行或财政部。理事会每年在基金组织/世界银行年会之际开会一次。国际货币与金融委员会由24位理事组成，通常每年举行两次会议。

基金组织的日常工作由代表全体成员国的24位成员组成的执董会执行；其工作受国际货币与金融委员会指导，并由基金组织的工作人员提供支持。总裁是基金组织工作人员的首脑并担任执董会主席，由四位副总裁协助。

资料来源：国际货币基金组织官网：https：//www.imf.org/en/About，有删减。

二、汇率

（一）汇率的概念

微课 13.3 汇率

外汇（foreign exchange）是指外国货币，或者对外国货币的索取权，如在外国的存款和外国的支付承诺等。汇率又称为“外汇行市”或“汇价”，是一国货币单位同他国货币单位的兑换比率，它是由于国际结算中本币与外币折合兑换的需要而产生的。在现行的货币制度下，汇率(exchange rate)以两国货币实际所代表的价值量为依据。汇率是国际汇兑得以顺利进行的条件，也是国际经济往来的必要前提，汇率的变动对各国的国内经济与国际经济关系都有重要的影响。

外汇汇率有两种标价法。直接标价法是以1单位或100单位外国货币作为标准，折算为一定数额的本国货币。间接标价法是以1单位或100单位本国货币作为标准，折算为一定数额的外国货币。我国所用的是直接标价法。

汇率升值是指用本国货币表示的外国货币的价格下跌。例如，如果人民币兑美元的汇率由1美元兑6.5元人民币下降为1美元兑6.0元人民币，则对人民币来说是汇率升值，因为用人民币表示的美元价格下跌，意味着人民币升值了。

汇率贬值是指用本国货币表示的外国货币的价格上升。例如，如果人民币兑美元的汇率由1美元兑6.5元人民币上升为1美元兑7.0元人民币，则对人民币来说是汇率贬值，因为用人民币表示的美元价格上升，意味着人民币贬值了。

（二）影响汇率变动的因素

汇率作为外汇的价格要受到外汇供求关系的影响，外汇供求的变化导致汇率的变动，而外汇供求状况及其变动受制于一系列经济或非经济因素。一般来说，影响汇率变动的因素有以下五个方面。

1. 国际收支

国际收支大体上能够反映外汇市场的供求状况。国际收支出现逆差，在外汇市场上表现为外汇需求大于供给，从而引起外汇升值、本币贬值；反之，国际收支顺差会导致外汇贬值、本币升值。

2. 相对通货膨胀率

根据购买力平价理论，国内外通货膨胀率差异是决定汇率长期趋势的主导因素。如果一国通货膨胀高于他国，则该国货币在外汇市场上趋于贬值；反之则趋于升值。

3. 相对利率

利率对汇率的影响在短期极为显著。高利率有助于吸引资本流入，减少资本流出，而且提高利率具有紧缩效应，有助于抑制进口，从而使货币升值；反之则货币贬值。

4. 总需求与总供给

总需求与总供给关系中结构与总量的不一致也会影响汇率。当一国总需求增长快于总供给时，本币一般呈贬值趋势。

5. 市场预期

市场对各种价格信号的预期都会影响汇率，预期因素是短期内影响汇率变动的主要因素之一。如果市场预期本币贬值，在外汇市场上便出现抛售本币的风潮，助长本币贬值的压力，最终导致本币的实际贬值。

以上是影响汇率变动的一些主要因素，除此之外，宏观经济政策、中央银行的直接干预等因素都会对汇率造成影响，而且，这些因素之间也在相互作用。因此，在分析汇率变动时要对各项因素进行全面的考察，根据具体情况作出具体分析。

（三）汇率制度

固定汇率制(fixed exchange rate system)指一国货币同他国货币的汇率基本固定，

其波动仅限于一定的幅度之内。在这种制度下，中央银行固定了汇率，并按这一水平进行外汇的买卖。中央银行必须为任何国际收支盈余或赤字按官方汇率提供外汇，当有盈余时购入外汇，当有赤字时售出外汇，以维持固定的汇率。

实行固定汇率有利于一国经济的稳定，也有利于维护国际金融体系与国际经济交往的稳定，减少国际贸易与国际投资的风险。但是，实行固定汇率要求一国的中央银行有足够的外汇或黄金储备。如果不具备这一条件，必然会出现外汇黑市，黑市的汇率要远远高于官方汇率，这样反而会不利于经济发展与外汇管理。

浮动汇率制（floating exchange rate system）指一国中央银行不规定本国货币与他国货币的官方汇率，听任汇率由外汇市场自发地决定。

浮动汇率制又分为自由浮动与管理浮动。自由浮动又被称为“清洁浮动”，指中央银行对外汇市场不采取任何干预措施，汇率完全由市场力量自发地决定。管理浮动又被称为“肮脏浮动”，指实行浮动汇率制的国家，其中央银行为了控制或减缓市场汇率的波动，对外汇市场进行各种形式的干预活动，主要是根据外汇市场的情况售出或购入外汇，以通过对供求的调节来影响汇率。

实行浮动汇率有利于通过汇率的波动来调节经济，也有利于促进国际贸易，尤其在中央银行的外汇与黄金储备不足以维持固定汇率的情况下，实行浮动汇率对经济较为有利，同时也能取缔非法的外汇黑市交易。但浮动汇率会加剧经济波动，不利于国内经济和国际经济关系的稳定。

【延伸阅读】

布雷顿森林体系与汇率

1944 年 7 月，美、英、法、中、苏等 44 国代表在美国新罕布什尔州布雷顿森林举行了联合国货币金融会议，这一会议通过了《国际货币基金协定》，形成了以美元为中心的国际货币体系，又称“布雷顿森林体系”（Bretton Woods System）。布雷顿森林体系的基本内容可以简述为“双挂钩”制度，即美元与黄金挂钩，其他国家货币与美元挂钩，也就是以美元为中心的固定汇率制。

所谓美元与黄金挂钩，就是其他各国必须承认美国政府 1934 年 1 月规定的 35 美元等于 1 盎司（盎司是黄金的度量单位，1 盎司＝31.103 481 克）的黄金官价，未经美国同意，该官价不能随意变动，以维持美元等同黄金的地位，而美国则准许外国央行或政府机构以其持有的美元按官价向美国兑换黄金。根据 35 美元等于 1 盎司的黄金官价，1 美元的含金量为 0.888 67 克纯金。

所谓其他国家货币与美元挂钩，就是以美元的含金量作为各国规定货币平价的标准，各国货币对美元的汇率，按各国货币含金量占美元含金量的比率，或不规定含金量而只规定对美元的比价，间接与黄金挂钩。

因此，在这样的固定汇率制度下，决定各国货币与美元之间的汇率的基础就是各国货币含金量占美元含金量的比率。例如，当时 1 法国法郎的含金量为 0.16 克纯金，那么美元与法国法郎的含金量比为 5.554 2，所以美元对法国法郎的汇率就应当是 USD1＝

FRF5.554 2。可以说，在布雷顿森林体系有效运行的期间，汇率是相当稳定的，汇率的波动被控制在较小的范围。

20 世纪 60 年代以后，由于多次发生美元危机，以及西欧和日本经济的崛起，这一体系发生动摇。1971 年 8 月中旬，美国官方储备资产下降到 120 亿美元，官方债务上升到 506 亿美元，8 月 15 日，尼克松政府宣布停止美元兑换黄金。同年 12 月，根据西方“十国集团”达成的史密森协定，美元贬值 7.89%，即从每盎司黄金 35 美元，改为 38 美元。1973 年 2 月，美元再度贬值 10%，即每盎司黄金升为 42.22 美元。由此起，西方各国相继放弃了固定汇率制而采用浮动汇率制。目前，各国主要是采用浮动汇率制。

浮动汇率制取代固定汇率制标志着以美元为中心的国际货币体制的崩溃。这种体制崩溃的另一表现则是美元不再是唯一的国际通货。应当说，在目前的国际货币体制中，美元仍占有重要的地位，但这一地位已经不是独占性的了。国际通货的多元化，有利于世界经济的稳定。

资料来源：任康钰．国际金融．[M]．北京：机械工业出版社，2006.

三、国际资本流动与国际金融市场

（一）国际资本流动及其类型

国际资本流动是指资本在国家之间或地区之间的转移。资本是重要的生产要素，由于世界各国经济发展不平衡，有些国家资本过剩，有些则比较匮乏，客观上产生了资本的国际流动。资本流动的内在动力是资本流动给流出国和流入国都能带来收益。

国际资本流动包括各国间外汇的买卖、黄金的买卖、证券的买卖以及短期和长期资金信贷。

从时间的长短来分，可以分为长期资本流动和短期资本流动两种类型。长期资本流动是指期限一年以上的资本流动，包括国际直接投资、一年期以上的证券投资和中长期贷款；短期资本流动则是指期限不超过一年的金融资产在国家或地区之间的转移，包括国际证券投资和短期贷款等。

从资本流动方式来分，可以分为国外直接投资、国际证券投资和国际贷款等。国外直接投资的具体方式有直接开办企业、合资开办企业、收购企业或股权投资、利润再投资等。国际证券投资是指通过购买各种有价证券进行的国际性投资。国际贷款是不同国家的借贷双方主要通过银行进行的传统间接融资活动。

（二）国际金融市场

国际金融市场包括外汇市场、黄金市场、货币市场和资本市场等。各国资本通过国际金融市场大量而迅速地流动，并通过套利活动使全世界的利率与汇率趋向一致。套利活动是在低价地方买入而在高价地方卖出，以赚取其中的差价。在资本自由流动的情况下，资本从利率低的国家流入利率高的国家，结果是实现了利率平价，即全世界的资本无论在哪国都得到相同的利率。同样，在外汇市场上，各地的买卖活动也会实现汇率平价。

国际金融市场上的资本流动为各国融资提供了方便，有利于各国经济的发展。当一国缺少资金时，可以到国际金融市场上去筹资，通过发行债券、股票或贷款筹集资金。当一国资金富裕时，也可以在国际金融市场上主动投资。国际资本流动引起的利率与汇率趋同也有利于国际贸易的发展。

但是也应当认识到，国际金融市场是一个高风险的市场，具有相当大的投机性，会对一国经济带来冲击，尤其是国际短期资本流动。1994 年的墨西哥金融危机，1997 年的东南亚经济危机，都与国际短期游资的冲击有关。

【相关链接】

联合国贸发会议发布《2022 年世界投资报告》

总部位于日内瓦的联合国贸易和发展会议（UNCTAD）于 2022 年 6 月 9 日发布的《2022 年世界投资报告》（下称“报告”）指出，2021 年全球跨境投资较 2020 年大幅增长 64%，达到 1.58 万亿美元，但也面临巨大的下行压力，发达国家和发展中国家吸引外国直接投资出现明显分化，进一步加剧南北发展不平衡问题。发达国家吸引外资增长了 200%，占全球跨境投资增长的近 70%，而发展中国家的吸引外资只增长了 30%，最不发达国家、内陆发展中国家吸引外资较 2020 年减少 3.5%。

报告表示，2021 年流入亚洲发展中国家的外国直接投资（FDI）增长 19%，创 6190 亿美元的历史新高，占当年全球外国投资流入的 40%。中国是主要外资流入目的地，其次是中国香港、新加坡、印度、阿联酋和印尼。

资料来源：中华人民共和国国家发展和改革委员会官方网站。

四、国际金融对一国宏观经济的影响

（一）汇率变动对经济的影响

汇率连接了国内外的商品市场和金融市场，是联系一国国民经济与外部世界的重要纽带。一方面汇率变动受制于一系列经济因素；另一方面汇率变动又会产生广泛的经济影响。一国当局要制定开放环境下的经济政策，社会经济单位要对汇率变化带来的风险进行管理，都要考虑汇率变动对经济的影响。下面以货币贬值（升值情况则相反）为例，分析汇率变动对经济的一般性影响。

1. 贬值对国际收支的影响

（1）贬值的进出口效应

货币贬值使本国产品相对于外国产品的价格下降，即外国进口品的本币价格上升，本国出口品的外币价格下降，从而有利于该国增加出口，减少进口。在满足特定条件的情况下，贸易收支状况将获得改善。

而且，贬值对旅游和其他劳务的收支状况也会有改善的作用。因为此时外币的购买力相对提高，贬值国的劳务、交通、导游和服务等价格都变得相对便宜了。

所以，总的来说，贬值有利于经常账户的改善，这往往是贬值最重要的经济影响，也是一国货币当局进行贬值或促成货币下浮时所要考虑的主要因素。

（2）贬值的国际资本流动效应

贬值对一国资本项目的影响，取决于贬值如何影响市场对该货币今后变动趋势的预期。如果贬值后市场认为贬值的幅度不够，贬值是该货币进一步贬值的征兆，即贬值引起汇率进一步贬值的预期，那么人们就会将资金从本国转移到国外，以免遭受到进一步的损失。如果市场贬值已经使得本国货币汇率处于均衡水平，那么那些原先因本币高估而外逃的资金就会抽回国内。

2. 贬值对国内经济的影响

（1）贬值的产出效应

货币贬值后，一国贸易收支往往会得到改善。如果一国还存在着闲置的生产要素，包括劳动力、机器等资本品和原材料等，那么该国就具备了扩大生产的可能性，从而增加生产的产量。这时，贸易收支的改善将会通过乘数效应扩大总需求，带动国内经济实现充分就业。如果该国经济已经处于充分就业状态，贬值一般只会带来物价的上涨，而不会有产量的扩大，除非贬值能通过纠正原来的资源配置扭曲来提高生产效率。

（2）贬值的物价效应

贬值对物价的影响有两条途径：一是通过贸易收支改善的乘数效应，引起需求拉升的物价上涨；二是通过提高国内生产成本推动物价上涨。

（3）贬值的资源配置效应

货币贬值后，出口品本币价格由于出口数量的扩大而上涨，进口替代品价格由于进口品本币价格上升带动而上涨，从而整个贸易品部门的价格相对于非贸易品部门的价格就会上升，由此会引发生产资源从非贸易品部门转移到贸易品部门。这样的话，一国的产业结构就会相应调整，整个经济体系中贸易品部门所占的比重就会扩大，从而提高本国的对外开放程度，即更多的本国产品与外国产品竞争。因此，在发展中国家，贬值往往会有助于资源配置效率的提高。

3. 贬值对世界经济的影响

一国货币的贬值还可能对世界经济带来影响。如果是一个小国的话，汇率变动只会对贸易伙伴国的经济产生轻微的影响，但主要工业国家汇率的变动则会在世界范围内造成重大的影响。

（二）国际资本流动对经济的影响

各国之间资本的流动加剧成为当前世界经济中的一个重要特征。因此，我们在研究开放经济时必须考虑国际资本流动对国家经济的影响。

对资本输入国来说，资本流入的积极作用主要表现在三个方面。第一，资本流入可以缓解本国资本的不足，促进本国经济增长和就业，同时也有利于资源的合理配置；第二，资本流入意味着本国外汇收入的增加，从而有利于平衡国际收支；第三，资本流入能够促进本国对外贸易的发展。

但是，资本流入也可能带来如下消极影响：第一，短期的资本流入容易造成本国货币金融秩序的混乱，并有可能引发金融危机；第二，资本流入过多会加重外债负担，并有可能陷入债务危机；第三，对长期投资如果利用不当，还可能成为资本输出国的附庸。

对资本输出国来说，资本流出可以为相对过剩的资本找到更好的投资场所，获得高额利润，同时，也会带动本国出口贸易的发展。但如果长期过度的资本流出会导致资本输出国需求减少，引起经济增长的停滞，并减少本国的就业机会。

【相关链接】

“卢布贬值”连累中国天气预报

俄罗斯卢布贬值竟然连累到了我国天气预报的准确率？没错，真是这样！中央气象台官方微博日前发布的这则消息，不仅普及了科学知识，也让人们切实感受到了蝴蝶效应的威力。请看《中国日报》的报道：China's weather forecasts have become less accurate due to decline in the value of the Russian rouble，the National Meteorological Center said on its official microblog earlier this year。

据中央气象台官方微博今年早些时候发布的消息，中国天气预报准确率降低是因为俄罗斯卢布贬值。

货币贬值的英文表达是 decline in the value of the currency，也可以表达为 currency devaluation 或 currency depreciation。我国天气预报会采用一部分俄罗斯天气数据用来准确预报我们的天气。由于俄罗斯迫于卢布贬值带来的经济压力中止提供很多 radiosonde observations（探空观测）的资料，造成很多重要的观测数据缺失，导致预报不准，进而影响到我们的天气数据分析。

据了解，探空观测可以在大气内部直接测量各个层次的温度、气压、湿度、风力等信息，这是卫星观测做不到的。一旦某个地区的观测资料中断，在数值模式中这里的资料就只能依靠 satellite remote sensing（卫星遥感资料）来弥补，而遥感资料的精确度远不如探空和地面观测等探测手段，所以数值预报水平会有所下降。

资料来源：搜狐网：https：//www. sohu. com/a/2983881 _ 115617，有删减。

第三节　开放经济中的宏观经济调节

开放经济中，各国国内生产总值的决定与变动是相互影响的。一国的失业和通货膨胀会通过不同的渠道传递到其他国家。各国经济的这种相互依赖性，是我们分析开放经济中一国经济调节的出发点。

一、开放经济中各国经济的相互依赖性

微课 13.4.1　开放经济中各国经济的相互依赖性

在开放经济中，各国经济通过国际贸易和国际金融联为一体，这就是全球经济一体化。在开放经济中，各国国内生产总值的决定与变动是相互影响的。一国国内总需求与国内生产总值的增加会通过进口的增加而影响对国外产品的需求，从而使与之有贸易关系的国家的国内生产总值也增加。这种一国总需求与国内生产总值增加对别国的影响，称为“溢出效应”。反过来，别国由于“溢出效应”所引起的国内生产总值增加，又会通过进口的增加使最初引起“溢出效应”的国家的国内生产总值再增加，这种影响被称为“回波效应”。这两种效应概括了各国间国内生产总值变动的相互影响。

【相关链接】

中美经贸合则两利、斗则俱伤

1979 年中美建交以来，双边关系全面发展，经贸合作快速推进，已经形成了优势互补、利益交融、互利互惠的贸易格局。中美经贸关系本质上是互利共赢的，共同利益远大于分歧，合则两利，斗则俱伤。中美经贸关系稳定与否，不仅事关中美双方利益，也事关世界发展。

中美经贸合作具有全面性。首先，中美互为重要的货物贸易伙伴。美国是中国最大货物出口市场和第六大进口国，对美出口占我国总出口的 19%。2017 年中美双边货物贸易额达到 5 837 亿美元，是 1979 年两国建交时的 233 倍。中国是美国出口增长最快的市场。据联合国统计，2017 年美国对华货物出口 1 299 亿美元，比 2001 年增长了 557%，远高于美国对全球 112%的出口增幅。美国出口的 62%的大豆、25%的飞机、17%的汽车、15%的集成电路和 14%的棉花，都销到了中国市场。其次，服务贸易在双边经贸合作中的地位日益上升。据美方统计，中美双边服务贸易额从 2007 年的 249.4 亿美元增至 2017 年的 750.5 亿美元。其中美对华服务出口额从 131.4 亿美元增至 576.3 亿美元，增长了 3.4 倍。美国是中国第二大服务贸易伙伴，中国是美国第二大服务出口市场。再次，中美之间投资规模巨大。截至 2017 年底，美国对华直接投资累计超过 830 亿美元，在华美资企业约为 6.8 万家。中国对美投资存量约为 670 亿美元。另外，中国大量投资于美国金融资产，持有超过 1 万亿美元的美国国债，是持有美国国债最多的国家。

中美经贸合作具有互惠性。中美经贸合作的互惠性体现在多个方面。首先，双边经贸合作为双方企业提供了巨大的市场机会。双方企业通过出口或投资，分享了对方的市场机会。中国在中美货物贸易领域有 2 700 多亿美元顺差。而美国在中美服务贸易领域有大额顺差，2016 年美对华服务贸易顺差约为 550 亿美元。还有不少美资企业通过对华投资而非出口方式进入中国市场。按照美国经济分析局的统计，2015 年美资企业在华销售额为 4 814亿美元，比中资企业在美 256 亿美元的销售额高出 4 558 亿美元。因此，从利用对方市场机会的角度看，双方受益大体平衡。其次，双边经贸合作为两国创造了大量就业机会。据美中贸易委员会估算，2015 年对华出口和双向投资支持了美国 260 万个就业岗位。另据有关研究，自华进口货物在美下游产业链创造约 400 万个就业岗位。由于中国劳动生产率远低于美国，对美经贸合作创造的就业岗位更多，据有关研究估算，对美货物出口为中国创造了大约 1 750 万个就业岗位。考虑到两国人口总量差距，双方在就业岗位方面的受惠程度基本相当。再次，中美双边经贸合作助推两国产业结构升级，并为两国消费者提供了性价比更高的商品与服务，增加了消费者福利。

资料来源：央视网：http：//news. cctv. com/2018/08/29/ARTIt9iYzeO6VHzBTaGyoc1L180829. shtml，有删减。

开放经济中，各国之间相互影响的程度并不是一样的，大体取决于这样几个因素：第一，国家的大小。一般来说，大国对小国的影响大，小国对大国的影响小。第二，开放程度。开放程度高的国家对别国的影响与受别国的影响都大；相反，开放程度低的国家对别国的影响与受别国的影响都小。第三，各国边际进口倾向的大小。一国的边际进口倾向越高，对别国的影响与受别国的影响越大；反之，一国的边际进口倾向越低，对别国的影响与受别国的影响越小。

二、开放经济中的宏观经济调节

在开放经济中，进行经济调节时，一方面要考虑各国经济的相互关系，另一方面又要同时实现内在均衡与外在均衡。我们在这里重点分析同时实现内在均衡与外在均衡的困难。

我们把内在均衡界定为充分就业与物价稳定，把外在均衡界定为国际收支平衡。这三者之间的关系在现实中有不同的情况，可把这三种关系组合的情况归纳如下。

第一种情况：国内通货膨胀与国际收支赤字；

第二种情况：国内经济衰退与国际收支盈余；

第三种情况：国内通货膨胀与国际收支盈余；

第四种情况：国内经济衰退与国际收支赤字；

第五种情况：国内经济均衡与国际收支赤字；

第六种情况：国内经济均衡与国际收支盈余；

第七种情况：国内通货膨胀与国际收支均衡；

第八种情况：国内经济衰退与国际收支均衡；

第九种情况：国内经济均衡与国际收支均衡。

在上述九种情况中，第九种实现了内在均衡与外在均衡，不用进行任何调节，是最优状态。但这种情况毕竟很少，大量存在的还是其他八种情况。

在这八种情况中，第一种与第二种情况理论上可以解决。第一种情况采取紧缩性的政策，就可以使总需求得到抑制，国内生产总值减少，消灭通货膨胀；国内生产总值的减少又会使进口减少从而消除国际收支赤字。第二种情况采取扩张性政策，这就可以刺激总需求，使国内生产总值增加，经济摆脱衰退；国内生产总值的增加又会增加进口，从而消除国际收支盈余。

但从第三种到第八种情况来看，则存在着政策上的矛盾。如第三种情况，如果采用紧缩性政策，可以制止国内的通货膨胀，但国内生产总值的减少则会减少进口，使国际收支盈余更多；而采取扩张性政策，增加国内生产总值固然可以增加进口，减少国际收支盈余，但却又加剧了国内的通货膨胀。第四种情况与此相反，采用扩张性政策可以摆脱国内经济衰退，但却加重了国际收支赤字；采用紧缩性政策可以减少国际收支赤字，但却加剧了经济衰退。第五与第六种情况是国内实现了均衡，而国际收支不均衡，采取任何解决国际收支不均衡的政策，都会破坏国内的均衡。第七种与第八种情况是国际收支均衡，但国内不均衡，采取任何解决国内问题的政策，都会破坏国际收支的均衡。这些矛盾的情况，使经济政策面临着进退维谷的困境，这就是同时实现内在均衡与外在均衡的困难。

微课 13.4.2　开放经济中的最优政策配合

三、开放经济中的最优政策配合

内在均衡与外在均衡的矛盾要求经济学家寻找出最优政策配合的方案。最优政策配合的含义：在国内外需要不同的调节政策的情况下，所采用的政策应使其中一种政策的积极作用超过另一种政策的消极作用。

在选择最优政策时，首先应该注意各种政策对内与对外的不同影响。货币政策对外的影响往往要大于对内的影响，例如，货币量增加通过利率下降对国内总需求的刺激作用，比利率下降对资本流入的影响要小。财政政策对内的影响往往要大于对外影响，例如，增加政府支出引起的国内生产总值增加的作用要大于增加进口的作用。其次，应该确定政策所要解决的主要问题。例如，如果在国内经济衰退而国际收支盈余的情况下，主要是要解决国内经济衰退问题，就要把政策重点放在刺激国内经济上。最后，要把各种政策配合运用，用一种政策去抵消另一种政策的副作用。

诺贝尔经济奖获得者、加拿大经济学家罗伯特·芒德尔（Robert A. Mundell）提出了解决最优政策配合的有效市场分类原理。这一原理认为，每一种政策手段应当用于其能产生最大的有利影响的市场或经济环境，其对另一市场或经济环境所必然产生的某种不利副作用，可用性质相反的另一种经济手段加以抵消。这样，两种经济政策的相互配合就可以达到此种目的。例如在第三种情况下，即国内通货膨胀与国际收支盈余的情况下，应该采用紧缩性财政政策以制止通货膨胀，同时用扩张性货币政策增加货币量，降低利率，以使资本流出，克服国际收支盈余。第四种情况则可用扩张性财政政策与紧缩性货币政策相结合，以摆脱国内经济衰退，同时又吸引外资，克服国际收支赤字。此外，还可以用对外经济政策来配合国内经济政策。例如，在第五种情况，国内经济均衡与国际收支赤字时，可以通过支出转换政策来调节。支出转换是在对国内产品总需求保持不变的情况下，改变总需求的构成，即通过保护贸易政策或汇率贬值政策来减少进口，以使国内经济仍保持均衡，而国际收支赤字得以消除。

最优政策配合是一个复杂的问题，不仅要考虑到国内外的经济状况、政策目标、政策效应等问题，还要考虑到各种复杂的政治因素、国际关系和一国的历史传统等问题。例如，在通过增加进口来消除国际收支盈余时，应考虑到本国的边际进口倾向有多大。边际进口倾向是由许多经济与非经济因素决定的，在一定时期内有相对稳定性。如果一国由于历史原因边际进口倾向较低，那么，增加进口消除国际收支盈余的作用就有限。此外，在通过紧缩性货币政策提高利率，以吸引资本流入，消除国际收支赤字时，还要考虑资本流动对本国利率变动的反应程度。这种反应程度在相当程度上取决于一国的政局是否稳定，投资环境与政策是否足以吸引外资，等等。在通过出口来增加国内生产总值，消除国际收支赤字时，应考虑到国际经济形势及世界市场对本国出口产品的需求弹性。如果国际经济处于衰退时期，而且本国出口产品在世界市场上的需求弹性低，那么，这一政策就很难奏效。

【本章小结】

无论是国际贸易，还是国际金融，都是通过总需求和总供给的变动来影响国内生产总值和国际收支的。本章学习了国际贸易的基本理论和国际金融的基础知识，从开放经济的角度，分析了国际贸易和国际金融对一国宏观经济的影响，并介绍了开放经济中的最优政策配合。

【经济学家】

被授予“巴施勋位”的经济学家——詹姆斯·爱德华·米德

詹姆斯·爱德华·米德（James Edward Meade，1907—1995），英国著名的经济学家。由于他与贝蒂·俄林（Bertil Ohlin）共同对国际贸易理论和国际资本流动作出了开创性研究，他们荣获1977年诺贝尔经济学奖。由于米德对经济学界的巨大贡献，他获得了英国几所著名大学如牛津和瑞士巴塞尔大学授予他的名誉博士学位。他也是英国学士院的院士，英国女王还授予他“巴施勋位”。

图 13-1　詹姆斯·爱德华·米德

（图片来源：百度图库）

米德的主要贡献是其两卷本的《国际经济政策理论》，其第一卷《国际收行》讨论经济政策对国际贸易的影响，深入涉及了一个“开放经济”（指大量依存于国际贸易的社会经济）的社会如何制定政策稳定经济的问题。该书主要提出了一国双重的政策目标，即国内平衡和国外平衡，分析了实现双重目标的政策手段，并用大量篇幅阐明了两大平衡及其政策手段经常会发生尖锐的冲突和如何协调才能同时保持两大平衡。

《国际经济政策理论》第二卷《贸易和福利》，是在假定各国已经实现了内部平衡和外部平衡的前提下，以福利经济学为理论基础，以实现世界经济福利的最大化为价值尺度，讨论在实现世界实际收入的合理分配和促进世界经济效率时，是否要实行直接控制的问题。他在书中用了相当大的篇幅批判了为保护主义辩护的主论点，主张以自由的国际经济秩序来实现世界经济效率，以各国政府间的直接援助来实现世界实际收入在国际上的合理分配。

资料来源：名人简历网：http：//www.gerenjianli.com/mingren/02/o4b78l8dn0locdn.html，有删减。

【练习与思考】

一、选择题

1. 属于国际收支平衡表中经常项目的是(　　)。

A. 资本性转移　　B. 间接投资　　C. 服务　　D. 证券投资

2. 属于国际收支平衡表中资本项目的是(　　)。

A. 货物　　B. 服务　　C. 收入　　D. 证券投资

3. 对于英镑和美元两种货币来说，如果英镑的汇率上升，那么美元的汇率将(　　)。

A. 上升　　B. 下降　　C. 不确定　　D. 两者之间没有关系

4. 小张按 1 美元兑换 8 元人民币的汇率换的 1 000 美元，两年后美元兑换人民币的汇率下跌了 20%，他又将 1 000 美元换回人民币，在不考虑其他因素的条件下，小张损失还是获利了多少元？(　　)

A. 损失 1 600 元人民币　　B. 损失 1 600 美元

C. 获利 1 600 元人民币　　D. 获利 1 600 美元

5. 固定汇率制下，一国货币对他国货币的汇率(　　)。

A. 绝对固定　　B. 基本固定，在一定范围内波动

C. 由外汇市场的供求关系决定　　D. 由外汇市场和中央银行共同决定

6. 在其他条件不变的情况下，本币价格下降则出口(　　)。

A. 增加　　B. 减少　　C. 不变　　D. 不确定

7. 国际收支失衡是指(　　)。

A. 国际收支平衡表的借方、贷方余额不等

B. 资本流出与流入不等

C. 经常项目与资本项目的总和出现差额

D. 商品劳务的出口与进口不等

二、判断题

(　　)1. 利率的上升会引起国际资本的输入。

(　　)2. 我国和世界上多数国家的汇率都采用间接标价法。

(　　)3. 由于存在国际收支的顺差或逆差，因此国际收支平衡表并不总是平衡的。

(　　)4. 在间接标价法条件下，汇率的上升意味着本币升值和外币贬值。

(　　)5. 当日本人到中国旅游时，日本就从中国进口了劳务。

(　　)6. 在开放经济中各国经济之间的相互影响是相同的，这就是经济一体化的含义。

(　　)7. 一般情况下，一国的经济总产出水平越高，经济总量规模越大，其进口贸易额就越大。

(　　)8. 李嘉图提出的绝对优势理论认为各国应该进口不具有绝对优势的产品，生产并出口具有绝对优势的产品。

(　　)9. 汇率贬值是指用外国货币表示的本国货币的价格上升了。

(　　)10. 经常账户包括“货物和服务”“收益”“经常转移”三项。

三、问答题

1. 当代国际贸易有什么特点?

2. 当一个国家面临国内经济衰退与国际收支赤字时，仅仅用一种政策调节有什么困难?

3. 什么是最优政策配合，这种理论有何意义?

4. 影响汇率变动的因素有哪些?

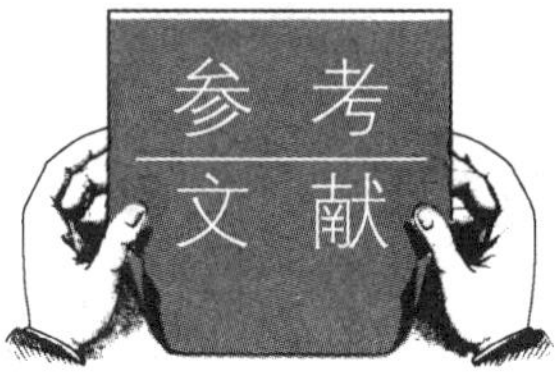

[1] [英] 迈克尔．帕金．经济学（第 18 版）[M]．北京：人民邮电出版社，2015.

[2] [英] 萨缪尔森．经济学（第 18 版）[M]．北京：人民邮电出版社，2012.

[3] [英] 曼昆．经济学基础（第五版）[M]．北京：北京大学出版社，2010.

[4] [英] E.F. 舒马赫．小的是美好的 [M]．南京：译林出版社，2007.

[5] [美] 米尔顿·弗里德曼．货币的祸害 [M]．北京：商务印书馆，2007.

[6] [美] 约瑟夫·E. 斯蒂格利茨，卡尔·E. 沃尔什．经济学（第 3 版）[M]．北京：中国人民学出版社，2005.

[7] 汪朝洋，池峰．经济学基础（修订版） [M]．合肥：合肥工业大学出版社，2016.

[8] 吴冰，陈福明．经济学基础教程 [M]．北京：北京大学出版社，2011.

[9] 刘源海．经济学基础 [M]．北京：高等教育出版社，2006.

[10] 任康钰．国际金融 [M]．北京：机械工业出版社，2006.

[11] 吴德庆，马月才．管理经济学（第 4 版） [M]．北京：中国人民大学出版社，2006.

[12] 高鸿业．西方经济学 [M]．北京：中国人民大学出版社，2005.

[13] 董志勇．行为经济学 [M]．北京：北京大学出版社，2005.

[14] 邱成学．金融基础 [M]．北京：中国财政经济出版社，2005.

[15] 管德华．西方经济学（学习指导书）[M]．海口：南海出版公司，2004.

[16] 郑光贵．国际贸易理论与实务 [M]．大连：东北财经大学出版社，2004.

[17] 庄奕琦．经济学原理 [M]．上海：复旦大学出版社，2003.

[18] 侯荣华．西方经济学 [M]．北京：中央广播电视大学出版社，中国计划出版社，2003.

[19] 冯金华．经济学概论 [M]．上海：复旦大学出版社，2003.

[20] 尹伯成．西方经济学简明教程［M］．上海：上海人民出版社，2003.
[21] 彭兴韵．金融学原理［M］．北京：生活·读书·新知三联书店，2003.
[22] 朱宝宪．金融市场［M］．沈阳：辽宁教育出版社，2001.
[23] 魏埙，蔡继明，刘骏民，等．现代西方经济学教程（第二版）．天津：南开大学出版社，2001.
[24] 陈雨露．国际金融［M］．北京：中国人民大学出版社，2001.
[25] 厉以宁．西方经济学［M］．北京：高等教育出版社，2000.
[26] 黄亚钧．宏观经济学［M］．北京：高等教育出版社，2000.
[27] 王广谦．中央银行学［M］．北京：高等教育出版社，1999.
[28] 袁志刚．管理经济学［M］．上海：复旦大学出版社，1999.
[29] 华民．国际经济学［M］．上海：复旦大学出版社，1998.
[30] 郭福春，吴金旺．金融基础［M］．北京：高等教育出版社，2019.
[31] 章昌裕．国际经济学［M］．北京：清华大学出版社，2008.